金庸武學

博雅的武學地圖

覃賢茂——著

目錄

金庸武學

第二篇 刀法

第三篇 拳法

第四篇 掌法

第五篇 指法

第六篇 擒拿與手法

金庸武學

第七篇　腿上功夫

第八篇 內功

第九篇 秘笈與武功

金庸武學

第十三篇　琴

第十四篇　棋

第十五篇　書

第十六篇 畫

第十七篇 毒藥

第十八篇　神丹妙藥

第十九篇 動物與毒

第二十篇 美食

第廿一篇 美酒

推薦序

傳奇的人寫傳奇人物——金庸百年　欣見傳奇三書

著名武俠文學研究者
師大中文系教授
林保淳

繼《古龍三書》之後，平生致力於武俠文學、文化研究的覃賢茂，又即將出版他耗費十數年精力撰寫的《金庸三書》，這不但對金庸的研究有其意義，就是對武俠學術研究圈而言，無疑也是一件大事。

古龍、金庸是中國武俠小說創作的高峰，不但可以睥睨其他舊派、新派的武俠創作，就是放諸於中國文學的層面，也是絕對足以佔一席重要地位的。放眼目前華人地區的武俠研究，以金庸為論題的，無疑是車載斗量，而古龍次之，其他作家則明顯瞠乎其後，這現象充分證明了古龍與金庸小說超越時代的卓越成就。

然而，如果不懷成見的平心以論，投入到金庸、古龍小說研究的學者、專家雖多，相關論著也已到了可以說是汗牛充棟的地步，但是，率心任意、枝枝節節，以抒發其個人主觀的閱讀心得，或者是致敬於金庸、古龍兩大家，以表示其由衷肯定、仰慕之意者為多。前者雖是意到筆隨，偶有新見，有如春花初放，蓓蕾新綻，足以驚人耳目，卻嫌其枝葉紛雜，未能綜窺其繁花怒放、觸目成春的全景，更遑論枝連脈結、從根本至於末梢的條暢，失之於散漫；而後者則心存定見，化敬崇之意為琳瑯之文字，引據理論、附會穿鑿，雖侃侃而論、鑿鑿而言，終不免陷於「歌德」之窠臼。真正能鉤稽爬梳，以這兩位大家的不同時期文本詳批細閱為經，而以其生平經歷、發表言論及當時社會情狀為緯，汲深鉤沉、條徹理貫，彰顯出其作品的言內、言外之意，並就此展現個人精闢見解的論著，嚴格說來，畢竟還是有限的。

覃賢茂前此的《古龍三書》，以深厚的國學根柢、詳盡的考索、縝密的閱讀、精沉的思路，發而為論，既強調其無可替代的經典性，又追溯其武學的承繼與創發性，更縱觀其生平，為其作了精采的評傳，平正公允、見解精到，雖未必能說是出類拔萃、矯矯獨勝之作，但其成就之斐然，卻是有目共睹的。

時隔七年，覃賢茂再接再厲，「七年來復」，再度以金庸為主題，出版其長達百萬言的巨著——《金庸三書》：《金庸傳奇》、《金庸人物》、《金庸武學》，雖云三書，卻是渾然為一書，個別來看，都自有其精妙動人、微言而中的精湛解讀，而窺其全體，則是從文本內容、時代走向、平生經歷，到金庸的人格與風格，皆宛然全都呈現於讀者眼前，無論從哪個角度來說，都足以稱得上是武俠史上的一個傳奇。

金庸是個傳奇人物，金庸的小說是武俠史上的傳奇，傳奇的人物、傳奇的創作，如果配合著傳奇的人來寫來論，則更是一個傳奇。

大家都知道，金庸左手寫小說，右手寫社論，旁及劇本寫作、影評、翻譯，創作是其當行本色，而以武俠知名於世。我想，百年以後，恐怕他有關新聞媒體上的成就會讓人遺忘掉，但他的小說創作，無疑將會是歷久彌新，在中國文學史上耀眼長存的。但金庸對他所最出色當行的武俠小說，卻是未必如一般讀者所想像般的如此重視，他甚少對其他作家有中肯的評論，也對武俠小說的未來發展未置一辭。他是武俠小說的創作者，但也是武俠小說的旁觀者，武俠小說成就了金庸，而金庸卻吝於成就武俠小說的前景，這是不免仍讓人若有憾焉的。

覃賢茂當然也可說是傳奇的人。他是在八〇年代趕上武俠小說班車的，雖說讀的是物理系，卻有點不務正業，反而對中國的傳統國學甚感興趣，在廣泛的閱讀下，奠定了深厚的基礎，尤其是對《易經》情有獨鍾，在內地尚對古代經典隔膜的時節即出版了《周易解謎》一書，令易學專家刮目相看，還施絳帳、課生徒，巍然易學名家。在受到金庸的《射鵰英雄傳》啟蒙下，先是以「閑夢樓主」的筆名，撰寫武俠小說，更進一步對古龍、金庸等名家的作品，以及武俠小說史撰寫了評論。他的所長，也在創作，但卻集中於武俠的相關評論。傳奇通常是流傳於民間的，在墨守成規的學院派裡，通常是不會有傳奇的，反正循規蹈矩，弄個不至於違反學術常規的論著出來，儘管極可能只看幾本書、幾篇論文，就能援據理論，說得天花亂墜，玩個票、過個場，就算盡了研究的能事。說實話，有關武俠小說的研究，反而是民間的愛好者，成就大於學院派的學者，尤其是散佈於民間龐大的相關資料，是學院派的學者既無時間、精力，也缺乏經費去蒐集的。此所以我向來認為武俠小說既是通俗文學的一類，而真正能將傳奇人物定位成傳奇的，也正在於民間。以武俠小說的歷史建構來說，最先為武俠史定出標竿的葉洪生，也就是非學院派的。覃賢茂的論著，也走向了我所認定的傳奇路徑上，來自民間、出於民間，也必將流傳於民間。

中國的歷史，向來有正史、野史的區別，在許多人的觀念中，正史較為可信，而野史卻多屬於街談巷議、道聽途說之流所造，荒誕悠謬，難以置信者為多。但是，正史所受到的政治立場、道德觀念的拘束甚多，晚近以來的史學觀點，早已將其揭露無遺，反而未必可信者居多。民間流傳的光怪陸離的說法，雖一眼即可窺知其虛構的，所在多有，但「雖小道，亦必有可觀者焉」，個中亦有不少是真實而可參照，足以破正史之妄的。覃賢茂的武俠評論，在諸多非學院派的評論群中，倒是頗不會涉入不經，反而能舉證歷歷，據之成理、言之有物，既有民間天馬行空、自由無羈絆的發揮，又儼然不失學院派規行矩步的繩墨，可謂是兼兩者之美，相信也必然會是武俠小說評論史上的傳奇。

在《金庸三書》中，有關金庸武學、金庸人物的評論，可能較為讀者所熟悉，畢竟坊間已出版過為數不少的相關評論，覃賢茂當然也別闢蹊徑，有與眾不同的新解，然而我認為真正能展現出其根深柢厚功力的，還是《金庸傳奇》。《金庸傳奇》書分十章，從金庸的天賦與性情開始抒論，援據其生平大要，點點滴滴，將金庸一生的經歷，羅縷而述而論，有其悲、有其喜、有其平順、有其挫折，更有其榮耀、有其理想、有其寂寞，是及至目前我看過的資料最齊整、申論最公允，也最詳盡的評傳之書。光看本書的小標題，就足以令人心悅神馳，而瀏覽之餘，其能使人悠然神往，與金庸同行、同其悲喜，自是也不在話下了。

傳奇之人，寫傳奇人物，相信這就是一個傳奇。

金庸三書總序

劍飛白雪，笑書丹青，韶光入蘆花

上個世紀八十年代，我在四川大學物理系念書時，迷戀上了武俠小說。記得大概是大三，在路邊的租書攤，偶然發現一本雜誌（應該是《武林》雜誌）上面，選載了金庸的《射鵰英雄傳》中幾千字的一個章節，內容是郭靖初逢梅超風的九陰白骨爪那一小段，驚為天書！自是不忍釋卷。此後數日，縈繫於心，遍尋大學旁邊的租書店，終於找到香港版的金庸武俠小說。租書店的老闆還是偷偷摸摸拿出來的，再三叮囑我不要聲張。

難忘在大學宿舍最初讀到金庸武俠小說的情景。那時租一冊金庸的武俠小說，租金是三角錢，是我們學校食堂中午供應的一份回鍋肉的價格。《射鵰英雄傳》四冊，就是一元二角錢。不管那時作為窮學生的囊中羞澀，這租書的錢，花得一點不心痛。當然還要必須要保證一天看完一冊，否則租金還是吃不消的。

此後數年的時間，陸陸續續，基本上把港台主要的武俠小說名家的作品都看了。把劍細品，當然還是唯獨傾心於金庸和古龍兩位大俠。

一九八五年大學畢業，我離開了故鄉四川新都新繁鎮，遠赴千里之外的江南南京工作。自小就有著文學夢的我，九十年代初，終於不覺技癢，也嘗試開始寫作武俠小說。後來因緣聚會，得到當時花山文藝出版社編輯張志春先生的賞識，一九九四年我以閑夢樓主的筆名，在花山文藝出版社出版了約六十萬字的長篇武俠小說《海棠夫人》(上、中、下三冊)，聊以慰藉我年輕時候的武俠情結。取名閑夢樓主，一是因為在大學寫詩時用的筆名是閑夢（我的名字覃賢茂，四川話讀音就是閑夢），二是致敬於天才武俠小說作家還珠樓主。大學時我熱愛詩歌，有《回答》一詩收入《中國當代校園詩人詩選》。

九十年代開始，大陸市場上武俠小說的出版情況急劇衰退，我的武俠小說寫作生涯也難以為繼。手上還有一部約六十萬字的武俠小說《粉豹桃花》書稿，幾經波折，終於還是沒有能夠面世。考慮到當時出版市場的需要，於是我轉而進行武俠小說研究的寫作。一九九五年在四川人民出版社出版了《古龍傳》，這應該是華人世界第一本全面研究古龍的傳記書籍。一九九六年繼續在四川人民出版社出版了《金庸智慧》。二〇〇一年又在四川人民出版社推出了約一百萬字的《金庸武俠小說鑒賞寶典》一部厚書。

和古龍、金庸的因緣

二〇一八年因為古龍生前好友、當代知名作家、資深媒體主筆陳曉林先生的厚愛，在風雲時代出版公司出版古龍三書：《評傳古龍：這麼精彩的一個人》、《武學古龍：古龍武學與武藝地圖》、《經典古龍：古龍十大經典排行點評》。這一套書也是約一百萬字。

隨便說一句，金庸年輕時曾想著手翻譯湯恩比的巨著《歷史研究》，後來因為見到了陳曉林先生的中譯本，盛讚其譯筆流暢，有了一種「眼前有景道不得，崔顥題詩在上頭」的喟嘆，所以金庸從此放棄了當初想要翻譯此書的念想，並在後來和日本文豪池田大作的對話錄中述及他對陳氏譯筆的推許。

陳曉林先生是古龍身前的好友，他也是金庸先生的朋友。在一次有陳曉林、古龍、陳怡真、羅龍治等文化人參加的與金庸的對話採訪中，陳曉林先生做了一段對金庸的武俠小說精闢深刻的論述：

「金庸先生的武俠小說固然描寫了人的貪婪，人的進取，人在衝突之下的爭鬥，但我更發覺到在這之中不經意地流露出我們中國農業社會中普遍地存在著的寬容的德性，這也是我十分激賞的一點。在現實生活上的許多方面，它都給我帶來了極大的啟示。我個人認為，這些年來在國內成功的作品之所以能吸引大家注意，大多是因為它在文學創作上的成功。之所以成功，必然是具有永恆不變的因素，也具有環境上的因素，尤其是前者。永恆的價值是不可磨滅的，金庸先生對真理的追尋，對正義的堅持，是讓人深為敬佩的。這也就是金庸之所以為金庸之處。」

著名學者龔鵬程先生在為我的古龍三書寫的序中說：「我由北投回到淡水時，道逢陳曉林兄。這麼些年，他是最懷念古龍，也最能不負故友，為之檢點身後遺事的人。他示我甫出版之程維鈞《本色古龍》，並說將再出版覃賢茂《評傳古龍：這麼精采的一個人》、《武學古龍：古龍武學與武藝地圖》、《經典古龍：古龍十大經典名著點評》，把稿子交我攜回北京細看。我對諸君能花那麼大的氣力來評述古龍，曉林又能如此仗義地出版，實是不勝欽仰，故歸來都詳細拜讀了。」

著名武俠小說研究專家，師範大學中文系教授林保淳先生也為我寫序說：「《古龍評傳》是覃賢茂一九九五年《古龍傳》的擴增修訂版，非文史出身，而熱衷於國學，鍾情於古龍的覃兄，勤力搜剔，在古龍仙逝十年後出版，據我所知是引起廣泛矚目與讚賞的第一本古龍傳記。」

林保淳先生說我「非文史出身，而熱衷於國學」，誠哉斯言！我在四川大學物理系畢業後，就職於南京一家電子工廠，任技術品質科長。因未曾放棄文學夢，一直努力，業餘時間寫了數十部書。二〇〇九年，因緣聚會，特聘於四川大學錦江學院文學傳媒學院。

因為非科班文史出身，尷尬的是，我的職稱一直停留在「講師」。二〇一一年七月湖南衛視《零點鋒雲》節目邀請我作為學者嘉賓，講評當時檔期大片電影《武俠》，就鬧了笑話。節目播出，片頭介紹我是「教授」，我趕緊給製片人打電話去糾正。製片人驚嘆，你寫了那麼多書，還是「講師」？那時接連三期的《零點鋒雲》都有我的節目，第二期我講評瓊瑤《新還珠格格》，片頭介紹我，才改過來是「國學講師」。

當大學老師，教學相長，能夠全力投入文史的研究和寫作，所以這數十年，我也還算是著述頗多。

金庸三書的宿願

二〇一八年金庸先生過世，我心有戚戚。當天就寫了一首詩作為紀念，引錄於下：

《送金庸》覃賢茂

甚矣！誰為此長有飛雪般的戚戚？連天杳杳
白鹿走向西風縹緲之何處？潛龍已經長潛
沉睡，永遠都不止只是千年！而祝願
不過如陰陽轉移的疾射：離別如此，放棄亦如此

在那些笑傲的神俠和無可不可的書寫中
我看到，分別心，即是生者的驕傲之心
相看白刃，三尺之下，那是逝者劍鋒上閃耀的黃昏
渴望永恆，得到的難道只會是虛妄的無明？

只有不可以講述的愛情的癡和痛，才是真正的痛
所有的警惕和懷疑，都是生命被抑止的眼淚

所有的生命都是被講述的故事，如依依在水的碧鴛
紙花一樣開放，悄無聲息，呈現卑微的美

（注：詩中嵌入「飛雪連天射白鹿，笑書神俠倚碧鴛」金庸十四部小說名集聯）

二〇二四年，正是金庸先生誕辰一百周年，再承陳曉林先生盛情，將在風雲時代出版公司推出我多年來研究金庸完成的《金庸傳奇》、《金庸人物》、《金庸武學》三本專著。

《金庸傳奇》，是一部傳神寫照視角獨到的金庸人生的評述傳記。作者研究金庸已有三十年多年的時間，正所謂觀千劍而識器，作者對金庸的認知和理解，自是不敢妄自菲薄。《金庸傳奇》是一本最新的金庸先生的評述傳記，完整呈現金庸先生的俠路人生，梳理素材，披沙瀝金，勾勒描畫，寫照傳神，雖然不敢說是完滿或權威，但作者竭盡誠意，用力甚勤，其中獨見的評述，也能成一家之言，其特別的用心，盼讀者不要錯過。

《金庸人物》，作者通過對金庸小說中所有人物的詳細分析，將金庸的十五部武俠小說中近三百個人物按照不同的分類標準，由標準的程度高低進行排行，並對每一個上榜人物進行評價和分析，指出各人物上榜原因、排名前後的依據。全書能令讀者更好、更多地瞭解金庸武俠小說中的人物。作者曾深入地研究過評點《水滸傳》的大文學家金聖歎，在一九九八年出版過《金聖歎評傳》一書，學習金聖歎的評點手法，對金庸先生十五部小說的人物進行全面詳細分析和評價，增刪數載，可謂是得失自知。

《金庸武學》，是對金庸小說每本書中主要武學進行評述和講解，是作者多年來閱讀金庸小說的讀書筆記和備忘，是閱讀金庸小說的輔助工具。其中包括對金庸小說的武功備忘、琴棋書畫、美食美酒、奇物奇技等諸多典故出處的勾陳析介，實是金庸迷們可以一讀，可以收藏的。

需要說明一下的是，《金庸傳奇》、《金庸人物》、《金庸武學》這三本專著，評述金庸的武俠小說，依據的都是金庸小說的三聯版本。

行筆至此，回想當初在大學讀到金庸先生小說的情景，不僅禁感慨良多。

浮生恰似冰底水，日夜東流人不知。

韶光流逝，白駒過隙，如飛入蘆花中的白雪，了無痕跡，化成雪泥鴻影的追憶。惟有現在已經結集完成的金庸三書的書稿，是我對金庸先生的致敬和紀念，是我的青春無悔。

是為序。

弁言

金庸武學的迷宮花園

武俠小說作為類型小說，俠是內核，武是要素。離開了俠，武俠小說就只是暴力和感官刺激的粗俗文字；但是離開了武，武俠小說也就不成其為武俠小說。如果說俠是武俠小說的血脈，那麼，武就是武俠小說的骨肉。

所以，武俠小說成功的要義，當然不能離開「武」的精彩和閃亮。

「武」的設計，上升到理論的高度，就是「武學」。對於武學的詳細文化分析和討論，本書後文引言《什麼是武俠？什麼是武學？》中，有專門解釋，此處不再贅言。

金庸武俠小說的武學，可謂是翻空出奇，推陳出新，超越既有舊派武俠小說的招法套路，博大精深，極致高明，深涵中國傳統國學的密碼基因，超凡脫俗，廣大精微，構建出瑰麗雄渾的武學世界。

如果讀者走馬觀花，掠影浮光地看過去，很容易迷失在金庸武學迷宮花園中的交叉小徑，如海邊拾貝而棄其珠玉。

試舉一例。金庸武俠小說中《九陰真經》讀者都應該耳熟能詳，似乎都能夠說上一二。但是，讀者諸君，你知道《九陰真經》在金庸的武俠小說中有幾個版本嗎？你一定會說：《九陰真經》不就是《九陰真經》嗎？還有什麼不同？

如果讀了本書，你就會知道，原來《九陰真經》居然有這麼多不同版本：

一、《九陰真經》黃夫人趁熱打鐵強記默寫本

二、《九陰真經》黃夫人油盡燈枯勉強回憶本

三、《九陰真經》陳玄風人皮刺繡本

四、《九陰真經》郭靖用心背誦完全本

五、《九陰真經》郭靖似是而非騙人本

六、《九陰真經》王重陽活死人墓石棺雕刻本

七、《九陰真經》郭靖黃蓉簡寫速成本

如果不知道《九陰真經》這些版本的差別，那麼讀金庸的武俠小說，失之毫釐，謬以千里，以其昏昏，使人昭昭，一定會多有魯魚亥豕之錯舛。

金庸武俠小說中武功，其名稱表面的神妙，更是往往有特殊來歷和暗喻，其出處體現了深厚精微的中國古代文化底蘊。

比如，《九陰真經》的「九陰」，本指幽渺之地，極冥之陰間。

《山海經》中有神獸叫燭九陰，即是燭龍，口銜蠟燭，為九陰之地照明：

「西北海之外，赤水之北，有章尾山。有神，人面蛇身而赤，直目正乘，其瞑乃晦，其視乃明，不食不寢不息，風雨是謁。是燭九陰，是謂燭龍。」

唐代柳宗元《天對》說：「修龍旦燎，爰北其首。九陰極冥，厥朔以柄。」楊萬里解云：「旦燎謂銜燭也。」

再如，著名的降龍十八掌，來源於《易經》，如亢龍有悔、飛龍在天、見龍在田、龍戰於野……

楊過的凌波微步，來源於曹植名篇《洛神賦》：「體迅飛鳧，飄忽若神，凌波微步，羅襪生塵……」

《笑傲江湖》中的《葵花寶典》，來源於《明史》卷六十七：「內使監凡遇朝會，依品具朝服、公服行禮。其常服，葵花胸背團領衫，不拘顏色……」原來明時的太監，日常服裝是葵花胸背團領衫，所以《葵花寶典》暗示：欲練神功，引刀自宮。

謝遜的七傷拳，「七傷」是一個中醫名詞，《徐春甫·古今醫統》《論五勞六極七傷之由》中說：「五勞者，心肝脾肺腎也……」「七傷者，喜怒憂思悲恐驚七情過傷是也……」七傷拳是一個巧妙的暗喻，最適合謝遜的身分和本色。先傷己，再傷敵，仇恨和怨毒正是這樣一把兩頭都有利刃的武器，使自己和敵人都同時深受到或明或暗深深的傷害。

張三丰所創「太極拳」、「太極劍」，源於《易經》「太極生兩儀」。這兩種天才創造的武學，是如此的柔和自然，圓融通貫，實在是與宇宙的規律，天地的呼吸相一致。威力最強的武功，卻純以意得，最忌用力，形神合一，陰陽調和，太極圓轉，全無稜角，渾圓自己，威力發揮於無形，暗合了人生悟道的最高境界。

好了，不再多羅列案例。

金庸的武學，就是對武俠精神的洞察覺悟，是法天象地，是對宇宙間普世價值的推衍和仿效。

金庸的武學，底氣相通，一脈相承，在那種浩然博大的壯麗世界中逞奇逞幻，爭光奪彩，如深淵中的狂濤巨浪，帶給讀者以震撼的衝擊。

我早年研究金庸，對其十五部武俠小說做了大量的筆記和批註，《武學金庸》一書，即是在此基礎上整理完成。

《武學金庸》一書，對金庸武俠小說的武功招數、琴棋書畫、美食美酒、奇物奇技等，進行歸納備忘。

通過本書的梳理和還原，金庸武學的浩大架構，可以更直觀地呈現在讀者面前。

雖然本書不免有掛一漏萬之粗疏，但對資深的金庸迷來說，我想還是會略有補益，這就是我竭盡愚誠，奉獻此書的一點初衷。

是為再序。

引言一

什麼是武俠？什麼是武學？

書名《武學金庸》，所以先來說說，什麼是武俠？什麼是武學？

一、什麼是武俠？什麼是武學？

什麼是武俠？二〇一一年七月湖南衛視《零點鋒雲》節目邀請我作為學者嘉賓講評當時檔期大片電影《武俠》，主持人石磊問我此一問題，希望我能以簡單的兩句話給以解答。善哉此問！雖然此前各種學者的論述力求其定義的繁複完備，那不是我的滿意。醉心於古龍的武學，我給出的回答當然應該是古龍式的：一招致命，直指本質！一切的答案，如果不能是在簡明中見出神奇，那一定不是最好的。

我對什麼是武俠給出的答案是什麼？請讀者朋友稍安略候，請讓我在此先略作分解。先來看武這個字。這個比較容易，古籍訓詁，容易查詢。《左氏春秋》記載：「夫武，禁暴戢兵，保大定功，安民和財者也」（直譯：武這個字的意思是，禁制橫暴，收藏兵器，保全安泰，平定功績，安順人民，和合財富）。《說文解字》解釋：「夫武，定功戢兵。故止戈為武。」意思差不多。

甲骨文

金文

小篆

楷體

武字是個會意字。從止，從戈。甲骨文的寫法，下面是以止為足（古文止為趾，腳趾），上面是象形的戈（像一種長柄兵器形），是一個人持戈行進。持戈而行，是要動武嗎？這就是中國漢語文化的有趣之處了。

我一直強調，要想懂得漢語文化，一定要切入其內在的本源，要破譯其文化本質的基因和密碼。持戈而行，當然是要動武，但這只是行動的表層現象，而行動的深層意蘊，卻是落實到禁暴戢兵，以武止武，其最終的歸結點，是消解暴力，是和平！

多麼的了不起！這就是漢語文化的神妙之處。武這個字，其實很難準確地翻譯成其他的語言文字，因為其他的語言文字，難以傳達止戈為武的這一內在精妙含義。日本的武士道，源流是出自中國，但是顯然已經偏離於止戈為武的精髓。

我曾經在《武俠小說的詩學》一文中發揚金庸武學的奧義：「讀金庸先生的《笑傲江湖》，在那千岩萬壑的大手筆揮灑出來的豐富的磅礴言辭之中，你不可能讀不出金庸先生胸中洶湧的詩意：滄海曾經、世事洞明的博大，寬懷和愛，溫柔慈悲的仁人胸懷，為世間凡人的痛苦發出的深長歎息，以及英雄的悲愴和有著不可辱沒的尊嚴的屈服，氣吞萬里如虎的豪氣壯志和指點江山激揚文字……。」

好了，武，暫且談到這裡，下面我們來談俠。

小篆

俠，《說文解字》解釋：「俜也。從人夾聲。」這個稍微有點難解。

段玉裁《說文解字注》說：「俠、甹也。按俠之言夾也。夾者、持也。經傳多假俠為夾。凡夾皆用俠。從人。夾聲。」這是說，俠和甹字相通，俠其實就是說的夾。夾，就是相持。古文經傳中，多假借俠為夾，凡是夾字都使用俠字。

小篆

俜是什麼意思？《說文解字》解釋：「使也。從人甹聲。」

甹是俜的本字。甹是什麼意思？段玉裁《說文解字注》說：「亟詞也。從丂從由。或曰甹，俠也。三輔謂輕財者為甹。」這是說，甹是一個敏疾的語氣詞，下面是丂（讀作考），上面是由，古時三輔（古指京師附近）之地把輕財者叫做甹。

丂（讀作考）是氣之所阻，由是氣之發生。我靠（此處用此俗詞，情景合適，故請讀者朋友諒之）！合之，甹是任性使氣！

俠訓詁為俜與甹，有輕財使氣之義。

而古文中俠與夾字相通，我們來看夾字。

甲骨文

小篆

楷體

夾是一個會意字。甲骨文字形，像左右二人從兩邊輔助中間一個人。所以夾的本義是從左右兩方相持相助。

夾字引申之詞有：夾輔（共同輔佐）；夾介（猶言輔佐）；夾助（輔助）；夾持（猶夾輔，匡助）。

好了，有了以上的訓詁的鋪墊，現在我要總結我對武俠之義給出簡明的答案，只有八個字：

止戈為武，助人為俠！

此為武俠之直擊要害之真義！

不能止戈，不能助人，要武俠何用？難道只是做個自了漢？地藏王菩薩說，地獄未空，誓不成佛。眾生度盡，方證菩提；呂祖得道，誓願度盡天下人；馬克思說，無產階級只有解放全人類，才能最終解放自己……言雖萬端，理歸唯一。助人者，乃自助也；度人者，乃自度也。

自由和平等，是武俠精神的內在支撐。不平則鳴，所以會「路見不平一聲吼」；我心抑鬱，所以會「明朝散髮弄扁舟」。

我還有對司馬遷《遊俠列傳》的關於俠的三條原則的解讀。

第一，說話算數：「重然諾」（看重此已然之承諾），「其言必信，其行必果，已諾必誠」。

第二，捨己救人：「千里贍急，不吝其生」（千里周濟急難，不會吝惜生命）。

第三，做好事不留名：「不矜其能，羞伐其德。」（不矜誇自己的本事，羞於談及自己對他人的恩惠）。

歸根結柢，武俠，八個字：

止戈為武，助人為俠！

最後解釋一下什麼是武學之「學」。

小篆

《說文解字》解釋，「學，覺悟也」。本字作斅，篆省作學。這個字解讀的關鍵是學字上部的「爻」，爻是學字的字根。

爻，《說文解字》解釋：「交也。象《易》六爻，頭交也」。

《周易》易占使用蓍（蓍草）進行占卜，所以爻字表示蓍草數目交錯和變動的意思。《周易．係詞》中說：「爻者，言乎變者也」。又「爻也者。效此者也」。又「爻也者。效天下之動者也」。所以爻字，又有效仿之義，仿效其蓍草交錯和變動的爻象。

繁體字「學」，上部有「爻」的部首，所以學與效，字源是同類。

學字的上部，猶如易占時以兩手擲出蓍草，構建仿效出世界萬事萬物的象徵。而學字的下部，則是小孩子在房屋中進行啟蒙的學習教育。

所以，總結一下，學字的訓詁，有覺悟和仿效之意。

金庸的武學，就是對武俠精神的洞察覺悟，是法天象地，是對宇宙間普世價值的推衍和仿效。

二、中國古代兵器為什麼是十八種？

下面談談武俠文化中另一個大的關目。關於刀劍的文化意義，以及刀劍文化在金庸武學中的側重不同的發揮。

武俠小說，當然離不開武功和兵器。讀者朋友都知道，中國古代武俠文化，有十八般武藝和十八種兵器的說法，但是我們有沒有想過，為何是十八？不是十七，不是十九！

十八這個數字，在我們漢語文化中，有著特有的秘密意義。這一切，其實都離不開漢語古籍中經典中的經典，被譽為群經之首的《易經》。

同樣是在二〇一一年七月湖南衛視《零點鋒雲》節目，我作為學者嘉賓講評當時檔期大片電影《武俠》時，我用了八個字總結了武俠文化的源起：

拳起於易，理成於醫。

《周易》是一切漢語文化的總源頭。在明代皇家《永樂大典》、清代皇家《四庫全書》的編列中，《周易》均居首位。古人曾言：「不讀易不可為將相」。不知易，居然是不可治理天下！學習《周易》，一直是被視為何等重要的大事！

漢語文化中各種學問分支，其實均是從《周易》而來。所以占卜家說它是占筮書，天文學家說它是天文書，哲學家說它是哲學書，歷史學家說它是歷史書，醫學家說它是醫學書，農學家說它是農事書，而文學說它是一部文字優美結構嚴謹的文學書，甚至詩歌的起源都在其中可以找到……《周易》的重要性自是不需在此處詳說。

當然，我要在這裡說的是，武俠文化的內在支撐的理論和源起，是《易經》。

簡單地說，古易之占卜筮算，需要用五十根蓍草，共十八次揲算才能算出六爻成一卦，所謂十八變成一卦。

所以，十八這個數字，蘊涵了一次完成的天衍變化。《易經》說，百姓日用而不知。在我們漢語文化的語境中，很多看似尋常、理所當然的事情，其實是明堂深沉。

想起來了還有其他的什麼關於十八這個數字的常用詞語嗎？十八羅漢，少林十八銅人，說唐十八好漢，十八怪，女大十八變，還有什麼？韋小寶唱的十八摸……

由十八數字衍生，還有三十六，七十二，一百零八……好了，我們應該明白了十八般武藝和十八種兵器的數字源起。但是究竟有哪十八般武藝和十八種兵器呢？

其實，十八，只是一個統稱，歷史上對於具體的十八般武藝和十八種兵器，記載不一，很難準確辨析。

十八般武藝的名稱，始見於南宋，到了元朝，已是流傳甚廣，如《古今雜劇》所收《敬德不服老》中就有「他十八般武藝都學就，六韜書看的來滑熟」的唱詞。

元末明初施耐庵在《水滸傳》第二回中描寫九紋龍史進從王進教頭習武時說：「哪十八般武藝？矛、錘、弓、弩、銃、鞭、鐧、劍、鏈、撾、斧、鉞並戈、戟、牌、棒與槍、扒。」這裡十八般武藝與十八種兵器等同為一。

明代後期萬曆年間，謝肇浙在《五雜俎》卷五中說：「十八般：一弓、二弩、三槍、四刀、五劍、六矛、七盾、八斧、九鉞、十戟、十一鞭、十二鐧、十三槁、十四殳、十五叉、十六把頭、十七綿繩套索、十八白打。」

清初周亮工《閩小記》記載：「白打，即今之手搏，名短打者是也」。又說「武藝十八，終以白打，以白打為終，明乎其不持寸鐵也」。

三、中國古代兵器，哪一種最能代表武俠文化？

我們不在這裡仔細辨析其十八般武藝和十八種兵器的具體細節，我只是想繼續提出這一問題：十八般武藝或十八種兵器，哪一種最能代表中國古代的武俠文化？

有人說是弓。因為古代冷兵器時代，其實弓的遠距離殺傷力最強。比如明代抗倭名將唐順之在《武編》中說：「軍器三十有六，而弓稱首。武藝一十有八，而弓為第一。」以作戰的殺傷力來看，弓為第一，有其合理性。但是這是形而下的解釋，並非文化的本質旨趣。

也有人說是刀。因為刀在人們生活中最為常見，且其殺傷力很強。

其實我們稍微想一想就能知道，武俠小說中，最富代表性的武器，最經常會直接出現的，是刀與劍。

刀與劍，最是富有武俠文化的直觀美感。

那麼，如何分析和解讀刀與劍的文化意義呢？在文化意義上，刀與劍孰先孰後？孰優孰劣？

為了回答這樣的問題，我們還是先要從文字的訓詁上進行分析。

《說文解字》解釋：「劍，人所帶兵也」。劉熙《釋名》解釋：「劍，檢也，所以防檢非常」。《釋名》的解釋是音訓，以檢訓劍。檢字本義為書匣上的標籤，轉義為法式法度，約束限制。檢字又通「斂」，指收斂和約束言行。

小篆

所以，劍這種佩戴的兵器，是防身防患，收斂約束言行，備於非常不虞之用。

看到沒有？劍的文化本源意義，不是進攻，而是防守，且警示自我檢攝。《大學》中說：「自天子以至於庶人，一是皆以修身為本」。劍，是君子用來修身的！

中國古代文人雅士，所佩為劍，你看過有帶刀的嗎？唐代大詩人李白青年時仗劍去國，辭親遠遊，他為什麼不帶刀？

古龍在《談我看過的武俠小說》一文中也說：

> 但是武俠小說中最常見的武器，還是刀和劍。
>
> 尤其是劍。
>
> 正派的大俠們，用的好像大多數是劍。
>
> 一塵道長的劍，李慕白的劍，黑摩勒的劍，上官瑾的劍，展昭的劍，金蛇郎君的劍，紅花會中無塵道長的劍，「蜀山」中三英二雲的劍……

所以，在文化意義上，十八種兵器，最具主流的文化象徵的代表，是劍！

古龍在《談我看過的武俠小說》一文中又說：

武俠小說中，最主要的武器是劍，關於劍術的描寫，從唐時開始，就有很多比現代武俠小說的描寫更神奇。

紅線和大李將軍的劍術，已被渲染得幾近神話，但有關公孫大娘的傳說，卻無疑是有根據的，絕非空中樓閣。

杜甫的《觀公孫大娘弟子舞劍器行》，其中對公孫大娘和她弟子李十二娘劍術的描寫，就是非常生動而傳神的。

「昔有佳人公孫氏，一舞劍器動四方，觀者如山色沮喪，天地為之久低昂。霍如羿射九日落，矯如群帝驂龍翔，來如雷霆收震怒，罷如江海凝清光……」

杜甫是個詩人，詩人的描寫，雖不免近於誇張，可是以杜甫的性格和他的寫作習慣看來，他縱然誇張也不會太離譜。

何況，號稱「草聖」的唐代大書法家張旭，也曾自言：「始吾聞公主與擔夫爭路，而得筆法之意，後見公孫氏舞劍器，而得其神。」

此可見，公孫大娘不但實有其人，她的劍術，也必定是非常可觀的——劍器雖然不是劍，是舞，但是舞劍也必然可以算是劍術的一種，只可惜後人看不到而已。

中國古代文化以儒為主，以道為輔。劍，不僅是儒者的標配，同樣也是道家的必須。仙，在道家文化中，總是和劍聯繫在一起。道士作法，也是用劍不用刀。

刀呢？

《說文解字》解釋：「兵也。象形。凡刀之屬皆從刀」。劉熙《釋名》解釋：「刀，到也，以斬伐到其所也。」

《釋名》對刀的解釋還是音訓，以到訓刀，刀是用斬伐的動作砍到其目標的所在。所以，刀是進攻型的武器，主動出擊，目標精準。

甲骨文

金文

小篆

楷體

與劍相比，刀就有些另類了。劍為正，刀為奇。刀，是劍的輔助和補充。

西方古代只有雙刃和直型的劍，對西方人來說刀也被定義為劍的一種。日本則沒有區分刀與劍，日文中的「劍道」或者「劍術」其實是中國唐代流傳到日本的雙手刀法。

中國古代漢語文化的博大精深的豐富性，由此可見一斑。

我在《評傳古龍》一書中，詳細論述了中國古代武俠文化的兩支分流：儒化傾向的武俠和道化傾向的武俠。我詳細論述了，金庸的武俠小說是儒化傾向的，而古龍的武俠小說則是道化傾向的。金庸的武俠小說偏重於寫俠之大者，而古龍的武俠小說則是側重於寫俠之風流。

金庸的武俠小說，對劍的注重較多，華山論劍，就是其儒俠武學價值觀的核心代名詞；而古龍的武俠小說，求新求變，所以雖然書名《多情劍客無情劍》，但實際寫的卻主要是刀，一曲小李飛刀，極盡古龍武學道俠瑰麗風流的意蘊。

四、《射鵰英雄傳》中華山論劍，請問，劍在哪裡？

好了，下面又是一個小小的問題：《多情劍客無情劍》主角李尋歡，其所用武器明明是「小李飛刀」，劍在哪裡？明明是刀客而不是劍客？這難道不是名實不符嗎？此處又有什麼奧妙玄機？

確實是這裡有需要仔細辨析的地方，請讓我慢慢道來。

金庸的武俠小說同樣有這一類似的難解之處。比如，《射鵰英雄傳》中華山論劍，請問，劍在哪裡？

華山論劍東邪西毒南帝北丐，他們用劍嗎？

黃藥師，「桃花影落飛神劍，碧海潮生按玉簫」是他一生武功的寫照。雖然他有落英神劍，但他並不常用，他常用的兵器是玉簫，常用的武功是「劈空掌」、「彈指神通」、「桃花落英掌」等等。

歐陽鋒，除「蛤蟆功」外，其蛇杖亦是獨門武器，也不用劍。

一燈大師，以大理一陽指自成一派身兼「先天功」及「一陽指」兩門上乘武學，與劍無涉。

洪七公，其獨門武學為「打狗棒法」及「降龍十八掌」，沒有劍的事。

那麼，他們比武過招，為何要說論劍？

其實，道理很簡單。前面說過，中國古代武俠文化，最具文化象徵和代表性的兵器是劍，所以，劍，從形而下之器，上升到形而上之道。

劍，已經不是僅僅的實指，已經成為了武俠文化的象徵。

說論劍，論的已經是泛指的武學之道了。

所以，華山論劍可以沒有劍；所以，多情劍客可以是多情刀客，無情劍可以是無情刀。

作家張英曾經問過金庸類似的問題：「有人批評，《射鵰英雄傳》裡，華山論劍，最終入選者，沒有一個是劍客。」

讀者可以參考金庸的回答：

「我簡單解釋一下，我起初用這個名字，是一個文雅的講法，一個代替的講法，並不是真的要討論劍法，也不是用劍來比武。有人批評過，你這個華山論劍沒有一個人用劍，有的用手掌，有的用手指，為什麼用『論劍』。我說『論劍』是中國人文雅的講法。在最新的改本中間，我做了一個比喻，好像請你到我家吃飯，不是說就三大碗白米飯，也包括吃菜、吃魚、吃肉，喝湯更重要。可能從頭至尾不吃飯了，後來吃點麵條，喝三杯。」

五、日本武士道，其最具代性表的兵器是什麼？

這個答案應該很容易猜到吧？應該都聽說過日本的「武士刀」吧？

中國古代文化的特點是不搞一元論的單一絕對的思維方式。比如儒道互補，儒雖主流，道還輔助。劍雖然已經抽象地成為中國古代武俠文化的象徵性符號，但卻並不是獨霸武林，還有刀，作為武道圓融的有機組成和補充。

劍和刀，陰陽調合，靜動得宜，柔剛相濟。日本學習中國古代文化，其兵器的代表是著名的「武士刀」，很顯然，是學得有些偏了，只是強調了陽剛和攻擊的一面。這也似乎與其民族文化性格有關。

事實上，在實戰中，刀的攻擊力，殺傷力，一般說來是要比劍更大。比如歷史上著名的倭刀，確實是非常厲害的戰爭殺器。

六、與武俠文化相配，日本的花文化，其代表性的花是什麼？

劍吹白雪，刀飛繁花。刀劍的鋒芒銳利的殺伐之氣，正要以花朵短暫燦爛的絕美相映襯。

說到日本的刀，不能不提起《菊與刀》這本奇書。《菊與刀》，是美國人類學家露絲．本尼迪克特，在二戰勝利之後，奉美國政府之命，為分析、研究日本社會和日本民族性所做的調查分析報告轉而寫成之書。

「菊」是日本皇室家徽，「刀」是日本武士文化的象徵。

本尼迪克特用「菊」與「刀」來揭示日本人的矛盾性格，亦即日本文化的雙重性（如愛美而黷武、尚禮而好鬥、喜新而頑固、服從而不馴等），具有深刻的洞見。

日本武士文化的象徵是「刀」，中國武俠文化的象徵卻是「劍」，兩相對照，確實是大有意味。

日本的花文化的象徵是「菊」，中國呢？

前面我們已經一再說到，日本學習中國古代文化，往往會有意無意地偏離，此言並不虛妄。日本的花文化也是學中國的，但也是學偏了一點。

七、與武俠文化相配，中國的花文化，其代表性的花是什麼？

中國古代的花文化象徵是什麼？讀者朋友應該聽說過「歲寒三友」松竹梅，和「花中四君子」梅蘭竹菊吧？

宋代林景熙《五雲梅舍記》記載：「即其居累土為山，種梅百本，與喬松修篁為歲寒友。」

明代黃鳳池輯有《梅竹蘭菊四譜》，從此，梅蘭竹菊被稱為「四君子」。中國古代文人用「四君子」來比喻君子的高潔品德。

讀者朋友應該注意到了吧，不管是「歲寒三友」，還是「四君子」，花中，惟有梅花，並擅雙美。而在《群芳譜》中，梅花位列「花魁」！

所以，答案出來了，中國古代的花文化象徵，是梅花！梅花，越冷她越開花，傲雪凌霜，獨把春報。

梅，最早書面記載，見於《尚書》和《詩經》，不能不說是歷史悠久。《詩經》中已經有「山有嘉卉，候栗候梅」的對梅花嘉美的描寫和讚譽。在中國古代文化中，梅花開百花之先，獨天下而春，以它的卓絕孤清、高潔、孤傲的品格，成為最具影響力的人格寓意和精神象徵。

當然，說到梅花，不能不來稍稍說一下牡丹。也有一種意見，是以牡丹來代表中國古代的花文化。

「國色朝酣酒，天香夜染衣」是唐中書舍人李正封詠牡丹的名句，「國色天香」成了牡丹的代名詞。

唐朝的時候，牡丹豔壓群芳，被封為「花王」。「春風得意馬蹄疾，一日看遍長安花。」看的就是牡丹花。牡丹雍容富貴，確實可以象徵大唐的盛世氣象。

後來明朝遷都北京，在極樂寺內遍植牡丹，也是以牡丹為尊。

清朝自認為「大清」是可以和「大唐」的盛世氣象相比，所以也尊牡丹，慈禧在頤和園修築國花台，在台上遍植牡丹，並刻石題字為「國花台」。

但是辛亥革命之後，梅花不畏嚴寒，堅貞不屈，確實更能夠在那個動盪不安國運衰微的時代有特殊的象徵意義。南京中山陵，更是在其附近的梅花山遍植梅花，陪伴國父孫中山之靈。

中國古代文化史中，以梅花作為詩詞歌賦和書法繪畫的題材創作出來的作品，無可勝數，是其他任何一種花卉都無法相比的。

古人還以梅花配易經元亨利貞四德。朱子語類卷六十八云：「文王本說『元亨利貞』為大亨利正，夫子以為四德。梅蕊初生為元，開花為亨，結子為利，成熟為貞。物生為元，長為亨，成而未全為利，成熟為貞。」（見中華書局一九八五版《朱子語類》一六八八頁）

中國古代文化，武俠文化中，以劍為標配；花文化中，以梅為標配。

八、日本的花文化以「菊」為象徵，有什麼不妥嗎？

日本的花文化以「菊」為象徵，有什麼不妥嗎？其實算不上，只是略失正大平和的大宗氣象。

北宋學者周敦頤著名的《愛蓮說》中如此為菊花賦名：「菊，花之隱逸者」。陶淵明的名句：「種菊東籬下，悠然見南山」，更是寫出菊之隱者超塵脫俗的風韻。

不過，讀者朋友應該都讀過黃巢那首觸目驚心的《不第後賦菊》詩：「待到秋來九月八，我花開後百花殺。沖天香陣透長安，滿城盡帶黃金甲。」

原來菊花還有這般的別樣的殺氣！

研究日本文化，書名《菊與刀》，看來，如果要研究中國文化，書名非取以《梅與劍》不可了！行文至此，讀者朋友與我可以會心一笑！

九、與武俠文化相配，中國的音樂文化，其代表性的樂器是什麼？

與武俠文化相配，中國音樂文化，其代表性的樂器，是琴！

為什麼是琴？琴的文化象徵是什麼？

正如兵器中劍為狀元，花卉中梅為魁首，那麼，中國古代樂器中，琴是大雅。

象形字

琴，是一個象形字，其字形就是一張琴。《說文解字》解釋：「琴，禁也。神農所作。洞越。練朱五弦，周加二弦。象形。」這是說，琴，有禁止之義。傳說是神農所作，琴腹中空有兩個孔起作通達傳音之用，有精煉紅色之五根絲弦，周代之文王、武王各加一弦（共七弦）。其字像琴之首尾的形狀。

琴，有禁止之義，這是文字學的音訓。禁止什麼？段玉裁《說文解字注》解釋得更明白：「禁者、吉凶之忌也。引申為禁止。白虎通曰。琴、禁也。以禁止淫邪、正人心也。」

所以，一切都是正心修身！

中國的傳統文化講究以文載道，所以，中國古代樂器中，琴是當仁不讓的第一。

所以，中國古代文人，琴與劍是標配。文人出門遠遊，最佳配置就是一琴一劍。

琴劍並稱，很早就見於古代詩文。

南朝梁元帝《法寶聯璧序》：「箴興琴劍，銘自盤盂。」（「箴」和「銘」是古代的兩種文體，「箴」是規戒性的韻文；「銘」是刻在器物或碑石上兼於規戒、褒贊的韻文。陸機《文賦》：「銘博約而溫潤，箴頓挫而清壯。」）

唐薛能《送馮溫往河外》詩：「琴劍事行裝，河關出北方。」

宋陸遊《出都》詩：「重入修門甫歲餘，又攜琴劍返江湖。」

古時文人攜帶琴與劍，有以寓剛柔相濟之意。

所以，又出現了琴心劍膽這個詞。

琴心取柔，指的是內心正大，豐富，善良，敏感；劍膽喻剛，指的是態度果決，凌厲，堅強，威猛。

我在研究金庸時談到，金庸八歲時，翻到一本武俠小說叫《荒江女俠》，是由當時二三十年代「新文派」始祖，言情小說名家顧明道寫的。

金庸武俠小說的「俠侶」模式，是《荒江女俠》中方玉琴、岳劍秋這對「琴劍二俠」男女雙俠閩蕩江湖樣式的延續。

十、劍氣簫心，與劍膽琴心，有什麼分別呢？

金庸的武俠小說以傳統性擅長，古龍的武俠小說以現代性取勝。所以金庸會不厭其煩地鋪陳傳統文化中的琴棋書畫，而古龍則是不會刻意於細節，而是更多注重發揚傳統文化之本質，其武學的精髓同樣是直抵中國傳統文化的內核。

如果說金庸的武俠，寫的是劍膽琴心，那麼，古龍的武俠，寫的則是劍氣簫心。

中國古代武俠文化中，琴劍是正配，簫劍是奇配。

琴劍，琴心劍膽，這種模式主要是儒家文化的傾向。在武俠文化，是儒化。

劍氣簫心，與劍膽琴心，有什麼分別呢？

我們先來看什麼是簫。

簫，《說文解字》解釋：「參差管樂。象鳳之翼。從竹肅聲。」

段玉裁《說文解字注》進一步說明：

「參差管樂」：「言管樂之列管參差者。竽笙列管雖多而不參差也。」這是說，管樂的排列參差不齊，竽和笙雖然也是排列管樂，雖然多但是不是參差不齊。

「象鳳之翼」：「排其管相對如翼」。這是說，管樂的排列相對就像鳳鳥的羽翼。

《風俗通》記載：「舜作簫，其形參差，以象鳳翼。」這是說，簫是虞舜所作。

簫是古代管樂器名，古代最早的簫是排簫，是許多管子排在一起的。後世用一根管子，豎吹，又叫洞簫。

劉熙《釋名》說：「簫，肅也，其聲肅肅而清也。」簫的聲音清肅，有清寂、幽靜、蕭瑟、肅殺、悲哀等等含義。所以，很顯然，簫與琴在文化象徵意義上非常不一樣。簫與琴，有點像刀和劍，一奇一正，一動一靜，一剛一柔，一陽一陰。

琴和劍是正配，是儒。而簫和劍是奇配，近道。

簫劍相配，我以為說得最為貼切，搔到癢處的，是龔自珍的詞《湘月・天風吹我》：

壬申夏泛舟西湖，述懷有賦，時予別杭州蓋十年矣

天風吹我，墮湖山一角，果然清麗。曾是東華生小客，回首蒼茫無際。屠狗功名，雕龍文卷，豈是平生意？鄉親蘇小，定應笑我非計。

才見一抹斜陽，半堤香草，頓惹清愁起。羅襪音塵何處覓，渺渺予懷孤寄。怨去吹簫，狂來說劍，兩樣銷魂味。兩般春夢，櫓聲蕩入雲水。

狂來說劍，怨去吹簫，是我非常喜歡的兩句，也是「劍氣簫心」一詞最好的注腳。

狂，是嘯傲江湖，劍氣干雲；怨，是酒入愁腸，幽情難訴。

狂，是三杯吐然諾，五嶽倒為輕；怨，是眼花耳熱後，意氣素霓生。

狂，是重義輕生一劍知，白虹貫日報仇歸；怨，是片心惆悵清平世，酒市無人問布衣。

狂，是創造的孤獨；怨，是天才的寂寞。

劍氣簫心，最能夠象徵古龍的武學境界。

從某種角度來說，中國古代的儒家文化是傳統性，相對而言中國古代的道家文化，則是具有現代性。

現代西方的存在主義哲學，就是深受中國古代道家文化的影響。提出人在詩意裡棲居的存在主義大師海德格爾，家裡的牆壁是貼滿了老子《道德經》的警語妙言，更是在莊子的《南華經》中尋找靈感。

如果說儒家文化更多的是要解決哲學的價值觀問題，而道家文化則是主要解決哲學的審美問題。

金庸的俠之大者是價值觀的問題，而古龍的俠之風流，則是審美的問題。

十一、中國古代酒文化儒家推崇的是什麼？

金庸的武俠小說寫酒的地方不少。

為什麼會這樣？我們當然又要來仔細辨析一番。

甲骨文

小篆

酒，《說文解字》解釋：「就也，所以就人性之善惡。從水從酉，酉亦聲。一曰造也，吉凶所造也。古者儀狄作酒醪，禹嘗之而美，遂疏儀狄。杜康作秫酒。」

什麼意思？這是說，酒，文字學音訓為迎就之意，酒是用來迎就人性的善惡的。字形是從水從酉，酉字亦兼酒字的表字形聲（酉字和酒的關係，限於篇幅，這裡就不去討論了）。另一種說法是，酒，是造就之意，酒造成了人的不同的吉凶。傳說古時儀狄（儀狄是夏禹時代司掌造酒的官員，虞舜的後人）最先製作了酒醪，大禹品嘗了之後覺得很甘美，於是就疏遠了儀狄（漢代劉向編輯的《戰國策》記載：昔者，帝女令儀狄作酒而美，進之禹，禹飲而甘之，曰：「後世必有飲酒而之國者」。遂疏儀狄而絕旨酒）。後來杜康製作了秫酒（用黏性大的高粱釀成的酒）。

（杜康是誰歷史上說法不一，按照據《說文解字》釋「帚」字：「古者少康初作箕、帚、秫酒。少康，杜康也」。杜康就是少康，夏朝那個有名「少康中興」的帝王。）

《說文解字》作者許慎字叔重，精通儒家經典，被稱為「五經無雙許叔重」，所以這裡對酒的解釋是儒家正統。

《禮記．樂記》說：「酒食者，所以令歡也。」

《漢書．食貨志》記載：「酒，百樂之長。」

這兩處都說得簡明好懂。

中國傳統文化自古以來，詩酒並稱。最早詩經中就有「我有旨酒」，「我姑酌彼金罍」等句。當然，最有名，說得最明白直接的，是魏武帝曹操的《短歌行》：「何以解憂，唯有杜康。」

中國古代酒文化，其實也有儒家和道家兩種不同的傾向。

儒家當然是推崇雅正，樂而不淫，哀而不傷。《易經》、《詩經》等儒家的經典裡，都有勸告人戒酒或節飲的箴規。

十二、中國古代名人中，你知道是哪位的酒量最好？

順便告訴讀者朋友一個冷知識，古代名人中，哪位酒量最好？

我個人研究出來的答案，居然是我們的聖人孔夫子。

《論語》中記載，孔子，「惟酒無量，不及亂」。什麼意思？《論語》是孔子弟子及其門人編纂記載孔子生平言行的實錄，孔門弟子經過長期反覆觀察，孔子的酒量是多少？竟然大家從來沒有可以給出一個數位化的準確概念！半斤？一斤？三斤？五斤？不知道啊，弟子們回憶起來，只是發現，他們老師的酒量，是「無量」！

雖然東漢王允在《論衡》中說：「文王飲酒千鐘，孔子百觚」，人為給出了一個百觚之量，但顯然是他的臆測，是為了行文的工整對仗，與實際的歷史記錄並不相符。

高度數的蒸餾酒是元代才有的（《本草綱目》記載：「燒酒非古法也，自元時創始」），此前都是低度酒，所以宋代水滸傳中的梁山好漢們，才會大碗飲酒。所以唐代的李白才能「斗酒詩百篇」。

梁山好漢們、李白們，酒量不如孔子！為什麼？因為梁山好漢們、李白們，酒量再好，都是有量。三碗不過崗，武松喝了十八碗。李白喝酒，也有「金穀酒數」「會須一飲三百杯」。但是孔夫子的酒量，竟然是無量！而最為恐怖的是，他還「不及亂」，他的弟子三千賢人七十二，就沒有見他喝醉失態過！

這無疑是儒家飲酒文化中的神話！

十三、中國古代酒文化道家推崇的是什麼？

道家傾向的飲酒文化，不是這樣。

道家的飲酒文化精髓所在，所推崇的價值觀，直接源頭，是莊周追求絕對自由的逍遙的人生審美觀，是一生死、齊萬物的超越自由境界。

竹林七賢中，劉伶有一篇著名的《酒德頌》，是道家傾向飲酒文化的宣言書。「有大人先生，以天地為一朝，萬期為須臾，日月有扃牖，八荒為庭衢。」「幕天席地，縱意所如。」「兀然而醉，豁然而醒，靜聽不聞雷霆之聲，孰視不睹山嶽之形。不覺寒暑之切肌，利欲之感情。俯觀萬物，擾擾焉如江漢之載浮萍。」

劉伶將道家傾向飲酒文化，直接推到了「至人無我，神人無功，聖人無名」的大逍遙遊審美境界。

劉伶的境界接近尼采在《悲劇的誕生》中闡發的酒神意志：

「……從人底心靈深處，甚至從性靈裡，升起的這種狂喜的陶醉；那末，我們便可以洞見酒神狄奧尼索斯的本性，把它比擬為醉境也許最為貼切。或是在醇酒的影響下原始人和原始民族高唱頌歌時，或是在春光漸近萬物欣然向榮的季候，酒神的激情便甦醒了；當激情高漲時，主觀的一切都化入混然忘我之境。」

古來聖賢皆寂寞，唯有飲者留其名。

道家傾向的飲酒文化，不僅體現了道家酒神精神的絕對意志的逍遙審美，代表著一種齊生死，悟萬物的道化酒神意志，更是契合了古希臘的拋棄傳統束縛回歸原始狀態的生存體驗的酒神意志，在飲酒的神秘迷醉和放棄的狀態之中，體悟和接近生命最本質的秘密。

十四、用一個字來解釋中國傳統文化，你選哪個？

漢語文化，博大精深，不是假的。

《周易》說，生生之為易！太到位了！

又說：「天地之大德曰生」。

又說：「易有太極，太極生兩儀，兩儀生四象」。

老子是：「一生二，二生三，三生萬物」。

為什麼都是用「生」這個字？為什麼不用其他可以表示關係連接的字？

幾十年來，我研究中國傳統文化，終於懂得了《周易》和老子的這個「生」字的重要性！

這是我個人也許不夠成熟的想法（所以非常希望得到讀者朋友的批評和指正！），我以為，中國傳統文化，所有的精髓，如果只能用一個字來說，那就是：生！

馮友蘭用了簡單的六個字，來解釋中國傳統文化中儒釋道三家的根本區別：

儒家，是樂生；道家，是長生；佛家，是無生。

都是一個「生」字！

儒家，是以肯定的態度來看待生；道家，是以超越的態度來看待生；佛家，是以否定的態度來看待生。

也許有人會認為儒家文化的核心，是「仁」這個字。這只是執其一段的視角。

儒家將仁義禮智配以五行，仁為春為木，義為秋為金，禮為夏為火，智為冬為水。

所以，仁，是春日草木的生機，是生。

生，這個字訓詁很簡單，《說文解字》解釋：「進也。像屮木生出土上。」

生，就是草木的生機。

道家經典，老子《道德經》最核心的哲學精髓是其中第四十章的四句話：「反者道之動，弱者道之用。天下萬物生於有，有生於無」。生，是宇宙的根本！

佛家經典《金剛經》，最著名的句子，就是：「應無所住，而生其心」。六祖《壇經》行由品記載，五祖弘忍為說《金剛經》，至應無所住而生其心，慧能言下大悟，一切萬法不離自性，得傳衣缽。生，是看破萬法覺悟的根緣！

所以，中國傳統文化中，生，這個字，是根本！

草木生長之後，會怎麼樣？一定會成熟吧？所以生，對應的一個字，就是成！

《說文解字》解釋：「成，就也」。《廣韻》解釋：「凡功卒業就謂之成。」成又有終結之義。古時的音樂，凡是樂曲每一終結，謂之為一成。《書．益稷》：「簫韶九成」。說的是簫韶之樂，演奏九次章節之後，才能完成結束。

《儀禮．燕禮》中：「笙入三成」。三成說的是三終。

（順便告訴讀者朋友一個很多人都不知道冷知識。孟子曰：「伯夷，聖之清者也；伊尹，聖之任者也；柳下惠，聖之和者也；孔子，聖之時者也。孔子之謂集大成。集大成也者，金聲而玉振之也。金聲也者，始條理也；玉振之也者，終條理也。始條理者，智之事也；終條理者，聖之事也。智，譬則巧也；聖，譬力也。由射于百步之外也，其至，爾力也；其中，菲爾力也。」什麼是集大成？網路上的百科詞條解釋「孟子稱讚孔子，才德兼備，學識淵博，正如奏樂，以鐘發聲，以磬收樂，集眾音之大成，用以讚譽孔子思想集古聖賢之大」。這起碼可以說是不準確的，成，這裡其實是一個音樂名詞，是音樂演奏的完美終結。孟子稱讚孔子，是說孔子猶如音樂演奏的完美終結，並不是「集眾音之大成」。「讚譽孔子思想集古聖賢之大」，只是一個後來的引申含義）

《禮．檀弓》中：「竹不成用」。成的訓詁，猶如善也。

總結一下，成，這這個字的訓詁，有完成終結之義，完成終結轉義為善，完成終結也轉義為實在。

成，是誠的本字！

什麼是誠？《說文解字》解釋：「信也」。《廣雅》解釋：「敬也」。《增韻》解釋：「純也，無偽也，真實也」。《易．乾卦》解釋：「閑邪存其誠」。

因為草木的成熟，成熟當然是會有果實。

所以，「實」，就是「成」，就是「誠」。《說文解字》解釋：「實，富也。引伸之為艸木之實。」

所以，我們現在，誠實，兩個字，連用！

由生，而誠，所以，中國傳統文化，如果用一個核心的字來說明，就是只有這個「誠字」！雖然《禮記．樂記》中有「著誠去偽，禮之經也」，但《中庸》有沒有說得更清楚！不誠無物啊！「誠者，天之道也。誠之者，人之道也」。《中庸》並不太長的篇幅，其實是一大半是在論述「誠」這個字啊！

什麼是誠？《心經》中說：「故知般若波羅蜜多，是大神咒，是大明咒，是無上咒，是無等等咒，能除一切苦，真實不虛」。

中國傳統文化，那些最重要的哲學概念：忠恕，仁義禮智信；逍遙，物物不物於物；慈悲，自覺覺他覺行圓滿。其實，都，可以，歸結於，這一個，由生，而誠，的，思維模式！生，是中國傳統文化之體；誠，是中國傳統文化之用。

（本文基於二〇一八年出版的《武學古龍》引論修改）

引言二

百年一金庸，金庸說不完

現代漢語小說家中恐怕沒有人的名氣能與金庸相比了，金庸的名氣已經真正做到了家喻戶曉，婦孺皆知的地步。

一個流行的說法是：「凡是有華人的地方，就一定有金庸的武俠小說。」

這句話是從一個典故套用來的。

北宋的詞人柳永，稍有點文學常識的人都耳熟能詳他的名句「楊柳岸，曉風殘月」。柳永的詞在當時風行天下，於是便留下了「凡是有井水飲處，即能歌柳詞」的千古美談。

金庸的武俠小說給他帶來了令所有操筆為生的文人驚豔羨絕的巨大聲譽，憑他那十五部氣象萬千的武俠小說，他無可爭議地成為武俠小說的一代宗師，並且把武俠小說這門藝術發展到一個前所未有幾乎是不能超越的絕頂奇峰，製造了漢語文化中又一個不可戰勝的神話。

已經有人這樣說：中國文學史上只有曹雪芹的《紅樓夢》和金庸的武俠小說才真正

做到了家喻戶曉，真正做到了寫盡中國的人生。

雖然現在還不是蓋棺論定的時候，我們卻不能不承認這樣的事實：金庸的武俠小說讓人迷好的程度已經到了聳人聽聞的地步。

《金庸傳》的作者冷夏說：「從獲得諾貝爾獎的教授到販夫走卒，從黃土高原到美利堅，各個階層、各個地方，到處都有金庸迷。除了金庸，極少有哪一個作家的作品能如此廣泛地受到人們的喜愛。」

金庸是一個神話，一個奇蹟，也是一個異數。

金庸這兩個字已經不單單是一個名字，而變成了一種現象。

金庸現象是中國文化史上最富有傳奇色彩和最富有神秘魅力的華章。

金庸的成功雖然首先是他的武俠小說帶來的，但金庸與其他成功的武俠小說作家最大的區別是，金庸的「奇蹟」並不僅僅是武俠小說。

這是中國文化史上相當罕見的情況，一個作家居然在他本份的寫作才情這外，還兼有數種天才。

對金庸的武俠小說公認的評價是博大精深，氣象萬千，他的如椽大筆縱橫塗抹，大開大合，胸羅萬象，雄渾恣肆。

這樣的評論完全可以一字不改用到形容金庸這個人身上。金庸最大的神奇之處就在於他個人的萬千氣象，他的身上似乎蘊含著一種神秘的力量，使他在人生的道路上具有無窮的可能性。

金庸不僅是武俠小說作家，他同時又是一個企業家，一個政治家，一個政論家，一個書生，一個大俠，一個隱士，他的無窮可能還表現在他曾經是一個編劇和導演。

金庸似乎是千面觀音或是多臂如來，在他人生道路上，他居然在各個幾乎是不能相容的領域中都能揮灑自如，得心應手，勝場獨擅。

作為一個武俠小說作家，他成為武林盟主，一代宗師。

作為一個企業家，他成為海內華人作家的首富、報業鉅子。據一九九一年香港《資本》雜誌統計資料，金庸以十二億資產列為香港九〇年代華人億萬富豪榜第六十四位。

作為一個政治家，金庸參政議政，參加香港基本法草委，並親自草擬新政制協調方案，中共高層如鄧小平、胡耀邦、江澤民都曾會見他並與之長談，中國台北和中華台北之爭也是在金庸家裡解決的。金庸作為一個富有現實精神和寬容態度的政治家，正體現了他氣象萬千中悲憫人世的博大。

作為一個編劇和導演，金庸有數十部劇本被拍成電影並由當時紅星夏夢、陳思思等主演，金庸親自執導的電影《王老虎搶親》，賣座頗佳，大陸觀眾多知道這部電影，只是沒想到居然是金庸執導。

作為一個政論家，金庸寫的《明報》社論被公認為「香港第一健筆」，連國共兩黨政要，美國國務院也剪輯他的社評作為研究資料。中越戰爭期間，金庸連下一個月預測，無不中的，對時勢、政局發展的分析、預測，無人不對金庸政論的高明傾服。

作為一個「大俠」，金庸從小就具有琴心劍膽俠骨柔腸，重然諾，深感情。金庸昇華了大俠的內涵，並且一生身體力行，修煉大俠人格。

作為一個書生，金庸又是傳統意義上最純粹的書生，他每天都堅持看書六個小時以上，他的私人藏書在香港名列前茅，六十年代他還刻苦自修英文，他完全過著書生的生活。

作為一個隱士，金庸真正做到了急流勇退，淡出江湖，一九七四年金庸宣佈封筆，不再寫武俠小說，一九八九年他辭去所擔任的政界職務，一九九二年又出售了《明報》。這些重大的選擇只有像范蠡、張良這樣真正的大隱才能做到。

金庸是武俠小說作家的一個泰斗式的人物，他的成功，製造了中國文人幾千年來正統的「修身、治國、齊家，平天下」的夢想得以完滿實現的神話。

舊派武俠小說，經過金庸卓有成效和用心良苦的改良，其藝術性和思想性在金庸的十五部小說中達到了巔峰，這個巔峰不能說不是一個神話。

當時所有的人都以為金庸的小說已經盡善盡美，無人能與匹敵，是一個凡人所無法逾越的巔峰和絕頂，這個巔峰不能說不是一個神話。

甚至已經流行了這樣一個口號：「金庸之後再沒有武俠小說。」

從金庸開始，武俠小說這一獨特文體本身的神話從此開始建立。

對武俠小說存在偏見的人並不是沒有，但即使這樣的人也不可能否認和抹殺武俠小說的獨特魅力和它對我們當今這個資訊時代強大的征服力和感染力。

中國文化史上有一個可鄙的傳統，便是對異端文學，非主流文學的剿滅和莫名其妙的輕賤，通俗文學素來列入不入流之品。這種陋習差點埋沒像《水滸傳》和《紅樓夢》這樣的偉大作品的光輝。

武俠小說歷來在正統文學的王國中被視作為賤民的等級，毫無地位可言。甚至某一時期的武俠小說名家大都恥於談及自己的成績，他們幾乎都覺得自己是誤入歧途，墮入了像娼妓一樣的卑賤的職業行當。

那時武俠名家宮白羽把自己為生計撰寫武俠小說當作終生恥辱，還珠樓主也公開檢討自己的「著書只為稻粱謀」，鄭證因在談及自己的作品時居然宣稱「我寫的這個不叫玩藝兒」，王度廬更認為自己「難登大雅之堂」。

連這些為武俠小說的發展作出了卓越貢獻的優秀作家都這麼自輕自賤，更遑論正統文學界的口誅筆伐了，這樣太多的例子也毋需一一去列舉。

只是到了金庸天才的努力才改變了這樣的一個可悲的現實。

金庸把武俠小說的真正藝術價值和思想價值披露給人們看了。

一個時代有一個時代的文學，武俠小說在我們這個時代逐漸開始成了一門學問。

明朝的大思想家李卓吾說：

「詩何必古選，言何必先秦？降而為六朝，變而為近體，又變而為傳奇，變而為院本，為雜劇，為《西廂記》，為《水滸傳》，為今之舉子業……」

將這句話繼續說下去，就是為我們現在的武俠小說這一新的文體。

武俠小說發展到四十年代末，已經是強弩之末，勢必需要一種更美的形式和特質給舊派小說注入生命力。梁羽生適逢其時，以個人稟賦特異的才能拯救了舊派武俠小說。

緊隨著梁羽生的成功，金庸不甘寂寞，卻又後來居上，以他的雄才大略和磅礡氣概將舊派武俠小說改良和發展到了不可逾越的高峰，金庸寫出了《書劍恩仇錄》、《射鵰英雄傳》等無與倫比的巨著。

金庸出手不凡，佳構泉湧，一部《射鵰英雄傳》奠定了他不可動搖的武林盟主和大宗師的地位。

金庸已經成為了整個舊派武俠小說的代言人和無法逾越的高峰，由於金庸擁有了一種溫柔、敦厚、博大細緻、精力充沛、沉著穩健、高屋建瓴的無限智慧，金庸統治了當時武俠小說的王國，無人敢攖其鋒。

金庸浩大全面精確的結構，細緻格物的描寫，縱橫充溢的想像，學貫古今的厚實，無疑征服和傾倒了無數英豪。

對金庸的研究和評價已經不僅僅局限在武俠小說的範圍了，更多的行家和有識之士把金庸作為一種文化現象來研究，這樣的研究已經形成了一門新的學問：「金學」。

縱觀中國文化發展史，因研究文學作品而稱上「學」的，真正蔚然成風的只有「紅學」，即研究《紅樓夢》的專門學問。「紅學」不過是以作品命名，而現在發展壯大起來的「金學」卻以金庸之名來命名，又是絕無僅有，成為文學史上一大奇觀。

在海外，早已有了「金庸學會」，而一九八四年遠景出版的一套十冊《「金學」研究叢書》，更掀起了「金學」研究的高潮。此後學風北漸，大陸的「金學」研究也推向了新的「金學」研究高潮。

武俠小說這一特殊的文體在當今社會的發展、壯大和成熟，是我們文化中的一個奇蹟，也是一個異數。當今社會有華人的地方就會有武俠小說，再沒有另一種文體比武俠小說的生命力更巨大、頑強和生機勃勃的了。

百年一金庸，金庸說不完。

金庸的武俠小說，是中國漢文化的一個奇蹟。他的博大精深，完全可以與《唐詩》、《宋詞》和《水滸傳》、《三國演義》這樣經典的文化媲美。對於這樣的文化巨著，正像我們需要有《唐詩》、《宋詞》、《水滸傳》、《三國演義》的輔助讀物一樣，我們需要有《金庸武學》這樣的作為武俠小說愛好者們不可或缺的參考和鑒賞備忘性質的讀物。

如果你是金庸武俠小說的發燒友，如果你想成為超級的金庸迷，我希望這本書真的會是你不能錯過的選擇。

這部《金庸武學》，是鑒賞和資料並重的工具性書籍。這本書的著眼點在於長效性的收藏價值。它也是作者讀書的筆記和備忘，是讀金庸小說的輔助工具，武功鑒賞、琴棋書畫、奇物奇技，這些文字真的是一個超級的金庸迷所不能不讀，不能不備忘的。

您真的是一個金庸小說的愛好者嗎？您肯定全部讀過金庸的小說，但您能記得起多少這部《金庸武學》中的典故和出處？

真的希望《金庸武學》這部書能對您有所益處！

《金庸武學》愛好者入段自測試卷

01 祖千秋給令狐冲吃下的「續命八丸」花了黃河老祖多長時間製成的？

答案：十二年。任盈盈愛慕令狐冲，因此明教中人為了討好令狐冲，找了許多名貴藥材來給令狐冲治病，最為有名的一味是老頭子的「續命八丹」。續命八丹需採集千年人參、茯苓、靈芝、鹿茸、首烏、靈脂、熊膽、三七、麝香種種珍貴之極的藥物，九蒸九曬，製成八顆起死回生的「續命八丹」。這續命八丹有的極臭，有的極苦，有的入口如刀割，有的辛辣如火炙。

02 令狐冲口中的「天下三毒」是哪三毒？

答案：令狐冲為人一向機智，為了騙取田伯光的信任，放過儀琳，因此滿嘴胡言，說天下三毒便是「尼姑、砒霜、金線蛇」，尼姑是一毒，砒霜是一毒，金線蛇又是一毒。其中又以尼姑最毒。

03 岳靈珊被令狐冲打掉到山谷裡的劍叫什麼名字？

答案：碧水劍。碧水劍是一口斷金削鐵的利器，是岳靈珊十八歲時的生日禮物。令狐冲因為妒忌岳靈珊對林平之有好感，而失手將岳靈珊手中的碧水劍打落到山谷中。

04 澄觀練成一指禪用了多少年？

答案：四十二年。根據記載，五代後晉年間，少林寺有一位法慧禪師，生有宿慧，入寺不過三十六年，就練成了一指禪，進展神速，前無古人，後無來者。其次是南宋建炎年間，有一位靈興禪師，花了三十九年時光。澄觀從十一歲上起始上少林長拳，到五十三歲，終於練成了一指禪。以四十二年而練成一指禪，在少林寺中澄觀名列第三。

05 段譽和喬峰喝酒作弊，酒從哪根手指流出？

答案：小指。段譽佩服喬峰的酒量，可是和喬峰拚酒，他卻不是對手。當他未喝第三碗酒時，已感煩惡欲嘔，待得又是半斤烈酒灌入腹中，五臟六腑似乎都欲翻轉。他只好緊緊閉住嘴，不讓腹中酒水嘔將出來。可突然間丹田中一動，一股真氣沖將上來，只覺此刻體內翻攪激蕩，便和當日真氣無法收納之時的情景極為相似，當即依著伯父所授的法門，將那股真氣納向大椎穴。體內酒氣翻湧，竟與真氣相混，這酒水是有形有質之物，不似真氣內力可在穴道中安居。他卻也任其自然，讓這真氣由天宗穴而肩貞穴，再經左手手臂上的小海、支正、養老諸穴而通至手掌上的陽谷、後谿、前谷諸穴，由小指的少澤穴中傾瀉而出。他這時所運的真氣線路，便是六脈神劍中的「少澤劍」。少澤劍本來是一股有勁無形的劍氣，這時他小指之中，卻有一道酒水緩緩流出。酒從小指流出之後，段譽頓時覺得舒服了許多。

06 黃藥師考較郭靖和歐陽克時吹的是什麼曲子？

答案：碧海潮生曲。郭靖因為不懂音律，反而輕鬆勝出。

07 黃蓉在桃花島養了幾條娃娃魚？

答案：黃蓉在桃花島共養了五對娃娃魚。飼養娃娃魚非常的不容易，若是把一對金娃娃生生拆散，過不了三天，雌雄兩條都會死去。

08 袁承志和溫家堡的人相鬥時，用的是武器是誰頭上的金釵？

答案：安小慧，因此溫青青還吃了一頓好大的醋。

09 周伯通好玩成性，後來他偷學了小龍女的哪一門手藝？

答案：飼養玉蜂。周伯通、瑛姑、一燈法師後來結伴住在絕情谷中，周伯通曾向黃蓉炫耀他養的玉蜂翅膀上有字，黃蓉還因此嘲笑周伯通，認為是周伯通求瑛姑繡的。

10 降龍十八掌的第一招是什麼？

答案：亢龍有悔。《射鵰英雄傳》中第十二回的標題就是亢龍有悔，郭靖對付梁子翁，來來回回就是這一招。

11 張無忌是從哪裡找到《九陽真經》的？

答案：張無忌因給受傷的小猴治好了斷腿，小猴帶來了蒼猿，張無忌從蒼猿的腹中得到了九陽真經。

12 韋小寶學得最好的一門功夫是什麼？

答案：神行百步。韋小寶對於學武是一點興趣也沒有，但對神行百步，卻學得非常的起勁，因為他知道自己的武功不行，學了神行百步，有便於自己在打不過的時候逃跑。

13 東方不敗用的兵器是什麼？

答案：繡花針。東方不敗自宮之後，不但塗脂抹粉，而且在書中初次出現就是坐在繡花繃架前，手裡拿著一枚繡花針。

14 天山童姥多少年還童一次？

答案：三十年回童一次。還童之時，功力全然喪失，必須要花費相當於修練年數的天數，而且每日還需吸飲動物之生血，才能修復功力。

15 《笑傲江湖》中，有幾個人自宮學習「葵花寶典」？

答案：四個人。東方不敗、岳不群、林平之，還有最早的渡元禪師。

16 情花的解藥是什麼？

答案：斷腸草。問世間情為何物？情之毒須用「斷腸」來解，寫得真是恰如其分。

17 小龍女離去後，楊過傷心難過，他自創了一套什麼武功？

答案：楊過生平受過不少武學名家的指點，自全真教學得玄門正宗內功，自小龍女處學得玉女心經，在古墓中見到九陰真經，歐陽峰授以蛤蟆功和逆轉經脈，洪七公和黃蓉授以打狗棒法，除了一陽指之外，東邪、西毒、北丐、中神通的武學無所不窺，只因他單剩一臂，所以他創的這一套掌法不在招數變化取勝。因思念小龍女，楊過取的是江淹《別賦》中的那一句「黯然銷魂者，唯別而已矣」之意，稱為黯然銷魂掌。

18 周伯通愛武成癡，他唯一學不會的是什麼武功？

答案：黯然銷魂掌。周伯通一生無牽無掛，快樂逍遙，無法體會楊過創這套黯然銷魂掌其中憂心如焚的滋味，因此始終不明白這套掌法的道理。

19 黃蓉在什麼地方中了裘千仞的鐵沙掌？

答案：鐵掌山。黃蓉和郭靖上了鐵掌山，誤將裘千仞當成了裘千尺，一時大意，中了裘千仞的鐵沙掌。

20 蛤蟆功的剋星是什麼？

答案：一陽指。歐陽峰的蛤蟆功其實也是非常厲害的，他處心積慮想讓一燈大師使用一陽指，就是想趁一燈大師使用一陽指後體弱之時除去後患。

21 郭襄吃過什麼特別的動物的奶？

答案：豹奶。楊過和李莫愁將郭襄搶去後，先是找有奶的農婦餵奶，後來在找不到有奶的農婦時，便捉住了一隻剛生過小豹子的母豹給郭襄餵奶。小郭襄在襁褓中竟有奇遇吃到母豹之奶，長大也是非常人。

22 獨孤九劍的第一招「總訣式」有多少字？

答案：足足有三千餘字。

23 最具幾何圖形之美感的劍法是什麼？

答案：張無忌施展太極劍法對敵之時，只見他一柄木劍在寒光中畫著一個個圓圈，每一招均是以弧形刺出，以弧形收回。太極劍法來來去去只是畫圓圈，此是最具幾何圖形之美感。

24 武當劍法的破綻在什麼地方？

答案：令狐冲與冲虛道長對戰，見冲虛道長的劍法圓轉如意，竟無半分破綻。但瞧不出破綻，未必便真無破綻，令狐冲凝視對方劍光所幻的無數圓圈，驀地心想：「說不定這圓圈的中心，便是破綻。」令狐冲好運氣，猜對了答案。

25 為什麼小龍女與楊過初練玉女素心劍時領會不到其中妙詣？

答案：玉女素心劍的武功是雙人劍法，一個使玉女心經，一個使全真功夫，相互應援，分進合擊。玉女素心劍的創造者林朝英，當日柔腸百轉，深情無限，纏綿相思，盡數寄託於這劍法之中。雙劍縱橫是賓，攜手克敵才是主旨所在，然而在所遺石刻之中卻不便註明這番心事。

小龍女與楊過初練玉女素心劍時相互情愫未生，因此無法體會祖師婆婆的深意，修習之際兩人均使本門心法，自是領會不到其中妙詣。

26 請將以下躺屍劍法中招數翻譯為正確的唐詩：

哥翁喊上來，是橫不敢過。
忽聽噴驚風，連山若布逃。
落泥招大姐，馬命風小小。

答案：

孤鴻海上來，池潢不敢顧。
俯聽聞驚風，連山若波濤。
落日照大旗，馬鳴風蕭蕭。

27 雪山劍法為何劍法中夾雜了不少梅花、梅萼、梅枝、梅幹的形態？

答案：這是因為創制這套劍法的雪山派祖師生性愛梅，是以劍法中夾雜了不少梅花、梅萼、梅枝、梅幹的形態，古樸飄逸，兼而有之。

28 「冷月窺人」是哪一派的招數？厲害在什麼地方？

答案：「冷月窺人」是《神鵰俠侶》中古墓派極厲害的招數，倘若不明這一招的來龍去脈，十九會盡全力守護上身，小腹非中劍不可。

29 從守禦之嚴上說，數一和數二的劍法是什麼？

答案：恒山派歷代高手都是女流，自不及男子所練的武功那樣威猛凶悍。但恒山劍法可說是破綻極少的劍法之一，若言守禦之嚴，僅遜於武當派的「太極劍法」，但偶而忽出攻招，卻又在「太極劍法」之上。

30 七弦無形劍對毫無內力之人有沒有用？

答案：七弦無形劍只是琴音，聲音本身自不能傷敵，作用全在激發敵人內力，擾亂敵招，對手內力越強，對琴音所起感應也越加厲害，對毫無內力之人，這七弦無形劍便毫無效果。七弦無形劍是《笑傲江湖》中黃鍾公武功。

31 金烏刀法是專門克制哪一門劍法的？

答案：金烏刀法是史婆婆為了對付自大的丈夫白自在所創。金烏刀法共有七十三招，每招都有個稀奇古怪的名稱，無不和白自在的雪山劍法的招名針鋒相對，名稱雖怪，刀法卻當真十分精奇。

32 「小青」左手刀是誰傳下來的？

答案：這套刀法相傳從宋時韓世忠傳下來。韓王上陣大破金兵，右手刀長，號稱「大青」，左手刀短，號稱「小青」，喪在他刀下的金兵不計其數。

33 美人三招是哪三招？

答案：「貴妃回眸」，「小憐橫陳」，「飛燕回翔」。

34 太極拳這套拳術的訣竅是哪十六個字？

答案：太極拳這套拳術的訣竅是「虛靈頂勁、涵胸拔背、鬆腰垂臀、沉肩墜肘」十六個字，純以意行，最忌用力。形神合一，是這路拳法的要旨。

35 「文君當爐，貴妃醉酒」是什麼武功的招數？

答案：是「美女拳法」中的招數。

36 歷史上哪一個皇帝親自創造和傳下什麼武功？

答案：宋太祖趙匡胤以一對拳頭，一條杆棒，打下了大宋錦繡江山；自來帝皇，從無如宋太祖之神勇者。趙匡胤那一套「太祖長拳」和「太祖棒」，因此是當時武林中最為流行的武功。

37 北拳四大家是哪四門武功？

答案：「潭、查、花、洪」，向稱北拳四大家，指潭腿、查拳、花拳、洪門四派拳術，在北方極為流行。

38 似是而非不正確但又相當高明的拳術是什麼？

答案：「百花錯拳」，是天池怪俠袁士霄所創。

袁士霄少年時鑽研武學，頗有成就，後來遇到一件大失意事，性情激變，發願做前人所未做之事，打前人所未打之拳，於是遍訪海內名家，或學師，或偷拳，或挑鬥踢場而觀其招，或明搶暗奪而取其譜，將各家拳術幾乎學了個全，中年後隱居天池，融通百家，別走蹊徑，創出了這路「百花錯拳」。

這套拳法不但無所不包，其妙處尤在於一個「錯」字，每一招均和各派祖傳正宗手法相似而實非，一出手對方以為定是某招，舉手迎敵之際，才知打來的方位手法完全不同，其精微要旨在於「似是而非，出其不意」八字。旁人只道拳腳全打錯了，豈知正因為全部打錯，對方才防不勝防。須知既是武學高手，見聞必博，所學必精，於諸派武技胸中早有定見，不免「百花」易敵，「錯」字難當。

39 一拍兩散是指哪兩散？

答案：「一拍兩散」，所謂「兩散」，是指拍在石上，石屑四「散」；拍在人身，魂飛魄「散」。

40 飛龍在天是降龍十八掌中的第幾招？

答案：「飛龍在天」是降龍十八掌第二招。這一招躍起半空，居高下擊，威力奇大。它一定要配合輕功跳躍之技，由上而下給予敵人痛擊，應該說是一種技巧很高的武學技術。

41 何鐵手的鐵手是左手還是右手？

答案：何鐵手右手白膩如脂，五枚尖尖的指甲上還搽著粉紅的鳳仙花汁，一掌劈來，掌風中帶著一陣濃香，但左手手掌卻已割去，腕上裝了一隻鐵鉤。這鐵鉤鑄作纖纖女手之形，五爪尖利，使動時鎖、打、拉、戳，虎虎生風，靈活絕不在肉掌之下。何鐵手武功別具一格，雖然也是拳打足踢，掌劈鉤刺，但拳打多虛而掌按俱實，有時卻又一掌輕輕的掠來，全無勁道。何鐵手的鐵手又叫做金蜈鉤。

42 三無三不手是什麼人自創的武功？有哪三招？

答案：三無三不手是大魔頭李莫愁自創武功的得意之作。

第一招「無孔不入」，乃是向敵人周身百骸進攻，雖是一招，其實千頭萬緒，一招之中包含了數十招，竟是同時點敵全身各處大穴。

第二招「無所不至」，點的是敵人周身諸處偏門穴道。

第三招「無所不為」，這一招不再點穴，專打眼睛、咽喉、小腹、下陰等人身諸般柔軟之處，是以叫作「無所不為」，陰狠毒辣，可說已有些無賴意味。

43 中了凝血神抓如何可解？

答案：「凝血神抓」的勁力兩個時辰之後才發作。中抓之人不可絲毫動勁化解，需在泥地掘出個洞穴，全身埋在其中，只露出口鼻呼吸，每日埋四個時辰，共須掩埋七天，便無後患。

44 什麼是一心二用的武功？

答案：雙手互搏術。周伯通自創。左右雙手的招數截然分開，是見所未見、聞所未聞的怪拳。臨敵之際，要是使將這套功夫出來，那便是以兩對一，這門功夫可有用得很，雖然內力不能增加一倍，但招數上總是占了大大的便宜。

常言道：「心無二用。」又道：「左手畫方，右手畫圓，則不能成規矩。」這雙手互搏之術卻正是要人心有二用，而研習之時也正是從「左手畫方，右手畫圓」起始。

45 虎爪絕戶手是誰人自創？為什麼張三丰一直禁止眾人使用虎爪絕戶手？

答案：武當派原來有一門極厲害的擒拿手法，叫虎爪手。武當七俠中的二俠俞蓮舟學會之後，嫌其一拿之下，對方若是武功高強，仍能強運內勁掙脫，不免成了比拚內力的局面，於是自行變化，從虎爪手中脫胎，創了十二招「虎爪絕戶手」。只不過這虎爪絕戶手太過陰毒，每一招都是拿人腰眼，不論是誰受了一招，都有損陰絕嗣之虞，因此張三丰一直禁止眾人使用。

46 寒玉床對練習武功有什麼好處？

答案：寒玉床是由上古寒玉製成，實修習上乘內功的良助。睡在這玉床上練內功，一年抵得上平常修練的十年。初時睡在上面，覺得奇寒難熬，只得運全身功力與之相抗，久而久之，習慣成自然，縱在睡夢之中也是練功不輟。常人練功，就算是最勤奮之人，每日總須有幾個時辰睡覺。要知道練功是逆天而行之事，氣血運轉，均與常時不同，但每晚睡將下來，氣夢中非但不耗白日之功，反而更增功力。

寒玉勝過冰雪之寒數倍。這寒玉床另有一個好處，就是大凡修練內功，最忌的是走火入魔，是以平時練功，倒有一半的精神用來和心火相抗。這寒玉乃天下至陰至寒之物，修道人坐臥其上，心火自清，因此練功時盡可勇猛精進，可比常人練功又快了一倍。

47 張無忌將乾坤大挪移的心法練到了第幾層？

答案：第六層。

乾坤大挪移實則是運勁用力的一項極巧妙的法門，根本的道理，在於發揮每個人本身所蓄有的潛力，每個人體內潛藏的力量本來是非常龐大的，只是平時使不出來，但每逢緊急關心，往往平常一個手無縛雞之力的弱者能負千斤。

張無忌將乾坤大挪移的心法練到第七層心法，一時之間難以理解，自此而下，阻礙重重，直到篇末，共有十九句未能練成。張無忌宅心仁厚，雖有十九句未練成，卻不以為意，並沒有強練，反而因此躲過一劫。

原來當年創制乾坤大挪移的那位高人，內力雖強，卻也未到九陽真經的那一步，只練到了第六層。他所寫的第七層心法，自己也未練成，只不過是憑著聰明，縱其想像，力求變化而已。張無忌所練不通的那十九句，正是那位高人憑空想像出來的，似是而非，已然誤入歧途。要是張無忌存著求全之心，非要練到盡善盡美為止，那麼最後關頭便會走火入魔，不是瘋癲癡呆，便是全身癱瘓，甚至自絕經脈而亡。

48 「凌波微步」出典何處？

答案：出典於三國時曹植的文學作品《洛神賦》。

49 天山童姥第三次返老還童是在什麼年紀？

答案：九十六歲。天山童姥修煉的是八荒六合唯我獨尊功，須以最上乘的內功為根基，方能修練。八荒六合唯我獨尊功威力奇大，卻有一個不方便之處，那便是每三十年，便需要返老還童一次。天山童姥自六歲起練這功夫，三十六歲返老還童，花了三十天時光。六十六歲返老還童，那一次用了六十天。九十六歲，再次返老還童，便得有九十天時光，方能回復功力。

50 奇鯪香木和醉仙靈芙之毒需用何物可解？

答案：「醉仙靈芙」是一種水仙模樣的花，雖然極是難得，本身卻無毒性。「奇鯪香木」本身也是無毒，可是奇鯪香木和醉仙靈芙這兩股香氣混在一起，便成劇毒之物了。醉仙靈芙根部有深紫色的長鬚，一條條鬚上生滿了珍珠般的小球，碧綠如翡翠，是解此奇鯪香木和醉仙靈芙之毒的解藥

附加題之一：金庸武俠小說中最高明的招數是什麼？

答案：當然應該是金庸先生所獨創的無招勝有招的理論。

《笑傲江湖》中，金庸先生借風清揚之口，道出了無招勝有招的高明境界。

風清揚對令狐冲說，招數是死的，發招之人卻是活的。死招數用得再妙，遇上了活招數，免不了縛手縛腳，只有任人屠戮。學招時要活學，使招時要活使。倘若拘泥不化，便練熟了幾千萬手絕招，遇上了真正高手，終究還是給人家破得乾乾淨淨。活學活使，只是第一步。要做到出手無招，那才真是踏入了高手的境界。

如果說「各招渾成，敵人便無法可破」，這句話還只說對了一小半。不是「渾成」，而是根本無招。你的劍招使得再渾成，只要有跡可尋，敵人便有隙可乘。但如你根本並無招式，敵人如何來破你的招式？要切肉，總得有肉可切；要斬柴，總得有柴可斬；敵人要破你劍招，須得有劍招給人來破才成。一個從未學過武功的常人，拿了劍亂揮亂舞，你見聞再博，也猜不到他下一劍要刺向哪裡，砍向何處。就算是劍術至精之人，也破不了他的招式，只因並無招式，「破招」二字便談不上了。只是不曾學過武功之人，雖無招式，卻會給人輕而易舉打倒。真正上乘劍術，則是能制人而決不能為人所制。

令狐冲得風清揚指點後，劍法中有招如無招，存招式之意，而無招式之形，變化莫測，似鬼似魅，很快就被田伯光打倒。

附加題之二：金庸武俠小說中，最厲害的招數是什麼？

答案：也在《笑傲江湖》中，這也是風清揚對令狐冲的一番教誨。世界最厲害的招數不在武功之中，而是陰謀詭計、機關陷阱，倘若落入了別人巧妙安排的陷阱，任憑你有多麼高明的武功招數，那也全然用不著了，所以說無招勝有招是高明的招數，但卻不是最厲害的招數。

第一篇 劍法

【二】華山派劍法

◆獨孤九劍

獨孤九劍是華山派劍法。

獨孤九劍，有進無退，招招都是進攻，攻敵之不得不守，自己當然不用守了。創制這套劍法的獨孤求敗前輩，名字叫做「求敗」，他畢生想求一敗而不可得，這劍法施展出來，天下無敵。

獨孤九劍的九式劍法是：「總訣式」、「破劍式」、「破刀式」、「破槍式」、「破鞭式」、「破索式」、「破掌式」、「破箭式」、「破氣式」。

獨孤九劍的第一招「總訣式」，足足有三千餘字，而且內容不相連貫；總訣是獨孤九劍的根本關鍵，須得朝夕念誦，方可爛熟於胸後融會貫通。

第二招是「破劍式」，用以破解普天下各門各派的劍法。

第三招「破刀式」，用以破解單刀、雙刀、柳葉刀、鬼頭刀、大砍刀、斬馬刀等種種刀法。「破刀式」講究以輕御重，以快制慢，「料敵機先」這四個字，正是這劍法的精要所在。

「破槍式」，包括破解長槍、大戟、蛇矛、齊眉棍、狼牙棒、白蠟杆、禪杖、方便鏟種種長兵刃之法。

「破鞭式」，破的是鋼鞭、鐵鐧、點穴橛、拐子，蛾眉刺、匕首、板斧、鐵牌、八角

槌、鐵椎等等短兵刃，

「破索式」，破的是長索、軟鞭、三節棍、鏈子槍、鐵鍊、漁網、飛錘流星等等軟兵刃。

「破掌式」，破的是拳腳指掌上的功夫。對方既敢以空手來鬥自己利劍，武功上自有極高造詣，手中有無兵器，相差已是極微。天下的拳法、腿法、指法、掌法繁複無比，這一劍「破掌式」，將長拳短打、擒拿點穴、魔爪虎爪、鐵沙神掌，諸般拳腳功夫盡數包括內在。

「破箭式」這個「箭」字，則總羅諸般暗器，練這一劍時，須得先學聽風辨器之術，不但要能以一柄長劍擊開敵人發射來的種種暗器，還須借力反打，以敵人射來的暗器反射傷敵。

第九招「破氣式」，只是傳以口訣和修習之法，此式是為對付身具上乘內功的敵人而用，神而明之，存乎一心。

獨孤前輩當年挾此獨孤九劍橫行天下，欲求一敗而不可得，那是他已將這套劍法使得出神入化之故。同是一門華山劍法，同是一招，使出來時威力強弱大不相同，這獨孤九劍自也一樣。縱然學得了劍法，倘若使出時劍法不純，畢竟還是敵不了當世高手。

獨孤九劍雖只一劍一式，卻是變化無窮，學到後來，前後式融會貫通，更是威力大增。最後這三招更是難學。

令狐冲跟風清揚學劍，除了學得古今獨步的「獨孤九劍」之外，更領悟到了「以無招勝有招」這劍學中的精義。這要旨和「獨孤九劍」相輔相成，「獨孤九劍」精微奧妙，達於極點，但畢竟一招一式，尚有跡可尋，待得再將「以無招勝有招」的劍理加入運用，那就更加的空靈飄忽，令人無從捉摸。

◆正反兩儀刀劍之術

華山、崑崙兩派的正反兩儀刀劍之術，是從中國固有的河圖洛書，以及伏羲文王的八卦方位中推演而得，其奧妙精微之處，若能深研到極致，比之西域的乾坤大挪移實有過之而無不及，更是易理深邃。

兩儀化四象，四象化八卦，正變八八六十四招，正奇相合，六十四再以六十四倍之，共有四千零九十六種變化。天下武功變化之繁，可說無出其右了。

正反兩儀，招數雖多，終究不脫於太極化為陰陽兩儀的道理。陽分太陽、少陰，陰分少陽、太陰，是為四象。太陽為乾兌，少陰為離震，少陽為巽坎，太陰為艮坤。乾南、坤北、離東、坎西、震東北、兌東南、巽西南、艮西北。自震至乾為順，自巽至坤為逆。

崑崙派正兩儀劍法，是自震位至乾位的順；華山派的反兩儀刀法，則是自巽位至坤位的逆。

崑崙兩儀劍法有「金針渡劫」、「峭壁斷雲」和「無聲無色」等招數。

「無聲無色」是崑崙派劍學中的絕招，必須兩人同使，兩人功力相若，內勁相同，當劍招之出，勁力恰恰相反，於是兩柄長劍上所生的蕩激之力，一齊相互抵消。這路劍招本是用於夜戰，黑暗中令對方難以聽聲辨器，事先絕無半分徵兆白刃已然加身，但若白日用之背後偷襲，也令人無法防備。

華山派反兩儀劍法招數有「混沌一破」、「順水推舟」等。

◆華山劍法

華山派認為劍為百兵之祖，最是難學。華山派劍法更是博大精深，加之自歷代祖師以降，每一代都有增益。別派武功，師父常常留一手看家本領，以致一代不如一代，越傳到後來精妙之著越少。華山派卻非如此，選弟子之時極為嚴格，選中之後，卻是傾囊相授。單以劍法而論，每一代便都能青出於藍。劍乃利器，以之行善，其善無窮，以之行惡，其惡亦無窮。

華山劍輕靈機巧，恰如春日雙燕飛舞柳間，高低左右，回轉如意；凝重處如山巍峙，輕靈處若清風無跡，變幻莫測，迅捷無倫。

華山劍法「孔雀開屏」，取義於孔雀開屏，顧尾自憐。這招劍柄在外，劍尖向己，專在緊急關頭擋格敵人兵器。

「彗星飛墮」劍勢勁急，是華山劍術的險著之一，乃神劍仙猿穆人清獨創的絕招。

「石破天驚」左掌虛撫，右拳嘍的一聲，從掌風中猛穿出來，是華山派的絕招之一。

破玉拳的「起手式」身子微微一弓，右拳左掌，合著一揖，身子隨著這一揖之勢，向前疾探，連拳連掌。

「附骨之蛆」劍始終點在敵人後心，如影隨形，任他閃避騰挪，劍尖總不離開。

華山劍法的「詩劍會友」，橫劍當胸，左手捏了個劍訣，似是執筆寫字一般，是華山派與同道友好過招時所使的起手式，意思說，文人交友，聯句和詩，武人交友則是切磋武藝。使這一招，是表明和對手絕無怨仇敵意，比劍只決勝敗，不可性命相搏。尤其「蕭史乘龍」這一式，長劍矯夭飛舞，直如神龍破空一般，卻又瀟灑蘊藉，頗有仙氣。

華山劍法書中出現的招數還有：「天外飛龍」、「力劈三關」、「拋磚引玉」、「金剛掣尾」、「蒼鷹搏兔」、「有鳳來儀」、「蒼松迎客」、「野馬奔馳」、「白雲出岫」、「白虹貫日」、「天紳倒懸」、「無邊落木」、「金雁橫空」、「鐘鼓齊鳴」、「金玉滿堂」、「截劍式」、「清風送爽」、「浪子回頭」、「弄玉吹簫」、「乘龍快婿」、「青山隱隱」、「古柏森森」、「華嶽三神峰」等。

◆無雙無對，寧氏一劍

《笑傲江湖》中寧中則所創。

寧中則創這一劍乃是臨時觸機而創出，其中包含了華山派的內功和劍法上的絕詣，又加上她自己的巧心慧思，確實是非常的厲害。

◆**玉女劍十九式**

玉女劍十九式是華山派女弟子的功夫。風清揚曾以掌作劍，演試過這十九式。

◆**其他**

華山派劍法中還有養吾劍、希夷劍、淑女劍，松風劍，中平劍，奪命連環三仙劍等。

【二】武當派劍法

◆**兩儀劍法**

武當派兩位前輩在「兩儀劍法」這路劍法上花了數十年心血，劍法中有陰有陽，亦剛亦柔。

武當派兩位道人，劍分陰陽，未能混而為一，讓令狐冲輕鬆取勝。

◆**太極劍法**

《倚天屠龍記》中，張無忌學習太極劍法的過程最具特色。

其時，張三手為演示太極劍法。

只見張三手站起身來，左手持劍，右手捏個劍訣，雙手成環，緩緩抬起，這起手式一展，跟著三環套月、大魁星、燕子抄水、左攔掃、右攔掃……一招招的演將下來，使到五十三式「指南針」，雙手同時畫圓，復成第五十四式「持劍歸原」。

張無忌不記招式，只是細看劍招中「神在劍先、綿綿不絕」之意。然後張三丰問張無忌看清楚了沒有，張無忌說看清楚了；張三丰問都記得了沒有，張無忌答已忘記了一小半。張三丰說好，讓張無忌自己再去想想。張無忌果然極有悟性，低頭默想起來。過了一會，張無忌已忘記了一大半。張三丰又提劍出招，繼續演將起來。張三丰第二次所使，和第一次使的竟然沒一招相同。張三丰畫劍成圈，再問張無忌這次怎麼樣，張無忌答還有三招沒忘記。最後，張無忌在殿上緩緩踱了一個圈子，沉思半晌，又緩緩踱了半個圈子，抬起頭來，滿臉喜色，竟然叫道：「這我可全忘了，忘得乾乾淨淨的了。」

張無忌於此終於學習到太極劍法的精髓和真諦。

此後，張無忌和敵人動手，只一招就可以致敵。張無忌這一招並非普通和平凡的一招，這一招乃是以己之鈍，擋敵之無鋒，實已得了太極劍法的精奧。要知張三丰傳給他的乃是「劍意」，而非「劍招」，要他將所見到的劍招忘得半點不剩，才能得其神髓，臨敵時以意馭劍，千變萬化，無窮無盡。倘若尚有一兩招忘得不乾淨，心有拘囿，劍法便不能純。

張無忌施展太極劍法對敵之時，只見他一柄木劍在寒光中畫著一個個圓圈，每一招均是以弧形刺出，以弧形收回，他心中無半點渣滓，以意運劍，木劍每發一招，便似放出一條細絲，要去纏在寶劍之中，這些細絲越積越多，似是積成了一團團絲綿，將對手的劍裹了起來，便如撒出了一張大網，逐步向中央收緊。張無忌卻始終持劍畫圓，旁人除了張三丰外，沒一個瞧得出他每一招到底是攻是守。這路太極劍法只是大大小小、正反斜直各種各樣的圓圈，要說招數，可說只有一招，然而這一招卻永是應付不窮。

以不變應萬變，太極劍法暗含極深刻哲理和寓意。

◆武當劍法

《笑傲江湖》中令狐冲與冲虛道長比劍，冲虛道長的武當劍法顯然還是太極的風格。不過這一場比試，卻見出了武當劍法的弱點所在。

比劍時，冲虛道長身子緩緩右轉，左手持劍向上提起，劍身橫於胸前，左右雙掌掌心相對，如抱圓球。令狐冲見他長劍未出，已蓄勢無窮，當下凝神注視。冲虛道長左手劍緩緩向前劃出，成一弧形。令狐冲只覺一股森森寒氣，直逼過來，若不還招，已勢所不能，看不出他劍法中破綻所在，只得虛點一劍。

突然之間，冲虛道長劍交右手，寒光一閃，向令狐冲頸中劃出。這一下快速無倫，旁觀群豪都情不自禁的叫出聲來。但他如此奮起一擊，令狐冲已看到他脅下是個破綻，長劍刺出，徑指他脅下「淵液穴」。

冲虛道長長劍豎立，噹的一聲響，雙劍相交，兩人都退開了一步。令狐冲但覺對方劍上有股綿勁，震得自己右臂隱隱發麻。冲虛道長，臉上微現驚異之色。冲虛道長劍交左手，在身前劃了兩個圓圈。令狐冲見他劍勁連綿，護住全身，竟無半分空隙，心中也是暗暗驚異。冲虛道長右手捏著劍訣，左手劍不住抖動，突然平刺，劍尖急顫，看不出攻向何處。

他這一招中籠罩了令狐冲上盤七大要穴，但就因這一搶攻，令狐冲已瞧出了他身上三處破綻，這些破綻不用盡攻，只攻一處已足制死命，當下長劍平平淡淡的指向對方左眉。沖虛道長倘若繼續挺劍前刺，左額必先中劍，待他劍尖再刺中令狐冲時，已然遲了一步。

沖虛道長劍招未曾使老，已然圈轉。突然之間，令狐冲眼前出現了幾個白色光圈，大圈小圈，正圈斜圈，閃爍不已。他眼睛一花，當即回劍向對方劍圈斜攻。噹的一響，雙劍再交，令狐冲只感手臂一陣痠麻。

沖虛道長者劍上所幻的光圈越來越多，過不多時，他全身已隱在無數光圈之中，光圈一個未消，另一個再生，長劍雖使得極快，卻聽不到絲毫金刃劈風之聲，足見劍勁之柔韌已達於化境。這時令狐冲已瞧不出他劍法中的空隙，只覺似有千百柄長劍護住了他全身。沖虛道長純採守勢，是絕無破綻。可是這座劍鋒所組成的堡壘卻能移動，千百個光圈猶如浪潮一般，緩緩湧來。沖虛道長並非一招一招的相攻，而是以數十招劍法混成的守勢，同時化為攻勢。

令狐冲無法抵禦，只得退步相避。他退一步，光圈便逼進一步，頃刻之間，令狐冲已連退了七八步。令狐冲再退一步，波的一聲，左足踏入了一個小水坑，心念一動：「風太師叔當日諄諄教導，說道天下武術千變萬化，神而明之，存乎一心，不論對方的招式如何精妙，只要是有招，便有破綻。獨孤大俠傳下來的這路劍法，所以能打遍天下無敵手，便在能從敵招之中瞧出破綻。眼前這位前輩的劍法圓轉如意，竟無半分破綻，可是我瞧不出破綻，未必便真無破綻，只是我瞧不出而已。」

令狐冲又退幾步，凝視對方劍光所幻的無數圓圈，驀地心想：「說不定這圓圈的中心，便是破綻。但若不是破綻，我一劍刺入，給他長劍這麼一絞，手臂便登時斷了。」當下手臂一伸，長劍便從沖虛道長的劍光圈中刺了進去。

沖虛道長退開兩步，收劍而立，臉上神色古怪，既有驚詫之意，亦有慚愧之色，更帶著幾分惋惜之情，對令狐冲大加佩服。

令狐冲此時方知，適才如此冒險一擊，果然是找到了對方劍法的弱點所在，只是沖虛道長劍法實在太高，光圈中心本是最凶險之處，他居然練得將破綻藏於其中，天下成千成萬劍客之中，只怕難得有一個膽敢以身犯險。

有弱點的武當劍法，雖是神乎其技地將破綻巧妙掩飾和隱藏，畢竟不是一流境界。

◆天地同壽

《倚天屠龍記》中有招數「天地同壽」，雖屬武當派劍招，卻不是張三丰所創，乃是殷梨亭苦心孤詣的想了出來，本意是要和楊逍同歸於盡之用。他自紀曉芙死後，心中除了殺楊逍報仇之外，更無別念，但自知武功非楊逍之敵，師父雖是天下第一高手，自己限於資質悟性，無法學到師父的三四成功夫，反正只求殺得楊逍，自己也不想活了，是以在武當山上想了幾招拚命的打法出來。

殷梨亭暗中練劍之時，被師父見到，張三丰喟然歎息，心知此事難以勸喻，便將這招劍法取了個「天地同壽」的名稱，意思說人死之後，精神不朽，當可萬古長春，實是殺身成仁、捨生取義的悲壯劍招。

這招專為刺殺緊貼在自己身後的敵人之用，利劍穿過自己小腹，再刺入敵人小腹。

◆神門十三劍

神門十三劍是武當劍法，共有十三記招數，每記招式各不相同，但所刺之處，全是敵人手腕的「神門穴」。

張三丰所創，見於《倚天屠龍記》。

◆繞指柔劍

繞指柔劍共七十二招，張三丰所創。

使用時以渾厚內力逼彎劍刃，長劍竟似變成了一條軟帶，輕柔曲折，飄忽不定，劍招閃爍無常，敵人難以招架。

《倚天屠龍記》中張三丰弟子莫聲谷使用。

◆其他

《倚天屠龍記》中的招數「手揮五弦」、「萬岳朝宗」，也是武當派劍法功夫。

【三】古墓派劍法

◆玉女素心劍

《神鵰俠侶》中講述，玉女心經是由當年古墓派祖師林朝英，獨居古墓時而創下。林朝英撰述玉女心經，雖是要克制全真派武功，但因其對王重陽始終情意不滅，所以撰述到最後一章玉女素心劍之時，林朝英幻想終有一日能與意中人並肩擊敵，因之玉女心經最後這一章的武術特別有轉喻之意。

玉女心經最後這一章玉女素心劍的武功是雙人劍法，一個使玉女心經，一個使全真功夫，相互應援，分進合擊。

林朝英當日柔腸百轉，深情無限，纏綿相思，盡數寄託於這章武經之中。雙劍縱橫是賓，攜手克敵才是主旨所在，然而在所遺石刻之中卻不便註明這番心事。

小龍女與楊過初練玉女素心劍時相互情愫未生，無法體會祖師婆婆的深意，修習之際兩人均使本門心法，自是領會不到其中妙詣。

二人想不到林朝英當年創制這套劍法，心中想像與王重陽並肩禦敵，一招一式盡是楊過和小龍女相互配合照顧，而楊龍兩人對拆，卻是將對方當成了敵人，互刺互擊，相殺相斫，自是大為鑿枘。其實林朝英與王重陽都是當時天下一等一的高手，單只一人已無旁人能與之對敵，這套聯手抗敵的功夫實在並無用處，只是林朝英自肆想像，以托芳心而已。她創此劍法時武功已達巔峰，招式勁急，綿密無間，不能有毫髮之差，楊過與小龍女不明其中含意，自難得心應手，仍覺難以融會和領悟。

後來楊過和小龍女共同對敵，二人同使玉女劍法，難以抵擋金輪法王。但楊過無意中使全真劍法，小龍女使玉女劍法，卻均化險為夷。直到此時楊過和小龍女才終於想通了玉女心經最後一章玉女素心劍的精義所在。

楊過和小龍女面對金輪法王初試玉女素心劍的心得，威力立現：

「浪跡天涯」一招楊過斜劍刺出；小龍女揮劍直劈。

「花前月下」一招楊過自上而下搏擊，模擬冰輪橫空、清光鋪地的光景；小龍女單劍顫動，如鮮花招展風中，來回揮削。

「清飲小酌」一招楊過劍柄提起，劍尖下指，有如提壺斟酒；小龍女劍尖上翻，竟是指向自己櫻唇，宛似舉杯自飲一般。

楊過和小龍女同使一招劍法，兩招名稱相同，招式卻是大異，一招是全真劍法的厲害劍招，一招是玉女劍法的險惡家數，雙劍合璧，威力立時大得驚人。二人劍招相互呼應配合，所有破綻全為旁邊一人補去，厲害殺著卻是層出不窮。楊過和小龍女修習這章劍法，數度無功，此刻身遭奇險，相互情切關心，都是不顧自身安危，先救情侶，正合上了劍法的主旨。

使這玉女素心劍劍法的男女二人倘若不是情侶，則許多精妙之處實在難以體會；相互間心靈不能溝通，則聯劍之際是朋友則太過客氣，是尊長小輩則不免照拂仰賴；如屬夫妻同使，妙則妙矣，可是其中脈脈含情、盈盈嬌羞、若即若離、患得患失諸般心情卻又差了一層。彼時楊過與小龍女相互眷戀極深，然而未結絲蘿，內心隱隱又感到前途困厄正多，當真是亦喜亦憂，亦苦亦甜，這番心情，與林朝英創制這套「玉女素心劍」之意漸漸的心息相通。

這路劍法每一招中均含著一件韻事，或「撫琴按簫」，或「掃雪烹茶」，或「松下對弈」，或「池邊調鶴」，均是男女與共，當真是說不盡的風流旖旎。林朝英情場失意，在古墓中鬱鬱而終。她文武全才，琴棋書畫，無所不能，最後將畢生所學盡數化在這套武功之中。她創制之時只是自舒懷抱，那知數十年後，竟有一對情侶以之克禦強敵，卻也非她始料之所及的了。

林朝英當年創制這路劍法本為自娛抒懷，實無傷人斃敵之意，其時心中又充滿柔情，是以劍法雖然厲害，卻無一招旨在致敵死命。

「玉女素心劍」的招數還有：「小園藝菊」、「西窗夜話」、「柳蔭聯句」、「竹簾臨池」等。

◆玉女劍法

玉女劍法這一派武功的創始人林朝英是女子，而接連兩代的弟子也都是女人，此劍法自然不免輕柔有餘、威猛不足。

小龍女教導楊過的架式，都帶著三分婀娜風姿。楊過融會貫通之後，因自己的聰明和悟性，自然而然的已除去了女子神態，轉為飄逸靈動。

玉女劍法使用起來一招未畢，二招即至。劍招初出時人尚在左，劍招抵敵時身已轉右，竟似劍是劍，人是人，兩者殊不相干。

「三燕投林」三招混一，三招雖先後而發，卻似同時而到，正是古墓派武功的厲害招數，別派武學之士若不明其中奧妙，一上手就會筋斷骨折。

玉女劍法還有「錦筆生花」等劍招。

◆冷月窺人

古墓派極厲害的招數，倘若不明這一招的來龍去脈，十九會盡全力守護上身，小腹非中劍不可。

【四】泰山派劍法

◆七星落長空

七星落長空是泰山派劍法的精要所在。這一招刺出，對方須得輕功高強，立即倒縱出丈許之外，方可避過，但也必須識得這一招「七星落長空」，當他劍招甫發，立即毫不猶豫的飛快倒躍，方能免去劍尖穿胸之禍，而落地之後，又必須應付跟著而來的三招凌厲後著，這三招一著狠似一著，連環相生，實所難當。

泰山派這招「七星落長空」分為兩節，第一節以劍氣罩住敵人胸口七大要穴，當敵人驚慌失措之際，再以第二節中的劍法擇一穴而刺。劍氣所罩雖是七穴，致敵死命，卻只一劍。這一劍不論刺在哪一穴中，都可克敵取勝，是以既不須同時刺中七穴，也不可能同時刺中七穴。招分兩節，本是這一招劍法的厲害之處，但當年魔教長老仔細推敲，正從這厲害之處找出了弱點，待對方第一節劍法使出之後，立時疾攻其小腹，這一招「七星落長空」便即從中斷絕，招不成招。

◆岱宗如何

「岱宗如何」這一招可算得是泰山派劍法中最高深的絕藝，要旨不在右手劍招，而在左手的算數。左手不住屈指計算，算的是敵人所處方位、武功門派、身形長短、兵刃大小，以及日光所照高低等等，計算極為繁複，一經算準，挺劍擊出，無不中的。要在頃刻之間，將這種種數目盡皆算得清清楚楚，一般人自知無此本領，因此很少有人深入研究。

岱宗如何雖然使起來太過艱難，似乎不切實用，實際上卻是威力無比。岱宗如何，可說是泰山劍法之宗，擊無不中，殺人不用第二招。

◆五大夫劍

泰山有松極古，相傳為秦時所封之「五大夫松」，虬枝斜出，蒼翠相掩。玉磬子、玉音子的師伯祖曾由此而悟出一套劍法來，便稱之為「五大夫劍」。這套劍法招數古樸，內藏奇變，五劍倏地刺出，一連五劍，每一劍的劍招皆蒼然有古意。

◆ **快活三**

泰山過水簾洞後，一條長長的山道斜坡，名為「快活三」，意思說連續三里，順坡而下，走起來十分快活，因此泰山派前輩由這條斜坡化出三劍，名字就叫「快活三」。「快活三」使起來三劍猶似行雲流水，大有善御者駕輕車而行熟路之意。

◆ **泰山十八盤**

「泰山十八盤」乃泰山派昔年一位名宿所創，他見泰山三門下十八盤處羊腸曲折，五步一轉，十步一回，勢甚險峻，因而將地勢融入劍法之中，與八卦門的「八卦遊身掌」有異曲同工之妙。泰山「十八盤」越盤越高，越行越險，這路劍招也是越轉越加狠辣。

泰山「十八盤」，有「緩十八、緊十八」之分，十八處盤旋較緩，另外十八處盤旋甚緊，一步高一步，所謂「後人見前人履底，前人見後人髮頂」。

泰山派這路劍法，純從泰山這條陡道的地勢中化出，也是忽緩忽緊，迴旋曲折。

◆ **其他**

泰山劍法的其他招數還有「來鶴清泉」、「石關回馬」、「朗月無雲」、「峻嶺橫空」等。

【五】俠客行劍法

趙客縵胡纓，吳鉤霜雪明。銀鞍照白馬，颯沓如流星。
十步殺一人，千里不留行。事了拂衣去，深藏身與名。
閑過信陵飲，脫劍膝前橫。將炙啖朱亥，持觴勸侯嬴。
三杯吐然諾，五嶽倒為輕。眼花耳熱後，意氣素霓生。
救趙揮金錘，邯鄲先震驚。千秋二壯士，烜赫大樑城。
縱死俠骨香，不慚世上英。誰能書閣下，白首太玄經？

李白這首《俠客行》的詩，被金庸大俠在《俠客行》的小說中虛構成了一幅連環壁畫和一套劍法。

《俠客行》的每一句詩中，暗示和隱含著不同的劍法和劍招。但如果有人要拘泥於詩中的字詞含義，又是難求甚解。

俠客行第二句「吳鉤霜雪明」，看上去是使劍的招數。有人認為這一路劍法的總綱，乃是「吳鉤霜雪明」五字。吳鉤者，彎刀也，出劍之時，總須念念不忘「彎刀」二字，否則不免失了本意。以刀法運劍，那並不難，但當使直劍如彎刀，直中有曲，曲中有直，方是「吳鉤霜雪明」這五個字的宗旨。

而俠客島壁上的注解又說：鮑照樂府：「錦帶佩吳鉤」，又李賀詩云：「男兒何不帶吳鉤」。這個「佩」字，這個「帶」字，才是詩中最要緊的關鍵所在。吳鉤雖是彎刀，卻是佩帶在身，並非拿出來使用。那是說劍法之中當隱含吳鉤之勢，圓轉如意，卻不是真的彎曲。有人認為，「吳鉤霜雪明」，精光閃亮，就非入鞘之吳鉤，利器佩帶在身而不入鞘，豈不是沒有道理？許多極聰明的武林人物，就此被誤入歧途。

壁上的注解說道：白居易詩云：「勿輕直折劍，猶勝曲全鉤」。有人認為直折之劍，方合石壁注文原意。另有人認為「吳鉤霜雪明」是主，「猶勝曲全鉤」是賓。喧賓奪主，必非正道。

壁上注解：「吳鉤者，吳王闔廬之寶刀也。」「『吳越春秋云：闔廬既寶莫邪，覆命於國中作金鉤，令曰：能為善吳鉤者，賞之百金。吳作鉤者甚眾。而有人貪王之重賞也，殺其二子，以血釁金，遂成二鉤，獻於闔廬。』」。有人就此認為，「殘忍」二字，多半是這一招的要訣，須當下手不留餘地，縱然是親生兒子，也要殺了。

石破天無知者無畏，沒有那樣許多文化的先入之見，反而有奇緣得以破解俠客行劍法的秘密。

石破天看到這幅壁畫時，絲毫不在字詞的表面意義上著眼，他只覺得那千百文字之中，有些筆劃宛然便是一把長劍。這此劍形或橫或直，或撇或捺，在識字之人眼中，只是一個字中的一筆，但石破天既不識字，見到的卻是一把把長長短短的劍，有的劍尖朝上，有的向下，有的斜起欲飛，有的橫掠欲墜。石破天一把劍一把劍的瞧將下來，瞧到第十二柄劍時，突然間右肩「巨骨穴」間一熱，有一股熱氣蠢蠢欲動，再看第十三柄劍時，熱氣順著經脈，到了「五里穴」中，再看第十四柄劍時，熱氣跟著到了「曲池穴」中。熱氣越來越盛，從丹田中不斷湧將上來。

石破天看石壁上所繪劍形，內力便自行按著經脈運行，腹中熱氣緩緩散之於周身穴道，當下自第一柄劍從頭看起，順著劍形而觀，心內存想，內力流動不息，如川之行。從第一柄劍看到第二十四柄時，內力也自「迎香穴」而到「商陽穴」運行了一周。

石破天在第二室中觀看二十四柄劍形，發覺長劍的方位指向，與體內經脈暗合，回到第一室，圖中卻只一個青年書生，並無其他圖形。看了片刻，覺得圖中人右袖揮出之勢甚是飄逸好看，不禁多看了一會，突然間只覺得右肋下「淵液穴」上一動，一道熱線沿著「足少陽膽經」，向著「日月」、「京門」二穴行去。

石破天心中一喜，已大有心得。

他再細看圖形，見構成圖中人身上衣摺、面容、扇子的線條，一筆筆均有貫串之意，當下順著氣勢一路觀將下來，果然自己體內的內息也依照線路運行。當下尋到了圖中筆法的源頭，依勢練了起來。這圖形的筆法與世上書畫大不相同，筆劃順逆頗異常法，好在他從來沒學過寫字，自不知不論寫字畫圖，每一筆都該自上而下、自左而右，雖然勾挑是自下而上，曲撇是自右而左，然而均係斜行而非直筆。這圖形中卻是自下而上、自右向左的直筆甚多，與畫畫筆意往往截然相反，拗拙非凡。他可絲毫不以為怪，照樣習練。換作一個學寫過幾十天字的蒙童，便決計不會順著如此的筆路存想了。圖中筆劃上下倒順，共有八十一筆。也不知過了多少時候，已將第一圖中的八十一筆內功記得純熟。

石破天又走到第三座石室之中。一踏進石室，便覺風聲勁急，卻是三個勁裝老者展開輕功，正在迅速異常的奔行。這三人奔得快極，只帶得滿室生風。三人腳下追逐奔跑，口中卻在不停說話，而語氣甚是平靜，足見內功修為都是甚高，竟不因疾馳而令呼吸急促。

第一個老者認為這一首「俠客行」乃大詩人李白所作。但李白是詩仙，卻不是劍仙，何以短短一首二十四句的詩中，卻含有武學至理？第二人認為，創制這套武功的才是一位震古鑠今、不可企及的武學大宗師。他只是借用了李白這首詩，來抒寫他的神奇武功。不可太鑽牛角尖，拘泥於李白這首「俠客行」的詩意。第三人道認為，第二人的說法雖極有理，但這句「銀鞍照白馬」，若是離開了李白的詩意，便不可索解。第一個老者又認為，不但如此，還得和第四室中那句「颯沓如流星」連在一起，方為正解。

石破天轉頭去看壁上所刻圖形，見畫的是一匹駿馬，昂首奔行，腳下雲氣瀰漫，便如是在天空飛行一般。他照著先前法子，依著那馬的去勢存想，內息卻毫無動靜，心想：「這幅圖中的功夫，和第一二室中的又自不同。」再細看馬足下的雲氣，只見一團團雲霧似乎在不斷向前推湧，直如意欲破壁飛出，他看得片刻，內息翻湧，不由自主的拔足便奔。他繞了一個圈子，向石壁上的雲氣瞧了一眼，內息推動，又繞了一個圈，只是他沒學過輕功，足步踉蹌，姿勢歪歪斜斜的十分拙劣，奔行又遠不如那三個老者迅速。也不知奔了多少圈子，待得將一團團雲氣的形狀記在心裡，停下步來，那三個老者已不知去向。

石破天走到第四室中，壁上繪的是「颯沓如流星」一句的圖譜，他也不理會別人，自去參悟修習。

「俠客行」一詩共二十四句，即有二十四間石室圖解。

石破天遊行諸室，不識壁上文字，只從圖畫中去修習內功武術。那第五句「十步殺一人」，第十句「脫劍膝前橫」，第十七句「救趙揮金鎚」，每一句都是一套劍法。第六句「千里不留行」，第七句「事了拂衣去」，第八句「深藏身與名」，每一句都是一套輕身功夫；第九句「閑過信陵飲」，第十四句「五嶽倒為輕」，第十六句「縱死俠骨香」，則各是一套拳掌之法。第十三句「三杯吐言諾」，第十八句「意氣素霓生」，第二十句「烜赫大樑城」，則是吐納呼吸的內功。

石破天如此便慢慢逐一學習會了俠客行劍法。

石破天有時學得極快，一天內學了兩三套，有時卻連續十七八天都未學全一套。一經潛心武學，渾忘了時光流轉，也不知過了多少日子，終於修畢了二十三間石室中壁上的圖譜。

石破天到了第二十四室，舉目向石壁瞧去，一看之下，微感失望，原來二十三座石室壁上均有圖形，這最後一室卻僅刻文字，並無圖畫。目光又向石壁瞧了一眼，突然之間，只覺壁上那些文字一個個似在盤旋飛舞，不由得感到一陣暈眩。他定了定神，再看這些字跡時，腦中又是一陣暈眩。好奇心起，注目又看，只見字跡的一筆一劃似乎都變成了一條條蝌蚪，在壁上蠕蠕欲動，但若凝目只看一筆，這蝌蚪卻又不動了。

石破天幼時獨居荒山，每逢春日，常在山溪中捉了許多蝌蚪，養在峰上積水而成的小池中，看牠們生腳步脫尾，變成青蛙，跳出池塘，閣閣之聲吵得滿山皆響，解除了不少寂寞。此時便如重逢兒時的遊伴，欣喜之下，細看一條條蝌蚪的情狀。只見無數蝌蚪或上竄、或下躍，姿態各不相同，甚是有趣。他看了良久，陡覺背心「至陽穴」上內息一跳，知道了這些蝌蚪看似亂鑽亂游，其實還是和內息有關。看另一條蝌蚪時，背心「懸樞穴」上又是一跳，然而從「至陽穴」至「懸樞穴」的一條內息卻串連不起來；轉目去看第三條蝌蚪，內息卻全無動靜。

轉頭再看壁上的蝌蚪時，小腹上的「中注穴」突然劇烈一跳，不禁全身為之震動，尋思：「這些小蝌蚪當真奇怪，還沒變成青蛙，就能這麼大跳而特跳。」不由得童心大盛，一條條蝌蚪的瞧去，遇到身上穴道猛烈躍動，覺得甚是好玩。壁上所繪小蝌蚪成千成萬，有時碰巧，兩處穴道的內息連在一起，便覺全身舒暢。他看得興發，自行找尋合適的蝌蚪，將各處穴道中的內息串連起來。但壁上蝌蚪不計其數，要將全身數百處穴道串成一條內息，那是談何容易？石室之中不見天日，惟有燈火，自是不知日夜，只是腹饑便去吃麵，吃了八九餐後，串連的穴道漸多。但這些小蝌蚪似乎一條條的都移到了體內經脈穴道之中，又像變成了一隻隻小青蛙，在他四肢百骸間到處跳躍。他又覺有趣，又是害怕，只有將幾處穴道連了起來，其中內息的動盪跳躍才稍為平息，然而一穴方平，一穴又動，他猶似著迷中魔一般，只是凝視石壁上的文字，直到倦累不堪，這才倚牆而睡，醒轉之後，目光又被壁上千千萬萬小蝌蚪吸了過去。

石破天如此癡癡迷迷的餓了便吃，倦了便睡，餘下來的時光只是瞧著那些小蝌蚪，也不知是那一天上，突然之間，猛覺內息洶湧澎湃，頃刻間衝破了七八個窒滯之處，竟如一條大川般急速流動起來，自丹田而至頭頂，自頭頂又至丹田，越流越快。他驚惶失措，一時之間沒了主意，不知如何是好，只覺四肢百骸之中都是無可發洩的力氣，順手便將「五嶽倒為輕」這套掌法使將出來。掌法使完，精力愈盛，右手虛執空劍，便使「十步殺一人」的劍法，手中雖然無劍，劍招卻源源而出。

「十步殺一人」的劍法尚未使完，全身肌膚如欲脹裂，內息不由自主的依著「趙客縵胡纓」那套經脈運行圖譜轉動，同時手舞足蹈，似是大歡喜，又似大苦惱。「趙客縵胡纓」既畢，接下去便是「吳鉤霜雪明」，他更不思索，石壁上的圖譜一幅幅在腦海中自然湧出，自「銀鞍照白馬」直到第二十三句「誰能書閣下」，一氣呵成的使了出來，其時劍法、掌法、內功、輕功，盡皆合而為一，早已分不出是掌是劍。待得「誰能書閣下」這套功夫演完，只覺氣息逆轉，便自第二十二句「不慚世上英」倒使上去，直練至第一句「趙客縵胡纓」。

石破天情不自禁的縱聲長嘯，霎時之間，謝煙客所傳的炎炎功，自木偶體上所學的內功，從雪山派群弟子練劍時所見到的雪山劍法，丁璫所授的擒拿法，石清夫婦所授的上清觀劍法，丁不四所授的諸般拳法掌法，史婆婆所授的金烏刀法，都紛至遝來，湧向心頭。他隨手揮舞，已是不按次序，但覺不論是「將炙啖朱亥」也好，是「脫劍膝前橫」也好，皆能隨心所欲，既不必存想內息，亦不須記憶招數，石壁上的千百種招式，自然而然的從心中傳向手足。

石破天一通百通，終於成就一番大造化。

【六】沖靈劍法

「沖靈劍法」是令狐沖和岳靈珊情義的見證。

「沖」是指令狐沖，「靈」是指岳靈珊，「沖靈劍法」是二人感情諧好時而共同鑽研出來的劍術，雖然實用價值並不大，但卻具有特別的紀念意義。

令狐沖的天份比師妹高得多，不論做什麼事都喜不拘成法，別創新意，這路劍法雖說是二人共創，十之八九卻是令狐沖想出來的。當時二人武功造詣尚淺，這路劍法中也並沒什麼厲害的招式，只是二人常常在無人處拆解，練得卻十分純熟。當時令狐沖一片癡心，只盼日後能和小師妹共締鴛盟，岳靈珊對他也是極好。二人心中都有個孩子氣的念頭，覺得岳不群夫婦所傳的武功，其餘同門都會，這一套「沖靈劍法」，天下卻只他二人會使，因此使到這套劍法時，內心都有絲絲甜意。二人在華山創制這套劍法時，師兄妹間情投意合，互相依戀，因之劍招之中，也是好玩的成份多，而兇殺的意味少。

這路劍法在《笑傲江湖》中共出現過二次。第一次是在《三戰》中，岳不群使一招「浪子回頭」一招「蒼松迎客」，三招「沖靈劍法」，跟著又是一招「弄玉吹簫」，一招「蕭史乘龍」。高手比武，即令拚到千餘招以上，招式也不會重複，這一招既能為對方所化解，再使也必無用，反而令敵方熟知了自己的招式之後，乘隙而攻。岳不群卻將這幾招第二次重使，旁觀眾人均是大惑不解。令狐冲見岳不群第二次「蕭史乘龍」使罷，又使出三招「冲靈劍法」時，突然之間，腦海中靈光一閃，登時恍然大悟：「原來師父是以劍法點醒我。只須我棄邪歸正，浪子回頭，便可重入華山門下。」

華山上有數株古松，枝葉向下伸展，有如張臂歡迎上山的遊客一樣，稱為「迎客松」。這招「蒼松迎客」，便是從這幾株古松的形狀上變化而出。當岳不群另有用心的使用這套劍法時，擊中的實際上是令狐冲內心情感最脆弱的部分。

令狐冲知道，岳不群使用冲靈劍法，明明白白的說出了此意。重歸華山和娶岳靈珊為妻，那是他心中兩個最大的願望，突然之間，師父當著天下高手之前，將這兩件事向他允諾了，雖非明言，但在這數招劍法之中，已說得明白無比。令狐冲知師父最重然諾，說過的話決無反悔，他既答允自己重歸門戶，又將女兒許配自己為妻，那自是言出如山，一定會做到的事。

令狐冲心下大喜，臉上自也笑顏逐開。但是岳不群過於急功近利，用心太為明顯，反而使令狐冲清醒過來。岳不群又是一招「浪子回頭」，一招「蒼松迎客」，兩招連綿而至。劍招漸急，急不可耐。令狐冲猛地裡省悟，自己得返華山，再和小師妹成婚，人生又復何求？但盈盈、任教主、向大哥卻又如何？這場比試一輸，他們三人便得留在少室山上，說不定尚有殺身之禍。想到此處，不由得背上出了一陣冷汗，不知如何，竟使出了「獨孤九劍」中的劍法，刺中了岳不群的右腕。

第二次使用「冲靈劍法」，是和岳靈珊比劍時，令狐冲瞧著她婀娜的身形，想起昔日遇在華山練劍的情景，漸漸的神思恍惚，不由得癡了，眼見她一劍刺到，順手還了一招。不想這一招並非恒山派劍法。岳靈珊一怔，低聲道：「青梅如豆！」跟著還了一劍，削向令狐冲額間。令狐冲也是一呆，低聲道：「柳葉似眉。」這套劍法，二人在華山已不知拆過了多少遍，但怕岳先生、岳夫人知道後責罵，從不讓第三人知曉，此刻卻情不自禁，在天下英雄之前使了出來。這一接上後，頃刻間便拆了十來招，不但令狐冲早已回到了昔日華山練劍的情景之中，連岳靈珊心裡，也漸漸忘卻了自己此刻是已嫁之身，是在數千江湖漢子之前，為了父親的聲譽而出手試招，眼中所見，只是這個倜儻瀟灑的大師哥，正在和自己試演二人合創的劍法。

「冲靈劍法」中有一招「同生共死」，這招劍法必須二人同使，兩人出招的方位力道又須拿捏得分毫不錯，雙劍才會在迅疾互刺的一瞬之間劍尖相抵，劍身彎成弧形。這劍法以之對付旁人，自無半分克敵制勝之效，在令狐冲與岳靈珊，卻是一件又艱難又有趣的玩意。二人練成招數之後，更進一步練得劍尖相碰，濺出火花。當他二人在華山上練成這一招時，岳靈珊曾問，這一招該當叫作什麼。令狐冲道：「你說叫什麼好？」岳靈珊笑道：「雙劍疾刺，簡直是不顧性命，叫作『同歸於盡』吧？」令狐冲道：「同歸於盡，倒似你我有不共戴天之仇似的，還不如叫作『你死我活』！」岳靈珊啐道：「為什麼我死你活？你死我活才對。」令狐冲道：「我本來說是『你死我活』。」岳靈珊道：「你啊我啊的，纏夾不清，這一招誰都沒死，便叫作『同生共死』好了。」令狐冲拍手叫好。

冲靈劍法在書中出現的招數還有：「霧中初見」，「雨後乍逢」等。

【七】躺屍劍法和唐詩劍法

◆躺屍劍法和唐詩劍法

躺屍劍法，一生二、二合一，真真假假、奇奇怪怪，滑稽而又讓人有些笑不出來。

戚長發為著自己不可告人貪婪的目的，有意將唐詩劍法教成了躺屍劍法，將優美的詩篇誤讀成狗屁不通的順口溜。

戚長發煞有介事地教狄雲和自己的女兒躺屍劍法：

「哥翁喊上來」，跟著一招「是橫不敢過」，那就應當橫削，不可直刺。

「忽聽噴驚風，連山若布逃」，劍勢該像一匹布那樣逃了開去。

「落泥招大姐，馬命風小小」。

「俯聽文驚風，連山石布逃」。

言達平又是不懷好意地向狄雲解說真正的唐詩劍法：

「『天花落不盡，處處鳥銜飛！』『孤鴻海上來，池潢不敢顧』，是說一隻孤孤單單的鴻鳥，從海上飛來，見到陸地上的小小池沼，並不棲息。這兩句詩是唐朝的宰相張九齡做的，他比擬自己身分清高，不喜跟人爭權奪利。將之化成劍法，顧盼之際要有一股飄逸自豪的氣息。他所謂『不敢顧』，是『不屑瞧它一眼』的意思。你師父卻教你讀作什麼『哥翁喊上來，是橫不敢過』，結果前一句變成大聲疾呼，後一句成為畏首畏尾。劍法的原意是蕩然無存了。」

言達平解釋劍招，如何「忽聽噴驚風，連山若布逃」，其實是「俯聽聞驚風，連山若波濤」；如何「落泥招大姐，馬命風小小」，乃是「落日照大旗，馬鳴風蕭蕭」。

唐詩劍法還有以下招數：路自中峰上，盤回出壁籮。到江吳地盡，隔岸越山多，古木叢青靄，遙天浸白波，山從人面起，去傍馬頭生等。

◆簡化唐詩劍法

言達平教狄雲唐詩劍法，本來唐詩劍法都有一個典雅的唐詩名稱，但狄雲不識字，言達平便改了三個一聽便懂的名稱，此即是簡化唐詩劍法：

第一招是「刺肩式」，敵人若是一味防守，那是永遠刺他不著，但只要一出劍相攻，立時便可後發先至，刺中他的肩頭。

第二招：「耳光式」，便是言達平教狄雲劍交左手、右手反打他耳光的一招。這一招古怪無比，就算敵人明知自己要劍交左手，反手打他耳光，但閃左打左，閃右打右，越是閃避，越打得重。

第三招是「去劍式」，言達平教狄雲用竹棒令他長劍脫手的一招。

【八】越女劍法

古時吳越成仇，越王勾踐臥薪嚐膽，相圖吳國。可是吳王手下有個大將伍子胥，秉承孫武遺教，訓練的士卒精銳異常。勾踐眼見兵卒武藝不及敵國，悶悶不樂。有一日越國忽然來了個美貌少女，劍術精妙無比。勾踐大喜，請她教導越兵劍法，終於以此滅了吳國。嘉興是當年吳越交界之處，兩國用兵，向來以此為戰場，這套越女劍法就在此處流傳下來。只是越國處女當日教給兵卒的劍法旨在上陣決勝，是以斬將刺馬頗為有用，但以之與江湖上武術名家相鬥，就嫌不夠輕靈翔動。到得唐朝末葉，嘉興出了一位劍術名家，依據古劍法要旨而再加創新，於鋒銳之中另蘊複雜變化。

韓小瑩從師父處學得了這路劍法，雖然造詣未精，但劍招卻已頗為不凡，她的外號「越女劍」便由劍法之名而得。

韓小瑩教郭靖越女劍法之時提到，「枝擊白猿」要躍身半空連挽兩個平花，然後回劍下擊。越女劍法輕靈翔動，由此可見一斑。

越女劍法招數還有「起鳳騰蛟」，使用時左膝一低，曲肘豎肱，刷的一聲，劍尖猛撩上來。

「探海斬蛟」，使用時見敵刀砍到，右足反而繞前避過。回鋒下插，徑攻敵人下盤。

「翻身探果」，使用時身子拗轉，撩向敵臂。

【九】全真派劍法

◆定陽針

定陽針是正宗全真劍法。

耶律齊武功不高，但為人穩重，所以在使用定陽針這一招時，神完氣足，勁、功、式、力，無不恰到好處，看來平平無奇，但要練到這般沒半點瑕疵，天資稍差之人積一世之功也未必能夠。

楊過在古墓中學過全真劍法，自然識得其中妙處，只是他武功學得雜了，這招「定陽針」就無論如何使不到如此端凝厚重。

◆一劍化三清

一劍化三清是全真派上乘武功中的劍術，每一招均可化為三招。

楊過使用過「一劍化三清」的招數。楊過連刺二九一十八劍，每一劍都是一分為二，刺出時只有一招，手腕抖處，劍招卻分而為二。這玉女心經的武功專用以克制全真派，楊過未練玉女心經，先練全真武功，只是練得並不精純，「一劍化三清」是化不來的，「化一清」倒也使得似模似樣。

◆七星聚會

七星聚會是全真五子為了對付「玉女心經」而創的。

全真五子在玉虛洞中閉關靜修，鑽研拆解「玉女心經」之法，五個人殫精竭慮，日夜苦思，總覺小龍女和楊過所顯示的武功，每一招每一式都恰好是全真派武學的剋星，要想從招術上取勝，實是難能。

後來丘處機從天罡北斗陣法中悟出一理，認為自己招術變化，斷然不及，但可合五人之力，以勁力補招數之不足。於是五人便精思並力攻敵的法門，每一招出去，都是將五人勁力歸集於一點。他們自知第三四代弟子中並無出類拔萃的人物，只有仗著人多或能合力自保。歷時一個多月，終於創出一招「七星聚會」。

這一招雖然是從天罡北斗陣法中演化出來，取名「七星聚會」，卻也不必定須七人聯手，六人、五人，以至四人、三人，也均可並力施展。

用「七星聚會」對付達爾巴和霍都還算可以，如要對付小龍女和楊過，卻是終身無望。

◆同歸劍法

此套劍法是王重陽怕歐陽峰重來中原，全真派便有覆滅之虞，因此創下了一路劍法，取名「同歸劍法」。

全真派還有一個「天罡北斗陣法」也可與之匹敵，但必須七人同使，若是倉卒與此人邂逅相逢，未必七人聚齊。這套「同歸劍法」的本意是為了對付那個大對頭而創，可單獨使用，只盼犧牲的一二人與之同歸於盡，因而保全了一眾同門。

這路「同歸劍法」取的是「同歸於盡」之意，要是敵人厲害，自己性命危殆，無可奈何之際，只得使這路劍法拚命，每一招都是猛攻敵人要害，招招狠，劍劍辣，純是把性命豁出去了的打法，雖是上乘劍術，倒與流氓潑皮耍無賴的手段同出一理。

【十】雪山劍法

創制這套劍法的雪山派祖師生性愛梅，是以劍法中夾雜了不少梅花、梅萼、梅枝、梅幹的形態，古樸飄逸，兼而有之。梅樹枝幹以枯殘醜拙為貴，梅花梅萼以繁密濃聚為尚。劍招有時招式古樸，有時劍點密集，劍法一轉，便見雪花飛舞之姿，朔風呼號之勢，出招迅捷，宛若梅樹在風中搖曳不定，而塞外大漠飛沙、駝馬奔馳的意態。

雪山劍法共七十二路，書中出現的有「老枝橫斜」、「風沙莽莽」、「明駝駿足」、「暗香疏影」、「雙駝西來」、「雲橫西嶺」、「蒼松迎客」、「鶴飛九天」、「大漠飛沙」、「飛沙走石」、「雪花六出」、「朔風忽起」、「嶺上雙梅」、「梅雪爭春」、「胡馬越嶺」、「明月羌笛」等。

【十一】無量劍

「無量劍」原分東、北、西三宗，北宗近數十年來已趨式微，東西二宗卻均人才鼎盛。

無量劍於五代後唐年間在南詔無量山創派，掌門人居住無量山劍湖宮。自於大宋仁宗年間分為三宗之後，每隔五年，三宗門下弟子便在劍湖宮中比武鬥劍，獲勝的一宗得在劍湖宮居住五年，至第六年上重行比試。五場鬥劍，贏得三場者為勝。這五年之中，敗者固然極力鑽研，以圖在下屆劍會中洗雪前恥，勝者也是絲毫不敢鬆懈。

「無量劍」中人物將本派劍法自視甚高，在《天龍八部》中卻只是最不入流的跑龍套配角。

【十二】柔雲劍術

柔雲劍術的妙詣卻在一招之後，不論對方如何招架退避，第二招順勢跟著就來，如柔絲不斷，春雲綿綿。

柔雲劍術的招數有：「杏花春雨」、「三環套月」、「白虹貫日」、「春雲乍展」、「鳳點頭」、「玉帶圍腰」、「猛雞奪粟」等。

柔雲劍術的要訣是：「敵未動，己不動。」

柔雲劍法中有一路劍法專講守勢，腳下要踏準八卦，連連倒退，先消敵人凌厲攻勢，才行反擊。

【十三】三分劍術

「三分劍術」乃天山派劍術的絕詣，所以叫做「三分」，乃因這路劍術中每一手都只使到三分之一為止，敵人剛要招架，劍法已變。一招之中蘊涵三招，最為繁複狠辣。這路劍術並無守勢，全是進攻殺著。每一招都如箭在弦，雖然含勁不發，卻都蘊著極大危機。

三分劍術要旨在以快打慢，以變擾敵。

三分劍術中絕招，稱為「穆王八駿飲瑤池」，連刺八劍，一劍快似一劍。

三分劍術的招數還有「冰河倒瀉」、「千里流沙」、「風卷長草」、「舉火燎天」、「雪中奇蓮」、「大漠孤煙」、「平沙落雁」、「神駝駿足」、「海市蜃樓」、「冰河開凍」、「夜半烽煙」、「朔風狂嘯」、「鵬程萬里」等。

【十四】崑崙派劍法

橫劍當腹，一招「雪擁藍橋」勢；劍尖斜指向地，一招「木葉蕭蕭」，這兩招都是崑崙派劍法中的精奧，看來輕描淡寫，隨隨便便，但其中均伏下七八招凌厲之極的後著。同時兩人都已將內功運上右臂，只須手腕一抖，劍光暴長，立時便可傷到敵人身上七八處要害。

崑崙派的殺招「玉碎昆岡」是和敵人同歸於盡的拚命打法，旨在兩敗俱傷，同赴幽冥。

雨打飛花劍法是崑崙派的劍法。這一路劍走的全是斜勢，飄逸無倫，但七八招斜勢之中，偶爾又挾著一招正勢，教人極難捉摸。

崑崙派的劍法招數還有「百丈飛瀑」、「大漠平沙」、「神駝駿足」等。見於《倚天屠龍記》。

【十五】峨嵋派劍法

「黑沼靈狐」這一招是峨嵋派祖師郭襄為紀念當年楊過和她同到黑沼捕捉靈狐而創的。峨嵋派劍法另外的招數還有「輕羅小扇」、「順水推舟」、「推窗望月」、「鐵鎖橫江」、「月落西山」、「推窗望月」、「金頂佛光」等。

滅絕師太也曾手創過「滅劍」和「絕劍」兩套劍法。

【十六】桃花島劍法

◆玉漏催銀箭

玉漏催銀箭是桃花島家傳絕技。

此招劍鋒成弧，旁敲側擊，去勢似乎不急，但劍尖籠罩之處極廣，除非武功更高的對手以兵刃硬接硬架，否則極難閃避。

◆玉簫劍法

玉簫劍法是黃藥師從玉簫中變化過來的一路劍法，可以用來破李莫愁的拂塵。黃藥師曾將這路劍法傳給楊過，楊過並未練成這套劍法，卻用口述的方法比劃了一番。這番話只把李莫愁聽得臉如死灰，彷彿楊過說的每一句話都是克制她拂塵的法門。

【十七】恒山派劍法

恒山派劍法綿薄嚴謹，長於守禦，而往往在最令人出其不意之處突出殺著，劍法綿密有餘，凌厲不足，正是適於女子所使的武功。

恒山派歷代高手都是女流，自不及男子所練的武功那樣威猛凶悍。但恒山劍法可說是破綻極少的劍法之一，若言守禦之嚴，僅遜於武當派的「太極劍法」，但偶而忽出攻招，卻又在「太極劍法」之上。恒山一派在武林中卓然成家，自有其獨到處。其招數有「金針渡劫」、「敬捧寶經」等。

萬花劍法是《笑傲江湖》中定靜師太所用。

恒山派劍法以圓轉為形，綿密見長，每一招劍法中都隱含陰柔之力，與人對敵之時，往往十招中有九招都是是守勢，只有一招才乘虛突襲。

令狐冲與恒山派弟子相處已久，又親眼見過定靜師太數次與敵人鬥劍，因此施展出恒山派劍法，招招成圓，餘意不盡，顯然已深得恒山派劍法的精髓，於極平凡的招式之中暗蓄鋒芒，深合恒山派武功「綿裡藏針」的要訣。

數百年恒山門下均以女尼為主，出家人慈悲為本，女流之輩更不宜妄動刀劍，學武只是為了防身。「綿裡藏針」訣，便如是暗藏鋼針的一團棉絮。旁人倘若不加觸犯，棉絮輕柔溫軟，於人無忤，但若以手力捏，棉絮中所藏鋼針便刺入手掌；刺入的深淺，並非決於鋼針，而決於手掌上使力的大小。使力小則受傷輕，使力大則受傷重。這武功要訣，本源便出於佛家因果報應、業緣自作、善惡由心之意。

【十八】八仙劍

廣西梧州八仙劍，招數有湘子吹簫；漢鍾離陰陽寶扇；鐵拐李葫蘆繫腰；張果老倒騎驢；撥雲見日；仙人指路；魁星點元；曹國舅拍板等。

《天龍八部》中功夫。

【十九】追魂奪命劍

追魂奪命劍共有七十二路，包含八十一路奇變，是無塵道人的武功絕技。

追魂奪命劍中有大五鬼劍法，還有「順水推舟」、「九品連台」、「仙人指路」、「當頭棒喝」、「無常抖索」、「煞神當道」、「怨魂纏足」、「庸醫下藥」、「判官翻簿」、「吊客臨門」、「閻王擲筆」、「五鬼投叉」、「馬面挑心」、「孟婆灌湯」等招數。

【二十】 達摩劍法

《書劍恩仇錄》中褚圓的功夫是達摩劍法。

達摩劍法的招數還有「虛式分金」、「金剛伏虎」、「金輪度劫」、「浮丘挹袖」、「回頭是岸」、「橫江飛渡」等。

【廿一】 玉女金針十三劍

玉女金針十三劍之穿針引線、無衣無縫、夜繡鴛鴦、織女穿梭等，是令狐冲為戲弄田伯光而作。

【廿二】 上清快劍

上清快劍共十三招，其中有一招「朝拜金頂」，《俠客行》中武功。

【廿三】 回風劍

回風劍是《鹿鼎記》中沐家武功。

【廿四】 段家劍

段家劍的起手招數是「其利斷金」，其他還有「金馬騰空」和「碧雞報曉」等。

《天龍八部》中功夫。

【廿五】 衡山派劍法

◆衡山五神劍

衡山七十二峰，以芙蓉、紫蓋、石廩、天柱、祝融五峰最高。衡山派劍法之中，也有五路劍法，分別以這五座高峰為名。

衡山五神劍的招數有「泉鳴芙蓉」、「鶴翔紫蓋」、「石廩書聲」、「天柱雲氣」、「雁回祝融」等。

「泉鳴芙蓉」、「鶴翔紫蓋」這兩招分刺敵人小腹與額頭。

衡山派劍法「一招包一路」中，一招之中，包含了一路劍法中數十招的精要。「芙蓉劍法」三十六招，「紫蓋劍法」四十八招。「泉鳴芙蓉」與「鶴翔紫蓋」兩招劍法，分別將芙蓉劍法、紫蓋劍法每一路數十招中的精奧之處，融會簡化而入一招，一招之中有攻有守，威力之強，為衡山劍法之冠，是以這五招劍法，合稱「衡山五神劍」。

「天柱雲氣」主要是從雲霧中變化出來，極盡詭奇之能事，動向無定，不可捉摸。

衡山五大神劍之中，除了「泉鳴芙蓉」、「鶴翔紫蓋」、「石廩書聲」、「天柱雲氣」之外，最厲害的一招叫做「雁回祝融」。衡山五高峰中，以祝融峰最高，這招「雁回祝融」，在衡山五神劍中也是最為精深。

見於《笑傲江湖》。

◆**三十六路回風落雁劍**

三十六路回風落雁劍第十七招是「一劍落九雁」，衡山派掌門莫大先生使用。見於《笑傲江湖》。

◆**百變千幻衡山雲霧十三式**

衡山派劉正風功夫。

◆**小落雁式**

衡山派劉正風功夫。

【廿六】 狂風快劍

一百零八式「狂風快劍」，《笑傲江湖》中封不平武功。

【廿七】 一字電劍

一字電劍是《笑傲江湖》中丁堅武功。

一字電劍每招一出，皆如閃電橫空，令人一見之下，驚心動魄，先生怯意。但這一字電劍只出了一招，令狐冲便看出了其中的三個大破綻。

【廿八】 苗家劍法

苗家劍法是苗人鳳所用劍法，招數有：「丹鳳朝陽」、「沖天掌蘇秦背劍」、「洗劍懷中抱月」、「迎門腿反劈華山」、「提撩劍白鶴舒翅」、「破碑腳」、「黃龍轉身吐鬚勢」、「上步雲邊摘月」、「返腕翼德闖帳」等。

胡一刀也曾用「沖天掌蘇秦背劍」這一招。

苗人鳳為了了結江湖上的恩怨，沒有將苗家劍法傳下來，從此苗家劍法失傳。

【廿九】 七弦無形劍

七弦無形劍只是琴音，聲音本身自不能傷敵，作用全在激發敵人內力，擾亂敵招，對手內力越強，對琴音所起感應也越加厲害，對毫無內力之人，這七弦無形劍便毫無效果。

七弦無形劍是《笑傲江湖》中黃鍾公武功，其中有一招「六丁開山」。

【三十】 雷震劍法

雷震劍法是石樑派的劍法，六六三十六招，竟無一招實招，那是雷震之前的閃電，把敵人弄得頭暈眼花之後，跟著而上的便是雷轟霹靂的猛攻。

【卅一】 迅雷劍

迅雷劍共有十六手，崑崙三聖何足道獨門功夫。

第一招起手式怪異之極，劍尖指向自己胸口，劍柄斜斜向外，竟似回劍自戕一般。

【卅二】 天龍劍法

天龍劍法是天龍門劍法，田歸農以及弟子阮士中使用過。

「騰蛟起鳳」這是一招洗勢。劍訣有云：「高來洗，低來擊，裡來掩，外來抹，中來刺」。這「洗、擊、掩、抹、刺」五字，是各家劍術共通的要訣。

天龍劍法在書中出現過的招數還有「雲中現爪」等。

天龍門劍法中還有一字劍法。

【卅三】 青城派劍法

青城派功夫以「青城十八破」著稱，在劍法上反而沒有大的名氣，但青城派的劍招全採取攻勢。

青城派劍法在書中出現過的「鴻飛冥冥」、「松濤如雷」、「碧淵騰蛟」等。

見於《笑傲江湖》。

【卅四】嵩山派劍法

嵩山派劍法有「內八路，外九路」之稱，一十七路長短、快慢各路劍法應有盡有。

當年五嶽劍派與魔教十長老兩度會戰華山，五派好手死傷殆盡，五派劍法的許多精世絕招，隨五派高手而逝。左冷禪會集本派殘存的耆宿，將各人所記得的劍招，不論精粗，盡數錄了下來，匯成一部劍譜。這數十年來，他去蕪存菁，將本派劍法中種種不夠狠辣的招數，不夠堂皇的姿勢，一一修改，使得本派一十七路劍招完美無缺。他雖未創設新的劍路，卻算得是整理嵩山劍法的大功臣。

「萬岳朝宗」是嫡系正宗的嵩山劍法。這一招含意甚是恭敬，嵩山弟子和本派長輩拆招，必須先使此招，意思是並非敢和前輩動手，只是請你老人家指教。

嵩山派劍法「開門見山」這一招，意思是要打便打，不用假惺惺的裝腔作勢，那也含有諷刺對方是偽君子之意。

嵩山派的劍法招數還有「千古人龍」、「疊翠浮青」、「玉進天池」等。

第二篇 刀法

【一】金烏刀法

這路刀法是史婆婆為了對付自大的丈夫白自在所創。

金烏刀法共有七十三招，第一招是「開門揖盜」；第二招「梅雪逢夏」，「梅雪逢夏」的刀法，是在霎息之間上三刀、下三刀、左三刀、右三刀，連砍三四一十二刀，不理對方劍招如何千變萬化，只是以一股威猛迅狠的勁力，將對方繁複的劍招盡數消解，有如炎炎夏日照到點點雪花上一般；那第三招叫做「千鈞壓駝」；第四招「大海沉沙」；第五招「赤日炎炎」；第七招「鮑魚之肆」；金烏刀法每招都有個稀奇古怪的名稱，無不和雪山劍法的招名針鋒相對，名稱雖怪，刀法卻當真十分精奇。

書中出現過的招數還有「長者折枝」、「漢將當關」、「赤日金鼓」、「赤焰暴長」。

【二】南山刀法

南山刀法是郭靖四師父南茜仁的獨門武功。

後腿向後反踢，踢開刺來的槍桿，乘勢一刀撩向敵手，這招正是南茜仁所授外家「南山刀法」中的「燕子入巢」，這一腿踢出時眼睛不見，只要部位稍有不準，敵槍早已插入背心。這一踢要踢準也十分的不易，郭靖練了幾百遍才練成的。

郭靖用這套刀法第一次對敵時，按照原來招數，推開敵槍之後，右足進步順手一刀，但他掌心與槍桿一觸到，立覺敵人抽槍竟不迅捷。他修習了兩年內功，身子感應迅敏之極，遠比他腦中想事為快，一覺有變，未及思索，左掌翻處，已用分筋錯骨手抓住槍桿，右手單刀不斷敵身，卻順著槍桿直削下去，敵人如不撤槍，十根手指無一能保。那人使勁奪槍，竟是紋絲不動，已自吃驚，突見刀鋒相距前手不到半尺，急忙鬆手，撤槍後退。原來江南六怪想到楊鐵心是名將楊再興的嫡派子孫，於楊家槍法必有獨到的造詣，丘處機將他子嗣訪到之後，除了傳授其他武功之外，對槍法一定是更加注重，好教他不墮了祖宗的威名，是以南茜仁在傳郭靖刀法時，於「單刀破槍」之術，督促他練得滾瓜爛熟。想不到這套刀法未在嘉興顯威，已先在漠北立功。

其他的招數還有「進步提籃」等。

【三】八卦刀法

八卦刀法共有六十四招。起手式是「上勢左手抱刀」，收手勢是「收勢」，第二十九招為「反身劈山」。其他的招數還有：「朝陽刀」、「削耳撩腮」、「夜叉探海」、「上步撩刀」、「仙人指路」、「回身劈山刀」、「上步劈山」、「上歪門」等。

《飛狐外傳》中武功。

《天龍八部》中慕容復也曾使用八卦刀法。

【四】四門刀法

「四門刀法」的刀訣是：禦侮摧鋒決勝強，淺開深入敵人傷。膽欲大兮心欲細，筋須舒兮臂須長。彼高我矮堪常用，敵偶低時我即揚。敵鋒未見休先進，虛刺偽扎引誘誆。引彼不來須賣破，眼明手快始為良。淺深老嫩皆磕打，進退飛騰即躲藏。功夫久練方云熟，熟能生巧大名揚。

四門刀法的招式有：「大鵬展翅」、「金雞獨立」、「獨劈華山」、「分花拂柳」、「推刀割喉」、「進手連環刀」等。

閻基功夫。

【五】胡家刀法

胡家刀法的要旨端在招數精奇，不在以力碰力。

胡家刀法使用得最好的是胡一刀，他使刀之時，非常緩慢，而且也收斂得多。胡一刀使用這套刀法的訣竅是與其以主欺客，不如以客犯主。嫩勝於老，遲勝於急。纏、滑、絞、擦、抽、截，強於展、抹、鉤、剁、砍、劈。

以主欺客，以客犯主，均是使刀之勢，以刀尖開砸敵器為「嫩」，以近柄處刀刃開砸敵器為「老」，磕托稍慢為「遲」，以刀先迎為「急」，至於纏、滑、絞、擦等等，也都是使刀的諸般法門。

胡家刀法的妙處還在虛實互用，忽虛忽實，如「懷中抱月」本是虛招，下一招是「閉門鐵扇」，這兩招是一虛一實。但在使用「懷中抱月」時，也可將「懷中抱月」變為實招。

胡一刀曾用過八刀藏刀式，閉門鐵扇刀，沙鷗掠波，鴛鴦連環等胡家刀法。

胡斐曾用過沉肘擒拿，鉤腿反踢，雲龍三現，掀牛喝水，大三拍，鷹爪鉤手，進步連環，穿心錐，上馬刀，霸王卸甲，鷂子翻身刀，閉門鐵扇，懷中抱月，沙僧拜佛，上步摘星刀，穿手藏刀，關平獻印，夜叉探海，上步槍刀，亮刀勢，觀音坐蓮，浪子回頭，諫果回甘，夜戰八方藏刀式等胡家刀法。

苗人鳳用過一刀同時攻逼三敵的「雲龍三現」，是胡家刀法中的精妙招數。苗人鳳用過的胡家刀法招數還有「鷂子翻身刀」、「懷中抱月」、「閉門鐵扇」、「穿手藏刀」等。

《俠客行》中金安寨寨主金奉日也曾用過八方藏刀勢，金刀左一刀，右一刀，前一刀，後一刀，霎時之間，八方各砍三刀，三八二十四刀。應該也是胡家刀法。

【六】「小青」左手刀

這套刀法相傳從宋時韓世忠傳下來。韓王上陣大破金兵，右手刀長，號稱「大青」，左手刀短，號稱「小青」，喪在他刀下的金兵不計其數。

駱冰左手比右手靈便，她父親神刀駱元通便將刀法調轉來教她，左手刀沉穩狠辣，見一般單刀的路子，右手刀卻變幻無窮，人所難測，確是江南武林一絕。

【七】血刀刀法

「血刀刀法」怪異之極，每一招都是在決不可能的方位砍將出去。原來每一招刀法都是從前面的古怪姿勢中化將出來。前面圖譜中有倒立、橫身、伸腿上頸、反手抓耳等種種詭異姿勢，血刀刀法中便也有這些令人絕難想像的招數。招數有「流星經天」等。

【八】夫妻刀法

這路刀法原是古代一對恩愛夫婦所創，兩人形影不離，心心相印，雙刀施展之時，也是互相迴護。這套刀法兩人所練的招數全然不同，要兩人練得純熟，共同應敵，兩人的刀法陰陽開闔，配合得天衣無縫，一個進，另一個便退，一個攻，另一個便守。這套刀法傷人容易，殺人卻難。

「夫妻刀法」共七十二招，書中出現的前十二招數有：「女貌郎才珠萬斛」、「天教麗質為眷屬」、「清風引佩下瑤台」、「明月照妝成金屋」、「刀光掩映孔雀屏」、「喜結絲羅在喬木」、「英雄無雙風流婿」、「卻扇洞房燃花燭」、「碧簫聲裡雙鳴鳳」、「今朝有女顏如玉」、「千金一刻慶良宵」、「占斷人間天上福」。

【九】劈卦刀

劈卦刀是金安寨寨主安奉日的絕技，共有七十二路，招中藏套，套中含式，變化多端。招數有「順流而下」、「南海禮佛」等。

【十】五虎斷門刀

雲州秦家寨最出名的武功，當年秦公望前輩自創這斷門刀六十四招後，後人忘了五招，只有五十九招傳下來。缺了的五招是「白虎跳澗」、「一嘯風生」、「剪撲自如」、「雄霸群山」、「伏象勝獅」。其他的招數有：「猛虎下山」，「惡虎攔路」等。《鹿鼎記》中武功。

《鹿鼎記》中的茅十八曾用過「迴風拂柳」。《天龍八部》中的慕容復也使用過五虎斷門刀。

【十一】奇門三才刀

奇門三才刀是《鹿鼎記》中吳長老武功。使用是使單刀圈住你，東砍那一刀，是少林寺的降魔刀法；西劈那一刀，是廣西黎山洞黎老漢的柴刀十八路；回轉而削的那一刀，又變作了江南史家的「迴風拂柳刀」。此後連使一十一刀，共是一十一種派別的刀法。後來反轉刀背，在肩頭擊上一記，這是寧波天童寺心觀老和尚所創的「慈悲刀」，只制敵而不殺人。他用刀架在你頸中，那是金刀楊老令公上陣擒敵的招數，是「後山三絕招」之一，本是長柄大砍刀的招數，他改而用於單刀。

【十二】美人三招

「美人三招」雖說只是三招，可是全身四肢，無一處沒有關聯，如何拔劍，如何低頭，快慢部位，勁頭準頭，皆須拿捏得恰到好處。且看洪安通和洪夫人的演示：

洪夫人身子微曲，纖腰輕扭，右足反踢，向教主小腹踹去。教主後縮相避，洪夫人順勢反過身來，左手摟住教主的頭頸，右手竟已握住了匕首，劍尖對準了教主後心。這是第一招，叫做「貴妃回眸」。

教主將夫人身子輕輕橫放在地。洪夫人又將匕首插入小腿之側，翻身臥倒。教主伸出右足，虛踏她後腰，手中假裝持刀架住她頭頸，驀見夫人腦袋向著她自己胸口鑽落，敵人架頸中的一刀自然落空，她順勢在地下一個筋斗在教主胯下鑽過，握著匕首的右手成拳，輕輕一拳擊在教主後心，只是劍尖向上。倘若當真對敵，這一劍自然插入了敵人背心。第二招叫「小憐橫陳」。

教主待她插回匕首後，將她雙手剪，左手拿住她雙手手腕，右手虛執兵器，架在她的膚光白膩頭頸之中。洪夫人右足向前輕踢，白光閃動，那匕首割斷她縛住的手帕，脫了出來。她右足順勢一勾，在匕首柄上一點，那匕首陡向她咽喉疾射過去。這一招叫做「飛燕回翔」。

【十三】羽衣刀

羽衣刀是《天龍八部》中太乙派刀法。

【十四】 山西郝家刀法

山西郝家刀法，《天龍八部》中慕容復使用。

【十五】 六合刀

《天龍八部》中慕容復使用。

【十六】 飛沙走石十三式刀法

《笑傲江湖》中田伯光武功。

飛沙走石十三式刀法使用時速度非常的快，每一刀劈刺、每一刀砍削都既狠又準，而且每式中都有三四招變化，可在頃刻之間使用四十餘招。

【十七】 風掃敗葉

風掃敗葉是潑風九環刀中的一招，《飛狐外傳》中武功。

【十八】 五虎刀

五虎刀有九九八十一路，《飛狐外傳》中范幫主武功。

【十九】玄玄刀法

玄玄刀法原是太極門中的刀法。玄玄刀法以靜制動，以柔克剛。《碧血劍》中武功。

【二十】鐵門閂刀法

鐵門閂刀法共有六六三十六招，專門守禦，對方功夫再高，也不易取勝。見於《雪山飛狐》。

【廿一】地堂刀法

地堂刀法是《鹿鼎記》中林興珠武功。

【廿二】少林刀法

◆ **慈悲刀**

寧波天童寺心觀老和尚所創，刀法只在制敵不在殺人。

◆ **降魔刀法**

少林刀法，見於《天龍八部》。

第三篇　拳法

【一】少林絕技之拳法

◆羅漢拳

「黑虎偷心」：虛竹與鳩摩智拚鬥時，鳩摩智一輪快速的搶攻，逼得虛竹手忙足亂，無從招架，惟有倒退，這時連「韋陀掌」也使不上了，一拳一拳的打出，全是那一招「黑虎偷心」，每發一拳，都將鳩摩智逼退半尺，就是這麼半尺之差，鳩摩智種種神妙的招數，便都不能及身。頃刻之間，鳩摩智又連使十六門少林絕技，少林群僧只看得目眩神馳。但虛竹用以應付的，卻只一門「羅漢拳」，而且在對方迅若閃電的急攻之下，心中手上全無變招的餘裕，打出一招「黑虎偷心」，又是一招「黑虎偷心」，來來去去，便只依樣葫蘆的一招「黑虎偷心」，拳法之笨拙，縱然是市井武師，也不免為之失笑。但這招「黑虎偷心」中所含的勁力，卻竟不斷增強。

「苦海回頭」：這一招使用時，左手一揚，和身欺上，右手伸出，便去托拿敵人的下顎。「苦海回頭」是少林派正宗拳藝羅漢拳中的一招，卻是別派所無。這一招的用意是左手按住敵人頭頂，右手托住敵人下顎，將他頭頸一扭，重則扭斷敵人頭頸，輕則扭脫關節，乃是一招極厲害的殺手。《倚天屠龍記》中郭襄使用過這一招。

「挾山超海」：這一招使用時斜身踏步，左手橫過敵人身前，一翻手扣住右肩，右手疾如閃電，伸手到敵人頸後。這一招叫「挾山超海」，原是拆解那招「苦海回頭」的不二法門，雙手一提便能將敵人身子提得離地橫起。《天龍八部》中無色使用過這一招。

《射鵰》三部曲中還有一套羅漢伏虎拳，使用起來時拳風虎虎，足影點點，恍若虎嘯，燭影搖晃，四座風生。打一拳，喝一聲，威風凜凜，宛然便似一頭大蟲。便在縱躍翻撲之際，突然左掌豎立，成如來佛掌之形。

這套拳法中包含猛虎羅漢雙形，猛虎剪撲之勢、羅漢搏擊之狀，同時在一套拳法中顯示出來。再打一陣，吼聲漸弱，羅漢拳法卻越來越緊，最後砰的一拳，擊在地下，著拳處的方磚立時碎裂。托地躍起，左手擎天，右足踢鬥，巍然獨立，儼如一尊羅漢佛像，更不稍有晃動。

◆少林拳

《倚天屠龍記》中，無色使用少林拳考較郭襄的武功。

少林拳門戶正大，看來平平無奇，練到精深之處，實是威力無窮。

少林拳講究心快、眼快、手快、身快、步快，愈打愈快，攻守吞吐，回轉如意。少林拳第一路「闖少林」共有三十七勢。「闖少林」第二十八勢「翻身劈擊」使用時轉過身來，踏上一步，右手一拳擊出，左掌跟著在右拳上一搭，變成雙掌下劈。

少林拳的其他招式有：

「黃鶯落架」，使用時左掌圈花揚起，屈肘當胸，虎口朝上。

「雙貫耳」，使用時雙拳虎口相對，劃成弧形，交相撞擊。

「單鳳朝陽」，使用時雙手大開大闔，寬打高舉。

「偏花七星」，使用時雙掌劃弧，雙掌如電，若不出內力相抗，手掌便須向後一拗而斷。這一招少林派基本功夫「偏花七星」似慢實快，似輕實重，雖是「闖少林」的姿勢，意勁內力卻出自「神化少林」的精奧。

「二郎擔山」，使用時進手橫砍，右足貼地勾掃，同時左手一個撩掌；五指撮攏，變為雕手，借勢一撥。這一勾、一撩、一撥，名為「三合」，乃是少林拳絕技。

「肋下肘」，使用時肘角向外撞出。

少林拳招數還有「請手」、「左穿花手」、「寒雞步」、「丹鳳朝陽」、「懷中抱月」、「翻身劈擊」等。

◆袖裡乾坤

「袖裡乾坤」使用時衣袖拂起，拳勁卻在袖底發出。

少林高僧自來以參禪學佛為本，練武習拳為末，嗔怒已然犯戒，何況出手打人？但少林派數百年來以武學為天下之宗，又豈能不動拳腳，這路「袖裡乾坤」拳藏袖底，形相便雅觀得多。衣袖似是拳勁的掩飾，使敵人無法看到拳勢來路，攻他個措手不及。殊不知衣袖之上，卻也蓄有極凌厲的招數和勁力，要是敵人全神貫注的拆解他袖底所藏拳招，他便轉賓為主，徑以袖力傷人。

「袖裡乾坤」雖是少林派七十二絕技之一，而且是少林高僧玄難的成名絕技，可喬峰只一掌，便破了他的「袖裡乾坤」。

喬峰見玄難攻到，兩隻寬大的衣袖鼓風而前，便如是兩道順風的船帆，威勢非同小可，大聲喝道：「袖裡乾坤，果然了得！」呼的一掌，拍向他衣袖。玄難的袖力廣被寬博，喬峰這一掌卻是力聚而凝，只聽得嗤嗤聲響，兩股力道相互激蕩，突然間大廳上似有數十隻灰蝶上下翻飛。

群雄都是一驚，凝神看時，原來這許多灰色的蝴蝶都是玄難的衣袖所化，當即轉眼向他身上看去，只見他光了一雙膀子，露出瘦骨稜稜的兩條長臂，模樣甚是難看。原來兩人內力衝激，玄難的功力根本不是喬峰的對手，因此僧袍的衣袖登時被撕得粉碎。

◆大金剛拳

「大金剛拳」這門功夫的要訣是以「巧」勁取勝，發拳之時明明是直直地向前擊，但是受勁之人卻是向上飛，可見其功力的巧妙與複雜。「大金剛拳」書中出現的招數有「七星聚會」等。

《飛狐外傳》中的金剛拳有「雙劈雙撞」、「迎風打」、「搶背大三拍」、「金鉤掛玉」、「沒遮攔」等招式。

◆韋佗杵

「韋佗杵」是一門力道極大的外家功夫，中者胸口的肋骨盡數斷裂，是少林功夫中一種較為霸氣的武功。

◆**五行連環拳**

少林派拳法，共有崩、鑽、劈、炮、橫五趟拳術。見於《書劍恩仇錄》。

◆**其他**

少林派七十二絕技中的拳法還有「劈空神拳」等。少林派拳法的招數還有「獅子搏兔」、「降魔踢鬥式」等。

【二】武當派拳法

◆**武當長拳**

武當長拳是武當派的入門功夫，共三十二招，拳招說不上有何奧妙之處。但武當派武功在武學中別開蹊徑，講究以柔克剛，以弱勝強，不在以己勁傷敵，而是將敵人發來的勁力反激回去，敵人擊來一斤的力道，反激回去也是一斤，若是打來百斤，便有百斤之力激回，便如以拳擊牆，出拳愈重，自身所受也愈益厲害。當年覺遠大師背誦「九陽真經」，曾說到「以己從人，後發制人」，張三丰後來將這些道理化入武當派拳法之中。

「懶紮衣」是武當長拳中起手第一式，左手撩起自己長衫，右手單鞭攻敵，出手鋒銳而瀟灑自如，原意是不必脫長袍即可隨手擊敵，凡是武當門中人，那是一定學過的入門第一課。

武當長拳的招數還有「高四平」、「七星拳」、「倒騎龍」、「一條鞭」、「井欄」、「燕翅式」等。

「請手式」使用時左手一揚，右掌抵在掌心，是武當派拳法中晚輩和長輩過招的招數。

◆太極拳

太極拳由張三丰所創。

太極拳這套拳術的訣竅是「虛靈頂勁、涵胸拔背、鬆腰垂臀、沉肩墜肘」十六個字，純以意行，最忌用力。形神合一，是這路拳法的要旨。

用意不用力，太極圓轉，無使斷絕。當得機得勢，令對手其根自斷。一招一式，務須節節貫串，如長江大河，滔滔不絕。使用者如果武功太強，拳招中稜角分明，那是還未能體會到太極拳「圓轉不斷」之意。

在《倚天屠龍記》中，張三丰將其傳授給張無忌，並親自為之演示。

張三丰演示時緩緩站起身來，雙手下垂，手背向外，手指微舒，兩足分開平行，接著兩臂慢慢提起至胸前，左臂半環，掌與面對成陰掌，右掌翻過成陽掌，用完起手勢；跟著一招一式的演了下去，口中叫著招式的名稱：攬雀尾、單鞭、提手上式、白鶴亮翅，摟膝拗步、進步搬攔錘、如封似閉、十字手、抱虎歸山……

張無忌目不轉睛的凝神觀看，初時還道張三丰故意將姿勢演得特別緩慢，但看到第七招「手揮琵琶」之時，只見張三丰左掌陽、右掌陰，目光凝視左手手臂，雙掌，慢慢合攏，竟是凝重如山，卻又輕靈似羽。張無忌斗然之間省悟到太極拳是以慢打快、以靜制動的上乘武學，張無忌武功本就極高，一經領會，越看越入神，但見張三丰雙手圓轉，每一招都含著太極式的陰陽變化，精微奧妙，實是開闢了武學中從所未有的新天地。張三丰使到上步高探馬，上步攬雀尾，單鞭而合太極，神定氣閑的站在當地。

張無忌身具九陽神功，精擅乾坤大挪移之術，突然使出太極拳中的「黏」法，雖然所學還不到兩個時辰，卻已如畢生研習一般。敵人給他這麼一擠，這一拳中千百斤的力氣猶似打入了汪洋大海，無影無蹤，無聲無息，身子卻被自己的拳力帶得斜跌兩步。

張無忌有意要顯揚武當派的威名，自己本身武功一概不用，招招都使張三丰所創太極拳的拳招，單鞭、提手上式、白鶴亮翅、摟膝拗步，待使到一招「手揮琵琶」時，右捺左收，剎時間悟到了太極拳旨中的精微奧妙之處，這一招使得猶如行雲流水，瀟灑無比。

太極拳中的一招「雙風貫耳」，連消帶打，雙手成圓形擊出，正是太極拳中「圓轉不斷」四字的精義，隨即左圈右圈，一個圓圈跟著一個圓圈，大圈、小圈、平圈、立圈、正圈、斜圈，一個個太極圓圈發出。

太極拳中的一招「雲手」，左手高，右手低，一個圓圈已將敵人手臂套住。

太極拳中的招數還有「如封似閉」、「高探馬」等。

《飛狐外傳》中的太極拳招數有：「上步野馬分鬃」、「轉身抱虎歸山」、「如封似閉」、「玉女穿梭」、「提步高探馬」、「手揮琵琶」、「雲手進步搬攔捶」、「白鶴亮翅」、

「轉身蹬腳」、「玉女穿梭」等。

【三】七傷拳

所謂七傷，即是人身五行，心屬火，肺屬金，腎屬水，脾屬土，肝屬木，再加上陰陽二氣，一共稱之為七傷。如果練了七傷拳，一練七傷，七者皆傷。

七傷拳的總訣是四句似歌非歌、似詩非詩的拳訣：「五行之氣調陰陽，損心傷肺摧肝腸，藏離精失意恍惚，三焦齊逆兮魂魄飛揚。」

七傷拳並不是不能練，只是練七傷拳有一個先訣條件，那就是內功一定要非常的高。七傷拳譜總綱中告誡，若非內功練到氣走諸穴，收發自如的境界，萬萬不可練此拳術。如果內功沒有練到家，強行練習七傷拳，就會拳功加深一層，自身內臟便會多受一層損害，實則是先傷己，再傷敵。但因為七傷拳的威力太大了，所以也常常有人將拳譜總綱聽話拋諸腦後，強行練習。

七傷拳練成之後，拳力中共有七股不同勁力，或剛猛，或陰柔，或剛中有柔，或柔中有剛，或橫出，或直送，或內縮，七般拳勁力各不相同，吞吐閃爍，變幻百端，敵人難防難擋。被七傷拳所傷之人，屍體骨骼盡數震斷，外表卻一無傷痕。

七傷拳是崆峒派的鎮派絕技，倘若真的練成了，實在是無堅不摧，對身體也無害處。崆峒派掌門人木靈子以七傷拳威震天下，名揚四海，壽至九十一歲。

謝遜為了報傷，費盡心機從崆峒派手中奪得七傷拳譜，就心急的練了起來，待覺察到內臟受損之時，已是無法挽救。又因為這一路拳法聲震江湖，是以更加愛不釋手，愈陷愈深，傷了心脈，因而不時的狂性大發，無法抑制。

崆峒派名宿宗維俠練了七傷拳後，肩頭的雲門穴輕時有隱痛，那是肺傷了。上臂青靈穴時時麻癢難當，那是心脈傷了。腿上五里穴每逢陰雨，便會酸痛，那是肝脈傷了。如果這些地方的徵象越來越厲害，到最後不免全身癱瘓。

但練七傷拳傷了心脈之後也並非無法可治，張無忌因為學會了九陽真經和乾坤大挪移，內力充沛，就可以用自己的純陽內力替被七傷拳傷了的人療傷。張無忌在宗維俠連擊他三拳之際，運出九陽真氣，宗維俠只覺得身上有一股極強的黏力，更覺得有一股柔和的熱力從拳面直傳入自己丹田，胸腹之內頓時感覺到說不出的舒服。宗維俠因此一來，練七傷拳時所積下的毒害，可在兩三年內逐步除去。

張無忌小時候曾在謝遜的逼迫之下背過七傷拳的拳譜，又練成了九陽真經和乾坤大挪移心法，因此一通百通，使用過七傷拳，但並不受其害。

【四】長拳十段錦

長拳十段錦本是華山派普通的入門功夫，但在《碧血劍》中，袁承志的師父穆人清使用起來，進退趨避，靈便異常。同樣的一招一式，他使出來，卻另有異常巧思。

袁承志追趕之際，暗學訣竅，過不多時，在追趕之中竟也用上了一些師父的縱躍趨退之術，果然登時迅捷了許多。袁承志見這一套十段錦中，竟有如許奧妙，不由得又驚又喜。袁承志把這路拳法從頭至尾練了十多遍，除了牢記師父身法之外，又自行悟出了一些巧妙。只把他喜得抓耳撓腮，一夜沒好好睡，就是在夢中也是在練拳。

【五】丁不四拳法

丁不四為了在史小翠面前掙面子，打敗石破天，將自己的功夫教給了石破天，想讓石破天將學過的招數忘了，拆解稍有錯誤，便中自己毒手。但偏偏石破天記性極好，丁不四只教過一遍，他便牢牢記住。兩人直拆了數十招，他招式中仍無破綻。

《俠客行》中這樣寫道：

丁不四打醒了精神，傳授石破天拳掌，這股全力以赴的兢兢業業之意，竟絲毫不亞於當年數度和那老婦真刀真槍的拚鬥。又教了數十招，天色將明，丁不四漸感焦躁，突然拳法一變，使出一招先前教過的「渴馬奔泉」，連拳帶人，猛地撲將過去。

石破天叫道：「次序不對了！」丁不四道：「有什麼次序不次序的？只要是教過你的便行。」石破天倒也沒忘他曾教過用「粉蝶翻飛」來拆解，當即依式縱身閃開。丁不四心想：「我只須將你逼下江去，就算是贏了。小翠再要說嘴，也已無用。」踏上一步，一招「橫掃千軍」，雙臂猛掃過去。石破天仍是依式使招「和風細雨」，避開了對方狂暴的攻勢，但這步一退，左足已踏上了船舷。

丁不四大喜，喝道：「下去吧！」一招「鐘鼓齊鳴」，雙拳環擊，攻他左右太陽穴。依照丁不四所授的功夫，石破天該當退後一步，再以「春雲乍展」化開來掌，可是此刻身後已無退路，一步後退，便踏入了江中，情急之下難以多想，生平學得最熟的只是丁璫教的那兩招，也不理會用得上用不上，一閃身，已穿到了丁不四背後，右手以「虎爪手」抓住他「靈台穴」，左手以「玉女拈針」拿住他「懸樞穴」，雙手一拿實，強勁內力斗然發出。

丁不四大叫一聲，坐倒在艙板之上。

其實石破天內力再強，憑他只學幾天的擒拿手法，又如何能拿得住丁不四這等高手？只因丁不四有了先入為主的成見，認定石破天必以「春雲乍展」來解自己這招「鐘鼓齊鳴」，而要使「春雲乍展」，非退後一步而摔入江中不可。他若和另一個高手比武，自會設想對方能有種種拆解之法，拆解之後跟著便有諸般厲害後著，自是四面八方都防到了，決不能被對手閃到自己後心而拿住了要穴。但他和石破天拆解了百餘招，對方招招都是一板一眼，全然依準了自己所授的法門而發，心下對他既無半分提防之意，又全沒想到這渾小子居然會突然變招，所用的招數卻純熟無比，出手如風，待要擋避，已然不及，竟著了他的道兒。偏生石破天的內力十分厲害，勁透要穴，以丁不四修為之高，竟也抵敵不住。

丁不四不願認輸，史小翠讓石破天不管丁不四什麼招數，他都照樣搬來，只是掌中帶內力和丁不四過招：

丁不四「哼」的一聲，大聲道：「大粽子，這招『逆水行舟』要打過來啦！那是我教過你的，可別忘了。」說著雙膝微曲，身子便矮了下去，左掌自下而上的揮出。

石破天聽他說「逆水行舟」，心下已有預備，也是雙膝微曲，左掌自下而上的揮出。丁不四喝道：「錯了！不是這樣拆法。」一句話沒說完，眼見石破天右掌即將和自己左掌相碰，心下一凜：「這小子內力甚強，只怕猶在我之上。若跟他比拚內力，那可沒什麼味道。」當即收回左掌，右掌推了出去，那一招叫作「奇峰突起」。石破天心中記著那老婦的話，跟著也使一招「奇峰突起」，掌中已帶了三分內勁。丁不四陡覺對方掌力陡強，手掌未到，掌風已然撲面而來，心下微感驚訝，立即變招。

石破天凝視丁不四的招式，見他如何出掌，便跟著依樣葫蘆，這麼一來，不須記憶如何拆解，只是依樣學樣，心思全用以凝聚內力，果然掌底生風，打出的掌力越來越強。

丁不四卻有了極大的顧忌，處處要防到對手手掌和自己手掌相碰，生怕一黏上手之後，硬碰硬的比拚內力，好幾次捉到石破天的破綻，總是眼見他照式施為，便不得不收掌變招。他自成名以來，江湖上的名家高手會過不知多少，卻從未遇到過這樣的對手，不論自己出什麼招式，對方總是照抄。倘若對方是個成名人物，如此打法自是跡近無賴，當下便可立斥其非，但偏偏石破天是個徒具內力、不會武功之人，講明只用自己所授的招式來跟自己對打，這般學了個十足十，原是名正言順之舉。他心下焦躁，不住咒罵，卻始終奈何石破天不得。

這般拆了五六十招，石破天漸漸摸到運使內力的法門，每一拳、每一掌打將出去，勁力愈來愈大，船頭上呼呼風響，便如疾風大至一般。

丁不四不敢絲毫怠忽，只有全力相抗，心道：「這小子到底是什麼邪門？莫非他有意裝傻藏奸，其實卻是個身負絕頂武功的高手？」再拆數招，覺得要避開對方來掌越來越難，幸好石破天一味模仿自己的招數，倒也不必費心去提防他出其不意的攻擊。

又鬥數招，丁不四雙掌轉了幾個弧形，斜斜拍出，這一招叫做「或左或右」，掌力擊左還是擊右，要看當時情景而定，心頭暗喜：「臭小子，這一次你可不能照抄了吧？你怎知我掌力從那一個方向襲來？」果然石破天見這一招難以仿效，問道：「你是攻左還是攻右？」丁不四一聲狂笑，喝道：「你倒猜猜看！」兩隻手掌不住顫動。石破天心下驚怕，只得提起雙掌，同時向丁不四掌上按去，他不知對方掌力來自何方，惟有左右同時運勁。

丁不四見他雙掌一齊按到，不由得大驚，暗想傻小子把這招虛中套實、實中套虛的巧招使得笨拙無比，「或左或右」變成了「亦左亦右」，兩掌齊重，令此招妙處全失。但這麼一來，自己非和他比拚內力不可，霎時間額頭冒汗，危急中靈機一動，雙掌倏地上舉，掌力向天上送去。這一招叫做「天王托塔」，原是對付敵人飛身而起，凌空下擊而用。石破天此時並非自空下搏，這招本來全然用不上。但石破天每一招都學對方而施，眼見丁不四忽出這招「天王托塔」，不明其中道理，便也雙掌上舉，呼的一聲，向上拍出。

丁不四的招數還有「夜叉探海」、「天馬行空」等。

【六】美女拳法

美女拳法是古墓派武功中最奇妙最花巧的，拳法每一招都是摸擬一位古代美女，由男子使來本是不甚雅觀，但楊過研習時姿勢已有更改，招名拳法如舊，飛掌踢腿之際，卻已變婀娜嫵媚而為飄逸瀟灑。楊過忽而翩然起舞，忽而端形凝立，神態變幻，極盡詭異。

女子的姿態心神本就變化既多且速，而歷代有名女子性格各有不凡之處，顰笑之際、愁喜之分，自更難知難度。將千百年來美女變幻莫測的心情神態化入武術之中，再加上女神端麗之姿，女仙縹緲之形，凡夫俗子，如何能解？

「美女拳法」中的一招「曹令割鼻」是揮手在自己臉上斜削一掌，左掌削過，右掌又削，連綿不斷。古時曹文叔之妻名令，丈夫死後自割其鼻，以示決不再嫁。拳法中這一招是以手掌在自己臉前削過，格開敵人擊來面門的拳掌。

「一笑傾國」卻是陸無雙為了為難楊過而杜撰的招數。美人嫣然一笑固能傾國傾城，但怎能用以與人動手過招？楊過一怔，隨即會意，立即縱聲大笑，哈哈哈哈，嘿嘿嘿嘿，呼呼呵呵，運起了「九陰真經」中的極高深內功。雖然他尚未練得到家，不能用以對付真正高手，但那三名丐幫五袋弟子終究只是三四流腳色，聽得笑聲怪異，不禁頭暈目眩，身子搖了幾搖，撲地跌倒。

「美女拳法」最後一招的收式，叫作「古墓幽居」，是楊過所自創，使用時右手支頤，左手輕輕揮出，長歎一聲，臉現寂寥之意。楊過學全了美女拳法之後，心想祖師婆婆姿容德行，不輸於古代美女，武功之高更不必說，這路拳法中若無祖師婆婆在，算不得有美皆備，於是自行擬了這一招，雖說為抒寫林朝英而作，舉止神態卻是模擬了師父小龍女。

「紅玉擊鼓」，雙臂交互快擊；「紅拂夜奔」，出其不意的叩關直入；「綠珠墜樓」，撲地攻敵下盤；「文姬歸漢」是雙掌連拍數下，接著連綿不斷的拍出，共有胡笳十八拍。

「貂蟬拜月」一招是右手一探，從敵人肩頭繞了過去，拍的一下，掌緣在他肩後斬一下。

「西施捧心」一招是左拳打出，正中對方心口。

「昭君出塞」一招是左手斜舉，右手五指彈起，作了個彈琵琶的姿勢，五根手指一一彈在敵人身上。

「麻姑獻壽」是雙手合拳迴上抬擊，擊中對方下巴。

「天孫織綿」一招是右手揮左，左手送右，作了個擲梭織布之狀，這一揮一送，雙手分別可打中兩名敵人的肩頭。

「文君當爐，貴妃醉酒」是舉手作提鐺斟酒之狀，在敵人頭上一鑿，接著身子搖幌，跌跌撞撞的向右歪斜出去，肩頭正好撞中另一個敵人的胸口。

「則天垂簾」一招是雙掌以垂簾式削將下來。

「美女拳法」的招數還有：「紅線盜盒」、「木蘭彎弓」、「班姬賦詩」、「嫦娥竊藥」、「東施效顰」、「洛神微步」、「弄玉吹簫」、「洛神凌波」、「鉤弋握拳」等。

【七】空明拳

空明拳共有七十二手，是周伯通在洞中十五年悟出來的。周伯通引用老子的說法，對郭靖講述空明拳。他說建造房屋，開設門窗，只因為有了四壁中間的空隙，房子才能住人。倘若房屋是實心的，倘若門窗不是有空，磚頭木材四四方方的砌上這麼一大堆，那就一點用處也沒有了。

全真派最上乘的武功，要旨就在「空、柔」二字，那就是所謂「大成若缺，其用不弊。大盈若沖，其用不窮」。以前王重陽對周伯通說過以虛擊實、以不足勝有餘的妙旨。當日周伯通只道是道家修心養性之道，聽了也不在意。直到創出空明拳，忽然在雙手拆招時豁然貫通。

「空明拳」有十六字訣：「空朦洞鬆、風通容夢、沖窮中弄、童庸弓蟲」。這十六字訣，每一字都有道理，「鬆」是出拳勁道要虛；「蟲」是身子柔軟如蟲；「朦」是拳招糊裡糊塗，不可太過清楚。「空明拳」拳訣中的兩句：「剛不可久，柔不可守。」「空明拳」第一路「空碗盛飯」、第二路「空屋住人」。周伯通生性頑皮，將每一路拳法都起了個滑稽淺白的名稱。

周伯通授了郭靖七十二路「空明拳」，要旨原在「以空而明」四字，若以此拳理與黃藥師、歐陽鋒相鬥，他既內力不如，自難取勝，但若袖手靜觀，卻能因內心澄澈而明解妙詣，那正是所謂「旁觀者清」之意。

【八】靈蛇拳

靈蛇拳法是歐陽鋒潛心苦練而成的力作，是從毒蛇身上悟出來。歐陽鋒傳歐陽克時，千叮萬囑，不到生死關頭，決不可用，原擬於二次華山比武時一舉壓倒其他人，是以在桃花島上與洪七公險拆千招，卻始終不曾使過。

這路取意於蛇類身形扭動的拳法，蛇身雖有骨而似無骨，能四面八方，任意所之，因此這路拳法的要旨，在於手臂似乎能於無法彎曲處彎曲，敵人只道已將來拳架開，哪知便在離敵最近之處，忽有一拳從萬難料想的方位打到。要令手臂當真隨處軟曲，自無此理，但出拳的方位匪夷所思，在敵人眼中看來，自己的手臂宛然靈動如蛇。

本來歐陽鋒在這緊急關頭怪招猝發，洪七公原難抵擋，就算不致受傷，也必大感窘迫，哪知歐陽克在寶應與郭靖動手時已先行使用過了，雖然獲勝，卻給洪七公覷到了其中關竅。

那日洪七公不赴黎生等群丐之宴，便是在苦思破解之法，這時見歐陽鋒終於使出，心頭暗喜，勾腕伸爪，疾以擒拿手拿他拳頭。這一下恰到好處，又快又準，正是克制他「靈蛇拳法」的巧妙法門。看來似乎碰巧使上，其實卻是洪七公經數晝夜的凝思，此後又不斷練習而成，以之應付整套「靈蛇拳法」，原是尚嫌不足，卻大有奇兵突出、攻其無備之效。

【九】太祖長拳

宋太祖趙匡胤以一對拳頭，一條杆棒，打下了大宋錦繡江山；自來帝皇，從無如宋太祖之神勇者。趙匡胤那一套「太祖長拳」和「太祖棒」，因此是當時武林中最為流行的武功。

喬峰武功精妙，少林高僧玄難和喬峰相鬥，使出「太祖長拳」，喬峰也以「太祖長拳」相對，卻能後發先至。他二人所使的拳招，都是一般的平平無奇，但喬峰每一招都是慢了一步，任由玄難先發。玄難一出招，喬峰跟著遞招，也不知是由於他年輕力壯，還是行動加倍的迅捷，每一招都是後發先至。這「太祖長拳」本身拳招只有六十四招，但每一招都是相互克制，喬峰看準了對方的拳招，然後出一招恰好克制的拳法，玄難焉得不敗？這道理誰都明白，可是要做到「後發先至」四字，尤其是對敵玄難這等大高手，眾人若非今日親眼得見，以往連想也從未想到過。

喬峰不但武功勝人一籌，心機更是機敏。倘若他以別種拳法擊敗「太祖長拳」，別人不會說他功力深湛，只有怪他有意侮辱本朝開國太祖的武功，這夷夏之防、華胡之異更加深了眾人的敵意。此刻大家都使「太祖長拳」，除了較量武功之外，便拉扯不上別的名目。及至玄寂見玄難危急之時使出「天竺佛指」，喬峰反指天竺佛指是胡人武功。

中國各家各派的功夫，多多少少都和少林派沾得上一些關係，只是大家記得喬峰是契丹人，而不記得少林派的達摩老祖原也非漢族的胡人。大家為了他是胡人而加圍攻，可是自己能用的反而是胡人的武功，喬峰偏偏使用的是本朝太祖嫡傳的「太祖長拳」，自是理直氣壯的了。

「太祖長拳」中的一招「衝陣斬將」，是「太祖拳法」的精要所在，喬峰這一招使來姿態既瀟灑大方已極，勁力更是剛中有柔，柔中有剛，是武林高手畢生所盼望達到的拳術完美之境。

「太祖長拳」的招數還有：「千里橫行」、「河朔立威」等。

【十】野狐拳法

「野狐拳法」是梁子翁所創。梁子翁在長白山採參，見到獵犬與野狐在雪中相搏。那野狐狡詐多端，竄東蹦西，靈動異常，獵犬爪牙雖利，纏鬥多時，仍是無法取勝。他見了野狐的縱躍，心中有悟，就在深山雪地的茅廬之中，苦思數月，創出了這套拳法。

這套拳法以「靈、閃、撲、跌」四字訣為主旨，於對付較己為強之勁敵時最為合用，首先教敵人捉摸不著自己前進後退、左趨右避的方位，然後俟機進擊。

梁子翁還使用招數有：

雙腿擺成馬步，雙手握拳平揮，正是一招「惡虎攔路」。「青龍取水」這一招是伸拳前攻，後心露出空隙，另外還有「靈猿上樹」等。

【十一】八極拳

「八極拳」中的八極乃是「翻手、揲腕、寸懇、抖展」，共分「摟、打、騰、封、踢、蹬、掃、掛」八式，變化為「閃、長、躍、躲、拗、切、閉、撥」八法。

八極掌共四十九路，講究的是狠捷敏活。雙足並立，沉肩塌胯，五指併攏，手心向上，在小腹前虛虛托住，是八極拳中的起手式「懷中抱月」；左手揮掌劈出，右拳成鉤，是八極拳中的「推山式」；身子向後微仰，上盤故示不穩，左臂置於右臂上交叉輪打，翻成陽掌，然後兩手成陰拳打出，是八極拳中的絕招「雙打奇門」。

八極拳一步三環、三步九轉、十二連環、大式變小式，小式變中盤，其他的招式還有：「騎馬式」、「魚鱗式」、「弓步式」、「磨膝式」、「青龍出水」、「鎖手攢拳」、「分筋錯骨手」等。

【十二】查拳

「潭、查、花、洪」，向稱北拳四大家，指潭腿、查拳、花拳、洪門四派拳術，在北方極為流行。

查拳的起手式是「對拳」，雙足併攏，雙手握拳相對；招數「後叉步撩掌」出手極是快捷，左腳向後踏出，上身轉成坐盤式，右手按、左手撩；「仆腿穿掌」身子一矮，右腿屈膝蹲下，左掌穿出，卸力反攻。

其他的招數還有：「弓步架打」、「弓步劈打」、「墊步踹腿」、「弓步雙推掌」、「踏步擊掌」、「後插步擺掌」、「白鶴亮翅」、「馬檔推掌」等。

【十三】赤尻連拳

「赤尻連拳」是韋陀門的拳法之一。乃是一套近身纏鬥的小擒拿手法，每一招不是拿抓勾鎖，便是點穴打穴。

這套拳法亦是「六合拳」中一路，只是雜以猴拳，講究摟、打、騰、封、踢、潭、掃、掛，又加上「貓竄、狗閃、兔滾、鷹翻、松子靈、細胸巧、鷂子翻身、踩子腳」八式，式中套式，變幻多端。

「赤尻連拳」在金大俠的武俠小說中出現過三次，一次是《書劍恩仇錄》，一次是《飛狐外傳》，還有一次是《連城訣》。

【十四】百花錯拳

「百花錯拳」是天池怪俠袁士霄所創。

袁士霄少年時鑽研武學，頗有成就，後來遇到一件大失意事，性情激變，發願做前人所未做之事，打前人所未打之拳，於是遍訪海內名家，或學師，或偷拳，或挑鬥踢場而觀其招，或明搶暗奪而取其譜，將各家拳術幾乎學了個全，中年後隱居天池，融通百家，別走蹊徑，創出了這路「百花錯拳」。

這套拳法不但無所不包，其妙處尤在於一個「錯」字，每一招均和各派祖傳正宗手法相似而實非，一出手對方以為定是某招，舉手迎敵之際，才知打來的方位手法完全不同，其精微要旨在於「似是而非，出其不意」八字。旁人只道拳腳全打錯了，豈知正因為全部打錯，對方才防不勝防。須知既是武學高手，見聞必博，所學必精，於諸派武技胸中早有定見，不免「百花」易敵，「錯」字難當。

陳家洛先學了內外各大門派主要的拳術兵刃，於擒拿、暗器、點穴、輕功俱有相當根柢之後，才學「百花錯拳」。陳家洛擒拿手中夾著鷹爪功，左手查拳，右手綿掌，攻出去是八卦掌，收回時已是太極拳，諸家雜陳，亂七八糟，旁觀者人人眼花繚亂。這時他拳勢手法已全然難以看清，至於是何門派招數，更是分辨不出了，這就是「百花錯拳」的精妙所在。

【十五】 西嶽華拳

西嶽華拳門分為藝字、成字、行字、天字、涯字五個支派，共有四十八門絕學，叫做「華拳四十八，藝成行天涯」。

西嶽華拳上肢是拳、掌、鉤、爪迴旋變化，沖、推、栽、切、劈、挑、頂、架、撐、撩、穿、搖十二般手法伸屈回環，下肢自弓箭步、馬步、仆步、虛步、丁步五項步根變出行步、倒步、邁步、偷步、踏步、擊步、躍步七般步法，沉穩處似象止虎踞，迅捷時如鷹搏兔脫。

西嶽華拳的招數有：

「出勢跨虎西嶽傳」、「商羊登枝腳獨懸」、「回頭望月鳳展翅」、「白猿偷桃拜天庭」、「吳王試劍劈玉磚」、「撤身倒步一溜煙」、「金鵬展翅庭中站」、「曉星當頭即走拳」、

「韋陀獻抱在胸前」、「把臂攔門橫鐵閂」、「魁鬼仰鬥撩綠欄」、「鳳凰旋窩回身轉」、「腿登九天沖鐵掌」、「英雄打虎收招勢」、「拳罷庭前五更天」等。

【十六】燕青拳

燕青是宋朝梁山泊上好漢，當年相撲之技，天下無對。燕青拳一路拳法傳將下來，講究縱躍起伏，盤拗挑打，全是進手招數。

《飛狐外傳》中出現的招數有：「上步進肘摑身拳」、「迎面搶快打三拳」、「左右跨打」、「反身裁錘」、「踢腿撩陰十字拳」、「脫靴轉身」等。

在《射鵰英雄傳》中，歐陽克將二十幾隻筷子撒成梅花樁，將一路巧打連綿的「燕青拳」使了出來，腳下縱跳如飛，每一步都落在豎直的筷子之上。只見他「讓步跨虎」、「退步收勢」，把一路「燕青拳」打完，二十隻筷子仍是整整齊齊的豎在雪地，沒一隻欹側彎倒。使用的招數還有：「懷中抱月」、「二郎擔山」、「拉弓式」、「脫靴轉身」等。

【十七】魯智深醉打山門拳

魯智深醉打山門拳使用時東歪西倒，宛然是個醉漢，有時雙足一挫，在地上打一個滾，等敵人攻到，倏地躍起猛擊。出現的招數有「排山倒海」等。

見於《碧血劍》一書。

【十八】五行拳

五行拳的拳招全取攻勢，一招甫發，次招又到，一刻也不容緩，金、木、水、火、土五行相生相剋，連續不斷。五行拳「劈」字訣，劈拳屬金，劈拳過去，又施「鑽」拳，鑽拳屬水，長拳中又叫「沖天炮」，沖打上盤。

《書劍恩仇錄》中鐵臂羅漢羅信所用。

在《碧血劍》中袁承志為了不讓溫氏五祖從他的招式中猜測出他的師承門戶，也用過最尋常的五行拳與之過招。

【十九】醉拳

「醉拳」雖只一十六路，但下盤若虛而穩，拳招似懈實精，翻滾跌撲，顧盼生姿。使用是仰跌在地，手足齊發，隨即跳起，腳步欹斜，雙手亂舞，聲東擊西，指前打後，跌跌撞撞，真如醉漢一般。

醉拳的招數有：「隻手擎天」、「怪鳥搜雲」、「鐵牛耕地」等，見於《書劍恩仇錄》。

【二十】仙霞門外家拳法

仙霞門是河南嵩山少林寺的旁支，所傳也是武學正宗。外家技擊有言道：「拳打三分，腳踢七分。」又道：「手是兩扇門，全憑腳踢人。」

「懷心腿」是仙霞門外家拳法中的一種，是陸冠英自幼苦練的絕技，練時用繩子縛住足踝，然後將繩繞過屋樑，逐日拉扯懸吊，臨敵時一腿飛出，倏忽過頂，敵人實所難防。

【廿一】逍遙拳

逍遙拳也叫「逍遙遊」，一套共有六六三十六招，是洪七公少年時練的功夫，適合女子武功的路子。洪七公傳過黃蓉、穆念慈和黎生。黃蓉聰明伶俐，學了全套；穆念慈心地善良，救了洪七公，學了三招；黎生殺敵有功，卻只學了一招。

「逍遙拳」的招數有：「沿門托缽」、「見人伸手」、「四海遨遊」、「飯來伸手」等。

【廿二】海市蜃樓

左一拳、右一拳，連發十二拳，拳拳皆是虛招，這在中國武術中有個名目，叫作「海市蜃樓」，意謂盡皆虛幻。只因每一招既不打實，又不用老，自比平常拳法快了數倍。

見於《鹿鼎記》一書。

【廿三】沾衣十八跌

沾衣十八跌是內家拳術中的上乘功夫，功力深的，敵人只要一沾衣服，就會直跌出去，乃當年「千跌張」傳下的秘術，其實也只是借勢用勁之法。

見於《書劍恩仇錄》。

【廿四】二郎拳

二郎拳的長處是在拳掌而非腿法。招數有：「英雄獨立」、「打八式跺子腳」、「掃堂腿」、「退步跨虎勢」、「跳箭步」、「二郎擔山掌」、「蓋馬三拳」等。

【廿五】無極玄功拳

無極玄功拳的招數有「虎縱步」、「劃手」、「印掌」、「連枝交叉步」、「拗鞭」等。

見於《書劍恩仇錄》一書。

【廿六】孟家神拳

孟家神拳是孟伯飛獨創武功，變幻莫測。

見於《碧血劍》一書。

【廿七】無極門拳法

無極門拳法的招數有「混沌初開」、「斗柄東指」。

見於《雪山飛狐》。

【廿八】鴨形拳

鴨形拳使用時雙手兩邊划動，矮身蹣跚而走，模樣十分古怪，偏又身法靈動，身形步法果然活脫像是隻鴨子。

鴨形拳在《碧血劍》中出現過，在《飛狐外傳》中也出現過。

【廿九】 鶴形拳

鶴形拳掌剛發出，右足半轉，後跟反踢，踹向對方脛骨。這是鶴形拳中的怪招，雙掌便如仙鶴兩翼撲擊，雙腳伸縮，忽長忽短，就如白鶴相鬥一般。

見於《碧血劍》一書。

【三十】 滄州大洪拳

滄州大洪拳拳勢虎虎生風。

見於《碧血劍》一書。

【卅一】 大力金剛杵

使用也不作勢，隨手一伸，輕飄飄一拳打出，勁未使足，倏然收回，讓敵人俯倒在地。《書劍恩仇錄》中陳家洛功夫。

【卅二】 劈石破玉拳法

劉培生和袁承志相鬥時所用。

見於《碧血劍》。

【卅三】 五行六合拳

《俠客行》中貝海石武功。

【卅四】 弓箭沖拳

《書劍恩仇錄》中周仲英武功。

【卅五】 通臂拳

《天龍八部》中丐幫長老陳孤雁武功。

【卅六】 迴風拂柳拳

丐幫鄭長老武功。

見於《倚天屠龍記》。

【卅七】 橫掃千軍，直摧萬馬

「橫掃千軍，直摧萬馬」是神拳門掌門過三拳拳法中的第三招，是過三拳生平所學中最厲害的一招。

第四篇 掌法

【二】少林絕技之掌法

◆韋陀掌

韋陀掌是少林派的紮根基武功，少林弟子拜師入門，第一套學「羅漢拳」，第二套學的便是「韋陀掌」。

斜身略避，雙掌推出，是韋陀掌中的一招，叫做「山門護法」，招式平平，所含力道卻甚是雄渾。猱身複上，雙掌自左向右劃下，這一招叫做「恒河入海」，雙掌帶著浩浩真氣，當真便如洪水滔滔、東流赴海一般。

「韋陀掌」的招數「靈山禮佛」，是禮敬敵手的姿勢，意示佛門弟子禮讓為先，決非好勇鬥狠之徒。

◆一拍兩散

「一拍兩散」，所謂「兩散」，是指拍在石上，石屑四「散」，拍在人身，魂飛魄「散」。這路掌法就只這麼一招，只因掌力太過雄渾，臨敵時用不著使第二招，敵人便已斃命，而這一掌以如此排山倒海般的內力為根基，要想變招換式，亦非人力之所能。

◆千手如來掌

少林方丈方證左掌從右掌掌底穿出，仍是微微晃動，一變二、二變四的掌影飛舞。

遲得頃刻，他便八掌變十六掌，進而幻化為三十二掌。但見方證大師掌法變幻莫測，每一掌擊出，甫到中途，已變為好幾個方位。

當時令狐冲劍法上的功夫已經大長，但令狐冲拳腳功夫造詣甚淺，因之獨孤九劍中那「破掌式」一招，便也學不到家，既看不出對方拳腳中的破綻，便無法乘虛而入。他看得莫名其妙，渾不明其中精奧，只好以利劍一味搶攻。

◆快掌

少林派「快掌」果然威力極強。

玄難猛地裡雙掌齊舞，立時向丁春秋連續擊出一十八掌，這一十八掌連環而出，左掌尚未收轉，右掌已然擊出，快速無倫，令丁春秋絕無使毒的絲毫餘暇。只逼得丁春秋不斷倒退，玄難擊出了一十八掌，丁春秋便退了一十八步。

◆大力金剛掌

「大力金剛掌」難度非常之高，少林派往往幾百年中才有一個奇才能練成這門掌法。這套拳法發掌攻敵，可以掌力未至，風勢已及，實在是威猛無比。

◆須彌山掌

「須彌山掌」這門掌法也極難練，而且練成之後，每次出掌，都必須坐馬運氣，凝神良久，始能將內力聚於丹田，很費內力，因此少林派極少有人練此門功夫。

◆神掌八打

「神掌八打」是一門勁道十足的外家功夫。使用時雙掌劈出可斷石碎玉，威力十分驚人，不過整套武功只有八掌，因此名之為「神掌八打」。

神掌八打的第六掌是「裂心掌」。

◆般若掌

般若掌是少林最精奧的掌法，自韋陀掌學到般若掌，循序而進，通常要花費三四十年功夫。般若掌既是少林七十二絕技之一，練將下去，永無窮盡，掌力越練越強，招數愈練愈純，那是學無止境。

自少林創派以來，以韋陀掌和般若掌過招，實是從所未有。兩者深淺精粗，正是少林武功的兩個極端，會般若掌的前輩僧人，決不致和只會韋陀掌的本門弟子動手，就算師徒之間餵招學藝，師父既然使到般若掌，做弟子的至少也要以達摩掌、伏虎掌、如來千手法等等掌法應接。

般若掌招數有「天衣無縫」、「慑伏外道」、「洛鐘東應」、「峽谷天風」等。

◆**伏虎掌**

這路掌法共一百單八式，每式各有三項變化，奇正相生相剋，共三百三十四變。施展伏虎掌一百單八招的變化，有勾、撇、捺、劈、撕、打、崩、吐八大要訣。拳攢擊敵人腰胯，正是伏虎掌第八十九招「深入虎穴」。

伏虎掌法第十招「避撲擊虛」，第十一招「橫踹虎腰」，書中出現的招數還有：「菩薩低眉」、「左擊右擒」、「金龍探爪」、「降龍伏虎」、「橫拖單鞭」、「橫拜觀音」等。

◆**其他**

少林寺七十二絕技中的掌法還有波羅蜜掌、散花掌、分解掌等。

【二】降龍十八掌

◆**降龍十八掌招式**

降龍十八掌乃洪七公生平絕學，一半得自師授，一半是自行參悟出來，雖然招數有限，但每一招均具絕大威力。當年在華山絕頂與王重陽、黃藥師等人論劍之時，這套掌法尚未完全練成，但王重陽等言下對這掌法已極為稱道。後來他常常歎息，只要早幾年致力於此，那麼「武功天下第一」的名號，或許不屬於全真教主王重陽而屬於他了。

1.亢龍有悔

這是降龍十八掌的第一招。此招招式簡明而勁力，最是合適郭靖這種資質魯鈍，但內功卻已有根柢的人學習。

招法：左腿微屈，右臂內彎，右掌劃了個圓圈，呼的一聲，向外推去，手掌掃到面前一棵松樹，喀喇一響，松樹應手斷折。真想不到這一推之中，居然會有這麼大的力道。學這一招，難就難在要對方退無可退，讓無可讓，一招出去，喀喇一下，敵人就像松樹一樣完蛋大吉。

這一招叫作「亢龍有悔」，掌法的精要不在「亢」字而在「悔」字。倘若只求剛猛狠辣，亢奮凌厲，只要有幾百斤蠻力，誰都會使了。這招又怎能教人佩服？「亢龍有悔，盈不可久」，因此有發必須有收。打出去的力道有十分，留在自身的力道卻還有二十分。領會到了這「悔」的味道，這一招就算是學會了三成。好比陳年美酒，上口不辣，後勁卻是醇厚無比，那便在於這個「悔」字。

2.飛龍在天

「飛龍在天」是降龍十八掌第二招。這一招躍起半空，居高下擊，威力奇大。它一定要配合輕功跳躍之技，由上而下給予敵人痛擊，應該說是一種技巧很高的武學技術。

3.見龍在田

郭靖雙手撒掌一合，使招「見龍在田」，掌緣擊在杖腰。這一招「降龍十八掌」中十分奧妙的功夫，使用時左臂右掌，均是可虛可實，非拘一格。用虛實相生，陰陽相參的手法擾亂對方，好讓自己可以趁虛而入，是一種誘敵之策。另外，此掌亦稱為「戰龍在野」，乃是近距離的側身攻擊之術，郭靖曾用此招將梁子翁掃出船舷之外，可見它是用於攻擊敵人側身的一招，同時也可用來自保側體的招式，與「亢龍有悔」這種正面進擊之技互為表裡。

4.鴻漸於陸

這一招是郭靖在歸雲山莊和梅超風比武時所用的招數。

5.潛龍勿用

這一招招勢是右手屈起食中兩指，半拳半掌，向敵人胸口打去左手同時向裡鉤拿，右推左鉤，讓敵人難以閃避。這是一招左右夾擊的攻勢，讓人無處可避。

6.利涉大川

這一招和「鴻漸於陸」一樣，都是擺脫敵人糾纏的招數。

7. 突如其來

這一招是降龍十八掌中的第十一掌，郭靖左手背上被梅超風抓破，只覺頭暈目眩，全身說不出的鬆散，左臂更是痠軟無力，漸漸不欲傷敵，正是毒發之象。黃蓉見郭靖臉上懶洋洋的似笑非笑，大聲叫郭靖退開，郭靖聽到黃蓉的呼叫，精神忽振，左掌拍出一招「突如其來」，只是左臂痠麻，去勢緩慢之極。梅超風雙目已瞎，對敵時全憑雙耳，郭靖這招去勢極緩，沒了風聲，因此一擊而中。

8. 震驚百里

「突如其來」和「震驚百里」兩招，是威力極大，出招隱蔽，突發性極強，最易受到奇效的拚命招數。當初郭靖為九陰白骨爪所傷，為逼梅超風交出解藥，即使用此兩招。

9. 雙龍取水

「雙龍取水」這一招顧名思義，就是要雙手齊發。郭靖本已逃到小艇上，見洪七公被歐陽鋒打倒，爬上甲板相救，雙掌齊發一招「雙龍取水」，猛擊歐陽鋒後腰。可惜這一招未見奇效，最後還是郭靖和歐陽鋒肉搏，才救了洪七公。

10. 魚躍於淵

此招見於郭靖和歐陽峰在海上竹筏拚鬥時所用。魚躍於淵，與場景相合，平時郭靖極少使用此招，此時使用，另有奇效。

11.或躍在淵

此招是使用前要提一口氣，然後以氣化掌，左掌前探，右掌快速地從左掌底下穿了出去，對擊對手小腹。這一招「或躍在淵」是一種正面進攻的招數。

12.時乘六龍

此招力道非常之大。郭靖扯起被裘千仞插入山石的鋼杖，鋼杖去勢本是向著簡長老，郭靖縱身向前，搶在中間，一掌「時乘六龍」在杖旁劈了過去。「時乘六龍」是降龍十八掌中力道非常之大的一招。

13.密雲不雨

郭靖伸手接住鋼杖，左掌握住杖頭，使一招「密雲不雨」，右掌握住杖尾，使一招「損則有孚」，他以左右互搏之術，同使降龍二掌，本被裘千仞拗成弧形的鋼杖在兩股力道拉扯之下復又慢慢伸直。

14.損則有孚

郭靖對付裘千仞時所用的一招。

15.龍戰於野

「龍戰於野」由「戰龍於野」轉化而來，乃是近距離的攻擊之術。「龍戰於野」是降龍十八掌中十分奧妙的功夫，左臂右掌，均是可虛可實，用虛實相生，陰陽相參的手法擾亂敵方，因為使自己可以有空可鑽，是一招誘敵之計。郭靖曾用「龍戰於野」對付梁子翁，將其掃出船舷之外，因此此招既可攻敵，亦可自保。

16.履霜冰至

這一招的用法是吸一口氣，兩肘往上微抬，右拳左掌，直擊橫推，一快一慢的打了出去。「履霜冰至」乃洪七公當日在寶應劉氏宗祠中所傳，一招之中剛柔並濟，正反相成，實是妙用無窮。洪七公的武學本是純陽至剛一路，但剛到極處，自然而然的剛中有柔，原是易經中老陽生少陰的道理，而「亢龍有悔」、「履霜冰至」這些掌法之中，剛勁柔勁混而為一，實已不可分辨。

17.羝羊觸藩

降龍十八掌中的這一招「羝羊觸藩」，以掌力內功和著全身的體重，以極快的步伐，讓敵人無處可躲，威力相當驚人

18.神龍擺尾

這一招出自《易經》中的「履」卦，始創「降龍十八掌」的高人本來取名為「履虎尾」，好比攻虎之背，一腳踏在老虎尾巴上，老虎回頭反咬一口，自然厲害猛惡之至。後來的傳人嫌《易經》中這些文縐縐的封名說來太不順口，改作了「神龍擺尾」。此招為反手橫劈。丐幫弟子黎生對付歐陽克，每次均靠這招「神龍擺尾」解難脫困。

◆降龍十八掌在易經中的出處

降龍十八掌在易經中的出處，大致如下：

（一）亢龍有悔　易經：乾卦：象曰：上九：亢龍有悔。

（二）飛龍在天　易經：乾卦：象曰：九五：飛龍在天，利見大人。

（三）見龍在田　易經：乾卦：象曰：九二：見龍在田，利見大人。

（四）鴻漸於陸　易經：漸卦：象曰：九三：鴻漸於陸，夫征不復，婦孕不育，凶；利禦寇。

（五）潛龍勿用　易經：乾卦：象曰：初九：潛龍勿用。

（六）利涉大川　易經：需卦：需：有孚，光亨，貞吉。利涉大川。

又見於：

易經：同人卦：同人：同人於野，亨。利涉大川，利君子貞。

易經：蠱卦：蠱：元亨，利涉大川。先甲三日，後甲三日。

易經：大畜卦：大畜：利貞，不家食吉，利涉大川。
易經：頤卦：象曰：上九：由頤，厲吉，利涉大川。
易經：益卦：益：利有攸往，利涉大川。
易經：渙卦：渙：亨。王假有廟，利涉大川，利貞。
易經：中孚卦：中孚：豚魚吉，利涉大川，利貞。
易經：未濟卦：象曰：六三：未濟，征凶，利涉大川。
（七）突如其來　易經：離卦：象曰：九四：突如其來如，焚如，死如，棄如。
（八）震驚百里　易經：震卦：震：亨。震來虩虩，笑言啞啞。震驚百里，不喪匕鬯。或躍在淵　易經：乾卦：象曰：九四：或躍在淵，無咎。
（九）雙龍取水：不可考。
（十）魚躍於淵：不可考。最接近的是：易經：訟卦：象曰：訟，上剛下險，險而健訟。訟有孚窒，惕中吉，剛來而得中也。終凶；訟不可成也。利見大人；尚中正也。不利涉大川；入於淵也。
（十一）或躍在淵：同上。
（十二）時乘六龍　易傳：乾卦：文言：乾元者，始而亨者也。時乘六龍，以御天也。雲行雨施，天下平也。
（十三）密雲不雨　易經：小畜卦：小畜：亨。密雲不雨，自我西郊。又見於：易經：小過卦：六五：密雲不雨，自我西郊，公弋取彼在穴。

（十四）損則有孚　易經：損卦：損：有孚，元吉，無咎，可貞，利有攸往？曷之用，二簋可用享。

（十五）龍戰於野「龍戰於野」由「戰龍於野」轉化而來。易經：坤卦：上六：戰龍於野，其血玄黃。

（十六）履霜冰至　易經：坤卦：初六：履霜，堅冰至。

（十七）羝羊觸藩　易經：大壯卦：九三：小人用壯，君子用罔，貞厲。羝羊觸藩，羸其角。

（十八）神龍擺尾最接近的是履卦：易經：履卦：履：履虎尾，不咥人，亨。

【三】武當派掌法

◆綿掌

綿掌武當派絕學，共有三十六招。

一招「花開並蒂」，名稱好聽，招數卻十分厲害，雙手遞招之後，跟著右掌擊敵左頰，左手食指點他右肩後「缺盆穴」。

兩招「花開並蒂」並成一招，連續四式，便如暴風驟雨般使出，勢道之猛，手法之快，當真非同小可。

綿掌的招數還有「橫架金樑」、「自在飛花」等。

◆震山掌

震山掌是武當掌法。

武當派俞岱岩使用，見於《倚天屠龍記》。

【四】混元掌

混元掌雖是掌法，卻是修習內功之用。自來各家各派修練內功，都講究呼吸吐納，打坐練氣，華山派的內功卻別具蹊徑，自外而內，於掌法中修習內勁。

這門功夫雖然費時甚久，見效極慢，但修習時既無走火入魔之虞，練成後又是威力奇大。蓋內外齊修，臨敵時一招一式之中，皆自然而有內勁相附，能於不著意間制勝克敵。待得「混元功」大成，那更是無往不利、無堅不摧了。

【五】峨嵋派掌法

◆佛光普照

這一掌乃是峨嵋的絕學，純以峨嵋九陽功為基礎。峨嵋九陽功是當年郭襄聽覺遠背誦九陽真經後記得若干片段而化成的，但和原來的九陽神功相比，威力自不可同日而語。

任何掌法劍法總是連綿成套，多則數百招，最少也有三五式，但不論三式或是五式，定然每一式中再藏變化，一式抵得數招乃至十餘招。可是這「佛光普照」的掌法便只一招，而且這一招也無其他變化，一招拍出，擊向敵人胸口也好，背心也好，肩頭也好，面門也好，招式平平淡淡，一成不變，其威力之生，全在於以峨嵋派九陽功作為根基。一掌既出，敵人擋無可擋，避無可避。當今峨嵋派中，除了滅絕師太一人之外，再無第二人會使。

佛光普照使用時突然間全身骨骼中發出劈劈啪啪的輕微爆裂之聲。

◆四象掌

峨嵋派的四象掌圓中有方，陰陽相成，圓於外者為陽，方於中者為陰，圓而動者為天，方而靜者為地，天地陰陽，方圓動靜，似乎比這正反兩儀之學又稍勝一籌。

◆飄雪穿雲掌

飄雪穿雲掌是峨嵋派掌法。

◆其他

峨嵋派的掌法另外還有「截手九式」等。

【六】黯然銷魂掌

楊過自和小龍女在絕情谷斷腸崖前分手，不久便由神鵰帶著在海潮之中練功，數年之後，除了內功循序漸進之外，別的無可再練，心中整日思念小龍女，漸漸的形銷骨立，了無生趣。一日在海濱悄然良久，百無聊賴之中隨意拳打腳踢，其時他內功火候已到，一出手竟具極大威力，輕輕一掌，將海灘上一隻大海龜的背殼打得粉碎。他由此深思，創出了一套完整的掌法，出手與尋常武功大異，厲害之處，全在內力，一共是一十七招，取名為「黯然銷魂掌」。

楊過生平受過不少武學名家的指點，自全真教學得玄門正宗內功的口訣，自小龍女學得「玉女心經」，在古墓中見到「九陰真經」，歐陽鋒傳以蛤蟆功和逆轉經脈，洪七公與黃蓉授以打狗棒法，黃藥師授以彈指神通和玉簫劍法，除了一陽指之外，東邪、西毒、北丐、中神通的武學無所不窺，而古墓派的武學又於五大高人之外別創蹊徑，此時融會貫通，已是卓然成家。只因他單剩一臂，是以不在招數變化取勝，反而故意與武學通理相反。他將這套掌法定名為「黯然銷魂掌」，取的是江淹《別賦》中那一句「黯然銷魂者，唯別而已矣」之意。

使用「杞人憂天」這一招時，抬頭向天，渾若不見，呼的一掌向自己頭頂空空拍出，手掌斜下，掌力化成弧形，四散落下。這一掌力似穹廬，圓轉廣被，實是無可躲閃。

「心驚肉跳」一招使用時，敵人拍向小腹，突覺小腹肌肉顫動，同時胸口向內一吸，倏地彈出。內家高手吸胸凹腹以避敵招，原屬尋常，但這等以胸肌傷人，卻是見所未見，聞所未聞。

使用「無中生有」這一招時，手臂下垂，絕無半點防禦姿勢，待得敵人拳招攻到近肉寸許，突然間手足齊動，左掌右袖、雙足頭錘、連得胸背腰腹盡皆有招式發出，無一不足傷敵。說來「無中生有」只是一招，中間實蘊十餘招變式後招。

「拖泥帶水」一招右手雲袖飄動，宛若流水，左掌卻重滯之極，便似帶著幾千斤泥沙一般。拳力中暗合五行，右袖是北方癸水之家，左掌是中央戊土之家，輕靈沉猛，兼而有之。

「面無人色」這一招，雖是一招，其實中間變化多端，臉上喜怒哀樂，怪狀百出，敵人一見，登時心神難以自制，我喜敵喜，我憂敵憂，終至聽命於我。此乃無聲無影的勝敵之法，比之以長嘯鎮懾敵人又高出一籌，是從「九陰真經」的懾心大法中變化出來的。

「倒行逆施」一招使用時突然頭下腳上，倒過身子，拍出一掌，共有三十七般變化，掌法中逆中有正，正反相沖，自相矛盾，不能自圓其說，源自西毒歐陽鋒的武功。

「黯然銷魂掌」剩下的招數還有：徘徊空谷，力不從心，行屍走肉，庸人自擾，廢寢忘食，孤形隻影，飲恨吞聲，六神不安，窮途末路，想入非非，呆若木雞。

【七】碧針清掌

這是一種內功達到很高境界的武功，為摩天居士謝煙客所創。

演練時深深吸一口氣，緩緩吐將出來，突然間左掌向前一探，右掌倏地拍出，身隨掌行，在十餘株大松樹間穿插回移，越奔越快，雙掌揮擊，只聽得擦擦輕響，雙掌不住在樹幹上拍打，腳下奔行愈速，手掌卻是愈緩。腳下加快而出手漸慢，疾而不顯急劇，舒而不減狠辣，那便是武功中的上乘境界。

謝煙客打到興發，驀地裡一聲清嘯，拍拍兩掌，都擊在松樹幹上，跟著便聽得簌簌聲響，松針如雨而落。他展開掌法，將成千成萬枚松針反擊上天，樹上松針不斷落下，他所鼓蕩的掌風始終不讓松針落下地來。松針尖細沉實，不如尋常樹葉之能受風，他竟能以掌力帶得千萬松針隨風而舞，內力雖非有形有質，卻也已隱隱有凝聚意。

試演這一路「碧針清掌」，需得心無旁騖，於身外之物，當真是視而不見，聽而不聞，別說有人來到身旁，即令山崩海嘯，他也未必能夠知覺。

【八】快刀斬亂麻

「快刀斬亂麻」是丁不四的獨門功夫。

石破天被丁璫綁成一個大粽子，丁不四左手抓住石破天後領提將起來，右手並掌如刀，在他身上重重纏繞的帆索自上而下急劃而落，數十重帆索立時紛紛斷絕，用的就是「快刀斬亂麻」手法。「快刀斬亂麻」手法，當真是利刃也未必有如此鋒銳。

【九】桃花島掌法

◆落英神劍掌

這套掌法是黃藥師自創。

掌法的名稱中有「神劍」兩字，只因是黃藥師從劍法中變化而得。只見雙臂揮動，四方八面都是掌影，或五虛一實，或八虛一實，真如桃林中狂風忽起、萬花齊落一般，妙在姿態飄逸，宛若翩翩起舞。落英神劍掌法使用時，可五虛一實，七虛一實，虛招只求誘敵擾敵，但在臨陣之際，這五虛七虛也均可變為實招。

「落英神劍掌」中的一招「江城飛花」：左足一點，躍起丈餘，在半空連轉兩個圈子，凌空揮掌。

◆ **碧波掌法**

「碧波掌法」是桃花島武學的入門功夫。這路掌法雖然淺近，卻已含桃花島武學的基本道理，本門家數一見即知。

◆ **反手掌**

黃藥師功夫。黃藥師未使用過，後傳給傻姑。

【十】八卦掌

◆ **八卦掌**

八卦掌是鎮遠鏢局王維揚武功。

「遊空探爪」使用時左掌向外一穿，斜劈敵人右肩，左掌同時翻上。

「猛虎伏樁」使用時橫切對方右臂，跟著右掌變拳，直擊敵人前胸。

見於《書劍恩仇錄》。

◆八陣八卦掌

八陣八卦掌是在八卦掌中夾了八陣圖之法：天陣居乾為天門，地陣居坤為地門，風陣居巽為風門，雲陣居震為雲門，飛龍居坎為飛龍門，武翼居兌為武翼門，鳥翔居離為鳥翔門，蜿盤居艮為蜿盤門；天地風雲為四正門，龍虎鳥蜿為四奇門；乾坤艮巽為闔門，坎離震兌為開門。這四正四奇，四開四闔，用到武學之上，霎時之間變化奇幻，隱隱有佈陣而戰之意。

八卦掌的招數有猛虎伏樁，遊空探爪。

見於《飛狐外傳》。

◆遊身八卦掌

遊身八卦掌使用是掌不離肘，肘不離胸，一掌護身，一掌應敵，右掌往左臂一貼，腳下按著先天八卦圖式，繞著敵人疾奔。

這一路掌法施展時腳下一步不停，按著先天八卦圖式，繞著敵人身子左盤右旋，兜圈急轉，乘隙發招，當真是「瞻之在前，忽焉在後。」如此繞得幾圈，武藝再高的人，也必給纏得頭暈眼花。

「遊身八卦掌」的招數還有「仙劍斬龍」等。

見於《書劍恩仇錄》。

◆八卦游龍掌

八卦游龍掌八八六十四式，反覆變化。

見於《鹿鼎記》。

【十一】春蠶掌法

「春蠶掌法」招招都是守勢，出手奇短，抬手踢足，全不出半尺之外，但招數綿密無比，周身始終不露半點破綻。掌法原本用於遭人圍攻而大處劣勢之時，不求有功，但求無過。這路掌法雖守得緊密，卻有一個極大不好處，就是一開頭即是「立於不勝之地」，名目叫做「春蠶掌法」，確是作繭自縛，不能反擊，不論敵人招數中露出如何重大破綻，若非改變掌法，永難克敵制勝。

見於《雪山飛狐》。

【十二】何鐵手毒掌

何鐵手右手白膩如脂，五枚尖尖的指甲上還搽著粉紅的鳳仙花汁，一掌劈來，掌風中帶著一陣濃香，但左手手掌卻已割去，腕上裝了一隻鐵鉤。這鐵鉤鑄作纖纖女手之形，五爪尖利，使動時鎖、打、拉、戳，虎虎生風，靈活絕不在肉掌之下。

何鐵手武功別具一格，雖然也是拳打足踢，掌劈鉤刺，但拳打多虛而掌按俱實，有時卻又一掌輕輕的捺來，全無勁道。

何鐵手的鐵手又叫做金蜈鉤。

何鐵手與袁承志拚鬥時左手一伸，露出手上鐵鉤，對袁承志說道：「這是鐵蜈鉤，為了練這勞甚子，爹爹割斷了我一隻手。他說兵器拿在手裡，總不如乾脆裝在手上靈便。」

【十三】玄冥神掌

玄冥神掌有寒狠毒，中掌之人霎時間全身寒冷透骨，背上有一個清晰可見的碧綠的五指掌印，掌印處炙熱異常，周圍卻是冰冷。

張無忌中了玄冥神掌之後，雖穴道被點，但臉上綠氣卻愈來愈濃。張三丰知道綠色一轉為黑，便無法可救，於是除去張無忌身上的衣服，自己也解開道袍，胸膛和他的背心相貼，用純陽無極功吸取張無忌身上的陰寒毒氣。以張三丰八十餘載的修為，只過了半個時辰，張三丰的臉上就隱隱現出綠氣，手指微微顫動起來。

宋遠橋、俞蓮舟、張松溪、殷梨亭、莫聲谷和張三丰六人輪流吸取張無忌身上的陰寒，到第四天，張無忌體內的寒毒才漸解。此後每人分別助張無忌療傷兩個時辰，初時張無忌大有進展，體寒日減，神智恢復，漸可稍進飲食。到了第三十六天，張無忌的手腳都暖和了，但頭頂、心口和小腹三處地方卻越來越冷，可張三丰和五弟子用盡了所知的諸般運氣之法，也無法吸到張無忌身上的一點寒氣了。

張三丰知道，寒毒侵入了張無忌的頂門、心口和丹田，非外力所能解，他們這三十幾天的辛苦全是白費了。如是解張無忌體內的寒毒，旁人已無可相助，只有張無忌自己修習「九陽真經」中所載的至高無止的內功，方能以至陽化其至陰。

張三丰只得用自己知道的三四成的九陽真經教張無忌自練。可是九陽真經這一門功夫變化繁複，非一言可盡，簡言之，初步功夫是練「大周天搬運」，使一股暖烘烘的真氣，從丹田向鎮鎖任、督、沖三脈的「陰蹻庫」流注，折而走向尾閭關，然後分兩支上行，經腰脊第十四椎兩旁的「轆轤關」，上行經背、肩、頸而至「玉枕關」，此即所謂「逆運真氣通三關」。然後真氣向上越過頭頂的「百會穴」，分五路上行，與全身氣脈大會於「膻中穴」，再分主從兩支，還合於丹田，入竅歸元。如此循環一周，身子便如灌甘露，丹田裡的真氣似香煙繚繞，悠游自在，那就是所謂「氤氳紫氣」。這氤氳紫氣練到火候相當，便能化除丹田中的寒毒。

張三丰所授的心法，以威力而論，可算得上天下第一。張無忌依法修練，練了兩年有餘，丹田中的氤氳紫氣已有小成，可是體內寒毒膠固於經絡百脈之中，非但無法化除，反而臉上的綠氣日甚一日，每當寒毒發作，所受的煎熬也是一日比一日更是厲害。

兩年之中，張三丰全力照顧無忌內功進修，宋遠橋等到處為他找尋靈丹妙藥，甚麼百年以上的野山人參、成形首烏、雪山茯苓等珍奇靈物，也不知給他服了多少，但始終有如石投大海。眾人見他日漸憔悴瘦削，雖然見到他時均是強顏歡笑，心中卻無不黯然神傷。

張三丰決定放下面子去求少林寺傳授張無忌九陽真經，誰知少林僧人卻非常傲慢的拒絕了。張三丰無奈之下碰到了明教的常遇春，常遇春將張無忌帶到了號稱「醫仙」的胡青牛那裡。

玄冥神掌所發的寒毒，胡青牛也從未遇到過。胡青牛想了兩個多時辰，取出十二片細小銅片，運內力在張無忌丹田下「中極穴」、頸下「天突穴」、肩頭「肩井穴」等十二處穴道上插下。「中極穴」是足三陰、任脈之會，「天突穴」是陰維、任脈之會，「肩井穴」是足少陽、足陽明、陽維之會。這十二條銅片一插下，他身上十二經常脈和奇經八脈便即隔斷。人身心、肺、脾、肝、腎，是謂五臟，再加心包，此六者屬陰；胃、大腸、小腸、膽、膀胱、三焦，是謂六腑，六者屬陽。五臟六腑加心包，是為十二經常脈。任、督、沖、帶、陰維、陽維、陰蹻、陽蹻，這八脈不屬正經陰陽，無表裡配合，別道奇行，是為奇經八脈。

張無忌身上常脈和奇經隔絕之後，五臟六腑中所中的陰毒相互不能為用。胡青牛然後以陳艾灸他肩頭「雲門」、「中府」兩穴。再灸他自手臂至大拇指的天府、俠白、尺澤、孔最、列缺、經渠、大淵、魚際、少商各穴，這十一處穴道，屬於「手太陰肺經」，可稍減他深藏肺中的陰毒。這一次以熱攻寒，張無忌所受的苦楚，比之陰毒發作時又是另一番滋味。灸完手太陰肺經後，再灸足陽明胃經、手厥陰心包經等處。

後來胡青牛又以半日功夫，替張無忌燒灸奇經八脈的各處穴道。十二經常脈猶如江河，川流不息，奇經八脈猶如湖海，蓄藏積貯，因之要除去奇經八脈間的陰毒，卻又為難得多。胡青牛潛心擬了一張藥方，卻邪扶正，補虛泄實，用的卻是「以寒治寒」的反治法。張無忌服了之後，寒戰半日之後，精神竟健旺了許多。

如此過了數月，有一日胡青牛忽然發覺，張無忌無名指外側的「關沖穴」、臂彎上二寸的「清冷淵」、眉後陷中「絲竹空」等穴道下針後竟是半點消息也沒有。這些穴道均屬「手少陽三焦經」。三焦分上焦、中焦、下焦，為五臟六腑的六腑之一，自來醫書中說得玄妙秘奧，難以捉摸。胡青牛潛心苦思，使了許多巧妙方法，始終不能將張無忌體內散入三焦的寒毒逼出。

張無忌於猿腹中巧得九陽真經，幽谷中歲月正長，為了打發無聊的日子，張無忌開始練習，因為他存了成故欣然、敗亦可喜的念頭，居然進展極速，只短短四個月時光，便已將第一卷經書上所載的功夫盡數參詳領悟，依法練成。

練完第一卷經書後，屈指算來，胡青牛預計他毒發斃命之期早已過去，可是他身輕體健，但覺全身真氣流動，全無病象，連以前時時發作的寒毒侵襲，也要時隔一月以上才偶有所感，而發作時也極輕微。不久便在第二卷的經文中讀到一句：「呼吸九陽，抱一含元，此書可名九陽真經。」才知道果然便是太師傅所念念不忘的真經寶典，欣喜之餘，參習更勤。待得練到第二卷經書的一小半，體內陰毒已被驅得無影無蹤了。至此，折磨了張無忌七年的玄冥神掌的陰寒之氣才完全消失了。

玄冥神掌雖然厲害，但以玄冥神掌和人對掌，若是對方內力勝過了他，掌力回激入體，施掌者不免受大禍。

【十四】閉目換掌

「閉目換掌」這門功夫，練時以黑巾蒙住雙目，全仗耳力和肌膚感應，以察知敵人襲來方向。臨敵時主取守勢，手掌吞吐，只在一尺內外，但著著奇快，敵人收拳稍慢，立被勾住手腕，折斷關節。

這路掌法原本用於夜鬥，或在岩洞暗室中猝遇強敵，伸手不見五指，便以此法護身。掌法變化精妙，決不攻擊對方身體，卻善於奪人兵刃，折人手腳。

見於《書劍恩仇錄》。

【十五】鐵沙掌

鐵沙掌是鐵掌幫幫主裘千仞的絕學。

練功時室內一隻大爐中燃了洪炭，煮著熱氣騰騰的一鑊鐵沙，鑊旁兩個黑衣小童，一個使勁推拉風箱，另一個用鐵鏟翻炒鑊中之物，裘千仞閉目盤膝坐在鍋前，對著鍋中騰上來的熱氣緩吐深吸。這只見他呼吸了一陣，頭上冒出騰騰熱氣，隨即高舉雙手，十根手指上也微有熱氣嫋嫋而上，忽地站起身來，雙手猛插入鑊。那拉風箱的小童本已滿頭大汗，此時更是全力拉扯。裘千仞忍熱讓雙掌在鐵沙中熬煉，隔了好一刻，這才拔掌，回手拍的一聲，擊向懸在半空的一隻小布袋。這一掌打得聲音甚響，可是那布袋竟然紋絲不動，殊無半點搖晃。他雙掌在布袋上拍一會，在鑊中熬一會，熬一會又拍一會。布袋所盛鐵沙不過一升之量，又用細索憑空懸著，他竟然一掌打得布袋毫不搖動，足見裘千仞武功深厚，委實非同小可。

黃蓉誤認為裘千丈為裘千仞，雖然身穿軟蝟甲，結果還是被鐵沙掌打得命在旦夕，幸得一燈大師用一陽指相救。

鐵蒲扇手是鐵掌水上飄裘千仞傳下來的心法。這鐵掌功在武學諸派掌法之中向稱剛猛第一。

【十六】通臂六合掌

「通臂六合掌」是裘千仞從「通臂五行掌」中變化出來。招數雖然不奇，裘千仞卻在這套掌法上花了數十載寒暑之功。

所謂通臂，乃雙臂貫為一勁之意，倒不是真的左臂可縮至右臂，右臂可縮至左臂。他右手發出，左手往右手貫勁，左手隨發之時，右手往回帶撤，以增左手之力，雙手確有相互應援、連環不斷之巧。

「通臂六合掌」的招數有：「孤雁出群」、「穿掌閃劈」、「撩陰掌」、「跨虎蹬山」、「白蛇吐信」等。

【十七】天羅地網勢

「天羅地網勢」是古墓派武功的入門掌法。

小龍女教楊過時，抖開一隻布袋袋口，麻雀紛紛飛出，就在此時，她一雙纖纖素手揮出，東邊一收，西邊一拍，將幾隻振翅飛出的麻雀擋了回來。群雀驟得自由，那能不四散亂飛？但說也奇怪，小龍女雙掌這邊擋，那邊拍，八十一隻麻雀盡數聚在她胸前三尺之內。

小龍女雙臂飛舞，兩隻手掌宛似化成了千手千掌，任他八十一隻麻雀如何飛滾翻撲始終飛不出她隻掌所圍作的圈子。楊過當下凝神觀看她如何出手擋擊，如何回臂反撲。她發掌奇快，但一招一式，清清楚楚，自成段落。小龍女又打了一盞茶時分，雙掌分揚，反手背後，那些麻雀驟脫束縛，紛紛沖天飛去。小龍女長袖揮處，兩股袖風撲出，群雀盡數跌落，唧唧亂叫，才一隻隻的振翅飛去。

【十八】毒沙掌

《射鵰英雄傳》中，楊康怕王處一去向丘處機告狀，指使王府請來的高手靈智上人用毒沙掌將王處一打傷。

王處一知道毒沙掌的厲害，因此用了一種土方法來治療。郭靖準備了一口大缸，缸裡盛滿了水，然後將王處一抱入缸內，清水直浸到頭頸，王處一閉目而坐，急呼緩吸，過了一頓飯工夫，一缸清水竟漸漸變成黑色，他臉色卻也略復紅潤。如此反覆了四次，水中才無黑色。

如此這番，王處一的性命雖已無礙，但內臟毒氣未淨，十二個時辰之內如不除去，不免終身殘廢，因此還要用藥物輔助治療。

和王處一不同，程靈素解毒沙掌之毒才是真正的高手。胡斐和程靈素原本並不熟悉，因此胡斐沒有聽程靈素的話，相救程靈素，反而被毒砂掌所傷而不自知。程靈素給胡斐治傷，和王處一相比，真是簡單之至。程靈素拿出一個黃色小瓶，倒出一些紫色粉末，敷在胡斐手指的針孔上，在他手臂關節上推拿幾下，那些粉末竟從針孔中吸了進去，手上的毒也自然而然的消去了。

【十九】化骨綿掌

遼東海外蛇島島主獨門秘傳的陰毒功夫。打中人後，那人全身沒半點異狀，要過得一年半載之後，屍體的骨骼才慢慢的折斷碎裂。

見於《鹿鼎記》。

【二十】開山掌法

南山樵子南希仁是郭靖四師父，開山掌法是他獨門的掌法，招數有蒼鷹搏兔、鐵牛耕地等。

「蒼鷹搏兔」使用時忽地左掌向外一撒，翻身一招向敵人後心擊去。

「鐵牛耕地」，掌鋒截將下來，左手倏出，拍向敵人胸前。

【廿一】殭屍掌

「殭屍掌」使用時忽然兩目上翻，雙臂平舉，僵直了身子，一跳一跳的縱躍過來，行動儼如殭屍。

這是言家拳中的一路奇門武功，混合了辰州祝由科的懾心術而成。雙目如電，勾魂懾魄的射向敵人，兩臂直上直下的亂打，膝頭雖不彎曲，縱跳卻極靈便。

見於《書劍恩仇錄》。

【廿二】霹靂掌

「霹靂掌」每一拳掌之出都是猛喝一聲，或先呼喝而掌隨至，或拳先出而聲後發，或拳聲齊作，或有聲無拳，喝聲和掌法拳招搓揉一起，身法愈快，喝聲愈響，神威逼人。

【廿三】截心掌

截心掌的治療方法是從「紫宮」、「中庭」、「關元」、「天池」四穴著手，御陰陽五行之變，視寒、暑、燥、濕、風五候，應傷者喜、怒、憂、思、恐五情下藥。

見於《倚天屠龍記》。

【廿四】 先天掌

先天掌創於唐代，但歷代拳師傳技時各自留招，因之到得清代，已趨式微。見於《飛狐外傳》。

【廿五】 天長掌法

天長掌法是恒山派武功，定靜師太所用。見於《笑傲江湖》。

【廿六】 五羅輕煙掌

五羅輕煙掌是大理段正淳武功。見於《天龍八部》。

【廿七】 天山六陽掌

天山六陽掌是天山童姥武夫，後傳於虛竹，招數有「陽歌鈞天」、「陽歌天鈞」等。

【廿八】 抽髓掌

星宿派功夫。見於《天龍八部》。

【廿九】 排雲雙掌

《天龍八部》中喬峰功夫。

【三十】 沐家掌

沐家掌使用起來龍騰虎躍，橫掃千軍，見於《鹿鼎記》。

【卅一】 三花聚頂掌法

全真派道長馬鈺所用。

【卅二】 五行六合掌

長樂幫軍師貝海石武功。

見於《俠客行》。

【卅三】 震天十三掌

震天十三是卓天雄武功，見於《鴛鴦刀》一書。

【卅四】快活三十掌

孟伯飛獨創武功，變幻莫測。

見於《碧血劍》一書。

【卅五】神駝雪山掌

「神駝雪山掌」是歐陽峰的家傳武功，身形飄忽，出掌進攻。

【卅六】江河日下

江河日下是勞山派掌法。

見於《鹿鼎記》。

【卅七】紅砂掌

紅砂掌是崑崙派武功。

見於《鹿鼎記》一書。

【卅八】印掌

《書劍恩仇錄》中陸菲青武功。

【三九】黑沙掌

《書劍恩仇錄》中常伯志武功。招數有「浪搏江礁」等。

【四十】五毒神掌

五毒神掌是李莫愁的獨門功夫，一旦被打中，背心中就隱隱有一個血色的掌印。丐幫的「五毒秘傳」中記載了治療此毒掌的方法。

【四一】寒冰綿掌

《倚天屠龍記》中韋一笑功夫。

寒冰綿掌的掌力入體，中掌之人只覺得一股陰寒之氣從肌膚中直透進來，胸口煩惡欲嘔，天旋地轉。

【四二】摧心掌

摧心掌練成後一掌可將一顆心給震成了八九片。

青城派功夫，見於《笑傲江湖》。

【四三】 指東打西

《倚天屠龍記》中金花婆婆武學。

【四四】 陰山掌

陰山掌共有十九式，丐幫季長老武功。

見於《倚天屠龍記》。

【四五】 翻天掌

翻天掌是福威鏢局功夫，招數有「雲裡乾坤」、「霧裡看花」。

《笑傲江湖》中林平之所用。

【四六】 天山雪飄

天山雪飄使用是奇幻百端，變化莫側。

崑崙三聖何足道功夫，見於《倚天屠龍記》。

【四七】 大風雲飛掌

大風雲飛掌是明教彭和尚功夫。

見於《倚天屠龍記》。

【四八】　朱砂掌

朱砂掌使用時掌心殷紅如血。

見於《碧血劍》。

第五篇 指法

第五編 世系

【二】一陽指

一陽指乃是王重陽的獨傳絕學。為克制歐陽峰的蛤蟆功，王重陽將一陽指傳授給段皇爺。一陽指給人留下印象最深的地方，是段皇爺（一燈大師）為黃蓉治傷那一段。

一燈大師用為黃蓉治傷，一指點過，立即縮回，只見他身子未動，第二指已點向黃蓉百會穴後一寸五分處的後頂穴，接著強間、腦戶、風府、大椎、陶道、身柱、神道、靈台一路點將下來，一枝線香約燃了一半，已將她督脈的三十大穴順次點到。郭靖此時武功見識俱已大非昔比，站在一旁見一燈大師出指舒緩自如，收臂瀟灑飄逸，點這三十處大穴，竟使了三十般不同手法，每一招卻又都是堂廡開廓，各具氣象，真乃見所未見，聞所未聞，只瞧得他神馳目眩，張口結舌，只道一燈大師是在顯示上乘武功，哪裡想到他正以畢生功力替黃蓉打通周身的奇經八脈。

督脈點完，一燈坐下休息，待郭靖換過線香，又躍起點在她任脈的二十五大穴，這次使的卻全是快手，但見他手臂顫動，猶如蜻蜓點水，一口氣尚未換過，已點完任脈各穴，這二十五招雖然快似閃電，但著指之處，竟無分毫偏差。待點到陰維脈的一十四穴，手法又自不同，只見他龍行虎步，神威凜凜，雖然身披袈裟，但在郭靖眼中看來，哪裡是個皈依三寶的僧人，真是一位君臨萬民的皇帝。陰維脈點完，一燈大師徑不休息，直點陽維脈三十二穴，這一次是遙點，他身子遠離黃蓉一丈開外，倏忽之間，欺近身去點了她頸中的風池穴，一中即離，快捷無倫。

再換兩枝線香，一燈大師已點完黃蓉陰蹻、陽蹻兩脈，當點至肩頭巨骨穴時，郭靖突然心中一動，但見一燈大師出招收式，依稀與《九陰真經》經文相合，只是經文中但述要旨，一燈大師的點穴法卻更有無數變化。一燈大師此時宛如現身說法，以神妙武術揭示《九陰真經》中的種種秘奧。郭靖未得允可，自是不敢去學他一陽指的指法，然於真經妙旨，卻已大有所悟。最後帶脈一通，即是大功告成。那奇經七脈都是上下交流，帶脈卻是環身一周，絡腰而過，狀如束帶，是以稱為帶脈。這次一燈大師背向黃蓉，倒退而行，反手出指，緩緩點她章門穴。這帶脈共有八穴，一燈出手極慢，似乎點得甚是艱難，口中呼呼喘氣，身子搖搖晃晃，大有支撐不住之態。

一陽指是指一指點敵人手腕上「腕骨」、「陽谷」、「養老」三穴。一指點三穴的手法正是一陽指功夫的精要所在。

後來一燈大師將一陽指傳給朱子柳，朱子柳原是一燈大師的臣子，朱子柳本來兵器是一支判官筆，他將一陽指用在判官筆上，因此以筆代指，創造出了「一陽書指」。「一陽書指」招招法度嚴謹，宛如楷書般的一筆不苟。朱子柳可以用筆代指，以筆使一陽指法連環進招。

【二】拈花指

「拈花指」使用時右手拇指和食指輕輕搭住，似是拈住了一朵鮮花一般，臉露微笑，左手五指向右輕彈，出指輕柔無比，左手每一次彈出，都像是要彈去右手鮮花上的露珠，卻又生怕震落了花瓣，臉上則始終慈和微笑。

據禪宗歷來傳說，釋迦牟尼在靈山會上說法，手拈金色波羅花遍示諸眾，眾人默然不語，只迦葉尊者破顏微笑。釋迦牟尼知迦葉已領悟心法，便道：「吾有正法眼藏，涅般法門，實相無相，微妙法門，不立文字，教外別傳。付囑摩訶迦葉。」禪宗以心傳頓悟為第一大事，少林寺屬於禪宗，對這「拈花指」當是別有精研。

鳩摩智彈指之間卻不見得具何神通，他連彈數十下後，舉起右手衣袖，張口向袖子一吹，霎時間袖子上飄下一片片棋子大的圓布，衣袖上露出數十個破孔。原來他這數十下拈花指，都凌空點在自己衣袖之上，柔力損衣，初看完好無損，一經風吹，功力才露了出來。

【三】多羅葉指

「多羅葉指」是鳩摩智所用，使用時身形轉動，繞著地下木箱快步而行，十指快速連點，但見木箱上木屑紛飛，不住跳動，頃刻間一隻木箱已成為一片片碎片。指裂木箱，倒亦不奇，但見木箱的鉸鏈、銅片、鐵扣、搭鈕等金屬附件，俱在他指力下紛紛碎裂，這才不由得心驚。

多羅葉指是一門一味霸道的功夫。

【四】無相劫指

「無相劫指」也是鳩摩智武功，使用時鳩摩智將雙手攏在衣袖之中，突擊之間，那一堆碎木片忽然飛舞跳躍起來，便似有人以一無形的細棒，不住去挑動攪撥一般。看鳩摩智時，他臉上始終帶著溫和笑容，僧袖連下擺也不飄動半分，原來他指力從衣袖中暗暗發出，全無形跡。

【五】一指禪

「一指禪」神功，金庸小說中出現的較少，只因為這門功夫太難練成了。少林寺般若堂首座澄觀對此曾有過精彩的介紹：

澄觀道：「這『一指禪』功夫，也不難學，只要認穴準確，指上勁透對方穴道，也就成了。」

韋小寶大喜，忙道：「那好極了，你快快教我。」心想學會了這門功夫，手指這麼彈得幾彈，那綠衣姑娘便即動彈不得，那時要她做老婆，還不容易？而「也不難學」四字，更是關鍵所在。天下功夫之妙，無過於此，霎時間眉花眼笑，心癢難搔。

澄觀道：「師叔的易筋內功，不知練到了第幾層，請你彈一指試試。」韋小寶道：「怎樣彈法？」澄觀屈指彈出，嗤的一聲，一股勁氣激射出去，地下一張落葉飄了起來。

韋小寶笑道：「那倒好玩。」學著他樣，也是右手拇指扣住中指，中指彈出去，這一下自然無聲無息，連灰塵也不濺起半點。

澄觀道：「原來師叔沒練過易筋經內功，要練這門內勁，須得先練般若掌。待我跟你拆般若掌，看了師叔掌力深淺，再傳授易筋經。」韋小寶道：「般若掌我也不會。」澄觀道：「那也不妨，咱們來拆拈花擒拿手。」韋小寶道：「什麼拈花擒拿手，可沒聽見過。」

澄觀臉上微有難色，道：「那麼咱們試拆再淺一些的，試金剛神掌好了。這個也不會？就從波羅蜜手試起好了。也不會？那要試散花掌。是了，師叔年紀小，還沒學到這路掌法，韋陀掌？伏虎掌？羅漢拳？少林長拳？」他說一路拳法，韋小寶便搖一搖頭。

澄觀見韋小寶什麼拳法都不會，也不生氣，說道：「咱們少林派武功循序漸進，入門之後先學少林長拳，熟習之後，再學羅漢拳，然後學伏虎拳，內功外功有相當根柢了，可以學韋陀掌。如果不學韋陀掌，那麼學大慈大悲千手式也可以……」韋小寶口唇一動，便想說：「這大慈大悲千手式我倒會。」隨即忍住，知道海老公所教的這些什麼大慈大悲千手式，十招中只怕有九招半是假的，這個「會」字，無論如何說不上。

只聽澄觀續道：「不論學韋陀掌或大慈大悲千手式，聰明勤力的，學七八年也差不多了。如果悟性高，可以跟著學散花掌。學到散花掌，武林中別派子弟，就不大敵得過了。是否能學波羅蜜手，要看各人性子不近於練武，進境慢些。再過十年，淨清或許可以練韋陀掌。淨濟學武不專心，我看還是專門念金剛經參禪的為是。」

韋小寶倒抽了口涼氣，說道：「你說那一指禪並不難學，可是從少林長拳練起，一路路拳法練將下來，練成這一指禪，要幾年功夫？」

澄觀道：「這在般若堂的典籍中是有得記載的。五代後晉年間，本寺有一位法慧禪師，生有宿慧，入寺不過三十六年，就練成了一指禪，進展神速，前無古人，後無來者。料想他前生一定是一位武學大宗師，許多功夫是前生帶來的。其次是南宋建炎年間，有一位靈興禪師，也不過花了三十九年時光。那都是天縱聰明、百年難遇的奇才，令人好生佩服。前輩典型，後人也只有神馳想像了。」

韋小寶道：「你開始學武，到練成一指禪，花了多少時候？」

澄觀微笑道：「師侄從十一歲上起始上少林長拳，總算運氣極好，拜晦智禪師座下，學得比同門師兄弟們快得多，到五十三歲，於這指法已略窺門徑。」

韋小寶道：「你從十一歲練起，到了五十三歲時略跪什麼門閂，那麼總共練了四十二年才練成？」澄觀甚是得意，道：「以四十二年而練成一指禪，本派千餘年來，老衲名列第三。」頓了一頓，又道：「不過老衲的內力修力平平，若以指力而論，恐怕排名在七十名以下。」說到這裡，又不禁沮喪。

【六】摩訶指

「摩訶指」修練的過程極為辛苦，每進一層，猶如入了一次地獄，所以招數中有一招名為「三入地獄」，由此形容修練摩訶指時的艱辛。所以「摩訶指」一施展開來，所展現的力道，也是非同小可的。書中另外出現的一招招數為「以逸待勞」。

【七】天竺佛指

「天竺佛指」是少林派的點穴絕技，以指力遙制敵人穴位，使敵人無法近身相擊。

【八】參合指

參合指是慕容博功夫。見於《天龍八部》。

【九】笑指天南

《鹿鼎記》中少林高僧澄觀曾使用過此招。

【十】彈指神通

黃藥師獨門功夫，後曾傳給楊過，用來克制李莫愁的五毒神掌。

【十一】幻陰指

幻陰指是武林中最陰毒的功夫，一經加體，猶如在一桶火藥上點燃了藥引。《倚天屠龍記》中成昆功夫。

【十二】金剛指

金剛指是少林派功夫，練成後可用重手指力將人骨捏成粉碎，再也無法接續。成昆功夫，見於《倚天屠龍記》。

【十三】其他

金大俠的武俠小說中還出現過的指法有「大智無定指」、「去煩惱指」、「千葉指」、「寂滅抓」、「因陀羅抓」等。

第六篇 擒拿與手法

【二】少林絕技之擒拿

◆龍爪手：

《倚天屠龍記》中空性與張無忌過招，使用的就是龍爪手。

原來那龍爪手只有三十六招，要旨端在凌厲狠辣，不求變化繁多。

空性左手虛探，右手挾著一股勁風，直拿張無忌左肩「缺盆穴」，正是一招「拿雲式」。張無忌見他左手微動，便已知他要使此招，當下也是左手虛探，右手直拿對方「缺盆穴」。兩人所使得招式一模一樣，竟無半點分別，但張無忌後發先至，卻在一剎那的相差之間占了先著。空性的手指離他肩頭尚有兩寸，張無忌五指手指已抓到了空性得「缺盆穴」上。空性只覺穴道上一麻，右手力道全無。張無忌手指卻不使勁，隨即縮回。

空性一呆，雙手齊出，使一招「搶珠式」，拿向張無忌左右太陽穴。張無忌仍是後發先至，兩手探出，又是搶先一步，拿到了空性的雙太陽穴。這太陽穴何等重要，在內家高手比武之際，觸手立斃，無挽救的餘地。但張無忌手指在他雙太陽穴上輕輕一拂，便即圈轉，變為龍爪手中的第十七招「撈月式」，虛拿空性後腦「風府穴」。

空性被他拂中雙太陽穴時已是一呆，待見他使出「撈月式」，以為張無忌偷學到少林派的龍爪手。卻不知天下武學殊途同歸，強分派別，乃是人為。

空性突然間大喝一聲，縱身而上，雙手猶如狂風驟雨，「捕風式」、「捉影式」、「撫琴式」、「鼓瑟式」、「批亢式」、「搗虛式」、「抱殘式」、「守缺式」，八式連環，疾攻而至。張無忌神定氣閑，依式而為，捕風捉影，撫琴鼓瑟，批亢搗虛，抱殘守缺，接連八招，招招後發而先至。

空性神僧這八式連環的龍爪手綿綿不絕，便如是一招中的八個變化一般，快捷無比，那知他快張無忌更快，每一招都占了先手。空性每出一招，便被逼得倒退一步，退到第七步時，「抱殘式」和「守缺式」穩凝如山般使將出來。這兩式是龍爪手中最後第三十五，三十六式的招數，一瞥之下，似乎其中破綻百出，施招者手忙腳亂，竭力招架，其實這兩招似守實攻，大巧若拙，每一處破綻中都隱伏著厲害無比的陷阱。龍爪手本來走的是剛猛的路子，但到了最後兩式時，剛猛中暗藏陰柔，已到了返璞歸真，爐火純青的境界。

龍爪手還有搶珠三式：搶珠三式「沛然有雨」，左肘撞敵人胸口，右掌要斬腰脅，左手便拿「氣戶穴」。

《天龍八部》中玄慚使的「龍爪功」，玄愧使的「虎爪手」，玄念使的「魔爪功」，玄淨使的則是「少林擒拿十八打」，招數不同，卻均是少林派精妙的擒拿武功。

◆拈花擒拿手

「拈花擒拿手」是少林派的高深武學，純以渾厚內力為基，出手平淡沖雅，不雜絲毫霸氣。禪宗歷代相傳，當年釋迦牟尼在靈山會上，手拈金色波羅花示眾，眾皆默然，不解其意，獨有迦葉尊者破顏微笑。佛祖說道：「我有正法眼藏，涅磐妙心，實相無相，微妙法門，不立文字，教外別傳，付囑摩訶迦葉。」

摩訶迦葉是佛祖的十大弟子之一，稱為「頭陀第一」，禪宗奉之為初祖。少林寺屬於禪宗，注重心悟。想佛祖拈花，迦葉微笑，不著一言，妙悟於心，那是何等超妙的境界？後人以「拈花」兩字為這路擒拿之名，自然每一招都是姿勢高雅，和尋常擒拿手的扳手攀腿，大異其趣。

◆大慈大悲千葉手

大慈大悲千葉手是少林佛門功夫，能制住對方，卻不會殺人傷人，乃是天下最仁善的武功。第一手「南海禮佛」，第二手「金玉瓦礫」，第三手「人命呼吸」。

其中「鏡裡觀影」、「水中捉月」、「浮雲去來」、「水泡出沒」、「夢裡明明」、「覺後空空」這六招，都是若隱若現、變幻莫測的招數，虛式多而實式少。

◆其他

少林七十二絕技的手法還有：「波羅蜜手」、「散花手」、「大力金剛抓」等。

【二】三無三不手

三無三不手是大魔頭李莫愁自創武功的得意之作。

《神鵰俠侶》中曾經描述過李莫愁是如何使用三無三不手攻擊楊過。

第一招「無孔不入」，乃是向敵人周身百骸進攻，雖是一招，其實千頭萬緒，一招之中包含了數十招，竟是同時點敵全身各處大穴。這一招其實是無可抵擋之招，閃得左邊，右邊穴道被點，避得前面，後面穴道受傷，只有武功遠勝於李莫愁的高手，以狠招正面撲擊，才能逼得她回過拂塵自救。

楊過在李莫愁的這一招之下，因無此功力，只好情急之下，突然一個觔斗，頭下腳上，運起歐陽鋒所授的功夫，經脈逆行，全身穴道盡數封閉，只覺無數穴道上同時微微一麻，立即無事。他身子急轉，倒立著飛腿踢出。

第二招「無所不至」，點的是敵人周身諸處偏門穴道。楊過以頭撐地，伸出左手，伸指戳向李莫愁右膝彎「委中穴」。

「三無三不手」的第三手「無所不為」，這一招不再點穴，專打眼睛、咽喉、小腹、下陰等人身諸般柔軟之處，是以叫作「無所不為」，陰狠毒辣，可說已有些無賴意味。當李莫愁練此毒招之時，那想得到世上竟有人動武時會頭下腳上，匆忙中一招發出，自是照著平時練得精熟的部位攻擊敵人，這一來，攻眼睛的打中了腳背，攻咽喉的打中了小腿，攻小腹的打中了大腿，攻下陰的打中了胸膛，攻其柔虛，逢其堅實，竟然沒半點功效。

李莫愁這一生中見過不少大陣大仗，武功勝過她的人也曾會過，只是她事先料敵周詳，或攻或守，或擊或避，均有成竹在胸，卻萬料不到楊過竟有如此不可思議的功夫，只一呆之下，楊過突然張口，已咬住了她拂塵的塵尾，一個翻身，直立起來。李莫愁手中一震，竟被楊過將拂塵奪了過去。

【三】丁家十八路擒拿手

丁家這路擒拿手雖只一十八路，但其中變化卻著實繁複。石破天第一次用丁家十八路擒拿手中的第八招「鳳尾手」和雪山派弟子動手，就大獲全勝。

丁家十八路擒拿手，書中出現的招數還有「白鶴手」、「玉女拈針」、「虎爪手」、「九連環」、「鶴翔手」、「龍騰爪」等。

【四】蘭花拂穴手

蘭花拂穴手乃桃花島家傳絕技，使用時右手揮出，拇指與食指扣起，餘下三指略張，手指如一枝蘭花般伸出，姿勢美妙已極。

「蘭花拂穴手」講究的是「快、準、奇、清」，快、準、奇，這還罷了，那個「清」字，務須出手優雅，氣度閒逸，輕描淡寫，行若無事，才算得到家，要是出招緊迫狠辣，不免落了下乘，配不上「蘭花」的高雅之名了。四字之中，倒是這「清」字訣最難。

【五】天山折梅手

天山折梅手的第一路掌法口訣七個字一句，共有十二句，八十四個字。據《天龍八部》中所說，這八十四字口訣甚是拗口，接連七個平聲字後，跟著是七個仄聲字，音韻全然不調，倒如急口令相似。童姥教虛竹天山折梅手口訣，虛竹只念得三個字，第四個「浮」字便念不出聲，須得停一停腳步，換一口氣，才將第四個字念了出來。虛竹開始時那個「浮」字總是不能順順當當的吐出，到第三次又念時，自然而然的一提真氣，那「浮」字便衝口噴出。原來這首歌訣的字句與聲韻呼吸之理全然相反，平心靜氣的念誦已是不易出口，奔跑之際，更加難以出聲，念誦這套歌訣，其實是調勻真氣的法門。童姥要虛竹再誦歌訣，順背已畢，再要他倒背。這歌訣順讀已拗口之極，倒讀時更是逆氣頂喉，攪舌絆齒，但虛竹倒背時卻顯得流暢，卻是因為得了無崖子的「小無相功」之故。

「天山折梅手」雖然只有六路，但包含了逍遙派武學的精義，掌法和擒拿手之中，含蘊有劍法、刀法、鞭法、槍法、抓法、斧法等等諸般兵刃的絕招，變法繁複。童姥認為「天山折梅手」是永遠學不全的，越練內功越高，見識越多，天下任何招數武功，都能自行化在「六路折梅手」之中。

【六】分筋錯骨手

郭靖所學的「分筋錯骨手」乃是二師父朱聰自創。

朱聰言語行止甚是滑稽，心思卻頗縝密，他和柯鎮惡暗中計議了幾次，均想梅超風雙目雖中毒菱，但此人武功怪異，說不定竟能治癒，她若不死，必來尋仇，來得越遲，佈置必定越是周密，手段也必越加毒辣。是以十年來梅超風始終不現蹤影，六怪卻非但不敢怠懈，反更加意提防。朱聰每見手背上被梅超風抓傷的五條傷疤，心中總生慄然之感，想她一身橫練功夫，急切難傷，要抵禦「九陰白骨爪」，莫如「分筋錯骨手」。這門功夫專在脫人關節、斷人骨骼，以極快手法，攻擊對方四肢和頭骨頸骨，卻不及胴體。朱聰自悔當年在中原之時，未曾向精於此術的名家請教，六兄弟中又無人能會。後來轉念一想，天下武術本是人創，既然無人傳授，難道我就不能自創？他外號「妙手書生」，一雙手機靈之極，加之雅擅點穴，熟知人身的穴道關節，有了這兩大特長，鑽研分筋錯骨之術自不如何為難，數年之後，已深通此道的精微，手法雖與武林中出自師授的功夫不同，卻也頗具威力，與全金發拆解純熟之後，都授了郭靖。

郭靖與尹志平相鬥，使用的便是分筋錯骨功夫。

尹志平奉邱處機之命來給江南六怪傳書，先卻不通姓名找郭靖比試武功。尹志平攻向郭靖，郭靖斜身避過，伸手猛抓敵腕，左手拿向尹志平肘部，這一手是「分筋錯骨手」中的「壯士斷腕」，只要尹志平手腕一給抓住，肘部非跟著被拿不可，前一送，下一扭，喀喇一聲，右腕關節就會立時脫出。

郭靖陡逢強敵，一出手就是分筋錯骨的妙著，他於這門功夫拆解甚熟，熟能生巧是生不出的，熟極而流卻也差相彷彿。尹志平手腕與手肘突然被拿，一驚之下，左掌急發，疾向郭靖面門拍去。郭靖雙手正要抖送，扭脫敵人手腕關節，哪知敵掌驟至，自己雙手都沒空，無法抵擋，只得放開雙手，向後躍出，只覺掌風掠面而過，熱辣辣的十分難受。

郭靖單掌護身，凝神不動，待到掌風襲到胸口，身子略偏，左手拿敵手臂，右手暴起，揑向敵腮，只要一搭上臉頰，向外急拉，下顎關節應手而脫，這一招朱聰給取了個滑稽名字，叫做「笑語解頤」，乃是笑脫了下巴之意。

《天龍八部》中也出現分筋錯骨手的武功，其中有一招叫「乳燕歸巢」。

【七】九陰白骨爪

九陰白骨爪是練九陰真經不得其法，走入偏門的一門詭異陰毒功夫。

九陰白骨爪練功時竟需有九個骷髏頭，分為三層，下層五個，中層三個，上層一個。練成時骷髏的腦門上有五個窟窿，模樣就如用手指插出來的一般，五隻手指剛好插入五個窟窿，大拇指插入的窟窿大些，小指插入的窟窿小些，猶如照著手指的模樣細心雕刻而成。

《射鵰英雄傳》中描寫梅超風練九陰白骨爪時的情景：

梅超風練功時腳步逐漸加快，骨節的響聲也越來越響，越來越密，猶如幾面羯鼓同時擊奏一般。只見她雙掌不住的忽伸忽縮，每一伸縮，手臂關節中都是喀喇聲響，長髮隨著身形轉動，在腦後拖得筆直，尤其詭異可怖。

只見她身形挫動，風聲虎虎，接著連發八掌，一掌快似一掌，一掌猛似一掌，到第九掌發出，那女子忽然躍起，飛身半空，頭下腳上，右手手指插入了人腦門。隨即伸手扯開死人胸腹，將內臟一件件取出，在月光下細細檢視，看一件，擲一件。六怪瞧拋在地下的心肺肝脾，只見件件都已碎裂，才明白她以活人作靶練功的用意，她在那人身上擊了九掌，絲毫不聞骨骼折斷之聲，內臟卻已震爛。她檢視內臟，顯是查考自己功力進度若何了。

九陰白骨爪給人的印象最是深刻，如果不是一流高手，尋常武林人物對九陰白骨爪的威力是很難應付。《射鵰英雄傳》中，梅超風使用九陰白骨爪，經常是以一對十，大出風頭。

【八】鐵琵琶手

鐵琵琶手是洛陽韓家武功，至韓五娘而達大成，除掌法外，也可用精鐵打成的兵器琵琶。

其中一招「手揮五弦」出手似乎輕飄無力，可是虛虛實實，柔中帶剛，一臨近身就駢指似鐵，實兼鐵沙掌和鷹爪功兩家之長。

鐵琵琶手的招數還有「流泉下山」、「鐵奇突出」、「銀瓶乍破」等。

【九】凝血神抓

「凝血神抓」的勁力兩個時辰之後才發作。中抓之人不可絲毫動勁化解，需在泥地掘出個洞穴，全身埋在其中，只露出口鼻呼吸，每日埋四個時辰，共須掩埋七天，便無後患。

見於《鹿鼎記》。

【十】三十六路大擒拿法

三十六路大擒拿法的一招「金龍探爪」，自下向上一撩，隨即反手抓出，是這路擒拿法中厲害招數，和點穴有異曲同工之妙，只要被抓就得全身癱軟。

見於《書劍恩仇錄》。

【十一】龍爪擒拿手

龍爪擒拿手共有二十三路，沾上身時直如鑽筋入骨，敲釘轉腳，只要身體任何部位被拿住，就脫身不得，無極門蔣老拳師功夫。

見於《雪山飛狐》。

【十二】大擒拿手

《天龍八部》中的大擒拿手有仙鶴梳翎，猿猴摘果，順水推舟，白馬翻蹄，鯉魚托鰓等招數。

《書劍恩仇錄》中侍衛白振也有一手「金鉤鐵掌」大擒拿手，是他的成名絕技，陣上奪槍，夜戰接鏢，手到拿來，萬無一失。使用時身如淵渟岳峙，掌似電閃雷震。

【十三】千蛛萬毒手

這門武功歹毒陰狠，練這門武功也是武家的大忌，隨著武功的增強，面容會因中毒而浮腫，因此很少有人願意練這門功夫。

《倚天屠龍記》中殷離功夫。

【十四】英雄三招

「英雄三招」是神龍教教主洪安通見夫人蘇荃教韋小寶美人三招，臨時興起，即興創作的三招武功。

第一招是將敵人舉了起來，那是臨潼會伍子胥舉鼎，叫做「子胥舉鼎」。第二招將敵人倒提而起，那是魯智深倒拔垂楊柳，叫做「魯達拔柳」。第三招是騎在敵人頭頸裡，是狄青降伏龍駒寶馬，叫「狄青降龍」。

【十五】雙手互搏術

天下學武之人，雙手不論揮拳使掌、掄刀動槍，不是攻敵，就是防身，但周伯通雙手卻互相攻防拆解，每一招每一式都是攻擊自己要害，同時又解開自己另一手攻來的招數，因此上左右雙手的招數截然分開，真是見所未見、聞所未聞的怪拳。臨敵之際，要是使將這套功夫出來，那便是以兩對一，這門功夫可有用得很，雖然內力不能增加一倍，但招數上總是占了大大的便宜。

常言道：「心無二用。」又道：「左手畫方，右手畫圓，則不能成規矩。」這雙手互搏之術卻正是要人心有二用，而研習之時也正是從「左手畫方，右手畫圓」起始。郭靖初練時雙手畫出來的不是同方，就是同圓，又或是方不成方、圓不成圓。苦學良久，竟然終於領會了訣竅，雙手能任意各成方圓。這門除了周伯通、郭靖外，小龍女也有這種本事。

【十六】鷹蛇生死搏

鷹蛇生死搏是華山派絕技，鷹蛇雙式齊施，有蒼鷹矯矢之姿，毒蛇靈動之勢，於一式中同時出現，迅捷狠辣，共有七十二路。

使用時右手收攏摺扇，露出鑄作蛇頭之形的尖利扇柄，左手使的則是鷹爪功路子。右手蛇頭點打刺戳，左手則是擒拿扭勾，雙手招數截然不同。

見於《倚天屠龍記》。

【十七】龍爪功

龍爪功是《笑傲江湖》中黃鍾公對付令狐冲時所用的功夫。

【十八】小十八拿

小十八拿是《笑傲江湖》中黃鍾公對付令狐冲時所用的功夫。

【十九】藍砂手

藍砂手是《笑傲江湖》中鮑大楚所用功夫。

【二十】雞爪功

《天龍八部》中巴顏功夫。

【廿一】大力魔爪手

大力魔爪手在浙南一帶很流行，龍遊幫的幫主榮彩是大力魔爪手的高手。見於《碧血劍》。

【廿二】大力鷹爪功

大力鷹爪功是嵩陽派武功。

見於《書劍恩仇錄》。

【廿三】三陰蜈蚣爪

《天龍八部》中星宿派功夫。

【廿四】岳家散手

《連城訣》中功夫。

【廿五】五雲手

五雲手是萬震山武功。

見於《連城訣》中。

【廿六】虎爪功

虎爪功是烏老大功夫。

見於《天龍八部》中。

【廿七】 攔雲手

《天龍八部》中黃眉大師功夫。

【廿八】 搏獅手

《俠客行》中周牧武功。

【廿九】 搏兔手

《鹿鼎記》中吳立身武功。

【三十】 纏絲擒拿手

纏絲擒拿手是白世鏡獨門獨技。見於《天龍八部》中。

【卅一】 奔雷手

《書劍恩仇錄》中文泰來武功。

【卅二】大摔碑手

《書劍恩仇錄》中陸菲青武功。

【卅三】雲中現爪

《天龍八部》中徐天川武功。

【卅四】遼東神龍島擒拿功夫

《天龍八部》中遼東神龍島擒拿功夫中有風行草偃，靈蛇出洞，後顧之憂等招數。

【卅五】虎爪擒拿手

虎爪擒拿手是《笑傲江湖》中黃鍾公對付令狐冲時所用的功夫。

【卅六】小擒拿手

謝遜功夫，見於《倚天屠龍記》。

【卅七】虎爪絕戶手

武當派原來有一門極厲害的擒拿手法，叫虎爪手。武當七俠中的二俠俞蓮舟學會之後，嫌其一拿之下，對方若是武功高強，仍能強運內勁掙脫，不免成了比拚內力的局面，於是自行變化，從虎爪手中脫胎，創了十二招「虎爪絕戶手」。

只不過這虎爪絕戶手太過陰毒，每一招都是拿人腰眼，不論是誰受了一招，都有損陰絕嗣之虞，因此張三丰一直禁止眾人使用。

第七篇 腿上功夫

【一】少林絕技之腿法

◆如影隨形腿

使用時身隨掌起，雙腿連環，霎時之間連踢六腿，盡數中在敵人心口。

少林七十二絕技之一的「如影隨形腿」，一腿既出，第二腿如影隨形，緊跟而至，第二腿隨即自影而變為形，而第三腿復如影子，跟隨踢到，直踢到第六腿。

《天龍八部》中鳩摩智曾使用此種武功。

◆鴛鴦連環腿

鴛鴦連環腿也是少林武功之一。玄難對付丁春秋時曾使用此種武功。

玄難雙腿鴛鴦連環，迅捷無比的踢出了六六三十六腿，腿影飄飄，叫人瞧不清他踢出的到底是左腿還是右腿。

《倚天屠龍記》中的張無忌也曾使用此腿法。

【二】掃葉腿

黃藥師挑戰北斗大陣之時，使用了掃葉腿。

掃葉腿和落英神劍掌齊施，正是桃花島的「狂風絕」，六招之下敵人若是不退，接著又是六招，招數愈來愈快，六六三十六招，任是英雄好漢，他要教他避過了掌擊，躲不開腿踢。

此後，在「掃葉腿」的基礎上又有了「旋風掃葉腿」。這也是黃藥師早年自創的得意武技。黃藥師自恨當年太過心急躁怒，重罰了四名無辜的弟子，潛心創出這「旋風掃葉腿」的內功秘訣，便是想去傳給四名弟子，好讓他們能修習下盤的內功之後，得以回復行走。只是他素來要強好勝，雖然內心後悔，口上卻不肯說，因此這套內功明明是全部新創，仍是用上一個全不相干的舊名。

這套腿法和黃藥師早年所創的招數雖是一樣，卻是先從內功練起。

【三】四象步

四象步是胡家拳譜上練習拳腳器械的入門步法。不論對方如何忽前忽後，忽東忽西，總是好整以暇地前一步、後一步、左一步、右一步，來來去去只是四步。「四象步」按著東蒼龍、西白虎、北玄武、南朱雀四象而變，每象七宿，又按二十八宿之形再生變化。太極生兩儀，兩儀生四象，四象生八卦，四象步與八卦掌其理有共通之處，所以這路步法與八卦掌步法的八卦方位絲絲入扣。

見於《飛狐外傳》。

【四】潭腿

潭腿共十二路，書中出現的招數有：頭趟繩掛一殺鞭，二趟十字繞三尖，十二趟犀牛望月轉達回還等。

見於《飛狐外傳》。

【五】鐵板橋

「鐵板橋」功夫，原是閃避敵人暗器的救命絕招，通常是暗器來得太快，不及躍起或向旁避讓，只得身子僵直，突然向後仰天斜倚，讓那暗器掠面而過，雙腳卻仍是牢牢釘住地下。

鐵板橋功夫越高，背心越能貼近地面，講究的是起落快，身形直，所謂「足如鑄鐵，身挺似板，斜起若橋」。

見於《雪山飛狐》。

《書劍恩仇錄》中萬慶瀾、霍青桐、趙半山都曾使用過這門功夫。

【六】豹尾腳

令狐冲曾使用過豹尾腳招數。

見《笑傲江湖》一書。

【七】回風步

《鹿鼎記》中沐家武功。

【八】掃堂腿

《書劍恩仇錄》中徐天宏功夫。

【九】虎縱步

《書劍恩仇錄》中陸菲青功夫。

【十】連環迷蹤腿

《書劍恩仇錄》中無塵道人功夫。

【十一】無影幻腿

無影幻腿是青城派武功，使用是右足反腳一踢，身子一跳，左足又反腳一踢。這兩踢姿勢拙劣，像是馬匹反腳踢人一般。

見於《笑傲江湖》。

第八篇 内功

【二】少林絕技之內功

◆易筋經

少林內功絕技，易筋經當選第一，應是受之無愧。

據《天龍八部》介紹，《易筋經》神功，乃東土禪宗初祖達摩老祖所創，禪宗二祖慧可大師得之於老祖。

慧可大師本來法名神光，是洛陽人氏，幼通孔老之學，尤精玄理。達摩老祖駐錫本寺之時，神光大師來寺請益。達摩老祖見他所學駁雜，先入之見甚深，自恃聰明，難悟禪理，當下拒不收納。神光大師苦求良久，始終未得其門而入，當即提起劍來，將自己左臂砍斷了。達摩老祖見他這等誠心，這才將他收為弟子，改名慧可，終得承受達摩老祖的衣缽，傳禪宗法統。二祖跟著達摩老祖所學的，乃是佛法大道，依《楞伽經》而明心見性。禪宗武功之名雖然流傳天下，實則那是末學，殊不足道。達摩老祖當年只是傳授弟子們一些強身健體的法門而已。身健則心靈，心靈則易悟。但後世門下弟子，往往迷於武學，以致捨本逐末，不體老祖當年傳授武功的宗旨。

老祖圓寂之後，二祖在老祖的蒲團之旁見到一卷經文，那便是《易筋經》了。這卷經文義理深奧，二祖苦讀鑽研，不可得解，心想達摩老祖面壁九年，在石壁畔遺留此經，雖然經文寥寥，必定非同小可，於是遍歷名山，訪尋高僧，求解妙諦。但二祖其時已是得道高僧，他老人家苦思深慮而不可解，世上欲求智慧深湛更勝於他的大德，那也難得了。因此歷時二十餘載，經文秘義，終未能彰。一日，二祖以絕大法緣，在四川峨嵋山得晤梵僧般刺密諦，講談佛學，大相投機。二祖取出《易筋經》來，和般刺密諦共同研讀。二位高僧在峨嵋金頂互相啟發，經七七四十九日，終於豁然貫通。

但那般刺密諦大師所闡發的，大抵是禪宗佛學。直到十二年後，二祖在長安道上遇上一位精通武功的年輕人，談論三日三晚，才將《易筋經》中的武學秘奧，盡數領悟。那位年輕人，便是唐朝開國大功臣，後來輔佐太宗，平定突厥，出將入相，爵封衛公的李靖。李衛公建不世奇功，原來也是從《易筋經》中得到了不少教益。

《易筋經》的功夫圜一身之脈絡，係五臟之精神，周而不散，行而不斷，氣自內生，血從外潤。練成此經後，心動而力發，一攢一放，自然而施，不覺其出而自出，如潮之漲，似雷之發。練《易筋經》之時，便如一葉小舟於大海巨濤之中，怒浪澎湃之際，小舟自然拋高伏低，何嘗需要用力。若要用力，又哪有力道可用？又從何處用起？

正因這《易筋經》具如此威力，是以數百年來非其人不傳，非有緣不傳，縱然是少林寺本派出類拔萃的弟子，如無福緣，也不獲傳授。

《笑傲江湖》中，桃谷六仙等為令狐冲胡亂治病，令狐冲身中幾股真氣，傷勢越發嚴重，幾乎是不可救藥，必得《易經筋》中神妙內功才能解脫。為了救令狐冲，任盈盈以自己作交換，求得少林方證大師傳授令狐冲此經。而令狐冲不願加入少林，寧願身死也不學此經，空負任盈盈的一般好意。幾經輾轉，令狐冲得任恒山派掌門，立下許多功勞，是以方證大師假風清揚之口，將此經傳於令狐冲。令狐冲終於因《易經筋》的神妙內功而大有收益。

《天龍八部》中，《易經筋》武學作用的發揮最是淋漓盡致。《天龍八部》中介紹，《易經筋》其實是少林派真正的第一絕學，只要將《易經筋》這部書練通了，任憑什麼平庸之極的武功，都能夠化腐朽為神奇。

慕容博向慕容復談論這部易筋經時說道：「達摩老祖的易筋經我雖未寓目，但以武學之道推測，少林派所以得享大名，當是由這部易筋經而來。那七十二門絕技，不能說不厲害，但要說憑此而領袖群倫，為天下武學之首，卻還談不上。」此為一語中的的根本之論。

阿朱扮作止清和尚，從菩提院的銅鏡之後盜取經書，沒想到那便是少林派內功秘笈的易筋經。阿朱在聚賢莊上為群豪所拘，眾人以她是女流之輩，並未在她身上搜查，而玄寂、玄難等少林高僧，更是做夢也想不到本寺所失的經書便在她身上。阿朱感蕭峰深情，將此書送給了蕭峰。蕭峰不以為意，此書後被蕭峰隨手丟掉，游坦之乘機撿走。

游坦之被阿紫的毒蟲所咬，當時是全身說不出的難熬，滾倒在地，亂擦亂撞，俯伏著只是喘息，一時間淚水、鼻涕、口涎都從游坦之鐵罩的嘴縫中流出來，滴在梵文經書上，這才因緣湊巧，揭露了經書的秘密。當書頁上浸滿了涕淚唾液，書頁上的彎彎曲曲之間，竟然就出現一個僧人的圖形。這僧人姿勢極是奇特，腦袋從胯下穿過，伸了出來，雙手抓著兩隻腳。游坦之不知道那其實是易筋經練功的法門。

但隨後游坦之還是福至心靈，悟出了易筋經中的秘密。

一開始游坦之也沒心緒去留神書上的古怪姿勢，只覺癢得幾乎氣也透不過來了，撲在地下，亂撕身上的衣和褲子撕得片片粉碎，把肌膚往地面上猛力摩擦，擦得片刻，皮膚中便滲出血來。後來游坦之在突然一不小心之時，腦袋竟從雙腿之穿過了去。他頭上套了鐵罩，急切間縮不回來，伸手想去相助，右手自然的抓住了右腳。

這時他已累得筋疲力盡，一時無法動彈，只得暫時住手，喘過一口氣來，無意之中，只見那本經書攤在眼前，書中所繪的那枯瘦僧人，姿勢竟然便與自己的姿勢有點相似，心中又是驚異，又覺有些好笑。更奇怪的是，游坦之做了這個姿勢後，身上麻癢之感雖一般無二，透氣卻順暢得多了。當下游坦之也不急於要將腦袋從胯下鑽出來，便這麼伏在地下，後來索性依照圖中僧人的姿勢，連左手也去握住左腳，下顎碰在地下。

這麼一來，游坦之的姿勢已與經書圖中的僧人一般無二，透氣更加舒暢了。游坦之如此伏著，雙眼與那經書更是接近。游坦之再仔細向那僧人的圖形看時，見那僧人的圖形身旁寫著兩個極大的黃字，彎彎曲曲的形狀詭異，筆劃中卻有許多極小的紅色箭頭。游坦之這般伏著，甚是疲累，當即放手站起。只一站起，立時又癢得透不過氣來，忙又將腦袋從雙腿間鑽地去，雙手握足，下顎抵地，只做了這古怪的姿勢，透氣便即順暢。

不知不覺之間，游坦之已經在開始修煉易筋經中的高明內功了。

按照易筋經中古怪的姿勢做而能身體通泰，游坦之當然就不敢再動。過了好一會，游坦之覺得無聊起來，便去看那圖中僧人，又去看他身旁兩個怪字。看著怪字中的那些小箭頭，游坦之心中自然而然的隨著箭所指的筆劃存想，只覺右臂上的奇癢似乎化作一線暖氣，自喉頭而胸腹，繞了幾個彎，自雙肩而頭頂，慢慢的消失。看著怪字中的小箭頭，接連這麼想了幾次，每次都一條暖氣通入腦中，而臂上奇癢便稍有減輕。他驚奇之下，也不暇去想其中原因，只這般照做，做到三十餘次時，臂上已僅餘微癢，再做十餘次，手指、手掌、手臂各處已全無異感。

書中圖形，是天竺一種藥草浸水繪面，濕時方顯，乾即隱，是以阿朱與蕭峰都沒見到。其圖中姿勢現致運功路線，其旁均有梵字解明，少林上代高僧識得梵文，雖不知圖形秘奧，仍能依文字指點而練成易筋經神功。游坦之奇癢難當之時，涕淚橫流，恰好落在書頁之上，顯出了圖形。那是練功時化解外來魔頭的一門妙法，乃天竺國古代高人所創的瑜伽秘術。他突然做出這個姿勢來，也非偶然巧合，食嗌則咳，飽極則嘔，原是人之天性。他在奇癢難當之時，以頭抵地，本是出乎自然，不足為異，只是他涕淚即流上書頁，那倒確是巧合了。

游坦之被阿紫手下丟進河裡，書在溪水中浸濕了，卻見每一頁上忽然都顯出一個怪僧的圖形，姿勢各不相同。游坦之凝思良久，終於明白，書中圖形遇濕即顯，倒不是菩薩現身救命，於是便照第一頁中圖形，依勢而為，更依循怪字中的紅色小箭頭心中存想，隱隱覺得有一條極冷的冰線，在四肢百骸中行走，便如那條冰蠶復活了，在身體內爬行一般。他害怕起來，急忙站直，體內冰蠶便消失。書中裸僧姿勢甚多，怪字中的小箭頭也是般旋曲折，變化繁複。他依循不同姿勢呼召冰蠶，體內急涼急暖，各有不同的舒泰。

這易筋經實是武學中至高無上的寶典，只是修習的法門甚為不易，須得勘破「我相、人相」，心中不存修習武功之念。但修習此上乘武學之僧侶，定是勇猛精進，以期有成，哪一個不想儘快從修習中得到好處？要「心無所住」，當真是千難萬難。少林寺過去數百年來，修習易筋經的高僧著實不少，但窮年累月的用功，往往一無所得，於是眾僧以為此經並無靈效，當日被阿朱偷盜了去，寺中眾高僧雖然恚怒，卻也不當一件大事。一百多年前，少林寺有個和尚，自幼出家，心智魯鈍，瘋瘋顛顛。他師父苦習易筋經不成，怒而坐化。這瘋僧在師父遺體旁拾起經書，嘻嘻哈哈的練了起來，居然成為一代高手。但他武功何以如此高強，直到圓寂歸西，始終說不出一個所以然來，旁人也均不知是易筋之功。

這時游坦之無心習功，只呼召體內的凍蠶來去出沒，而求好玩嬉戲，不知覺間功力日進，正是走上了當年瘋僧的老路，無心之間，得大成功。

◆金剛禪獅子吼

金剛禪獅子吼也是一種與佛法有關的高明內功，使用起來威力極大，重則可使人神經錯亂，輕則可使人昏迷不醒。

《倚天屠龍記》中，謝遜以金剛禪獅子吼使一干人神經錯亂，吃盡苦頭。

施展金剛禪獅子吼絕技時，謝遜張開大口，縱聲長嘯，張翠山殷素素兩人雖然被塞住耳朵聽不見聲音，但也是不約而同的身子一震，而其他人則是無法抵抗。只見天鷹教、巨鯨幫、海沙派、神拳門眾人一個個張口結舌，臉現錯愕之色；跟著臉色變成痛苦難當，宛似全身在遭受苦刑；又過片刻，一個個先後倒地，不住扭曲滾動。

這些人經謝遜一嘯，盡數暈去，性命是可以保住的，但醒過來後神經錯亂，成了瘋子，再也想不起，說不出已往之事。

在《笑傲江湖》中，方證大師是得道高僧，只是運起了金剛禪獅子吼內功，對準了桃谷六仙噴去，便使得桃谷六仙昏迷不醒。

◆破衲功

「破衲功」是少林內功中的一種，《鹿鼎記》中，晦聰方丈曾使用過這種武功。

書中寫到，晦聰方丈右手袖子輕輕拂出，擋在葛爾丹之前。葛爾丹一股猛勁和他衣袖一撞，只覺胸口氣血翻湧，便如撞在一堵棉花作面，鋼鐵為裡的厚牆上一般，身不由主的急退三步，待欲使勁站住，竟然立不住足，又退了三步，其時撞來之力已然消失，可是霎時之間，自己全身道行竟也無影無蹤，大駭之下，雙膝一軟，便即坐倒，只覺屁股碰到硬板，竟已回坐入自己原來的椅子。

晦聰方丈袍袖這一拂之力，輕柔渾和，絕無半分霸氣，於對方撞來的力道，頃刻間便估量得準確異常，剛好將他彈回原椅，力道用得稍重，葛爾丹勢必會坐裂木椅，向後摔跌，力道用得略輕，他未到椅子，便已坐倒，不免坐在地下。

晦聰方丈這輕輕一拂之中，孕育了武學絕詣，不能不讓人忍不住喝起彩來。

◆金剛護體神功

金剛護體神功是少林派內功最高境界之一。

金剛護體神功練到登峰造極之時，周身有一層無形罡氣，敵人襲來的兵刃暗器尚未及身，已給震開。

這種高深內功，近似於傳說。

◆羅漢伏魔神功

「羅漢伏魔神功」，見於《俠客行》一書。

「羅漢伏魔神功」雖是少林派功夫，卻被石破天無意中得到。石破天天性仁厚，見大悲老人被人圍攻，竟敢打抱不平，最後雖未救出大悲老人，大悲老人臨終前，卻將自己視為寶貝的十八泥人羅漢相贈。

十八羅漢中，有一十二個泥人身上分別繪的是手太陰肺經、手陽明大腸經、足陽明胃經、足太陰脾經、手少陰心經、手太陽肝經，那是正經十二脈；另外六個泥人身上繪的是任脈、督脈、陰維、陽維、陰蹻、陽蹻六脈；奇經八脈中最是繁複難明的沖脈、帶脈兩路經脈卻付之闕如，這十八羅漢泥人身上所繪的只是少林入門內功。

謝煙客為了要害石破天，卻一味叫他按照十八羅漢泥人身上所繪修習少陰、厥陰、太陰、陰維、陰蹻的諸路經脈，所有少陽、陽明等經脈卻一概不授。數年下來，石破天體內陰氣大盛而陽氣極衰，陰寒積蓄，已然凶險之極，只要內息稍有走岔，立時無救。自來修習內功，不論是為了強身治病，還是為了作為上乘武功的根基，必當水火互濟，陰陽相配，練了「足少陰腎經」之後，便當練「足少陽膽經」，少陰少陽融會調和，體力便逐步增強，否則便會走火入魔。可石破天渾渾噩噩，於世務全然不知，心無雜念，這才沒踏入走火入魔之途。

謝煙客見石破天如此，又使出一計，只教他練九陽諸脈，卻不教他陰陽調合的法子。這次卻不是自少陽、陽明、太陽、陽蹻的循序漸進，而是從次難的「陽蹻脈」起始。至於陰陽兼通的任督兩脈，卻非那少年此時的功力所能練，抑且也與他原意不符，便置之不理。

其時石破天依著謝煙客所授的法門修習，只覺手陽明大腸經、足陽明胃經、手太陽小腸經、足太陽膀胱經、手少陽三焦經、足少陽膽經六處經脈中熱氣鬥盛，竟是難以抑制，而在此時，各處太陰、少陰、厥陰的經脈之中卻又陡如寒冰侵蝕。熱的極熱而寒的至寒，兩者不能交融。石破天數年勤練，功力大進，到了這日午時，除了沖脈、帶脈兩脈之外，八陰八陽的經脈突然間相互激烈衝撞起來。他撐持不到大半個時辰，便即昏迷過去，此後始終昏昏沉沉，一時似乎全身在火爐中烘焙，汗出如漿，口乾唇焦，一時又似墜入了冰窖，周身血液都似凝結成冰。

石破天體內寒熱內外交攻，難過之極，碰巧長樂幫香主展飛將他誤認為石中玉，一掌打在他膻中穴上。那膻中穴乃人身氣海，展飛掌力奇勁，時刻又湊得極巧，一掌擊到，剛好將他八陰經脈與八陽經脈中所練成的陰陽勁力打成一片，水乳交融，再無寒息和炎息之分。當時他內力突然之間增強，以至將展飛震出窗外，心中全然不知，但覺體內徹骨之寒變成一片清涼，如烤如焙的炎熱化成融融陽和，四肢百骸間說不出的舒服，又過半晌，連清涼、暖和之感也已不覺，只是全身精力瀰漫。他一口噴出了體內鬱積的瘀血，登時神氣清爽，不但體力旺盛，連腦子也加倍靈敏起來。

謝煙客居心險毒，將上乘內功顛倒了次序傳授，只待石破天火候到時，陰陽交攻，死得慘酷無比，便算不得是自己「以一指之力相加」破了自己答應不害持有玄鐵令之人的誓言。而石破天修習數年，果然陰陽交迫，本來非死不可，說來也真湊巧，恰好長樂幫「妙手回春」貝海石在旁。貝大夫既精醫道，又內力深湛，替他護住了心脈，暫且保住了一口氣息。來到長樂幫總舵後，丁璫又前來探訪，盜得了武林中珍奇之極的「玄冰碧火酒」相餵，壓住了他體內陰陽二息的交拚，但這藥酒性子猛烈，更增他內息力道。展飛在他「膻中穴」上一擊，硬生生的逼得他內息龍虎交會，又震得他吐出丹田內鬱積的毒血，水火既濟，這兩門純陰純陽的內功非但不再損及石破天的身子，反而化成了一門亙古以來從未有的古怪內力。

自來武功中練功，如此險徑，從未有人膽敢想到。縱令謝煙客忽然心生悔意，貝海石一心要救他性命，也決計不敢以剛猛掌力震動石破天心口。但石破天這古怪內力是誤打誤撞而得，畢竟不按理路，這時也未全然融會，偶爾在體內胡衝亂闖，又激得他氣血翻湧，一時似欲嘔吐，一時又想跳躍，難以定心。其中緣由，石破天自是一無所知。本來已是糊裡糊塗的如在夢境，這時更似夢中有夢。是真是幻，再也摸不著半點頭腦。

石破天神功初成，既不會收勁內斂，亦不知自己力大，當他再次把玩十八泥人羅漢之時，就如平時這般輕輕一捏，刷刷刷幾聲，裹在泥人外面的粉飾、油彩和泥底居然就紛紛掉落。石破天心感可惜，卻見泥粉褪落處裡面又有一層油漆的木面。索性再將泥粉剝落一些，裡面依稀現出人形，當下將泥人身上泥粉盡數剝去，露出一個裸體的木偶來。木偶身上油著一層桐油，繪滿了黑線，卻無穴道位置。木偶刻工精巧，面目栩栩如生，張嘴作大笑之狀，雙手捧腹，神態滑稽之極，相貌和本來的泥人截然不同。當下石破天將每個泥人身外的泥粉油彩逐一剝落。果然每個泥人內都藏有一個木偶，神情或喜悅不禁，或痛哭流淚，或裂嘴大怒，或慈和可親，無一相同。木偶身上的運功線路，與泥人身上所繪全然有異。

石破天見這些木偶如此有趣，就照他們身上的線路練著好玩。當下盤膝坐定，將微笑的木偶放在面前几上，丹田中微微運氣，便有一股暖洋洋的內息緩緩上升，他依著木偶身上所繪線路，引導內息通向各處穴道。

原來這些木偶身上所繪，是少林派前輩神僧所創的一套「羅漢伏魔神功」。每個木偶是一尊羅漢。這門神功集佛家內功之大成，深奧精微之極。單是第一步攝心歸元，須得摒絕一切俗慮雜念，十萬人中便未必有一人能做到。聰明伶俐之人總是思慮繁多，但若資質魯鈍，又弄不清其中千頭萬緒的諸種變化。

當年創擬這套神功的高僧深知世間罕有聰明、純樸兩兼其美的才士。空門中雖然頗有根器既利、又已修到不染於物欲的僧侶，但如去修練這門神功，勢不免全心全意的「著於武功」，成為實證佛道的大障。佛法稱「貪、嗔、癡」為三毒，貪財貪色固是貪，耽於禪悅、武功亦是貪。因此在木羅漢外敷以泥粉，塗以油彩，繪上了少林正宗的內功入門之道，以免後世之人見到木羅漢後不自量力的妄加修習，枉自送了性命，或者離開了佛法正道。

大悲老人知道這一十八個泥人是武林異寶，花盡心血方始到手，但眼見泥人身上所繪的內功法門平平無奇，雖經窮年累月的鑽研，也找不到有甚寶貴之處。他既認定這是異寶，自然小心翼翼，不敢有半點損毀，可是泥人不損，木羅漢不現，一直至死也不明其中秘奧的所在。其實豈止大悲老人而已，自那位少林僧以降，這套泥人已在十一個人手中流轉過，個個戰戰兢兢，對十八個泥人周全保護，思索推敲，盡屬徒勞。這十一人都是遺恨而終，將心中一個大疑團帶入了黃土之中。

石破天天資聰穎，年紀又輕，一生居於深山，世務一概不通，非純樸不可，恰好合適。也幸好他清醒之後的當天，便即發現了神功秘要。否則幫主做得久了，耳濡目染，無非娛人聲色，所作所為，盡是兇殺爭奪，縱然天性良善，出淤泥而不染，但心中思慮必多，那時再見到這一十八尊木羅漢，練這神功便非但無益，且是大大的有害了。

石破天體內水火相濟，陰陽調合，內力已十分深厚，將這股內力依照木羅漢身上線路運行，一切窒滯處無不豁然而解。照著線路運行三遍，然後閉起眼睛，不看木偶而運功，只覺舒暢之極，又換了一個木偶練功。他全心全意的沉浸其中，練完一個木偶，又是一個，於外界事物，全然的不聞不見，從天明到中午，從中午到黃昏，又從黃昏到次日天明。待得他練完了十八尊木羅漢身上所繪的伏魔神功，已是第三日晨光熹微。他長長的舒了口氣，將木偶放入盒中，合上盒蓋，只覺神清氣爽，內力運轉，無不如意，卻不知武林中一門稀世得見的「羅漢伏魔神功」已是初步小成。本來練到這境界，少則五六年，多則數十年，決無一日一夜間便一蹴可至之理。只是石破天體內陰陽二氣自然融合，根基早已培好，有如上游萬頃大湖早積蓄了汪洋巨浸，這「羅漢伏魔神功」只不過將之導入正流而已。正所謂「水到渠成」，他數年來苦練純陰純陽內力乃是儲水，此刻則是「渠成」了。

如此種種機緣，石破天終於成功練成了「羅漢伏魔神功」。

◆袈裟伏魔功

「袈裟伏魔功」純是一種內功，以袈裟佛物，將身邊所有的氣流鼓動，用以傷人或者自保。「袈裟伏魔功」練到極致時，瀟灑自在，可以口中談笑，揚袍發功，又不會洩露真氣。

◆其他

少林派絕技的內功還有「心意混元功」、「鐵布衫」等。

【二】逆練心經

小龍女受全真五子和金輪法王的雙重夾擊，命在旦夕，楊過想起古墓中有寒玉床，歐陽鋒曾教他全身經脈逆行，而玉女心經順行乃至陰，逆行即為純陽，正可救得小龍女。

楊過將最初步的經脈逆行之法傳授小龍女，將小龍女扶上寒玉床，伸出左手，和小龍女右掌對按，引導熱氣強沖小龍女各處穴道，小龍女勉力使內息逆行，沖開一處穴道便是一處，待熱氣回到寒玉床上，傷勢便減了一分。

這經脈逆行和寒玉床相輔相成的療傷怪法，果然大有功效。當年一燈大師以一陽指神功替黃蓉打通周身穴道，治癒重傷，道理原是一般，只是使一陽指療傷內力耗損極大，見功卻是甚快，楊過這怪法子卻不免多費時日。再者，即令是絲毫不會武功的嬰兒受了重傷，精通一陽指神功之人也能以本身渾厚內力助其打通玄關，起死回生。但小龍女如無深湛的內功根基，而所學與楊過又非同一門派，縱然歐陽鋒復生，黃藥師親至，施治者和受治者的精微內息不能絲絲合拍，也絕不能一一沖破逆通經脈的無數難關。

小龍女全身三十六處大穴盡數沖開，快則十日，慢須半月。本來這麼多的時日之中，免不了有外物分心，但這古墓與塵世隔絕，當真是天下最好不過之地。

楊過極少離開小龍女身邊，遇到逆沖大穴，有時一連四五個時辰兩人手掌不能分離。當時郭靖受傷，黃蓉以七日七夜之功助他療傷，小龍女體質既遠不如郭靖壯健，受的傷又倍重之，卻不若郭靖當年療傷牛家村時那般敵友紛至，干擾層出不窮。

連日小龍女坐在寒玉床上，依著楊過所授的逆沖經脈之法，逐一打通周身三十六處大穴。這時兩人正在以內息衝激小龍女任脈的「膻中」穴。此穴正當胸口，在「玉堂」穴之下一寸六分，古醫經中名之曰「氣海」，為人身諸氣所屬之處，最是要緊不過。

小龍女但覺頸下「紫宮」、「華蓋」、「玉堂」三穴中熱氣充溢，不住要向下流動，同時寒玉床上的寒氣也漸漸凝聚在臍上「鳩尾」、「中庭」穴中，要將頸口的一股熱氣拉將下來。只是熱氣沖到「膻中穴」處便給撞回，無法通過。她心知只要這股熱氣一過膻中，任脈暢通，身受的重傷十成中便好了八成，只是火候未到，半點勉強不得。她性子向來不急，古墓中日月正長，今日不通，留待明日又有何妨？因此綿綿密密，若斷若續，殊無半點躁意，正和了內家高手的運氣法要。

李莫愁在這時來到，楊過使計將李莫愁內力傳到了小龍女身上，小龍女驀地裡得了一個強助，只覺一股大力沖過來，「膻中穴」豁然而通，胸口熱氣直至丹田，精神大振。

寒玉床是由上古寒玉製成，實修習上乘內功的良助。林朝英花了七年心血，到極北苦寒之地，在數百丈堅冰之下挖出來的寒玉，製成了這張寒玉床。睡在這玉床上練內功，一年抵得上平常修練的十年。初時睡在上面，覺得奇寒難熬，只得運全身功力與之相抗，久而久之，習慣成自然，縱在睡夢之中也是練功不輟。常人練功，就算是最勤奮之人，每日總須有幾個時辰睡覺。要知道練功是逆天而行之事，氣血運轉，均與常時不同，但每晚睡將下來，睡夢中非但不耗白日之功，反而更增功力。

寒玉勝過冰雪之寒數倍。這寒玉床另有一個好處，就是大凡修練內功，最忌的是走火入魔，是以平時練功，倒有一半的精神用來和心火相抗。這寒玉乃天下至陰至寒之物，修道人坐臥其上，心火自清，因此練功時盡可勇猛精進，可比常人練功又快了一倍。

【三】楊過嘯聲

楊過嘯聲是一門以高明內功為基礎的極厲害武功，與少林獅子吼有異曲同工之妙。這套武功，是楊過隨著神鵰在海潮狂濤之中練功而成，因此使將出來，有排山倒海、雷霆萬鈞、摧枯拉朽的大場面，大氣勢。

《神鵰俠侶》中，楊過以嘯聲發威，給瑛姑顏色看，其功力的霸道，連一燈大師都感佩服：

這嘯聲初時清亮明澈，漸漸的越嘯越響，有如雷聲隱隱，突然間忽喇喇、轟隆隆一聲急響，正如半空中猛起個焦雷霹靂。郭襄耳中雖已塞了布片，仍然給響聲震得心魂不定，花容失色。那忽喇喇、轟隆隆霹靂般的聲音一陣響似一陣，郭襄好似人在曠野，一個個焦雷在她身畔追打，心頭說不出的惶恐驚懼，只盼楊過的嘯聲趕快止歇，但焦雷陣陣，盡響個不停，突然間雷聲中又夾著狂風之聲。

郭襄喚道：「我受不住啦！」但她的喊聲全被楊過的呼嘯掩沒，連自己也聽不到半點，只覺魂飛魄散，似乎全身的骨骼都要被嘯聲震鬆。便在此時，一燈伸手過來，握住了她的手掌。郭襄定了定神，覺得有一股暖氣從一燈的手掌中傳了過來，知他是以內力助己鎮定，於是閉目垂首，暗自運功，耳邊嘯聲雖然仍然如千軍萬馬般奔騰洶湧，卻不如適才那般令人心驚肉跳。

楊過縱聲長嘯，過了一頓飯時分，非但沒絲毫衰竭之象，反而氣功愈來愈壯。一燈聽得也不禁暗自佩服，雖覺他嘯聲過於霸道，使的不是純陽正氣，但自己當日盛年之時，卻也無這等充沛的內力，此時年老力衰，自更不如；心想這位楊賢侄內力之剛猛強韌，實非當世任何高手所能及，不知他如何練來。楊過隨著神鵰在海潮狂濤之中練功，一燈並不知情。

【四】全真內功

《射鵰英雄傳》中馬鈺和江南六怪在崖頂布疑陣，想要嚇退梅超風。此一段涉及不少全真內功心法。

朱聰假扮邱處機，先念了四句「思定則情忘，體虛則氣運，心死則神活，陽盛則陰消。」歌訣，然後向馬鈺請教「金關玉鎖二十四訣」。馬鈺會意，知道朱聰是要他立顯功夫以折服梅超風，當即說道：「我雖為諸同門之長，但資質愚魯，怎及得上諸位師弟？師父所傳心法，說來慚愧，我所能領會到的實是十中不到一二。」一字一語的說來，中氣充沛之極，聲音遠遠傳送出去。他說話平和謙沖，但每一個字都震得山谷鳴響，最後一句話未說完，第一句話的回聲已遠遠傳來，夾著崖頂風聲，真如龍吟虎嘯一般。

後來梅超風也向郭靖詢問了許多全真內功心法的秘密。其中談到，「鉛汞謹收藏」解為：「鉛體沉墜，以比腎水；汞性流動，而擬心火。」「鉛汞謹收藏」就是說當固腎水，息心火，修息靜功方得有成。

梅超風問修練內功時姿勢怎樣？郭靖道：「盤膝而坐，五心向天。」梅超風道：「甚麼是五心向天？」郭靖道：「雙手掌心、雙足掌心、頭頂心，是為五心。」梅超風大喜，又問「甚麼叫做攢簇五行？」郭靖道：「東魂之木、西魄之金、南神之火、北精之水、中意之土。」梅超風又問：「甚麼叫做和合四象？」郭靖道：「藏眼神。凝耳韻、調鼻息、緘舌氣。」「甚麼叫五氣朝元？」郭靖道：「眼不視而魂在肝、耳不聞而精在腎、舌不吟而神在心、鼻不香而魄在肺、四肢不動而意在脾，是為五氣朝元。」「何為三花聚頂？」她練功走火，關鍵正在此處，是以問了這句話後，凝神傾聽。郭靖道：「精化為氣、氣化為神……」「三花聚頂是精化為氣，氣化為神，神化為虛。」

梅超風探詢到一些全真內功的機密精要，雖然是一知半解，但還是能排疑解惑，讓她收益匪淺。

【五】六脈神劍

六脈神劍乃大理國天龍寺鎮寺之寶。

六脈神劍，並非真劍，乃是以一陽指的指力化作劍氣，有質無形，可稱無形氣劍。

所謂六脈，即手之六脈太陰肺經、厥陰心包經、少陰心經、太陽小腸經、陽明胃經、少陽三焦經。

六脈神劍的本意，該是一人同使六脈劍氣，但在《天龍八部》中，當此末世，武學衰微，大理國天龍寺已無人能修聚到如此強勁渾厚的內力，只好六人分使六脈劍氣。天龍寺師叔枯榮專練拇指少商劍，本因專練食指商陽劍，本觀師史練中指中沖劍，本塵師弟練無名指關沖劍，本相師兄練小指少沖劍，本參師弟練左手小指少澤劍。

段譽得伯父段正明攜帶到天龍寺求治體內膨脹的內力，正逢天龍寺遭遇強敵，不知無意之間已窺上乘內功的法要。一開始他產生了感應，覺得一股氣流在手臂中這麼流來流去，隨心所欲，甚是好玩。他覺以本相大師最是隨和可親，便去看本相大師正在修煉的「手少陰心經脈圖」。只見圖中這路經脈起自腋下的極泉穴，循肘上三寸至青靈穴，至肘內陷後的少海穴，經靈道、通里、神門、少府諸穴，通至小指的少沖穴。段譽如此緩緩存想，一股真氣果然便循著經脈路線運行，只是快慢洪纖，未能盡如意旨，有時甚靈，有時卻全然不行，料想是功力未到之故，卻也不在意下。只半日工夫，段譽已將六張圖形上所繪的各處穴道盡都通過。只覺精神爽利，左右無事，又逐一去看少商、商陽、中沖、關沖、少沖、少澤六路劍法的圖形。但見紅線黑線，縱橫交錯，頭緒紛繁之極。

凡人五指之中，無名指最為笨拙，食指則最是靈活，因此關沖劍以拙滯古樸取勝，商陽劍法卻巧妙活潑，難以捉摸。少沖劍法與少澤劍法同以小指運使，但一為右手小指，一為左手小指，劍法上便也有工、拙、捷、緩之分。但「拙」並非不佳，「緩」也並不減少威力，只是奇正有別而已。

世上任何技藝學問，決無會深不會淺、會難不會易之理，段譽的武功卻是例外。由於諸般機緣巧合，段譽學會了六脈神劍這門最高深的武功，尋常的拳腳兵刃功夫卻全然不會，因此他用六脈神劍打退鳩摩智，卻被鳩摩智用平常的拳術擒住。

六脈神劍還有一個用處，就是喝酒時可以作弊。段譽和蕭峰喝酒時，未喝第三碗酒時，已感煩惡欲嘔，待得又是半斤烈酒灌入腹中，五臟六腑似乎都欲翻轉。他緊緊閉口，不讓腹中酒水嘔將出來，突然間丹田中一動，一股真氣沖將上來，只覺此刻體內的翻攪激蕩，便和當日真氣無法收納之時的情景極為相似，當即依著段正明所授的法門，將那股真氣納向大椎穴。體內酒氣翻湧，竟與真氣相混，這酒水是有形有質之物，不似真氣內力可在穴道中安居。他卻也任其自然，讓這真氣由天宗穴而肩貞穴，再經左手手臂上的小海、支正、養老諸穴而通至手掌上的陽谷、後谿、前谷諸穴，由小指的少澤穴中傾瀉而出。他這時所運的真氣線路，便是六脈神劍中的「少澤劍」。少澤劍本來是一股有勁無形的劍氣，這時他小指之中，卻有一道酒水緩緩流出。

段譽的六脈神劍時有時無，還不能隨心所欲，只有在緊急時才能發揮得出來。段譽的武功，除逃命絕招凌波微步之外，絕世難敵的六脈神劍卻是時好時壞，時有時無，無奈不能得心應手。只有當慕容復傷了他老父之時，他才心中氣苦，靈感畢至，將六脈神劍使用得天花亂墜，如有神助。

慕容復作人不留餘地，自討苦吃，剛才要逼著段譽給他磕頭，此時卻自己要磕頭也來不及了。六脈神劍劍氣縱橫，逼得慕容復左支右拙，窘迫已極。六脈神劍的厲害，這時才真正得以體現。

六脈神劍之一的少沖劍中有一招叫「分花拂柳」。

【六】北冥神功

逍遙派的武功，以積蓄內力為第一要義。內力既厚，天下武功無不為我所用，猶之北冥，大舟小舟無不載，大魚小魚無不容。因此內力為本，招數反而是次要的。

「北冥神功」是一種比較香豔的武功，段譽無意中闖進無量山無量洞中，得「北冥神功」。帛卷上赫然出現一個橫臥的裸女畫像，全身一絲不掛，但見畫中裸女嫣然微笑，眉梢眼角，唇邊頰上，盡是妖媚。看那裸女身子時，只見有一條綠色細線起自左肩，橫至頸下，斜行而至右乳。段譽看到畫中裸女椒乳墳起，心中大動，急忙閉眼，過了良久才睜眼再看，見綠線通至腋下，延至右臂，經手腕至右手大拇指而止。另一條綠線卻是至頸口向下延伸，經肚腹不住向下，至離肚臍數分處而止。段譽對這條綠線不敢多看，凝目看手臂上那條綠線時，見線旁以細字注滿了「雲門」、「中府」、「天府」、「俠白」、「尺澤」、「孔最」、「列缺」、「經渠」、「大淵」、「魚際」等字樣，至拇指的「少商」而止。

「北冥神功」又道：「北冥神功係引世人之內力而為我有。北冥大水，非由自生。語云：百川匯海，大海之水以容百川而得。汪洋巨浸，端在積聚。此『手太陰肺經』為北冥神功之第一課。」最後寫道：「世人練功，皆自雲門而至少商，我逍遙派則反其道而行之，自少商而至雲門，拇指與人相接，彼之內力即入我身，貯於雲門等諸穴。然敵之內力若勝於我，則海水倒灌而入江河，凶險莫甚，慎之，慎之。本派旁支，未窺要道，惟能消敵內力，不能引而為我用，猶日取千金而復棄之於地，暴殄珍物，殊可哂也。」

北冥神功長卷上源源皆是裸女畫像，或立或臥，或現前胸，或見後背，人像的面容都是一般，但或喜或愁，或含情凝眸，或輕嗔薄怒，神情各異。一共有三十六幅圖像，每幅像上均有顏色細線，注明穴道部位及練功法訣。練習北冥神功，適與各家各派之內功逆其道而行，是以凡曾修習內功之人，務須盡忘己學，專心修習新功，若有絲毫混雜岔亂，則兩功互沖，立時顛狂嘔血，諸脈俱廢，最是凶險不過。

段譽從未練過內功，於這最艱難的一關竟可全然不加措意，倒也方便。只小半個時辰，便已依照圖中所示，將「手太陰肺經」的經脈穴道存想無誤，只是身上內息全無，自也無法運息通行經脈。跟著便練「任脈」，此脈起於肛門與下陰之間的「會陰穴」，自曲骨、中極、關元、石門諸穴直通而上，經腹、胸、喉，而至口中下齒縫間的「斷基穴」。任脈穴位甚多，紅脈走勢卻是筆直一條，十分簡易，段譽頃刻間便記住了諸穴的位置名稱，伸手在自己身上一個穴道、一個穴道的摸過去。此脈仍是逆練，由斷基、承漿、廉泉、天突一路向下至會陰而止。

圖中言道：「手太陰肺經暨任脈，乃北冥神功根基，其中拇指之少商穴，及兩乳間之膻中穴，尤為要中之要，前者取後者。人有四海：胃者水穀之海，沖脈者十二經之海，膻中者氣之海，腦者髓之海是也。食水穀而儲於胃，嬰兒生而即能，不待練也。以少商取人內力而儲之於我氣海，惟逍遙派正宗北冥神功能之。人食水穀，不過一日，盡泄諸外。我取人內力，則取一分，儲一分，不泄無盡，愈厚，猶北冥天池之巨浸，可浮千里之鯤。」

段譽知這門功夫純係損人利己，將別人辛辛苦苦練成的內力，取來積儲於自身，豈不是如同食人之血肉？又如盤剝重利，搜刮旁人錢財而據為己有？但不練是不成的了，決定此生決不取人內力。可事與願違，段譽的北冥神功不但吸入了許多人的內力，而且常被人認為是星宿派的「化功大法」。

虛竹體內有北冥神功，來得卻較簡單。虛竹無意中解了珍瓏棋局，被無崖子化去本身尚淺的內力，注入了無崖子七十多年的北冥神功。不但因此當上了逍遙派掌門，也被少林寺逐出山門，得享豔福。

【七】以彼之道，還施彼身

「以彼之道，還施彼身」是姑蘇慕容家最拿手的絕技，乃是一門借力打力之技，叫做「斗轉星移」。

外人不知底細，見到慕容氏神乎其技，凡在致人死命之時，總是以對方的成名絕技加諸其身，以為天下各門各派的絕技，姑蘇慕容氏無一不會，無一不精。其實武林中絕技千千萬萬，任他如何聰明淵博，絕難將每一項絕技都學會了，何況既是絕技，自非朝夕之功所能練成。但慕容氏有了這一門巧妙無比的「斗轉星移」之術，不論對方施出何種功夫來，都能將之轉移力道，反擊到對方自身。善於「鎖喉槍」的，挺槍去刺慕容復咽喉，給他「斗轉星移」一轉，這一槍便刺入了自己咽喉，而所用勁力法門，全是出於他本門的秘傳訣竅；善用「斷臂刀」的，揮刀砍出，卻砍上了自己手臂。兵器便是這件兵器，招數便是這記招數。只要不是親眼目睹慕容氏施這「斗轉星移」之術，那就誰也猜想不到這些人所以喪命，其實都是出於「自殺」。出手的人武功越高，死法越是巧妙。

慕容氏若非單打獨鬥，若不是有把握定能致敵死命，這「斗轉星移」的功夫便決不使用，是以姑蘇慕容氏名震江湖，真正的功夫所在，卻是誰也不知。將對手的兵刃拳腳轉換方向，令對手自作自受，其中道理，全在「反彈」兩字。便如有人一拳打在石牆之上，出手越重，拳頭上所受的力道越大，輕重強弱，不差分毫。只不過轉換有形的兵刃拳腳尚易，轉換無形無質的內力氣功，那就極難。

慕容復在這門功夫上雖然修練多年，究竟限於年歲，未能達到登峰造極之境，遇到丁春秋這等第一流的高手，他自知無法以「斗轉星移」之術反撥回去傷害對方，是以連使三次「斗轉星移」，受到打擊的倒楣傢伙卻都是星宿派弟子。他轉是轉了，移也移了，不過是轉移到了第三者身上。

【八】乾坤大挪移

乾坤大挪移是明教歷代相傳的一門最厲害的武功，其根本道理也並不如何奧妙，只不過先要激發自身潛力，然後牽引挪移，但其中變化神奇，卻是匪夷所思。

乾坤大挪移的主旨，乃在顛倒一剛一柔、一陰一陽的乾坤二氣，臉上現出青色紅色，便是體內血液沉降、真氣變換之象。據說練至第六層時，全身都能忽紅忽青，但到第七層時，陰陽二氣就能轉換於不知不覺之間，外形上便半點也看不出來了。

乾坤大挪移的心法，實則是運勁用力的一項極巧妙的法門，根本的道理，在於發揮每個人本身所蓄有的潛力，每個人體內潛藏的力量本來是非常龐大的，只是平時使不出來，但每逢緊急關心，往往平常一個手無縛雞之力的弱者能負千斤。

乾坤大挪移的第一層心法，都是運氣導行、移宮使勁的法門，悟性高者七年可成，差一點的十四年才能練成。張無忌因此身上有九陽真經相助，只在片刻之間就練成了。

乾坤大挪移第二層心法練習時只覺十根手指之中有絲絲冷氣射出。第二層心法注明，悟性高者七年可成，次者十四年可成，如練至二十一年還無進展者，則不可再練第三層，以防走火入魔。

張無忌練乾坤大挪移心法時，邊讀邊練，半邊臉脹得血紅，半邊臉卻發青，但卻雙眼精光炯炯，第三、四層很快就練成了。練第五層時，臉上忽青忽紅，臉上青時身子微顫，如墮寒冰，臉上紅時額頭汗如雨下，雖然不知其義，但片刻之間又將第五層練成了。張無忌練成第五層之後，只覺全身精神力氣無不指揮如意，欲發即發，欲收即收，一切全憑心意所至，周身百骸，十分舒服，接著第六層用了一個多時辰也練好了。

乾坤大挪移的第七層心法，又比第六層深了數倍，一時之間難以理解，自此而下，阻礙重重，直到篇末，共有十九句未能練成。張無忌澤心仁厚，雖有十九句未練成，卻不以為意，並沒有強練，反而因此躲過一劫。

原來當年創制乾坤大挪移的那位高人，內力雖強，卻也未到九陽真經的那一步，只練到了第六層。他所寫的第七層心法，自己也未練成，只不過是憑著聰明，縱其想像，力求變化而已。張無忌所練不通的那十九句，正是那位高人平空想像出來的，似是而非，已然誤入歧途。要是張無忌存著求全之心，非要練到盡善盡美為止，那麼最後關頭便會走火入魔，不是瘋癲癡呆，便是全身癱瘓，甚至自絕經脈而亡。

除了張無忌，魔教歷代教主中，第八代教主武功最高，據說能將乾坤大挪移練到了第五層，但在練成的當天，便走火入魔而死。

《倚天屠龍記》中的教主陽頂天能於瞬息間變臉三次，練到了第四層。楊逍得陽頂天指點，練了十多年，也只練到了第二層，再練下去，便全身真氣如欲破腦而出一樣，無論如何，總是無法克制。

《倚天屠龍記》中的乾坤大挪移心法和《天龍八部》中的「以彼之道，還施彼身」的武功有異曲同工之處。

乾坤大挪移心法，本是波斯明教的護教神功，但這門奇妙的武功卻不是常人所能修習。波斯明教的教主規定又須由處女擔任，千百年間接連出了幾個庸庸碌碌的女教主，心法傳下來的便十分有限，反倒是中土明教尚留得全份。

波斯明教後來又以不到一成的舊傳乾坤大挪移武功，和兩三成新得的聖火令武功相結合，變出一門古怪奇詭的功夫出來。

【九】 凌波微步

段譽不愛學武，可見到了凌波微步，覺得比念經讀書還要好玩，因此將這門逃跑的武功練得極熟。

「凌波微步」出典於《洛神賦》中：「凌波微步，羅襪生塵……轉盼流精，光潤玉顏。含辭未吐，氣若幽蘭。華容婀娜，令我忘餐。穠纖得衷，修短合度，肩若削成，腰如紅素，延頸秀項，皓質呈露，芳澤無加，鉛華弗禦。雲髻峨峨，修眉連娟。丹唇外朗，皓齒內鮮。明眸善睞，輔靨承權。環姿豔逸，儀靜體閑。柔情綽態，媚於語言……皎若太陽升朝霞，灼若芙蓉出綠波」。

凌波微步乃是一門極上乘的武功，所以列於北冥神功卷軸之末，原是要待人練成「北冥神功」，吸人內力，自身內力已頗為深厚之後再練。

段譽不知，見卷軸上既繪明步法，又詳注易經六十四卦的方位，他熟習易經，學起來自不為難。段譽全無內功根基，走一步，想一想，退一步，又停頓片刻，血脈有緩息的餘裕，自無阻礙。他想熟之後，突然一氣呵成的走將起來，體內經脈錯亂，登時癱瘓，幾乎走火入魔。幸好他沒跨得幾步，步子又不如何迅速，總算沒到絕經斷脈的危境。他驚慌之中，出力掙扎，但越使力，胸腹間越難過，似欲嘔吐，卻又嘔吐不出。他長歎一聲，只有不動，這一任其自然，煩惡之感反而漸消。當下便這麼一動不動的伏在桌上，眼見那個卷軸兀自展在面前，百無聊賴之中，再看卷上未學過的步法，心中虛擬腳步，一步步的想下去。大半個時辰後，已想通了二十餘步，胸口煩惡之感竟然大減。但有時卷軸上步法甚怪，走了上一步後，無法接到下一步，直至想到須得憑空轉一個身，這才極巧妙自然的接上了；有時則須躍前縱後、左竄右閃，方合於卷上的步法。他書呆子的勁道一發，遇到難題便苦苦鑽研，一得悟解，樂趣之大，實是難以言宣，不禁覺得：「武學之中，原來也有這般無窮樂趣，實不下於讀書念經。」

段譽將所有步法已盡數想通，心下默念，將卷軸上所繪的六十四卦步法，從「明夷」起始，經「賁」、「既濟」、「家人」，一共踏遍六十四卦，恰好走了一個大圈而至「無妄」，自知全套步法已然學會。原來他內息不知不覺的隨著思念運轉，也走了一個大圈，膠結的經脈便此解開。他又驚又喜，將這六十四卦的步法翻來覆去的又記了幾遍，生怕重蹈覆轍，極緩慢的一步步跳出，踏一步，呼吸幾下，待得六十四卦踏遍，腳步成圓，只感神清氣爽，全身精力瀰漫。

段譽將凌波微步已走得頗為純熟，不須再數呼吸，縱然疾行，氣息也已無所窒滯。心意既暢，跨步時漸漸想到《洛神賦》中那些與「凌波微步」有關的句子：「彷彿兮若輕雲之蔽月，飄飄兮若流風之回雪」，「忽焉縱體，以遨以嬉」，「神光離合，乍陰乍陽」，「竦輕軀以鶴立，若將飛而未翔」，「體迅飛鳧，飄忽若神」，「動無常則，若危若安。進止難期，若往若還」。尤其最後這十六個字，似乎更是這套步法的要旨所在，只是心中雖然領悟，腳步中要做到「動無常則，若危若安，進止難期，若往若還」，可不知要花多少功夫的苦練，何年何月方能臻此境地了。

凌波微步和韋小寶學神行百變輕功一樣，同樣是逃跑的功夫，韋小寶是為了保命，學得認真，段譽開始學凌波微步是和韋小寶有相同的目的，最後卻成了救王語嫣的利器。

【十】八荒六合唯我獨尊功

八荒六合唯我獨尊功是靈鷲宮至高無上的武功，須以最上乘的內功為根基，方能修練。八荒六合唯我獨尊功威力奇大，卻有一個不方便之處，那便是每三十年，便需要返老還童一次。

天山童姥自六歲起練這功夫，三十六歲返老還童，花了三十天時光。六十六歲返老還童，那一次用了六十天。九十六歲，再次返老還童，便得有九十天時光，方能回復功力。八荒六合唯我獨尊功雖然威力很大，但是有一個缺點，就是每次返老還童之際，功力全然喪失，復功修練一日後回復到七歲時的功力，第二日回復到八歲之時，第三日回復到九歲，每一日便是一年，而且每日午時須得吸飲生血，方能練功。

八荒六合唯我獨尊功在金庸武俠小說作品中，只有天山童姥練習過。她練功時盤膝坐下，右手食指指天，左手食指指地，口中嘿的一聲，鼻孔中噴出了兩條淡淡白氣，吐出來的白氣纏住她腦袋周圍，繚繞不散，漸漸愈來愈濃，成為一團白霧，將她面目都遮沒了，跟著只聽得她全身骨節格格作響，猶如爆豆。過了良久，爆豆聲漸輕漸稀，跟著那團白霧也漸漸淡了，見那女童鼻孔中不斷吸入白霧，待得白霧吸盡，那女童睜開雙眼，緩緩站起。

這門功夫天山童姥練得太早，六歲時開始修習，數年後內功的威力便顯了出來，只可惜天生三焦失調，永遠是八九歲的模樣，天山童姥的名字也因此而來。

【十一】化功大法

丁春秋本是逍遙派門下，卻不會北冥神功，創出了一門和北冥神功相類似的功夫，叫「化功大法」。

丁春秋創出的化功大法，經常要將毒蛇毒蟲的毒質塗在手掌之上，吸入體內，若是七日不塗，不但功力減退，而且體內蘊積了數十年的毒質不得新毒克制，不免漸漸發作，為禍之烈，實是難以形容。丁春秋不但如此，而且還有一神木王鼎相助。

神木王鼎天生有一股特異氣息，再在鼎中燃燒香料，片刻間便能誘引毒蟲到來，方圓十里之內，什麼毒蟲也抵不住這香氣的吸引。丁春秋有了這奇鼎在手，捕捉毒蟲不費吹灰之力，「化功大法」自是越練越深，越練越精。

【十二】火焰刀

火焰刀為鳩摩智獨門武功。

鳩摩智使用火焰刀之時，只見他左手拈了一枝藏香，右手取過地下的一些木屑，輕輕捏緊，將藏香插在木屑之中。如此一連插了六枝藏香，並成一列，每枝藏香間相距約一尺。鳩摩智盤膝坐在香後，隔著五尺左右，突擊雙掌搓了幾搓，向外揮出，六根香頭一亮，同時點燃了。火焰刀的催力之強，實已到了不可思議的境界。

使用火焰刀之時，在場各人還能聞到微微的硝磺之氣。原來這六枝藏香頭上都有火藥，鳩摩智卻並非以內力點香，乃是以內力磨擦火藥，使之燒著香頭。

在天龍寺中，鳩摩智使用火焰刀，藏香所生煙氣作碧綠之色，六條筆直的綠線嫋嫋升起。鳩摩智雙掌如抱圓球，內力運出，六道碧煙慢慢向外彎曲，分別指著枯榮、本觀、本相、本因、本參、保定帝六人。他這火焰刀的掌力，雖是虛無縹緲，不可捉摸，卻能殺人於無形，實是厲害不過。

不過此番他只志在得經，不欲傷人，是以點了六枝線香，以展示他掌力的去向形跡，一來顯得有恃無恐，二來意示慈悲為懷，只是較量武學修為，不求殺傷人命。這是鳩摩智的小機智的虛偽之處。

【十三】小無相功

「小無相功」是道家之學。道家之學講究清靜無為，神遊太虛，較之佛家武功中的「無色無相」之學，名雖略同，實質大異。

虛竹一聽到鳩摩智在山門外以中氣傳送言語，心中便已一凜，知他的「小無相功」修為甚深，此後見他使動拳法、掌法、指法、袖法，招數雖變幻多端，卻全是以小無相功催動。他聽鳩摩智自稱精通本派七十二門絕技，然而施展之時，明明不過是以一門小無相功，使動般若掌、摩訶指、大金剛拳等招數，只因小無相威力強勁，一使出便鎮懾當場，在不會這門內功之人眼中，便以為他真的精通少林派各門絕技。這雖非魚目混珠，小無相功的威力也決不在任何少林絕技之下，但終究是指鹿為馬，混淆是非。

虛竹覺得奇怪的是，此事明顯已極，少林寺自方丈以下，千餘僧眾竟無一人直斥其非。他可不知這小無相功博大精深，又是道家的武學，大殿上卻無一個不是佛門弟子，武功再高，也不會去修習道家內功，何況「小無相功」以「無相」兩字為要旨，不著形相，無跡可尋，若非本人也是此道高手，決計看不出來。玄慈、玄生等自也察覺鳩摩智的內功與少林內功頗有不同，但想天竺與中土所傳略有差異，自屬常情。

小無相功是李秋水的防身神功，威力極強。天山童姥曾對他說過「小無相功」的運用之法，但童姥所知也屬有限，直到後來他在靈鷲宮地下石室的壁上圓圈之中，才體會到不少「小無相功」的秘奧。

小無相功和虛竹極有淵源，後來虛竹陪段譽去向銀川公主求婚，銀川公主的壁洞中也有小無相功的密譜。

【十四】吸星大法

創自北宋年間的「逍遙派」，分為「北冥神功」與「化功大法」兩路。後來從大理段氏及星宿派分別傳失，合而為一，稱為「吸星大法」。

「吸星大法」主要還是繼承了「化功大法」一路，只是學者不得其法，其中頗有缺陷。練「吸星大法」，有兩大難關。第一步是要散去全身內力，使得丹田中一無所有，只要散得不盡，或行錯了穴道，立時便會走火入魔，輕則全身癱瘓，從此成了廢人，重則經脈逆轉，七孔流血而亡。第二步是散功之後，又須吸取旁人的真氣，貯入自己丹田，再依法驅入奇經八脈以供己用。這門功夫創成已達數百年，但得獲傳授的固已稀有，而能練成的更寥寥無幾，實因散功這一步太過艱難之故。

任我任修習吸星大法十年後，在江湖上這路大法開始大有聲名，正派中人聞者無不喪膽。可是這路功夫之中有幾個重大缺陷，初時不覺，其後禍患卻慢慢顯露出來。任我行初時不知，後深受其害，知道若不及早補救，終有一日會得毒火焚身；因為那些吸取而來的他人功力，會突然反噬，吸來的功力愈多，反撲之力愈大，任我行因此被東方不敗奪取魔教教主之位，身陷梅莊。任我行在梅莊莊底，心無旁騖，解決了其缺點；在黑獄中悶得很了，聊以自遣，又將練功秘訣刻在鐵板上，想害後來人。

令狐冲被向問天帶去救出任我行，自己卻被囚入谷底，無意中發現了神功秘訣，卻占了極大的便宜。因令狐冲內力本已全失，原無所有，要散便散，不費半點力氣，在旁人最艱難最凶險的一步，在他竟不知不覺間便邁過去了。散功之後，又須吸取旁人的真氣，貯入自己丹田，再依法驅入奇經八脈以供己用。這一步本來也十分艱難，自己內力已然散盡，再要吸取旁人真氣，豈不是以卵擊石，徒然送命？但令狐冲卻又有巧遇，身上早已有幾名高手所注的八道異種真氣，雖只各人的一部分，但亦已極為厲害，居然輕輕易易的度此兩大難關，練成大法，也真是天意了。

令狐冲雖輕易的闖過二關，但吸星大法中的缺點，卻沒有得到任我行的指點，最後還是少林方丈方證將少林「易經筋」傳給了令狐冲，才解決了其中的問題。

【十五】神照功

「神照經」內功乃武學第一奇功。

狄雲在獄中得丁典傳授「神照經」心法，這內功極是深湛難練，他資質非佳，此後又無丁典指點，再加上二三十年的時日，是否能練成，亦在未知之數。

可後來狄雲有了奇特的機會，使他在不經意之間，終將神照功練成。

狄雲在被血刀老祖扼住喉頭之時，無法呼吸，胸肺中積聚著的一股濁氣數度上沖，要從口鼻中呼出來，但喉頭的要道被阻，這股氣沖到喉頭，又回了下去。就這樣，一股濁氣在狄雲體內左沖右突，給終找不到出路。狄雲胸腹間劇烈刺痛，體內這股氣越脹越大，越來越熱，猶如滿鑊蒸氣沒有出口，直要裂腹而爆。驀地裡，狄雲前陰後陰之間的「會陰穴」上似乎被熱氣穿破了一個小孔，登時覺得有絲絲熱氣從「會陰穴」通到脊椎末端的「長強穴」去。

人身「會陰」、「長強」兩穴相距不過數寸，但「會陰」屬於任脈，「長強」卻是督脈，兩脈的內息決不相通。他體內的內息加上無法宣洩的一股巨大濁氣，交迸撞激，竟在危急中自行強沖猛攻，替他打通了任脈和督脈的大難關。內息一通入「長強穴」，登時自腰俞、陽關、命門、懸樞諸穴，一路沿著脊椎上升，走的都是背上督任各個要穴，然後是脊中、中樞、筋縮、至陽、靈台、神道、身柱、陶道、大椎、瘂門、風府、腦戶、強間、後頂，而至頂門的「百會穴」。
狄雲一來因咽喉被扼，體內濁氣難宣，非找出口不可，二來他曾練過「血刀經」上的一些邪派內功，內息運行的道路雖和「神照經」內功大異，卻也有破窒沖塞的輔助功效，因此在生死係於一線之際，竟爾將任督二脈打通了。
這股內息沖到百會穴中，只覺顏面上一陣清涼，一股涼氣從額頭、鼻樑、口唇下來，通到了唇下的「承漿穴」。這承漿穴已屬任脈，這一來自督返任，任脈諸穴都在人體正面，這股清涼的內息一路下行，自廉泉、天突而至璇璣、華蓋、紫宮、玉堂、膻中、中庭、鳩尾、巨闕，經上、中、下三脘，而至水分、神厥、氣海、石門、關元、中極、曲骨諸穴，又回到了「會陰穴」。
如此一個周天行將下來，鬱悶之意全消，說不出的暢快受用。內息第一次通行時甚是艱難，任督兩脈既通，道路熟了，第二次、第三次時自然而然的飛快運輸，頃刻之間，連走了一十八次。
狄雲自此開始豁然而通，內息運行一周天，勁力便增加一分，只覺四肢百骸，每一處都有精神力氣勃然而興，沛然而至，甚至頭髮根上似乎均有勁力充盈。

【十六】龍象般若功

龍象般若功是密宗中至高無上的護法神功。
「龍象般若掌」共分十三層，第一層功夫十分淺易，縱是下愚之人，只要得到傳授，一二年中即能練成。第二層比第一層加深一倍，需時三四年。第三層又比第二層加深一倍，需時七八年。如此成倍遞增，越是往後，越難進展。待到第五層以後，欲再練深一層，往往便須三十年以上苦功。

密宗一門，高僧奇士歷代輩出，但這一十三層「龍象般若功」卻從未有一人練到十層以上。這功夫循序漸進，本來絕無不能練成之理，若有人得享千歲高齡，最終必臻第十三層境界，只是人壽有限，密宗中的高僧修士欲在天年終了之前練到第七層、第八層，便非得躁進不可，這一來，往往陷入了欲速不達的大危境。北宋年間，藏邊曾有一位高僧練到了第九層，繼續勇猛精進，待練到第十層時，心魔驟起，無法自制，終於狂舞七日七夜，自終絕脈而死。

金輪法王實是個不世的奇才，潛修苦學，進境奇速，竟爾衝破第九層難關，此時已到第十層的境界，當真是震古鑠今，雖不能說後無來者，卻確已前無古人。據那「龍象般若經」言道，此時每一掌擊出，均具十龍十象的大力。金輪法玉自知再求進境，此生已屬無望，但既自信天下無敵手，即令練到第十一層，也已多餘。

【十七】蛤蟆功

蛤蟆功是歐陽鋒的成名和必殺絕技。

歐陽鋒使用蛤蟆功之時，蹲在地下，雙手彎與肩齊，宛似一隻大青蛙般作勢相撲，口中發出老牛嘶鳴般的咕咕之聲，時歇時作。

歐陽鋒這蛤蟆功純係以靜制動，他全身涵勁蓄勢，蘊力不吐，只要敵人一施攻擊，立時便有猛烈無比的勁道反擊出來。

王重陽的一陽指是蛤蟆功的剋星。

【十八】上天梯

「上天梯」的功夫全憑提一口氣躍上，只消中間略有打岔，一口氣鬆了，第三步便不能再行竄上，這是極高深的武功，會者極少，即令有人練就，每一步也只上升得二三尺而已。

《神鵰俠侶》中，郭靖施展「上天梯」的功夫，在光溜溜的城牆上踏步而上，一步便躍上丈許，武功之高之純，的確是驚世駭俗。

【十九】生死符

天山童姥統領三十六島七十二洞，靠的就是生死符。

書中這樣寫道：

童姥道：「這便是生死符了，你拿去摸個仔細。」

想到這是天下第一厲害的暗器，虛竹心下惴惴，伸出手去接，一接到掌中，便覺一陣冰冷，那暗器輕飄飄地，圓圓的一小片，只不過是小指頭大小，邊緣鋒銳，其薄如紙。虛竹要待細摸，突覺手掌心中涼颼颼地，過不多時，那生死符竟然不知去向。他大吃一驚，童姥又沒伸手來奪，這暗器怎會自行變走？當真是神出鬼沒，不可思議，叫道：「啊喲！」心想：「糟糕，糟糕！生死符鑽進我手掌心去了。」

童姥道：「你明白了麼？」虛竹道：「我……我……」童姥道：「我這生死符，乃是一片圓圓的薄冰。」虛竹「啊」的一聲叫，登時放心，這才明白，原來這片薄冰為掌中熱力所化，因此頃刻間不知去向，他掌心內力煎熬如爐，將冰化而為汽，竟連水漬也沒留下。

生死符一發作，一日厲害一日，奇癢劇痛遞加九九八十一日，然後逐步減退，八十一日之後，又再遞增，如此周而復始，永無休止。每年天山童姥派人巡行各洞各島，賜以鎮痛止癢之藥，這生死符一年之內便可不發。眾洞主、島主所以對童姥的使者敬若神明，甘心挨打，乃是為了這份可保一年平安的藥劑。

生死符種類既各各不同，所使手法也大異其趣。如以陽剛手法化解了一張生死符，未解的生死符如是在太陽、少陽、陽明等經脈中的，感到陽氣，力道劇增，盤根糾結，深入臟腑，即便不可收拾。如以陰柔之力化解罷，太陰、少陰、厥陰經脈中的生死符又會大大作怪。更何況每一張生死符上都含有分量不同的陰陽之氣，旁人不知所以，根本無法可解。

童姥傳了虛竹如何將北冥真氣自丹田經由天樞、太乙、梁門、神封、神藏諸穴，通過曲池、大陵、陽谿而至掌心，這真氣自足經脈通至掌心的法門，是她逍遙派獨到的奇功，再教虛竹將這真氣吞吐、盤旋、揮灑、控縱的諸般法門。虛竹受教苦練，但覺童姥所傳的法門巧妙無比，氣隨意轉，不論她以如何狠辣的手法攻來，均能以這法門化解，而且化解之中，必蘊猛烈反擊的招數。他越練越佩服，才知道「生死符」所以能令三十六洞洞主、七十二島島主魂飛魄散，確有它無窮的威力，若不是童姥親口傳授，哪想得到天下竟有如此神妙的化解之法？他花了四日功夫，才將九種法門練熟。

要學破解生死符的法門，須得學會如何發射，而要學發射，自然先須學製煉。別瞧這小小的一片薄冰，要製得其薄如紙，不穿不破，卻也大非容易。在手掌中放一些水，然後倒運內力，使掌心中發出來的真氣冷於寒冰數倍，清水自然凝結成冰。童姥當下教虛竹如何倒運內力，怎樣將剛陽之氣轉為陰柔。無崖子傳給虛竹的北冥真氣原是陰陽兼具，虛竹以往練的都是陽剛一路，但內力既有底子，只要一切逆其道而行便是，倒也不是難事。

學會制住生死符後，童姥又教虛竹發射的手勁和認穴準頭，在這片薄冰之上，如何附著陽剛內力，又如何附著陰柔內力，又如何附以三分陽、七分陰，或者是六分陰、四分陽，雖只陰陽二氣，但先後之序既異，多寡之數又復不同，隨心所欲，變化萬千。虛竹又足足花了三天時光，這才學會。

虛竹慈悲為懷，專門給人除去生死符，只有一次使用生死符對付丁春秋：

虛竹右掌揮舞，不絕向丁春秋進攻，左掌掌心中暗運內功，逆轉北冥真氣，不多時已將掌中酒水化成七八片寒冰，右掌颼颼颼連拍三掌。丁春秋乍覺寒風襲體，忙凝全力招架，猛地裡肩間「缺盆穴」上微微一寒，便如碰上了一片雪花，跟著小腹「天樞穴」、大腿「伏兔穴」、上臂「天泉穴」三處也覺涼颼颼地。丁春秋催掌力抵擋，忽然間後頸「天柱穴」、背心「神道穴」、後腰「志室穴」三處也是微微一涼，丁春秋雙袖拂處，袖間藏腿，猛力向虛竹踢出。不料右腳踢到半途，忽然間「伏兔穴」和「陽交穴」上同時奇癢難當，情不自禁地「啊喲」一聲，叫了出來。右腳尖明明已碰到虛竹僧衣，但兩處要穴同時發癢，右腳自然而然的垂了下來。

丁春秋霎時之間，但覺缺盆、天樞、天兔、天泉、天柱、神道、志室七處穴道中同時麻癢難當，直如千千萬萬隻螞蟻同時在咬齧一般。這酒水化成的冰片中附有虛竹的內力，寒冰入體，隨即化去，內力卻留在他的穴道經脈之中。丁春秋手忙腳亂，不斷在懷中掏摸，一口氣服了七八種解藥，通了五六次內息，穴道中的麻癢卻只有越加厲害。丁春秋終於支持不住，伸手亂扯自己鬍鬚，將一叢銀也似的美髯扯得一根根隨風飛舞，跟著便撕裂衣衫，手指到處，身上便鮮血迸流，用力撕抓，不住口的號叫，又過一刻，左腿跪倒，越叫越是慘厲。

丁春秋神功驚人，尚且如此，可見虛竹所發的生死符的厲害。

【二十】鶴嘴勁點龍躍竅

鶴嘴勁點龍躍竅是武當張三丰救人的一門內功。使用時雙手食指和拇指虛拿，成

「鶴嘴勁」勢，以食指指尖在病人耳尖上三分處的「龍躍竅」運起內功，微微擺動。以張三丰高明的內功來說，即使是新斷氣之人也還魂片刻。

但張三丰在使用此內功救治俞岱岩時，手指直擺了二十下，俞岱岩也未動一下。於是張三丰又將雙手捏成劍訣，掌心向下，兩手雙取俞岱岩「頰車穴」。「頰車穴」就在腮上牙關緊閉的結合之處，張三丰陰手點過，立即掌心向上，翻成陽手，一陰一陽，交互變換，翻到第十二次時，俞岱岩終於張開了口。

見於《倚天屠龍記》。

【廿一】純陽無極功

純陽無極功必須是童子之身才能練習。

張三丰一生未婚娶，雖到百歲，仍是童男之體，所以以他八十餘年的修為，純陽無極功自是練到了登峰造極的地步。

【廿二】混元功

混元功是混元霹靂手成昆的功夫。中了混元功之人，全身現出血紅斑點。

見於《倚天屠龍記》。

【廿三】峨嵋九陽功

峨嵋九陽功是滅絕師太武功，見於《倚天屠龍記》。

【廿四】寒冰真氣

寒冰真氣是左冷禪獨門功夫。

左冷禪使用「寒冰真氣」時，將內力注於食指之上，拚著大耗內力，讓任我行將內力吸了過去，不但讓他吸去，反而加催內力，急速注入對方穴道。這內力是至陰至寒之物，一瞬之間，任我行全身為之凍僵。

見於《笑傲江湖》。

第九篇　秘笈與武功

【二】《九陰真經》

◆《九陰真經》的來歷

徽宗皇帝於政和年間，遍搜普天下道家之書，雕版印行，一共有五千四百八十一卷，稱為「萬壽道藏」。皇帝委派刻書之人，叫做黃裳。他生怕這部大道藏刻錯了字，皇帝發覺之後不免要殺他的頭，因此一卷一卷的細心校讀。不料想這麼讀得幾年，他居然便精通道學，更因此而悟得了武功中的高深道理。

他無師自通，修習內功外功，竟成為一位武功大高手。那黃裳練成了一身武功，還是做他的官兒。有一年他治下忽然出現了一個稀奇古怪的教門，叫作甚麼「明教」，據說是西域的波斯胡人傳來的。這些明教的教徒一不拜太上老君，二不拜至聖先師，三不拜如來佛祖，卻拜外國的老魔，可是又不吃肉，只是吃菜。徽宗皇帝只信道教，他知道之後，便下了一道聖旨，要黃裳派兵去剿滅這些邪魔外道。不料明教的教徒之中，著實有不少武功高手，眾教徒打起仗來又人人不怕死，不似官兵那麼沒用，打了幾仗，黃裳帶領的官兵大敗。

他心下不忿，親自去向明教的高手挑戰，一口氣殺了幾個什麼法王、什麼使者。哪知道他所殺的人中，有幾個是武林中名門大派的弟子，於是他們的師伯、師叔、師兄、師弟、師姊、師妹、師姑、師姨、師乾爹、師乾媽，一古腦兒的出來，又約了別派的許多好手，來向他為難，罵他行事不按武林中的規矩。黃裳說道：「我是做官兒的，又不是武林中人，你們武林規矩甚麼的，我怎麼知道？」對方那些姨媽乾爹七張八嘴的吵了起來，說道：「你若非武林中人，怎麼會武？難道你師父只教你武功，不教練武的規矩麼？」黃裳說道：「我沒師父。」那些人死也不信，吵到後來，一動上手，黃裳的武功古里古怪，對方誰都沒見過，當場又給他打死了幾人，但他寡不敵眾，也受了傷，拚命逃走了。那些人氣不過，將他家裡的父母妻兒殺了個乾乾淨淨。

那黃裳逃到了一處窮荒絕地，躲了起來。那數十名敵手的武功招數，他一招一式都記在心裡，於是苦苦思索如何才能破解，他要想通破解的方法，然後去殺了他們報仇。也不知過了多少時候，終於對每一個敵人所使過的招數，他都想通了破解的法子。他十分高興，料想這些敵人就算再一擁而上，他獨個兒也對付得了。於是出得山來，去報仇雪恨。不料那些敵人一個個都不見了。原來他那幾十個仇人全都死了。

那黃裳找遍四方，終於給他找到了一個仇人。這人是個女子，當年跟他動手之時，只是個十六七歲的小姑娘，但黃裳找到她時，見她已變成了個六十來歲的老婆婆。

黃裳的幾十個仇人，個個都是好手，武功包含諸家各派，何等深奧，何等繁複？他要破解每一人的絕招，可得耗費多少時候心血？原來他獨自躲在深山之中鑽研武功，日思夜想的就只是武功，別的甚麼也不想，不知不覺竟已過了四十多年。專心鑽研武功，四十多年很容易就過去了。

他花了這幾十年心血，想出了包含普天下各家各派功夫的武學，過得幾年，同樣難逃大限，這番心血豈不是就此湮沒？於是他將所想到的法門寫成了上下兩卷書，這便是

《九陰真經》。

◆《九陰真經》重出江湖

撰述《九陰真經》的原由，黃裳寫在經書的序文之中，全真派掌門王重陽因此得知。黃裳將經書藏於一處極秘密的所在，數十年來從未有人見到。不知怎樣，此書那一年忽在世間出現，天下學武之人自然個個都想得到，大家你搶我奪，一塌糊塗。《九陰真經》中所載的武功，奇幻奧秘，神妙之極。學武之人只要學到了一點半滴，豈能不為之神魂顛倒？縱然因此而招致殺身之禍，無數江湖人物仍然是趨之若鶩。

天下的英雄豪傑都要搶奪《九陰真經》，後來事情越鬧越大，連全真教教主、桃花島主黃老邪、丐幫的洪幫主這些大高手也插上手了。他們五人約定在華山論劍，誰的武功天下第一，經書就歸誰所有。

經書最後終究是落在天下武功第一的王重陽手裡了。王重陽得到經書之後，卻不練其中功夫，把經書放入了一只石匣，壓在他打坐的蒲團下面的石板之下。

王真人的武功既已天下第一，他再練得更強，仍也不過是天下第一。當初他到華山論劍，也不是為了爭天下第一的名頭，而是要得這部《九陰真經》。他要得到經書，也不是為了要練其中的功夫，卻是相救普天下的英雄豪傑，教他們免得互相斫殺，大家不得好死。

王重陽把那部《九陰真經》壓在蒲團下面的石板底下，武林之中倒也真的安靜了一陣子。

後來王重陽自知壽限已到，於是安排了教中大事之後，命其師弟將《九陰真經》取來，生了爐火，要待將經書焚毀，但撫摸良久，長歎一聲，說道：「前輩畢生心血，豈能毀於我手？水能載舟，亦能覆舟，要看後人如何善用此經了。只是凡我門下，決不可習練經中武功，以免旁人說我奪經是懷有私心。」

◆《九陰真經》不同版本

1.《九陰真經》黃夫人趁熱打鐵強記默寫本

王重陽死後，留下遺言，要將《九陰真經》的上卷與下卷分置兩處，以免萬一有甚麼錯失，也不致同時落入奸人的手中。

王重陽的師弟周伯通將真經的上卷藏妥之後，身上帶了下卷經文，要送到南方雁蕩山去收藏，途中卻撞上了桃花島主東邪黃藥師。

黃藥師正是衝著《九陰真經》而來的。有著黃老邪之稱的黃藥師，為人雖然古怪，但他十分驕傲自負，決不會如西毒歐陽峰那麼不要臉，敢來強搶經書。但黃藥師卻用計讓周伯通受騙上當，智取了《九陰真經》。

黃藥師和他的新婚夫人在一起。他滿面春風，請周伯通喝酒。周伯通說起師哥假死復活、擊中歐陽鋒的情由。黃藥師的妻子聽了，求周伯通借經書一觀。她說她不懂半點武藝，只是心中好奇，想見見這部害死了無數武林高手的書到底是甚麼樣子。周伯通不肯。黃老邪對這少年夫人寵愛得很，甚麼事都不肯拂她之意，就道：「伯通，內子當真全然不會武功。她年紀輕，愛新鮮玩意兒。你就給她瞧瞧，那又有甚麼干係？我黃藥師只要向你的經書瞟了一眼，我就挖出這對眼珠子給你。」

黃藥師是當世數一數二的人物，說了話當然言出如山，但這部經書實在干係太大，周伯通只是搖頭。黃藥師和他的夫人便有意使激將計激周伯通，周伯通然知道這是激將計，但還是這口氣不肯輸，答應與黃藥師兩人比賽打石彈兒。周伯通要是輸了，就把經書借給黃夫人瞧瞧。若是周伯通贏了，黃藥師便把桃花島的寶物軟蝟甲給周伯通。

當下三人說好，每人九粒石彈，共是十八個小洞，誰的九粒石彈先打進洞就是誰勝。黃藥師用計，打了一陣，他忽然手指上暗運潛力，三顆彈子出去，把周伯通餘下的三顆彈子打得粉碎，他自己的彈子卻是完好無缺。周伯通心中也不禁對黃藥師的功夫很是佩服，便道：「黃家嫂子，我就把經書借給你瞧瞧，今日天黑之前可得還我。」黃夫人微微一笑，道：「周大哥，你號稱老頑童，人可不糊塗啊，你怕我劉備借荊州是不是？我就在這裡坐著瞧瞧，看完了馬上還你，也不用到天黑，你不放心，在旁邊守著我就是。」周伯通聽她這麼說，就從懷裡取出經書，遞了給她。黃夫人接了，走到一株樹下，坐在石上翻了起來。

黃夫人從頭至尾慢慢讀了一遍，足足花了一個時辰。她又從頭再瞧起。不過這次讀得很快，只一盞茶時分，也就瞧完了。

黃夫人把書還給周伯通，笑道：「周大哥，你上了西毒的當了啊，這部不是《九陰真經》！這是一本江南到處流傳的占卜之書，不值半文。這部書我五歲時就讀著玩，從頭至尾背得出，我們江南的孩童，十九都曾熟讀。你若不信，我背給你聽聽。」說了這幾句話，便從頭如流水般背將下來。周伯通對著經書瞧去，果真一字不錯，怒從心起，隨手把那部書撕得粉碎，火折一晃，給他燒了個乾乾淨淨。

過了幾年，江湖上忽然有人傳言，說桃花島門下黑風雙煞得了《九陰真經》，練就了幾種經中所載的精妙武功，到處為非作歹。又過一年，丘處機忽然到周伯通家來，說他訪得實在，《九陰真經》的下卷確是給桃花島的門人得去了。原來那日黃夫人借了經書去看，只看了兩遍，可是她已一字不漏的記住啦。黃夫人和周伯通一分手，就默寫了出來給她丈夫。

這便是「《九陰真經》黃夫人趁熱打鐵強記默寫本」。此版本只包含《九陰真經》的下卷，但卻幾乎可以與原《九陰真經》亂真。

此版本的《九陰真經》，最後被陳玄風燒毀，不再流傳世間。

2.《九陰真經》黃夫人油盡燈枯勉強回憶本

黃夫人為了幫著丈夫，記下了經文。黃藥師以那真經只有下卷，習之有害，要設法得到上卷後才自行修習，哪知卻被陳玄風與梅超風偷了去。黃夫人為了安慰丈夫，再想把經文默寫出來。她對經文的含義本來毫不明白，當日一時硬記，默了下來，到那時卻已事隔數年，怎麼還記得起？那時她懷孕已有八月，苦苦思索了幾天幾晚，寫下了七八千字，卻都是前後不能連貫，心智耗竭，忽爾早產，生下了一個女嬰，她自己可也到了油盡燈枯之境。任憑黃藥師智計絕世，終於也救不了愛妻的性命。

黃藥師手中，便有了這樣一部「《九陰真經》黃夫人油盡燈枯勉強回憶本」。此版本只包含《九陰真經》的下卷，且其中有不少意義前後不能連貫的錯誤之處，因此其實用價值便大打了折扣。而對黃藥師來說，此版本更具有的是其獨特的紀念意義。

在桃花島上郭靖與歐陽克三場文武比賽之時，我們可以看到這部「《九陰真經》黃夫人油盡燈枯勉強回憶本」。而郭靖恰巧前面周伯通教他背誦過，所以討了個巧。

後來郭靖在眾人面前背道：「天之道，損有餘而補不足……」這部《九陰真經》的經文，他反來覆去已念了數百遍，這時背將出來，當真是滾瓜爛熟，再沒半點窒滯。他只背了半頁，眾人已都驚得呆了。

黃藥師聽郭靖所背經文，比之冊頁上所書幾乎多了十倍，而且句句順理成章，確似原來經文，心中一凜，不覺出了一身冷汗，差點以為是他那故世的娘子顯靈，在陰世間把經文想了出來，傳了給這少年，心情激動不已。

3.《九陰真經》陳玄風人皮刺繡本

陳玄風和梅超風是同門師兄妹，兩人都是東海桃花島島主黃藥師的弟子。黃藥師武功自成一派，論到功力之深湛，技藝之奧秘，實不在號稱天下武學泰斗的全真教與威震天南的段氏之下。陳玄風與梅超風學藝未成而暗中私通，情知如被師父發覺，不但性命不保，而且死時受刑必極盡慘酷，兩人暗中商量，越想越怕，終於擇了一個風高月黑之夜，乘小船偷渡到了東面的橫島，再輾轉逃到浙江寧波。陳玄風臨走時自知眼前這點武功在江湖上防身有餘，成名不足，一不做二不休，竟摸進師父秘室，將黃藥師視為至寶的半部《九陰真經》偷了去。

黃藥師當然怒極，但因自己其時立誓不離桃花島一步，心願未償，不能自違毒誓，出島追捕，暴跳如雷之際，竟然遷怒旁人，將餘下弟子一一挑斷大腿筋脈，盡數逐出了桃花島，自己閉門生氣。黑風雙煞這一來累得眾同門個個受了無妄之災，但依著《九陰真經》中的秘傳，也終於練成了一身武林中罕見罕聞的功夫。

這《九陰真經》中所載本是上乘的道家正派武學。但陳梅夫婦只盜到下半部。學不到上半部中修習內功的心法，而黃藥師的桃花島一派武學又是別創蹊徑，與道家內修外鑠的功夫全然不同。黑風雙煞生性殘忍，一知半解，但憑己意，胡亂揣摸，練的便都是些陰毒武技。

陳玄風和梅超風速成最厲害的武功，是江湖人物聞之色變的「九陰白骨爪」和「摧心掌」。這兩種武功的練法，都載在《九陰真經》之上。陳玄風和梅超風雖有夫妻之親，對她也始終不肯出示真經原本，只是自己參悟習練之後，再行轉授妻子。不論梅超風如何硬索軟纏，他總是不允。說道：「這部真經有上下兩部。我只偷到了下半部，一切紮根基、修真元的基礎功夫，卻全在上半部之中。如我把經給你看了，你貪多務得，把經上所載的功夫都練將起來，非走火入魔不可，輕則受傷，重則要了你的性命。經上所載武功雖多，但只有與我們所學基本功夫配合得起的，才可修練。」

梅超風聽著有理，而且深知丈夫對自己一片真心，雖然平日說話總是「賊婆娘，臭婆娘」的亂罵，其實卻是情意深摯，於是也就不再追索。

陳玄風臨死之前，甚至來不及把秘密告訴梅超風，他只是說了半句道：「那部經……已經給我燒啦，秘要……在我胸……」一口氣接不上來，就此斃命。梅超風心中悲苦，當即伸手到他胸口，去摸那部《九陰真經》的秘要。

於是梅超風在陳玄風屍體的胸口掏摸那部真經的秘要，但搜遍了全身，也沒摸到一點東西。最後忽然之間，摸到陳玄風屍體胸膛上的皮肉有點古怪。她仔細的摸索，原來陳玄風的胸口用針刺著細字和圖形，原來這就是《九陰真經》的秘要。陳玄風怕寶經被人盜去，於是刺在身上，將原經燒毀了！這主意是「人在經在，人亡經亡」。

梅超風用匕首把陳玄風屍胸口的皮肉割下來，硝製成一張人皮，這便是《九陰真經》陳玄風人皮刺繡本。

4.《九陰真經》郭靖用心背誦完全本

《九陰真經》原來真本上下兩卷，黃藥師所得下卷已被陳玄風燒毀，而原本下卷也被周伯通毀去，流傳下來的全本便只是這一部《九陰真經》郭靖用心背誦完全本了。

郭靖的二師父朱聰在歸雲莊上從梅超風懷裡將《九陰真經》陳玄風人皮刺繡本連匕首一起盜來後，並不知道這便是《九陰真經》陳玄風人皮刺繡本，其上所刺的字一句也不懂，郭靖便一直放在自己懷中，也沒加理會。直到周伯通看到此《九陰真經》陳玄風人皮刺繡本時，才揭開了這個秘密。

周伯通在桃花島洞中一十五年，枯坐無聊，已把上卷經文翻閱得滾瓜爛熟。這上卷經文中所載，都是道家修練內功的大道，以及拳經劍理，並非克敵制勝的真實功夫，若未學到下卷中的實用法門，徒知訣竅要旨，卻是一無用處。周伯通這十多年來，無日不在揣測下卷經文中該載著些甚麼。是以一見人皮，就知必與《九陰真經》有關，這時再一反覆推敲，確知正是與他一生關連至深且鉅的下卷經文。

周伯通愛武如狂，見到這部天下學武之人視為至寶的經書，實在極盼研習一下其中的武功，這既不是為了爭名邀譽、報怨復仇，也非好勝逞強，欲恃此以橫行天下，純是一股難以克制的好奇愛武之念，亟欲得知經中武功練成之後到底是怎樣的厲害法。想到師哥所說的故事，當年那黃裳閱遍了五千四百八十一卷《萬壽道藏》，苦思四十餘年，終於想明瞭能破解各家各派招數的武學，其中所包含的奇妙法門，自是非同小可。那黑風雙煞只不過得了下卷經文，練了兩門功夫，便已如此橫行江湖，倘若上下卷盡數融會貫通，簡直是不可思議。但師兄的遺訓卻又萬萬不可違背，左思右想，終於找到了兩全其美的妙法！

周伯通自己不練九陰真經，決定騙傻郭靖練習，這樣就既沒有違背師哥的遺訓，也過了心癢難搔之癮。於是周伯通當下一本正經的將《九陰真經》上卷所載要旨，選了幾條開始教郭靖。郭靖自然不明白，於是周伯通耐了性子解釋。

傳過根源法門，周伯通又照著人皮上所記有關的拳路劍術，一招招的說給他聽。只是自己先行走在一旁，看過了記住再傳，傳功時決不向人皮瞧上一眼，以防郭靖起疑。這番傳授武功，可與普天下古往今來的教武大不相同，所教的功夫，教的人自己竟是全然不會。他只用口講述，決不出手示範，待郭靖學會了經上的幾招武功，他就以全真派的武功與之拆招試拳，果見經上武功妙用無窮。

如此過了數日，眼見妙法收效，《九陰真經》中所載的武功漸漸移到了郭靖身上，而郭靖完全給蒙在鼓裡，絲毫不覺，周伯通心中不禁大樂，連在睡夢之中也常常笑出聲來。

後來周伯通教郭靖練「九陰神抓」之法，命他凝神運氣，以十指在石壁上撕抓拉擊。郭靖依法練了幾次，卻起了疑心。其實那是梅超風不知練功正法，見到下卷文中說道「五指發勁，無堅不破，摧敵首腦，如穿腐土。」她不知經中所云「摧敵首腦」是攻敵要害之意，還道是以五指去插入敵人的頭蓋，又以為練功時也須如此。

見郭靖起疑，周伯通放棄了「九陰神抓」，讓郭靖先記熟了上卷經文，通曉了經中所載的根本法門，那時他再見到下卷經文中所載武功，必覺順理成章，再也不會起疑。

經中所述句句含義深奧，字字蘊蓄玄機，郭靖一時之間哪能領悟得了？周伯通見他資質太過遲鈍，便說一句，命他跟一句，反來覆去的念誦，數十遍之後，郭靖雖然不明句中意義，卻已能朗朗背誦，再念數十遍，已自牢記心頭。又過數日，周伯通已將大半部經文教了郭靖，命他用心記誦，同時照著經中所述修習內功。郭靖覺得這些內功的法門與馬鈺所傳理路一貫，只是更為玄深奧微，心想周伯通既是馬鈺的師叔，所學自然更為精深。那日梅超風在趙王府中坐在他肩頭迎敵，兀自苦苦追問道家的內功秘訣，可見她於此道全無所知，是以心中更無絲毫懷疑。雖見周伯通眉目之間常常含著嬉頑神色，也只道他是生性如此，哪料到他是在與自己開一個大大的玩笑。那真經上卷最後一段，有一千餘字全是咒語一般的怪文，嘰哩咕嚕，渾不可解。周伯通在洞中這些年來早已反覆思索了數百次，始終想不到半點端倪。這時不管三七二十一，要郭靖也一般的盡數背熟。郭靖問他這些咒語是何意思，周伯通道：「此刻天機不可洩漏，你讀熟便了。」要讀熟這千餘字全無意義的怪文，更比背誦別的經文難上百倍，若是換作了一個聰明伶俐之人，反而定然背不出，郭靖卻天生有一股毅力狠勁，讀上千餘遍之後，居然也將這一大篇詰屈詭譎的怪文牢牢記住了。

如此一來，便有了《九陰真經》郭靖用心背誦完全本。

有了《九陰真經》郭靖用心背誦完全本之後，周伯通當著黃藥師的面，毀了原本《九陰真經》的上卷。

郭靖成為了《九陰真經》最完全的傳人。

5.《九陰真經》郭靖似是而非騙人本

茫茫大海之上，歐陽峰和歐陽克用奸計以蛇群將郭靖和洪七公困住，想從郭靖處得到《九陰真經》，洪七公急怒之中，忽生奇策，臉上不動聲色，騙得歐陽克以好酒好菜款待郭靖和洪七公。

洪七公酒酣飯飽之後，要郭靖寫一部九陰假經給歐陽峰。洪七公要郭靖寫得似是而非，三句真話，夾半句假話，逢到練功的秘訣，卻給他增增減減，經上說吐納八次，你改成六次或是十次，歐陽峰再機靈，也不可能看出來。

郭靖默想真經的經文，思忖何處可以顛倒黑白，淆亂是非，何處又可以改靜成動，移上為下，那也不是要他自作文章，只不過是依照師父所傳的訣竅，將經文倒亂一番而已，經中說「手心向天」，他想可以改成「腳底向天」，「腳踏實地」不妨改成為「手撐實地」，經中說是「氣凝丹田」，心想大可改成「氣凝胸口」。

郭靖沒讀過幾年書，書法甚是拙劣，又須思索如何竄改經中文字，是以寫得極為緩慢，時時不知一個字如何寫法，要請歐陽克指點，寫到午時，上卷經書還只寫了一小半。歐陽鋒始終沒出來，郭靖寫一張，歐陽克就拿一張去交給叔父。歐陽鋒看了，每一段文義都難以索解，但見經文言辭古樸，料知含意深遠，日後回到西域去慢慢參研，以自己之聰明才智，必能推詳透徹，數十年心願一旦得償，不由得心花怒放。他見郭靖傻頭傻腦，寫出來的字又是彎來扭去，十分拙劣，自然揑造不出如此深奧的經文；又聽侄兒言道，有許多字郭靖只知其音，不知寫法，還是侄兒教了他的，那自是真經無疑。卻哪裡想得到這傻小子受了師父之囑，竟已把大部經文默得不是顛倒脫漏，就是胡改亂刪？至於上卷經文中那段咒語般的怪文，郭靖更將之抖亂得不成模樣。

如此便有了《九陰真經》郭靖似是而非騙人本。

《九陰真經》郭靖似是而非騙人本又可稱之為《九陰假經》，是似是而非顛倒錯亂的九陰真經。歐陽峰得到此本《九陰假經》之後，一心以其為真，老老實實地照著去練，雖然吃了不少苦頭，走了不少彎路，但卻憑著其武學上天才過人的領悟能力，他居然把《九陰假經》真的練成功了，不過他自己也瘋了。

在《神鵰俠侶》中，半瘋不瘋的歐陽峰又將此《九陰假經》傳授給楊過，楊過聽了半晌，但覺他每句話中都似妙義無窮，但既繁複，又古怪，一時之間又那能領會得了這許多？歐陽鋒見楊過甚是聰明，自己傳授口訣，他雖不能盡數領會，卻很快便記住了，心中欣喜。

楊過默記良久，覺得自己所學的九陰真經和歐陽峰說的不同，卻不知是什麼原因，因此將真的九陰真經背給歐陽峰聽。歐陽峰照楊過說的一練，忽覺內力舒發，意境大不相同。他自想不到郭靖寫給他的經文其實已加顛倒竄改，不由得心中混亂一團。

6.《九陰真經》王重陽活死人墓石棺雕刻本

《神鵰俠侶》中寫到楊過和小龍女為躲避李莫愁的追殺，在活死人墓的石棺中藏身，這時卻忽然見到棺蓋內側似乎寫得有字，凝目瞧去，見是十六個大字：「玉女心經，技壓全真。重陽一生，不弱於人。」由此楊過和小龍女發現了《九陰真經》王重陽活死人墓石棺雕刻本。

當年王重陽得知林朝英在活死人墓中逝世，想起她一生對自己情癡，這番恩情實是非同小可，此時人鬼殊途，心中傷痛實難自已，於是悄悄從密道進墓，避開她的丫鬟弟子，對這位江湖舊侶的遺容熟視良久，抑住聲息痛哭了一場，這才巡視自己昔時所建的這座石墓，見到了林朝英所繪自己背立的畫像，又見到兩間石室頂上她的遺刻。但見玉女心經中所述武功精微奧妙，每一招都是全真武功的剋星，不由得臉如死灰，當即退了出來。

王重陽獨入深山，結了一間茅蘆，一連三年足不出山，精研這玉女心經的破法，雖然小處也有成就，但始終組不成一套包蘊內外、融會貫串的武學。心灰之下，對林朝英的聰明才智更是佩服，甘拜下風，不再鑽研。十年後華山論劍，奪得武學奇書九陰真經。

王陽重決意不練經中功夫，但為好奇心所驅使，禁不住翻閱一遍。他武功當時已是天下第一，九陰真經中所載的諸般秘奧精義，一經過目，思索上十餘日，即已全盤豁然領悟，當下仰天長笑，回到活死人墓，在全墓最隱秘的地下石室頂上刻下九陰真經的要旨，並一一指出破除玉女心經之法。他看了古墓的情景，料想那幾具空棺將來是林朝英的弟子所用。她們多半是臨終時自行入棺等死，其時自當能得知全真派祖師一生不輸於人。於是在那具本來留作己用的空棺蓋底寫下了十六字，好教林朝英後人於臨終之際，得知全真教創教祖師的武學，實非玉女心經所能克制。

這只是他一念好勝，卻非有意要將九陰真經洩漏於世，料想待得林朝英的弟子見到九陰真經之時，也已奄奄一息，只能將這秘密帶入地下了。

王重陽與林朝英均是武學奇才，原是一對天造地設的佳偶。二人之間，既無或男或女的第三者引起情海波瀾，亦無親友師弟間的仇怨糾葛。王重陽先前尚因專心起義抗金大事，無暇顧及兒女私情，但義師毀敗、枯居古墓，林朝英前來相慰，柔情高義，感人實深，其時已無好事不諧之理，卻仍是落得情天長恨，一個出家做了黃冠，一個在石墓中鬱鬱以終。此中原由，丘處機等弟子固然不知，甚而王林兩人自己亦是難以解說，惟有歸之於「無緣」二字而已。卻不知無緣係「果」而非「因」，二人武功既高，自負益甚，每當情苗漸茁，談論武學時的競爭便隨伴而生，始終互不相下，兩人一直至死，競爭之心始終不消。林朝英創出了克制全真武功的玉女心經，而王重陽不甘服輸，又將九陰真經刻在墓中。只是他自思玉女心經為林朝英自創，自己卻依傍前人的遺書，相較之下，實遜一籌，此後深自謙抑，常常告誡弟子以容讓自克、虛懷養晦之道。

靠著對《九陰真經》王重陽活死人墓石棺雕刻本的現學現賣，楊過和小龍女兩人依著王重陽遺篇中所示的「解穴秘訣」默運玄功，片刻間已將身上被點的兩處穴道解開，終於險脫困境。

7.《九陰真經》郭靖黃蓉簡寫速成本

《倚天屠龍記》中，倚天劍和屠龍寶刀中隱藏著《武穆遺書》和《九陰真經》郭靖黃蓉簡寫速成本的大秘密。

峨嵋派的創派祖師郭女俠，乃是當年大俠郭靖的小女兒。郭大俠當年名震天下，生平有兩項絕藝，其一是行軍打仗的兵法，其二便是武功。郭大俠的夫人黃蓉最是聰明機智，她眼見元兵勢大，襄陽終不可守，他夫婦二人決意以死報國，那是知其不可而為之的赤心精忠，但郭靖的絕藝如果就此失傳，豈不可惜？何況她料想蒙古人縱然一時占得了中國，我漢人終究不甘為韃子奴隸。日後中原血戰，那兵法和武功兩項，將有極大的用處。因此她聘得高手匠人，將楊過楊大俠贈送本派郭祖師的一柄玄鐵重劍熔了，再加以西方精金，鑄成了一柄屠龍刀，一柄倚天劍。

黃蓉在鑄刀鑄劍之前，和郭大俠兩人窮一月心力，繕寫了兵法和武功的精要，分別藏在刀劍之中。屠龍刀中藏的乃是兵法，此刀名為「屠龍」，意為日後有人得到刀中兵書，當可驅除韃子，殺了韃子皇帝。倚天劍中藏的則是武學秘笈，其中最為寶貴的，乃是一部「九陰真經」，一部「降龍十八掌掌法精義」，盼望後人習得劍中武功，替天行道，為民除害。

倚天劍和屠龍寶刀中藏著薄如蟬翼的絹片，密密麻麻的寫滿了細如蠅頭的工整小楷。第一束上開頭寫著「武穆遺書」四字，內文均是行軍打仗、佈陣用兵的精義要訣。再看第二束時，見開頭四字是：「九陰真經」，內文盡是諸般神奇怪異的武功，翻到最後，「九陰白骨爪」和「摧心掌」等赫然在內。

張無忌得到《九陰真經》郭靖黃蓉簡寫速成本之後，隨手翻閱，讀了幾頁，只覺文義深奧，一時難解，然決非陰毒下流的武學，說道：「這經上所載武功，其實極是精深，依法修練，一二十年之後，相信成就非同小可，若是只求速成，學得一些皮毛，那就害人害己了。」頓了一頓，又道：「那位身穿黃衫的姊姊，武功與周姑娘明明是一條路子，然而招數正大光明，醇正之極，似乎便也是從這九陰真經中而來。」

此《九陰真經》郭靖黃蓉簡寫速成本，最初被周芷若得到，「只求速成，學得一些皮毛」，指的便是周芷若周姑娘。

8. 移魂大法

「移魂大法」是《九陰真經》中的一門功夫，純係心靈之力的感應，倘若對方心神凝定，此法往往無效。要是對方內力更高，則反激過來，施術者反受其制。兩人比武，如施術者武功較強，則拳腳兵刃已足以獲勝，實不必施用此法，假如功力不及，卻又不敢貿然使用。是以此法雖然高深精奧，臨敵時卻也無甚用處。

當年洞庭湖君山丐幫大會，黃蓉曾以此法克制彭長老迷神催眠的「懾心術」。後來楊過又依著經中所載止觀法門，由「制心止」而至「體真止」，寧神歸一，心中竟無半點雜念，用來對付達爾巴。

【二】《九陽真經》

「呼吸九陽，抱一含元」，可名九陽真經。

「九陽真經」為覺遠大師學得，圓寂之前背誦經文，張三丰、郭襄、少林派無色大師三人各自記得一部份，因而武當、峨嵋、少林三派武功大進，數十年來分庭抗立禮，名震武林。

書中出現的「九陽真經」的經文有：「……彼之力方礙我之皮毛，我之意已入彼骨裡。兩手支撐，一氣貫通。左重則左虛，而右已去，右重則右虛。而左已去……」，「……氣如車輪，周身俱要相隨，有不相隨處，身便散亂，其病於腰腿求之……」，「……先以心使身，從人不從己，從身能從心，由己仍從人。由己則滯，從人則活。能從人，手上便有方寸，秤彼勁之大小，分厘不錯；權彼來之長短，毫髮無差。前進後退，處處恰合，工彌久而技彌……」，「彼不動，己不動，彼微動，己已動。勁似寬而非鬆，將展未展，勁斷意不斷……」，「……力從人借，氣由脊發。胡能氣由脊發？氣向下沉，由兩肩收入脊骨，注於腰間，此氣之由上而下也，謂之合。由腰展於脊骨，布於兩膊，施於手指，此氣之由下而上也，謂之開。合便是收，開便是放。能懂得開合，便知陰陽……」

「九陽真經」原來是寫在楞伽經的夾縫之中。

當年武學之士為了爭奪《九陰真經》，鬧到輾轉殺戮，流血天下，最後五大高手聚集華山論劍，這部書終於為武功最強的王重陽所得。此後黃藥師盡逐門下弟子、周伯通被囚桃花島、歐陽鋒心神錯亂、段皇爺出家為僧，種種事故皆和《九陰真經》有關，卻不知除了《九陰真經》之外，達摩祖師還著有一部《九陽真經》。《九陰真經》的名頭實在太響，黃藥師、周伯通、郭靖、黃蓉、楊過、小龍女皆曾先後研習，少林寺的武功為達摩祖師所傳，他手寫的這部《九陽真經》經書自非同小可。

少林寺僧覺遠職司監管藏經閣，閣中經書每部都要看上一看。覺遠心性淳樸，無不深信那佛經中所記言語，一心以為佛經中盡是先覺的至理名言。覺遠無經不讀之時，看到這《九陽真經》中記著許多強身健體、易筋洗髓的法門，便一一照做，數十年來，勤習不懈，倒也百病不生，後來又揀著容易的教了一些給其弟子張君寶。

覺遠由此習得一身驚世駭俗的高明武功，自己卻一點也不知道，還道只是強身健體、百病不生而已。覺遠拘謹守禮，深藏不露，難怪天鳴、無色、無相諸禪師和他同寺數十年，竟不知儕輩有此異人。

瀟湘子和伊克西從少林寺藏經閣中盜得這部經書，被覺遠大師直追到華山之巔，眼看無法脫身，剛好身邊有隻蒼猿，兩人心生一計，便割開蒼猿肚腹，將經書藏在其中。九陽真經的下落，成為武林中近百年來的大疑案。

後來瀟湘子和伊克西帶同蒼猿，遠赴西域，兩人心中各有所忌，生怕對方先習成經中武功，害死自己，互相牽制，遲遲不敢取出猿腹中的經書，最後來到崑崙山的驚神峰上，伊湘兩人互施暗算，鬥了個兩敗俱傷。這部修習內功的無上心法，從此留在蒼猿腹中。

瀟湘子的武功本比伊克西稍勝一籌，但因他在華山絕頂打了覺遠大師一拳，由於反震之力，身受重傷，因之後來與伊克西相鬥時反而先行斃命。伊克西臨死時遇見「崑崙三聖」何足道，良心不安，請他赴少林寺告知覺遠大師，那部經書是在這頭蒼猿的腹中。但他說話之時神智迷糊，口齒不清，他說「經在猴中」，何足道卻聽做什麼「金在油中」。何足道信守然諾，果然遠赴中原，將這句「金在油中」的話跟覺遠大師說了。覺遠無法領會其中之意，固不待言，反而惹起一場絕大的風波，武林中從此多了武當、峨嵋兩派。

至於那頭蒼猿卻甚是幸運，在崑崙山中取鮮桃為食，得天地之靈氣，過了九十餘年，仍是縱跳如飛，全身黑黝黝的長毛也盡轉皓白，變成了一頭白猿。只是那部經書藏在腹中，逼住腸胃，不免時時肚痛，肚上的疔瘡也時好時發，直到張無忌給牠取出，就這白猿而言，真是去了一個心腹大患。

張無忌從猿腹中得到「九陽真經」，想到張三丰曾說過若習得少林，武當，峨嵋三派的九陽神功，或能驅去體內的陰毒。這三派九陽功都脫胎於九陽真經，張無忌被困谷中左右也無別事，便照書修習。

張無忌既被囚禁在這四周陡峰環繞的山谷之中，便算真從經中習得神功，驅去陰毒，總是不能出去，心想就算練不成，總也是打發了無聊的日子。只短短四個月時光，便已將第一卷經書上所載的功夫盡數參詳領悟，依法練成。

練完第一卷經書後，屈指算來，胡青牛預計他毒發斃命之期早已過去，可是他身輕體健，但覺全身真氣流動，全無病象，連以前時時發作的寒毒侵襲，也要時隔一月以上才偶有所感，而發作時也極輕微，知「九陽真經」便是張三丰念念不忘的真經寶典，欣喜之餘，參習更勤。待得練到第二卷經書的一小半，體內陰毒已被驅得無影無蹤了。

張無忌練完第二卷經書，便已不畏寒暑。只是越練到後來，越是艱深奧妙，進展也就越慢，第三卷整整花了一年時光，最後一卷更練了三年多，方始功行圓滿。

張無忌後來被說不得裝入乾坤一氣袋中，大布袋內真氣充沛，等於數十位高手各出真力，同時按摩擠逼他周身數百處穴道，他內內外外的真氣激蕩，身上數十處玄關一一衝破，只覺全身脈絡之中，有如一條條水銀在到處流轉，舒適無比；便在這頃刻之間，張無忌所練的九陽神功已然大功告成，水火相濟，龍虎交會，破袋而出。這等機緣自來無人能遇，而這寶袋一碎，此後也再無人有此巧遇。

【三】《武穆遺書》

相傳是岳飛給關在獄中之時，知道已無活命之望，把生平所學的行軍佈陣、練兵攻伐的秘要，詳詳細細的寫了一部書，只盼得到傳人，用以抗禦金兵。岳飛把那部兵書貼身藏了，寫了四首甚麼《菩薩蠻》、《醜奴兒》、《賀聖朝》、《齊天樂》的詞，這四首詞格律不對，平仄不葉，句子顛三倒四，不知所云。原來這四首詞須得每隔三字的串讀先倒後順，反覆連貫，便即明明白白。岳飛在這四首詞中囑咐後人習他的兵法遺書，直搗黃龍，滅了大金。

完顏洪烈想要找到《武穆遺書》，卻不知此書在鐵掌幫禁地。郭靖黃蓉為逃避裘千仞的追殺，誤入禁地，得到此書。

「武穆遺書」的第一頁上寫著十八個大字，曰：「重搜選，謹訓習，公賞罰，明號令，嚴紀律，同甘苦。」

此書中諸凡定謀、審事、攻伐、守禦、練卒、使將、佈陣、野戰，以及動靜安危之勢，用正出奇之道，無不詳加闡述。郭靖後來在蒙古帳中，曾將他所統的萬人隊，操練天覆、地載、風揚、雲垂、龍飛、虎翼、鳥翔、蛇蟠八個陣勢。這八陣原為諸葛亮依據古法而創，傳到岳飛手中，又加多了若干變化。

朮赤與察合台不和，雙方打鬥起來，郭靖令旗揮動，各隊旋轉，蛇蟠陣登時化為虎翼陣，陣面向左，右前天沖四隊居為前首，其餘各隊從察合台軍兩側包抄了上來，只左天前沖二隊向著朮赤軍，守住陣腳。察合台下令向郭靖軍衝殺，但那虎翼陣變化精微，兩翼威力極盛，乃當年韓信在垓下大破項羽時所創。兵法云：「十則圍之。」本來須有十倍兵力，方能包圍敵軍，但此陣極盡變幻，竟能以少圍多。

朮赤見郭靖揮軍擊潰了察合台，不由得又驚又喜，郭靖卻前隊變後隊，後隊變前隊，四下裡圍了上來。朮赤久經陣戰，但見了這等陣仗，也是驚疑不已，急忙喝令拒戰，卻見郭靖的萬人隊分作十二小隊，不向前衝，反向後卻。朮赤更是奇怪，那知道這十二隊分為大黑子、破敵丑、左突寅、青蛇卯、摧凶辰、前沖巳、大赤午、先鋒未、右擊申、白雲酉、決勝戌、後衛亥，按著十二時辰，奇正互變，奔馳來去。十二隊陣法倒轉，或右軍左衝，或左軍右擊，一番衝擊，朮赤軍立時散亂。不到一頓飯工夫，朮赤也是軍潰被擒。

【四】《金蛇秘笈》

袁承志無意中得到《金蛇秘笈》，翻開閱讀，上面寫滿密密小字，又有許多圖畫。有的是地圖，有的是武術姿勢，更有些兵刃機關的圖樣。前面是些練功秘訣以及打暗器的心法，與他師父及木桑道人所授大同小異，約略看去，秘笈中所載，頗有不及自己所學的，但手法之陰毒狠辣，卻遠有過之。袁承志心想，這次險些中了敵人的卑鄙詭計，日後在江湖上行走，難保不再遇到陰惡的對手，這些人的手法自己雖然不屑使用，但知己知彼，為了克敵護身，卻不可不知，於是對秘笈中所述心法細加參研。一路讀將下去，不由得額頭冷汗涔涔而下，世上原來竟有這種種害人的毒法，當真是匪夷所思。

讀到第三日上，見秘笈所載武功已與自己過去所學全然不同，不但與華山派武功無絲毫共通之處，而且從來不曾聽師父說起過，那也並非僅是別有蹊徑而已，直是異想天開，往往與武學要旨背道而馳，卻也自具克敵制勝之妙。袁承志一藝通百藝通，武學上既已有頗深造詣，再學旁門自是一點即會。秘笈中所載武功奇想怪著，紛至疊來，一學之下，再也不能自休，當下不由自主的照著秘笈一路練將下去。練到二十餘日後卻遇上了難關，秘笈中要法關竅，記載詳明，但根基所在的姿勢卻無圖形，訣要甚是簡略，不知招式，只得略過不練。

袁承志再也忍耐不住，帶了繩索火把，又去當年尋得秘笈的洞中，舉起火把往壁上照去，對壁上圖形一加琢磨。袁承志發壁上圖形現果是秘笈中要訣的圖解。他心下大喜，照圖試練，暗暗默記，花了幾個時辰，將圖形盡數記熟了，在金蛇郎君墓前又拜了兩拜，謝他遺書教授武功。

袁承志讀到最後三頁，只見密密麻麻的寫滿了口訣，參照前面所載，有些地方變化精奧，頗增妙悟，但一大半卻全不可解。埋頭細讀這三頁口訣，苦思了兩天，總覺其中矛盾百出，必定另有關鍵，但把一本秘笈翻來覆去的細看，所有功訣法門實已全部熟讀領會，更無遺漏。他重入山洞，細看壁上圖形，仍是難以索解。

此時袁承志武學修為既到如此境界，見到高深的武功秘奧而竟不探索到底，實所難能，想將秘笈燒了，可燒了良久，那書的封面只薰得一片烏黑，竟是不能著火。他心中大奇，用力拉扯，那書居然紋絲不動。他此時混元功已成，雙手具極強內家勁力，這一扯力道非同小可，就是鐵片也要拉長，不料想這書居然不損，情知必有古怪，細加審視，原來封面是以烏金絲和不知甚麼細線織成，共有兩層。他拿小刀割斷釘書的絲線，拆下封面，再把秘笈在火上焚燒，這一下登時火光熊熊，把金蛇郎君平生絕學燒成了灰燼。再看那書封面，夾層之中似乎另有別物，細心挑開兩層之間連繫的金絲，果然中間藏有兩張紙箋。

一張紙上寫著：「重寶之圖」四字，旁邊畫了一幅地圖，又有許多記號。圖後寫著兩行字：「得寶之人，務請赴浙江衢州石樑，尋訪女子溫儀，贈以黃金十萬兩。」

另一張紙箋上寫的，卻密密的都是武功訣要，與秘笈中不解之處一加參照，登時豁然貫通，果然妙用無窮。

袁承志眼望天上明月，《金蛇秘笈》中種種武功秘奧，有如一道澄澈的小溪，緩緩在心中流過，清可見底，更無半分渣滓，直到紅日滿窗，這才醒覺。只是這些武功似乎過份繁複，花巧太多，想來那是金蛇郎君的天性使然，喜在平易處弄得峰迴路轉，使人眼花撩亂。經此一晚苦思，不但通解了金蛇郎君的遺法，而對師父及木桑道人所授諸般上乘武功，也有更深一層體會。他望著兩頁白箋，一堆灰燼，呆呆出神，暗歎金蛇郎君工於心計，一至於斯，故意在秘笈中留下令人不解之處，誘使得到秘笈之人刻意探索，終於找到藏寶地圖。如果秘笈落入庸人之手，不去鑽研武功的精微，那麼多半也不會發現地圖。他把兩張紙箋仍然夾在兩片封面之間，再去山洞取出金蛇劍來，練熟了劍法，才將金蛇劍插還原處。

金蛇秘笈中介紹的較為詳細的武功和武器有：

「金蛇遊身拳」，使用時身形便如水蛇般遊走不定。這是金蛇郎君手創的，係從水蛇在水中遊動的身法中所悟出。

「金蛇擒鶴拳」。

「獨臂刀法」。袁承志曾將一套獨臂刀法細細說了給羅立如聽，羅立如武功本有根底，袁承志又一招一式的教得甚是仔細，連續教了五天，羅立如已牢牢記住，只待臂傷痊癒了，就可習練。這套刀法得自《金蛇秘笈》，與江湖上流傳的左臂刀法大不相同，招招險，刀刀快，實是厲害不過。羅立如雖斷一臂，卻換來了一套足以揚名江湖的絕技，可說是因禍得福，心裡歡喜不盡。

「黃金蛇形錐」，是一種暗器，長約二寸八分，打成昂首吐舌的蛇形，蛇舌尖端分成雙叉，每一叉都是一個倒刺。蛇形錐燦爛生光，是黃金所鑄。

「金蛇劍」，整柄劍就如是一條蛇盤曲而成，蛇尾勾成劍柄，蛇頭則是劍尖，蛇舌伸出分叉，是以劍尖竟有兩叉。那劍金光燦爛，握在手中甚是沉重，看來竟是黃金混和了其他五金所鑄，劍身上一道血痕，發出碧油油的暗光，極是詭異。

袁承志持劍微一舞動，登時明白了「金蛇劍法」的怪異之處，原來劍尖兩叉既可攢刺，亦可勾鎖敵人兵刃，倒拖斜戳，皆可傷敵，比之尋常長劍增添了不少用法，先前覺得「金蛇劍法」中頗多招式甚不可解，原來用在這柄特異的金蛇劍上，盡成厲害招術。

【五】《葵花寶典》和辟邪劍譜

辟邪劍法出自於「葵花寶典」。

《笑傲江湖》中介紹，傳說「葵花寶典」是前朝皇宮中一位宦官所著。這位高人的姓名，已經無可查考，以他這樣一位大高手，為什麼在皇宮中做太監，那是更加誰也不知道了。至於寶典中所載的武功，卻是精深之極，三百餘年來，始終無一人能據書練成。百餘年前，這部寶典為福建莆田少林寺下院所得。其時莆田少林寺方丈紅葉禪師，乃是一位大智大慧的了不起人物，該當練成寶典上所載武功才是。但據他老人家的弟子說道，紅葉禪師並未練成。更有人說，紅葉禪師參究多年，直到逝世，始終就沒起始練寶典中所載的武功。

據說華山派有岳肅和蔡子峰兩位師兄弟，曾到莆田少林寺作客，不知因何機緣，竟看到了這部「葵花寶典」。其時匆匆之際，二人不及同時遍閱全書，當下二人分讀，一個人讀一半，後來回到華山，共同參悟研討。不料二人將書中功夫一加印證，竟然牛頭不對馬嘴，全然合不上來。二人都深信對方讀錯了書，只有自己所記得的才是對的。可是單憑自己所記得的一小半，卻又不能依之照練。兩個本來親逾同胞骨肉的師兄弟，到後來竟變成了對頭冤家。華山派分為氣宗、劍宗，也就由此而起。

岳蔡二位偷閱「葵花寶典」之事，紅葉禪師不久便即發覺。他老人家知道這部寶典中所載武學不但博大精深，兼且凶險之極。據說最難的還是第一關，只消第一關能打通，以後倒也沒有什麼。天下武功都是循序漸進，越到後來越難。這葵花寶典最艱難之處卻在第一步，修習時只要有半點岔差，立時非死即傷。當下紅葉禪師派遣他的得意弟子渡元禪師前往華山，勸諭岳蔡二位，不可修習寶典中的武學。

渡元禪師上得華山，岳蔡家二人對他好生相敬，承認私閱「葵花寶典」，一面深致歉意，一面卻以經中所載武學，向他請教。殊不知渡元禪師雖是紅葉禪師的得意弟子，寶典中的武學卻是未傳授意。岳蔡二人只道渡元禪師定然精通寶典中所載的學問，那想得到其中另有原由？當下渡元禪師並不點明，聽他們背誦經文，隨口解釋，心下卻暗自記憶。渡元禪師武功本極高明，又是絕頂機智之人，聽到一句經文，便以己意演繹幾句，居然也說來頭頭是道。這樣一來，渡元禪師反從岳蔡二位那裡，得悉了寶典中的經文。他在華山與岳肅、蔡家子峰兩位前輩探討葵花寶典，一字一句，記在心裡，當時他是禪師，到得晚上，便筆錄在袈裟之上，以免遺忘。渡元禪師在華山之上住了八日，這才作別，但從此卻也沒再回莆田少林寺去。不久紅葉禪師收到渡無禪師的一通書信，說道他凡心難抑，決意還俗，無面目再見師父云云。這樣一來，少林下院和華山派之間，便生了許多嫌隙，而華山弟子偷窺「葵花寶典」之事，也流傳於外。過不多時，即有魔教十長老攻華山之舉。

魔教十長老攻華山，便是想奪這部「葵花寶典」，其時華山派已與泰山、嵩山、恒山、衡山四派結成了五嶽劍派，其餘四派得訊便即來援。華山腳下一場大戰，魔教十長老多數身受重傷，鎩羽而去，但岳肅、蔡子峰兩人均在這一役中斃命，而他二人所筆錄的「葵花寶典」殘本，也給魔教奪了去。五年之後魔教捲土重來，這一次十長老有備而來，對五嶽劍派劍術中的精妙之著，都想好了破解之法。魔教十長老武功雖高，但要在短短五年之內，盡破五嶽劍派的精妙劍招，多半也還是由於從「葵花寶典」中得到了好處。二次決鬥，五嶽劍派著實吃了大虧，高手耆宿，死傷慘重，五派許多精妙劍法從此失傳湮沒。只是那魔教十長老卻也不得生離華山。

華山派岳肅、蔡子峰二人錄到「葵花寶典」不久，便即為魔教十長老所殺，兩人都來不及修習，寶典又給魔教奪了去。因此華山派中沒人學到寶典中的絲毫武功。但兩人由於所見寶典經文不同，在武學上重氣、重劍的偏歧，卻已分別跟門人弟子詳細講論過，華山派後來分為氣劍兩宗，同門相殘，便種因於此。魔教得到了岳蔡二人手錄的寶典殘本，任我行將那寶典傳給了東方不敗。

其實這部手錄本殘缺不全，本上所錄，只怕還不及林遠圖所悟。渡元就是圖遠。這位前輩禪師還俗之後，復了原姓，卻將他法名顛倒過來，取名為遠圖，後來娶妻生子，創立福威鏢局，在江湖上轟轟烈烈的幹了一番事業。這位渡元禪師立身甚正，吃的雖是鏢局子飯，但行俠仗義，急人之難，他不在佛門，行的卻是佛門之事。一個人只要心地好，心即是佛，是否出家，也沒多大分別。紅葉禪師當然不久即知，這林鏢頭便是他的得意弟子，但聽說師徒之間，以後也沒來往。

紅葉禪師臨圓寂之時，招集門人弟子，說明這部寶典的前因後果，便即投入爐中火化，說道：「這部武學秘笈精微奧妙，但其中許多關鍵之處，當年的撰作人並未能妥為參通解透，留下的難題太多，尤其是第一關難過，不但難過，簡直是不能過、不可過，流傳後世，實非武林之福。」

渡元捨不得將劍譜毀去，將劍譜藏在老宅向陽巷的佛堂中。他在劍譜之末註明，他原在寺中為僧，以特殊機緣，從旁人口中聞此劍譜，錄於袈裟之上。他鄭重告誡，這門劍法太過陰損毒辣，修習者必會斷子絕孫。尼僧習之，已然甚不相宜，大傷佛家慈悲之意，俗家人更萬萬不可研習。

辟邪劍法是從葵花寶典殘本中悟出來的武功，兩者係出同源，但都只得到了原來寶典的一小部分。今日林家的辟邪劍法平平無奇，而林遠圖前輩曾以此劍法威震江湖，卻又絕不虛假。當年青城派掌門長青子，號稱「三峽以西劍法第一」，卻也敗在林前輩手下。今日青城派的劍法，可就比福威鏢局的辟邪劍法強得太多，其中一定別有原因。辟邪劍法的威名太甚，而林震南的武功太低，這中間的差別，自然而然令人推想，定然是林震南太蠢，學不到家傳武功。進一步便想，倘若這劍譜落在自己手中，定然可以學到當年林遠圖那輝煌顯赫的劍法。

幾百年來以劍法馳名的，原不只林遠圖一人。但少林、武當、峨嵋、點蒼、青城以及五嶽劍派諸派，後代各有傳人，旁人決計不會去打他們的主意。只因林震南武功低微，那好比一個三歲娃娃，手持黃金，在鬧市之中行走，誰都會起心搶奪了。起心搶奪劍譜的人雖多，終究還是青城余滄海臉皮最老，第一個動手。

東方不敗練習葵花寶典，得自魔教教主任我行之手。令狐冲搶到寫在袈裟上的辟邪劍譜，卻被岳不群偷偷藏起，自宮練習。林平之為報父母之仇，每晚在岳不群夫妻窗下偷聽，終於也得到了辟邪劍譜，自宮練習。左冷禪便千方百計的來找岳不群麻煩，用意顯然有二：一是想殺了岳先生，便於他歸併五嶽劍派；其二自然是劫奪辟邪劍譜了。

辟邪劍法最神秘的第一步是「武林稱雄，揮劍自宮」，東方不敗、林平之、岳不群、左冷禪都練習過，只不過左冷禪沒有自宮，最後敗在岳不群手下。

林家辟邪劍法雖然號稱七十二招，但每一招各有數十著變化，一經推衍，變化繁複之極。倘若換作旁人，縱不頭暈眼花，也必為這萬花筒一般的劍法所迷，無所措手。

辟邪劍法七十二招，書中出現過的招數有：流星飛墮，花開見佛，江上弄笛，紫氣東來，掃蕩群魔，直搗黃龍，群邪辟易，鍾馗抉目，飛燕穿柳，流星趕月等。

【六】玉女功養生修煉

古墓派玉女功養生修煉，有「十二少、十二多」的正反要訣：「少思、少念、少欲、少事、少語、少笑、少愁、少樂、少喜、少怒、少好、少惡。行此十二少，乃養生之都契也。多思則神怠，多念則精散，多欲則智損，多事則形疲，多語則氣促，多笑則肝傷，多愁則心懾，多樂則意溢，多喜則忘錯昏亂，多怒則百脈不定，多好則專迷不治，多惡則焦煎無寧。此十二多不除，喪生之本也。」

小龍女自幼修為，無喜無樂，無思無慮，功力之純，即是師祖林朝英亦有所不及。但後來楊過一到古墓，兩人相處日久，情愫暗生，這少語少事、少喜少愁的規條便漸漸無法信守了。

【七】全真派入門歌訣

「修真活計有何憑？心死群情今不生。精氣充盈功行具，靈光照耀滿神京。秘語師傳悟本初，來時無久去無餘。歷年塵垢揩磨盡，偏體靈明耀太虛。」

這幾句歌訣雖是修習內功的要旨，教人收心息念，練精養氣，但每一句均有幾招拳腳與之相配，合起來便是一套簡明的全真派入門拳法。

【八】亂環訣和陰陽訣

亂環訣和陰陽訣都是太極功夫。

亂環訣口訣是：

亂環術法最難通，上下隨合妙無窮。陷敵深入亂環內，四兩能撥千斤動。手腳齊進豎找橫，掌中亂環落不空。欲知環中法何在，發落點對即成功。

亂環訣出手招招成環。所謂亂環，便是說拳招雖有定型，變化卻存乎其人。手法雖均成環，卻有高低、進退、出入、攻守之別。圈有大圈、小圈、平圈、立圈、斜圈、正圈、有形圈及無形圈之分。臨敵之際，須得以大克小、以斜克正、以無形克有形，每一招發出，均須暗蓄環勁。以環形之力，推得敵人進我無形圈內，那時欲其左則左，欲其右則右。然後以四兩微力，撥動敵方千斤。務須以我豎力，擊敵橫側。太極拳勝負之數，在於找對發點，擊準落點。

陰陽訣口訣是：

太極陰陽少人修，吞吐開合問剛柔。正隅收放任君走，動靜變裡何須愁？生克二法隨著用，閃進全在動中求。輕重虛實怎的是？重裡現輕勿稍留。

萬物都分陰陽。拳法中的陰陽包含正反、軟硬、剛柔、伸屈、上下、左右、前後等。伸是陽，屈是陰；上是陽，下是陰。散手以吞法為先，用剛勁進擊，如蛇吸食；合手以吐法為先，用柔勁入，似牛吐草。均須冷、急、快、脆。至於正，那是四個正面，隅是四角。臨敵之際，務須以我之正衝敵之隅。倘若正對正，那便衝撞，便是以硬力拚硬力。若是年幼力弱，功力不及對手，定然吃虧。若是以角衝角，拳法上叫作：「輕對輕，全落空」。必須以我之重，擊敵之輕；以我之輕，避敵之重。再說到「閃進」二字，當閃避敵方進擊之時，也須同時反攻，這是守中有攻；而自己攻擊之時，也須同時閃避敵方進招，這是攻中有守，此所謂「逢閃必進，逢進必閃」。拳訣中言道：「何謂打？何謂顧？打即顧，顧即打，發手便是。何謂閃？何謂進？進即閃，閃即進，不必遠求。」若是攻守有別，那便不是上乘的武功。

武功中的勁力千變萬化，但大別只有三般勁，即輕、重、空。用重不如用輕，用輕不如用空。拳訣言道：「雙重行不通，單重倒成功」。雙重是力與力爭，我欲去，你欲來，結果是大力制小力。單重卻是以我小力，擊敵無力之處，那便能一發成功。要使得敵人的大力處處落空，我內力雖小，卻能勝敵，這才算是武學高手。

【九】聖火令

聖火令是當年波斯「山中老人」霍山所鑄，刻著他畢生武功精要。六枚聖火令和明教同時傳入中土，向為中土明教教主的令符，年深日久之後，中土明教已無人識得波斯文字。數十年前，聖火令為丐幫中人奪去，輾轉為波斯商賈所得，復又流入波斯明教。波斯總教鑽研其上文字，數十年間，教中職份較高之輩人人武功陡進。只是其上所記武功博大精深，便是修為最好的大聖寶樹王，也只是學得三四成而已。

透骨針是波斯明教聖火令上的功夫，即使有九陽神功護體，也難防難當。透骨針內功是一種陰勁，這陰勁凝聚如絲髮之細，倏鑽陡戳，陰勁如刀、如劍、如匕、如鑿。陰勁入體，立即消失，但卻疼痛入骨。

書中出現過的波斯明教聖火令上的功夫還有一種是「陰風刀」。見於《倚天屠龍記》。

【十】玉女心經

玉女心經須得二人同練，互為臂助。

第一步，先得練成本門各項武功；第二步是學全真派武功；第三步再練克制全真派武功的玉女心經。

玉女劍法果是全真劍法的剋星，一招一式，恰好把全真劍法的招式壓制得動彈不得，步步針鋒相對，招招制敵機先，全真劍法不論如何騰挪變化，總是脫不了玉女劍法的籠罩。

玉女心經練功時全身熱氣蒸騰，須揀空曠無人之處，全身衣服敞開而修習，使得熱氣立時發散，無片刻阻滯，否則轉而鬱積體內，小則重病，大則喪身。

後王重陽從九陰真經中學得奧秘，將玉女玉經一一破解。

【十一】《紫霞秘笈》與紫霞功

《紫霞秘笈》是華山派最高的氣功心法，練成之後內功初發時若有若無，綿如雲霞，然而蓄勁極韌，到後來更鋪天蓋地，勢不可當，「紫霞」二字由此而來。

紫霞功雖是華山派功夫，但掌人卻不肯輕易就傳給弟子，倒不是有所吝惜，而是一練此功之後，必須心無雜念，勇猛精進，中途不可有絲毫耽擱，否則於練武功者實有大害，往往會走火入魔。

令狐冲被罰面壁，岳夫人提議讓令狐冲練習紫霞功，岳不群卻不肯。於是假意推託，要令狐冲面壁半年後，看他的功夫進境如何，再決定是否傳他紫霞功的口訣。還未滿半年，令狐冲的體內被桃谷六仙注入了六種不同的真氣，此時岳不群才決定使用紫霞功救令狐冲。

岳不群以雙掌抵住令狐冲雙掌的掌心，將內力緩緩送將過去。內力與令狐冲體內的真氣一碰，岳不群全身一震，臉上紫氣大盛，竟被退開。

後來岳靈珊將《紫霞秘笈》從父親處偷來，想讓令狐冲自行療傷。

《紫霞秘笈》第一頁寫道：「天下武功，以練氣為正。浩然正氣，原為天授，惟常人不善養之，反以性伐氣。武夫之患，在性暴、性驕、性酷、性賊。暴則神擾而氣亂，驕則真離而氣浮，酷則喪仁而氣失，賊則心狠而氣促。此四事者，皆是截氣之刀鋸……舍爾四性，返諸柔善，制汝暴酷，養汝正氣，鳴天鼓，飲玉漿，蕩華池，叩金梁，據而行之，當有小成。」

第十篇 棒、棍、杖法

【一】打狗棒法

三十六路打狗棒法是丐幫開幫祖師爺所創，歷來是前任幫主傳後任幫主，決不傳給第二個人。丐幫第三任幫主的武功尤勝開幫祖師，他在這路棒法中更加入無數奧妙變化。數百年來，丐幫逢到危難關頭，幫主親自出馬，往往便仗這打狗棒法除奸殺敵，鎮懾群邪。

打狗棒法名字雖然陋俗，但變化精微，招術奇妙，實是古往今來武學中的第一等功夫。打狗棒法共有絆、劈、纏、戳、挑、引、封、轉八訣，「纏」字訣使用時，那竹棒有如一根極堅韌的細藤，纏住了大樹之後，任那樹粗大數十倍，不論如何橫挺直長，休想再能脫卻束縛，「纏」字訣是隨敵東西。「轉」字訣卻是令敵隨己，竹棒化成了一團碧影，猛點敵人後心「強間」、「風府」、「大椎」、「靈台」、「懸樞」各大要穴。這些穴道均在背脊中心，只要被棒端點中，非死即傷。「絆」字訣有如長江大河，綿綿而至，決不容敵人有絲毫喘息時機，一絆不中，二絆續至，連環鉤盤，雖只一個「絆」字，中間卻蘊藏著千變萬化。

「天下無狗」共有六變，是打狗棒法最後一招最後一變的絕招，這一招使將出來，四面八方是棒，勁力所至，便有幾十條惡犬也一齊打死了，所謂「天下無狗」便是此義，棒法之精妙，已臻武學中的絕詣。

《射鵰英雄傳》中出現的招數有：「棒打狗頭」、「反截狗臀」、「獒口奪杖」、「棒打雙犬」、「壓肩狗背」、「撥狗朝天」等。

《神鵰俠侶》中出現的招數有：「棒打雙犬」、「天下無狗」等。打狗棒法的歌訣有：「棒回掠地施妙手，橫打雙獒莫回頭」、「狗急跳牆如何打？快擊狗臀劈狗尾」。

【二】五郎棍法

「五郎棍法」圈、點、劈、軋、挑、撞、撤、殺，招熟力猛，使將出來極有威勢。招數有：「推窗望月」、「背棍撞鐘」、「白猿問路」、「橫攔天門」、「倒反乾坤」、「青龍出洞」等。

見於《飛狐外傳》

【三】三節棍

湖北阮家八十一路三節棍是《天龍八部》中丐幫長老陳孤雁武功。《書劍恩仇錄》中彭三春也使用三節棍，招數有「毒蛇擺尾」等。

【四】伏魔杖

五台山二十四路伏魔杖書中出現過兩招，「秦王鞭石」和「大鵬展翅」。《天龍八部》中丐幫長老奚長老武功。

【五】狼牙棒

當年梁山泊好漢中有一位霹靂火秦明，狼牙棒法天下無雙，除他之外，武林豪傑使這兵刃的向來極少，因狼牙棒份量沉重，若非有極大臂力不易運用自如。只有金兵將官卻甚喜用，以金人生長遼東苦寒之地，身強力大，兵器沉重，則陣上多佔便宜。見於《射鵰英雄傳》。

《書劍恩仇錄》中的章進兵器也是狼牙棒，招數有「烏龍掃地」等。

【六】魯智深瘋魔杖

《書劍恩仇錄》中紅花會排名第十三的「銅心鱷魚」蔣四根，將自己的兵器鐵槳當作禪杖用，招數有「秦王鞭石」、「金鉸剪月」等。

【七】齊眉棍法

《書劍恩仇錄》中成璜功夫。

第十一篇 槍法與鞭法

【一】雙槍槍法

用竹杆當槍用，竹杆性柔，盤打挑點之中，又含著軟鞭與大杆子的招數，百忙中還找敵人穴道。還可左手杆在地下一撐，身子飛起，右手竹杆在地下一撐，又再躍起，左手杆居高臨下，俯擊敵人。

見於《書劍恩仇錄》。

【二】岳家神槍

岳家神槍的招數有「毒龍出洞」、「舉火撩天」等。

見於《書劍恩仇錄》。

【三】楊家槍法

當年楊再興憑一杆鐵槍，率領三百宋兵在小商河大戰金兵四萬，奮力殺死敵兵二千餘名，刺殺萬戶長撒八孛堇、千戶長、百戶長一百餘人，其時金兵箭來如雨，他身上每中一枝敵箭，隨手折斷箭杆再戰，最後馬陷泥中，這才力戰殉國。金兵焚燒他的屍身，竟燒出鐵箭頭二升有餘。這一仗殺得金兵又敬又怕，楊家槍法因此威震中原。

楊鐵心雖然不及先祖威勇，卻也已頗得槍法心傳，只見他攢、刺、打、挑、攔、搠、架、閉，七十二路楊家槍法招數靈動，變幻巧妙。楊家槍法雖是兵家絕技，用於戰場上衝鋒陷陣，固是所向無敵，當者披靡，但以之與武學高手對敵，畢竟頗為不足。

「楊家槍法」中的一招「回馬槍」倒提鐵槍，回身便走，斗然間擰腰縱臂，回身出槍，直刺道人面門。這一槍剛猛狠疾，正是楊家槍法中臨陣破敵、屢殺大將的一招。當年楊再興在降宋之前與岳飛對敵，曾以這一招刺殺岳飛之弟岳翻，端的厲害無比。

「楊家槍法」書中出現的招數還有「毒龍出洞」、「行步蹬虎」、「朝天一炷香」、「鳳點頭」等。

【四】軟鞭

武林中有言道：「練長不練短，練硬不練軟。」又道：「一刀、二槍、三斧、四叉、五鉤、六鞭、七抓、八劍。」意思說要學會兵器的初步功夫，學刀只需一年，學鞭卻要六年，這鞭說的乃是單鞭雙鞭的硬兵刃，軟鞭卻更加難練。

軟鞭中的「反脫袈裟」身法，人向右轉，繩索從左向右橫掃，虎虎生風，勢不可當。

見於《書劍恩仇錄》。

【五】呼延十八鞭

呼延十八鞭乃是北宋大將呼延贊所創，共十八招，最後一招叫做「一鞭斷十槍」，當年北宋大將呼延贊受敵人圍攻，曾以一根鋼鞭震斷十條長槍。書中出現過的招數還有：「夜闖三寨」、「橫掃千軍」等。見於《鴛鴦刀》。

【六】金龍鞭

這軟兵刃非比別樣，巧勁不到，不但傷不到敵人，反而損了自己。如果勁力用錯，軟鞭反過來刷的一聲，金龍鞭會在自己腦袋上砸起了老大一個疙瘩。

郭靖生性愚鈍，為練金龍鞭吃了不少苦頭。韓寶駒脾氣暴躁，見郭靖練錯了，往往就是一記耳光。郭靖不敢作聲，提鞭又練。韓寶駒見他努力，於自己發火倒頗為歉然，郭靖雖接連又出了幾次亂子，也就不再怪責，教了五招鞭法，好好勉勵了幾句，命他自行練習。

郭靖練這金龍鞭法時苦頭可就大啦，只練了十數趟，額頭、手臂、大腿上已到處都是烏青。

金龍鞭的招數有「風捲殘雲」、「斷脛盤打」等。

【七】銀色軟鞭

梅超風所用兵器為銀色軟鞭。

軟鞭四丈有餘，鞭法也古怪之極，舞動並不迅捷，並無絲毫破空之聲，東邊一卷，西邊一翻，招招全然出人意料之外，她右手橫溜，執住鞭梢，四丈長的鞭子伸將出去，搭住一塊大石，捲了起來，這一下靈便確實，有如用手一般，原來是鞭頭裝著十多隻明晃晃的尖利倒鉤。

【八】七節鋼鞭

七節鋼鞭的招數有「泰山壓頂」。

羅信武功，見於《書劍恩仇錄》。

【九】九節鞭

九龍派九節鞭的招數有「插花蓋頂」、「青藤纏葫蘆」等。

見於《飛狐外傳》。

【十】大別山回打軟鞭十三式

大別山回打軟鞭十三式是丐幫長老陳孤雁武功。

見於《天龍八部》。

【十一】百勝軟鞭

百勝軟鞭是伏牛派的功夫。

「天靈千醉」是百勝軟鞭中第二十九招中的第四個變招，雖然招法古怪，卻算不得是上乘武學，只是力道十分剛猛而已。

見於《天龍八部》。

第十二篇　陣法

【一】天罡北斗陣

天罡北斗陣是全真派的一種陣法，使用時天罡北斗陣法所坐的方位是北斗星座之形，迎敵時只出一掌，另一掌卻搭在身旁之人肩上，七人之力合而為一。

天罡北斗陣是全真教中最上乘的玄門功夫，王重陽當年曾為此陣花過無數心血。小則以之聯手搏擊，化而為大，可用於戰陣。敵人來攻時，正面首當其衝者不用出力招架，卻由身旁道侶側擊反攻，猶如一人身兼數人武功，確是威不可當。

全真七子用陣法，第一次是和梅超風相鬥，全真七子馬鈺位當天樞，譚處端位當天璇，劉處玄位當天璣，丘處機位當天權，四人組成斗魁；王處一位當玉衡，郝大通位當開陽，孫不二位當搖光，三人組成斗柄。北斗七星中以天權光度最暗，卻是居魁柄相接之處，最是衝要，因此由七子中武功最強的丘處機承當，斗柄中以玉衡為主，由武功次強的王處一承當。「天權」、「玉衡」正面禦敵，兩旁「天璣」、「開陽」發掌側擊，後面「搖光」與「天璇」也轉了上來。結果梅超風不敵全真七子，卻因黃藥師的到來而結束。

全真七子誤以為周伯通已死，將黃藥師圍入天罡北陣中。黃藥師連移三次方位，不是王處一轉動斗柄，就是丘處機帶動斗魁，始終不讓他搶到馬鈺左側。雙方都是騎虎難下，不得不各出全力周旋。黃藥師在大半個時辰之中連變十三般奇門武功，始終只能打成平手，直鬥到晨雞齊唱，陽光入屋，八人兀自未分勝負。結果因歐陽鋒一掌打死譚處端而使陣法大亂。

第三次使用天罡北斗陣，只是長真子譚處端死，「天璇」之位便由柯鎮惡接充，只是他武功較遜，又不諳陣法，是以再由尹志平守護背後，臨時再加指點。但見全真六子各舞長劍，進退散合，圍著黃藥師打得甚是激烈。

牛家村惡鬥，全真七子中只二人出劍，餘人俱是赤掌相搏，戰況已凶險萬狀，此時七柄長劍再加一根鐵杖，更是猛惡驚人。黃藥師卻仍是空手，在劍光杖影中飄忽來去，似乎只給逼得只有招架之功，卻無還手之力，數十招中只是避讓敵刃，竟未還過一拳一腳。

郭靖見黃藥師滿臉輕鬆自在，渾不是給迫得喘不過氣來的神氣，不禁起了疑竇，只見黃藥師左掌斜揮，向長生子劉處玄頭頂猛擊下去，竟是從守禦轉為攻擊。這一掌劈到，劉處玄原是不該格擋，須由位當天權的丘處機和位當天璇的柯鎮惡從旁側擊解救，可是柯鎮惡目不見物，與常人接戰自可以耳代目，遇著黃藥師這般來無影去無蹤的高明掌法，那裡還能隨機應變？丘處機劍光閃閃，直指黃藥師的右腋，柯鎮惡待得聽到尹志平指點出杖，已然遲了一步。劉處玄只覺風聲颯然，敵人手掌已拍到頂門，大駭之下，急忙倒地滾開。馬鈺與王處一在一旁眼見這一下手實是千鈞一髮之險，雙劍齊出。劉處玄危難雖脫，天罡北斗之陣卻也已散亂，黃藥師向孫不二疾衝過去，衝出三步，突然倒退，背心撞向廣寧子郝大通。郝大通從未見過這般怪招，不禁微一遲疑，待要挺劍刺他脊樑，黃藥師動如脫兔，早已闖出了圈子，在兩丈外站定。

黃藥師本已闖出天罡北斗陣外，卻又再次進入陣中。黃藥師這次劈出去的掌力一招弱似一招，全真諸子逐漸合圍，不到一盞茶功夫，眾人似已擠成一團。眼見劉處玄、丘處機、王處一、郝大通四人的劍鋒便可同時插在黃藥師身上，不知怎的，四柄長劍卻都貼身而過，終究差了數寸，若不是四人收劍迅捷，竟要相互在同門師兄弟身上刺個透明窟窿。在這小圈子中相鬥，招招相差只在毫髮之間。黃藥師不住向馬鈺左側移動，越移越遠，似乎要向外逃遁。忽聽得王處一撮唇而嘯，他與郝大通、孫不二三人組成的斗柄從左轉了上去，仍將黃藥師圍在中間。

黃藥師連移三次方位，不是王處一轉動斗柄，就是丘處機帶動斗魁，始終不讓他搶到馬鈺左側。全真諸子見黃藥師窺破陣法的關鍵，各自暗暗心驚。黃藥師斗然間欺到孫不二面前，刷刷刷刷連劈三掌。馬鈺與郝大通挺劍相救。黃藥師身子略側，避開二人劍鋒，刷刷刷，向孫不二又劈三掌。馬鈺等見他專對孫不二猛攻，團團圍上相援，在這緊迫之際，陣法最易錯亂。柯鎮惡目不見物，斗魁橫過時起步稍遲，黃藥師一聲長笑，已越過他的身後，尹志平被他捉住背心，擲了上去。這一來陣法破綻更大，黃藥師那容對方修補，立時低頭向馬鈺疾衝，滿以為他必定避讓，那知馬鈺劍守外勢，左手的劍訣卻直取敵心眉心，出手沉穩，勁力渾厚。黃藥師側身避過，猛地回身一腳，把郝大通踢了個觔斗，俯身搶起長劍，掌胸直刺下去。劉處玄大驚，揮劍來格。黃藥師哈哈大笑，手腕震處，拍的一聲，雙劍齊斷。但見青影閃動，黃藥師疾趨北極星位。此時陣法已亂，無人能阻。

郭靖見到全真七子布「天罡北斗陣」，其後與黃蓉參詳天上的北斗星宿與北極星，得知若將北斗星宿中「天樞」、「天璇」兩星聯一直線，向北伸展，即遇北極星。此星永居正北，北斗七星每晚環之而轉。其後他在洞庭湖君山為丐幫所擒，又再仰觀天文，悟到天罡北斗陣的不少訣竅，但也只是將北斗陣連環救援、此擊彼應的巧妙法門用入自己武功而已。黃藥師才智勝於郭靖百倍，又精通天文術數、陰陽五行之學，牛家村一戰未能破得全真七子的北斗陣，事後凝思多日，即悟到了此陣的根本破綻之所在。郭靖所想的只是「學」，黃藥師不屑去學王重陽的陣法，所想的卻是「破」，知道只須搶到北極星的方位，北斗陣散了便罷，否則他便要坐鎮中央，帶動陣法，那時以逸待勞，自是立於不敗之地。

郭靖以為黃藥師害死了五位師父，見馬鈺要棄劍認輸，搶佔了北極星位。黃藥師破亂了陣法，滿擬能將全真派打得輸叫饒，那知北極星位上突然出現了一人。他全神對付全真諸子，並未轉身去看此人面目，反手施展劈空掌手段，當胸就是一掌。郭靖伸左掌卸開來勢，身子卻穩凝不動。黃藥師大吃一驚，回過頭來，卻見正是郭靖。

此時黃藥師後前受敵，若不能驅開郭靖，天罡北斗陣從後包抄上來，實是危險萬分。他向郭靖連劈三掌，那知郭靖仍是只守不攻，短劍豎擋胸口，左掌在自己下腹緩緩掠過，他雖是一招雙攻，但雙攻都失了標的。黃藥師一驚更甚，沒想到這傻小子郭靖竟也窺破了陣法的秘奧，居然穩守北極星位，竟不移動半步。郭靖面對殺師大仇，卻沉住了氣堅守要位，雙足猶似用鐵釘在地下牢牢釘住，任憑黃藥師故意露出多大的破綻誘敵，他只是視而不見。

這一次惡鬥，比適才更是激烈數倍。全真諸子初時固欲殺黃藥師而甘心，好為周伯通與譚處端報仇。黃藥師卻明知其中生了誤會，只是他生性傲慢，又自恃長輩身分，不屑先行多言解釋，滿擬先將他們打得一敗塗地，棄劍服輸，再行說明真相，重重教訓他們一頓，是以動武之際手底處處留情。否則馬鈺、丘處機等縱然無礙，孫不二、尹志平那裡還有性命在？那知郭靖突然出現，不但不出手相助，反而捨死狠拚，心想他如不是害死了黃蓉，何必如此懼怕自己。這時黃藥師再不容情，一意要抓住郭靖問個明白。但此際郭靖占了北極星位，雙方優劣之勢已然倒轉。天罡北斗陣法滾滾推動，攻勢連綿不絕。黃藥師連搶數次，始終不能將郭靖逼開，心中焦躁起來，每掌用強猛衝，全真諸子必及時救援，欲待回身下殺手先破陣法，北斗陣越縮越小，合圍之勢已成，自忖雖然震古鑠今的能為，亦已難脫厄運。最後卻因馬鈺叫停，郭靖說明周伯通未死而作罷。

丘處機等人感郭靖師徒相助打敗黃藥師，又用天罡北斗陣相助柯鎮惡，將黃藥師和黃蓉兩人圍入陣中。柯鎮惡鐵杖被黃蓉用打狗棒法的「引」字訣拖住，跟著她竹棒揮舞，棒東杖東，棒西杖西，全然不得自由。柯鎮惡在北斗陣中位居「天璇」，他一受制，陣法登時呆滯。郭靖見師父受挫，縱身離開北極星位，搶到「天璇」。他此時武功已勝全真諸子，兼之精通陣法奧妙，一加推動，陣勢威力大增。北斗陣本以「天權」為主，但他一任陣，樞紐移至「天璇」，陣法立時變幻。這奇勢本來不及正勢堅穩，但黃藥師一時之間參詳不透，雖有女兒相助，仍是難以抵擋，幸而全真諸子下手各守分寸，只郭靖一人性命相搏，黃藥師勉強還可支撐。鬥到分際，郭靖愈逼愈近。他有諸子為援，黃藥師傷他不得，只得連使輕功絕技，方避開了他勢若瘋虎的連環急攻。這時歐陽鋒來到，將正罡北斗陣引向歐陽鋒。

全真六子布成陣勢，叫尹志平占了「天璇」之位。歐陽鋒手中蛇杖倏伸倏縮，把全真派七人逼開。他在牛家村見過全真派天罡北斗陣的厲害，心中好生忌憚，先守緊門戶，以待敵方破綻。北斗陣一經展開，前攻後擊，連環不斷。歐陽鋒遇招拆招，見勢破勢，片刻間已看出尹志平的「天璇」是陣法一大弱點，心想此陣少了一環，實不足畏，掌下使開蛇杖堅守要害，游目四顧，觀看周遭情勢。最後卻又因洪七公的干預而作罷。

【二】大北斗陣法

大北斗陣法也是全真教的陣法。

《神鵰俠侶》中寫到郭靖大戰北斗陣法的場面，群道每七人一組，布成了十四個天罡北斗陣。每七個北斗陣又布成一個大北斗陣。自天樞以至搖光，聲勢實是非同小可。兩個大北斗陣一正一奇，相生相剋，互為犄角。九十八名道士倏地散開，或前或後，陣法變幻無窮。大北斗陣法比之王重陽的北斗陣法，威力又強許多。十四個北斗陣一經帶動，重重疊疊的聯在一起，料想敵人縱然掌力再強十倍，也決難雙手推動九十八人。

郭靖不敢與眾道強攻硬戰，只展開輕身功夫，在陣中鑽來竄去，找尋空隙，東奔西躍，引動陣法生變，只一盞茶時分，已知單憑一已之力，要破此陣實是難上加難。一來他不願下重手傷人，二來陣法嚴謹無比，竟似沒半點破綻；三來他心思遲鈍，陣法變幻卻快，縱有破綻，一時之間也看不出來。溶溶月色之下，但見劍光似水，人影如潮，此來彼去，更無已時。

那知這陣法的奧妙之一，就是引敵攻擊主帥，各小陣乘機東包西抄、南圍北擊，敵人便是落入了陷阱。郭靖只奔出七八步，立感情勢不妙，身後壓力驟增，兩側也是翻翻滾滾的攻了上來。他待要轉向右側，正面兩個小陣十四柄長劍同時刺到。這十四劍方位時刻拿捏得無不恰到好處，竟教他閃無可閃，避無可避。

郭靖身處險境，心下並不畏懼，忽地斜身竄躍，右腳飛出，左手前探，將一名小道人踢了個筋斗，同時將他長劍奪了過來，眼見右腰七劍齊到，他左手揮了出去，八劍相交，喀喇一響，七柄劍每一劍都是從中斷為兩截，他手中長劍卻是完好無恙。他所奪長劍本也與別劍無異，並非特別銳利的寶劍，只是他內勁運上了劍鋒，使對手七劍一齊震斷。

那七個道人驚得臉如土色，只一呆間，旁邊兩個北斗陣立時轉上，挺劍相護。郭靖見這十四人各以左手扶住身旁道侶右肩，十四人的力氣已聯而為一，心想：「且試一試我的功力到底如何？」長劍揮出，黏上了第十四名道人手中之劍。

那道人急向裡奪，那知手中長劍就似鑲焊在銅鼎鐵砧之中，竟是紋絲不動。其餘十三人各運功勁，要合十四人之力將敵人的黏力化開。郭靖正要引各人合力，一覺手上奪力驟增，右臂振處，喀喇喇一陣響亮，猶如推倒了甚麼巨物，十二柄長劍盡皆斷折。最後兩柄卻飛向半空。十四名道人驚駭無已，急忙躍開。郭靖心中卻暗歎自己功力尚未精純，有兩柄劍沒能震斷。

這麼一來，眾道人心中更多了一層戒懼，出手愈穩，廿一名道士手人雖然失了兵刃，但運掌成風，威力並未減弱。郭靖適才震劍，未能盡如己意，又感敵陣守得越加堅穩，心想不知馬道長、丘道長他們這些年中在北斗陣上另有甚麼新創，若是對方忽出高明變化，自己難以拆解，只怕不免為群道所擒，事不宜遲，須得先下手為強，於是郭靖倏地矮身，竄到東北角上，但見西南方兩個小陣如影隨形的轉上，當即指尖抖動，長劍於瞬息之間連刺了十四下，十四點寒星似乎同時撲出，每一劍都刺中一名道人右腕外側「陽谷穴」。這是劍法中最上乘功夫，運劍如風似電，落點卻不失釐毫，就和同時射出十四件暗器一般無異。

郭靖出手雖輕，但每個道人都是腕上一麻，手指無力，十四柄長劍一齊拋在地下。各人驚駭之下，急忙後躍，察看手腕傷勢，但見陽谷穴上微現紅痕，一點鮮血也沒滲出，才知對方竟以劍尖使打穴功夫，勁透穴道，卻沒損傷外皮。眾道暗暗吃驚，均想若非手下容情，要割下我們手掌真是不費吹灰之力。

這一來，已有五七三十五柄長劍脫手。長鬚道人大是恚怒，明知郭靖未下絕手，只是全真教實在顏面無光，何況若讓如此強手闖進本宮，後患大是不小，當下連連發令，收緊陣勢，心想九十八名道人四下合圍，將你擠也擠死了。

郭靖無法，只好又打起精神，要挫一挫這些道人的銳氣，於是左掌斜引，右掌向左推出。一個北斗陣的七名道人轉上接住。郭靖急奔北極星位，第二個北斗陣跟著攻了過來。此時共有一十四個北斗陣，也即有一十四個北極星座，郭靖無分身之術，自是沒法同時占住一十四個要位。他展開輕身功夫，剛占第一陣的北極星位，立即又轉到第二陣的北極星位，如此轉得幾轉，陣法已現紛亂之象。

長鬚道人見情勢不妙，急傳號令，命眾道遠遠散開，站穩陣腳，以靜制動，知道各人若是隨著郭靖亂轉，他奔跑迅速，必能乘隙搗亂陣勢，但若固守不動，一十四個北極星位相互遠離，郭靖身法再快，也難同時搶佔。

郭靖抬頭向重陽宮望去，忽見道觀屋角邊白光連閃，似是有人正使兵刃相鬥，只是相距遠了，身形難以瞧見，刀劍撞擊之聲更無法聽聞。

郭靖心中焦急，左掌一招「見龍在田」，右手一招「亢龍有悔」，使出左右互搏之術，同時分攻左右。但見左邊北斗大陣的四十九人擋他左招，右邊四十九人擋他右招。他招數未曾使足，中途忽變，「見龍在田」變成了「亢龍有悔」，而「亢龍有悔」卻變成了「見龍在田」。他以左右互搏之術，雙手使不同招數已屬難能，而中途招數互易，眾道更是見所未見、聞所未聞。左邊的北斗大陣原是抵擋他的「見龍在田」，右邊的擋他的「亢龍有悔」，這兩招去勢相反，兩邊道人奮力相抗，那料得到倏忽之間他竟招數互易。只見郭靖人影一閃，已從兩陣的夾縫中竄出，左邊的四十九名道人與右邊四十九名道人正自發力向前衝擊，這時那裡還收得住腳？只聽砰的一聲巨響，兩陣相撞，或劍折臂傷，或鼻腫目青，更有三十餘人自相衝撞摔倒。

主持陣法的長鬚道人雖然閃避得快，未為道侶所傷，可是也已狼狽不堪，盛怒之下，連聲呼喝，急急整頓陣勢，見郭靖向山腳下的大池玉清池奔去，當即帶著十四個小陣直追。全真派的武功本來講究清靜無為、以柔克剛，主帥動怒，正是犯了全真派武功的大忌，他心浮氣粗之下，已說不上甚麼審察敵情、隨機應變了。

大北斗陣法，雖然厲害無比，但在大俠郭靖的神威武功面前，還是紙老虎。

【三】二十八宿大陣

黃藥師精通五行，當年看了全真教的天罡北斗陣後，潛心苦思，參以古人陣法，創下這二十八宿陣。

中央黃陵五氣，屬土，由郭靖統軍八千，此軍直搗中央，旨在救出郭襄，不在殲敵。各軍背負土囊，中盛黃土，一攻至台下，立即以土囊滅火壓柴，拆台救人。

南方丹陵三氣，屬火，一燈大師統軍，領軍八千。此路兵中一千人衛護主將，其餘七千人編為七隊，分由朱子柳、武三通、泗水漁隱、武敦儒、武修文兄弟、武敦儒夫人耶律燕、武修文夫人完顏萍等七人統率。上應朱雀七宿，是為井木犴、鬼金羊、柳土獐、星日馬、張月鹿、翼水蛇、軫火蚓七星。

北方玄陵七氣，屬水，由黃蓉統軍，領兵八千。此路兵中一千人護衛主將，其餘七千人編為七隊，分由耶律齊、梁長老、郭芙及丐幫諸長老、諸弟子統率。上應玄武七宿，是為鬥木獬、牛金羊、虛日鼠、危月燕、室火豬、壁水貐七星。

東方青陵九氣，屬木，此路兵由東邪黃藥師統軍，也是統兵八千。東路兵也分八隊，一路護衛主將，其餘七路上應青龍七宿，是為角木蛟、亢金龍、氐土貉、房月狐、心日兔、尾火虎、箕水豹七星。

西路軍由周伯通領兵八千，其中一千相煩瑛姑統率，衛護主將，其餘七隊由李志常等全真教第三代弟子分領，上應白虎七宿，是為奎木狼、婁金狗、胃土熊、昂日雞、畢月烏、觜火猴、參水猿七星。

東路軍各人背負一根極長的木樁，攻到高台東首，一千兵手執盾牌，衝前擋箭，其餘七千人紛紛放下木樁，東打一根，西打一根，看來似乎雜亂無章，實則八千根木樁的位置皆依黃藥師所繪圖畫豎立，分按五行八卦，頃刻間已將高台東首封住。

西路軍以全真教為主力，群道素來熟悉天罡北斗陣法，只見長劍如雪，七人一堆，四十九人一群，左穿右插，蜂擁捲來，蒙古兵將看得眼也花了，只得放箭阻擋。

北方眾軍發喊，卻是黃蓉領著丐幫弟子，拖著一架架水龍，將毒汁往蒙古兵身上射去。那毒汁濺身，登時疼痛不堪，少刻便即起泡腐爛，蒙古軍抵擋不住，向南敗退。

南方煙霧沖天，乃是一燈大師率領八千人施行火攻，硫磺硝石之屬一陣陣從噴火鐵筒中噴出。蒙古軍見勢不對，當即敗至中央。

郭靖領軍八千，隨後緩緩而上，見蒙古軍亂，當即揮軍而前，直衝高台。

二十八宿大陣暗伏五行生克之理。南路一燈大師的紅旗搶向中央，郭靖的黃旗軍奔西，周伯通的全真教白旗軍衝向北方，黃蓉率領下的黑旗軍丐幫弟子兵趨東，黃藥師的青旗軍轉向南路。

這五行大轉，是謂火生土、土生金、金生水、水生木、木生火。宋兵雖只四萬人，但陣法精妙，領頭的均是武林好手，是以蒙古人雖然多了一倍，竟也抵擋不住。

激戰良久，黃藥師縱聲長嘯，青旗軍退向中央，黃旗軍回攻北方，黑旗軍迂迴南下，紅旗軍疾趨而西，白旗軍東向猛攻。這陣法又是一變，五行逆轉，是謂木克土、土克水、水克火、火克金、金克木。

五行生克變化，說來似乎玄妙，實則是我國古人精研物性之變，因而悟出來的至理，通陰陽之道，反鬼神之說，我國醫學、曆數等等，均依此為據，所謂「五運更始，上應天期，陰陽往復，寒暑迎隨，真邪相薄，內外分離，六經波蕩，五氣傾移」，在當時可謂舉世無匹。

【四】亂石陣

亂石陣乃是從諸葛亮的八陣圖中變化出來。當年諸葛亮在長江之濱用石塊布成陣法，東吳大將陸遜入陣後難以得脫。這陣圖的三十六項變化，實是繁複奧妙，即使是像楊過聰明過人，一時記得明白的也只十餘變。

二十八宿方位有：「朱雀移青龍，巽位改離位，乙木變癸水」，「角木蛟變亢金龍」，「心月狐轉房日兔」，「畢月烏移奎木狼」，「女土蝠進室火豬」等。

【五】五行八卦陣

石樑派溫氏五老這套五行八卦陣，是排成一個圓圈，坐在椅子上，將敵人圍在中間；在五人之外，又有十六名好手，又分坐十六張矮凳，按八卦方位而坐，圍成一個大圈，八卦乃是作為五行陣的輔佐。敵人入圍之後，不論如何硬闖巧閃，五老必能以厲害招術反擊，一人出手，其他四人立即綿綿而上，不到敵人或死或擒，永無休止。五老招數互為守禦，步法相補空隙。臨敵之際，五人猶似一人。溫家五老見識甚淺，五行陣為先人所創，八卦陣法為五老後創，但若是有人能破了五行陣，八卦陣徒然自礙手腳，他們自行增添一個陣勢，反成累贅。

金蛇郎君為了對付溫家五老，在《金蛇秘笈》最後的數頁，創出了破解五行陣之法，那就是「後發制人」四字。袁承志當初見這套武功搞得相當繁複，有許多招數顯然頗有蛇足之嫌，心想和人接戰之際，敵人武功再高，人數再多，也決不能從四面八方同時進攻，不露絲毫空隙，而這套武功明明是為了應付多方同時進攻而創。

袁承志與石樑派溫氏五老發生衝突時，袁承志身處五行八卦陣，方醒悟金蛇郎君當日創出這套武功來，卻是專為破這五行陣八卦陣而用。《金蛇秘笈》最後摧敵致勝的那一路「快刀斬亂麻」，數十招都是要靠寶刀寶劍來使敵人不敢欺近，方能乘機打亂敵陣。破陣之道，在於設法擾亂五人的腳步方位，只得引得五個老頭兒中有一人走錯腳步，或是慢得一慢，這陣就破了。

【六】真武七截陣

真武七截陣是武當開創者張三丰的得意之作。

武當山供奉的是真武大帝。張三丰有一天見到真武神像座前的龜蛇二將，想起長江和漢水之會的蛇山、龜山，心想長蛇靈動，烏龜凝重，真武大帝左右一龜一蛇，正是兼收至靈至重的兩件物性，當下連夜趕到漢陽，凝望蛇龜二山，從蛇山蜿蜒之勢、龜山莊穩之形中間，創了一套精妙無方的武功出來。只是那龜蛇二山大氣磅礴，從山勢演化出來的武功，森然萬有，包羅極廣，決非一人之力所能同時施為。

張三丰悄立大江之濱，不飲不食凡三晝夜之久，潛心苦思，終是想不通這個難題。到了第四天早晨，旭日東昇，照得江面上金蛇萬道，閃爍不定。他猛地省悟，哈哈大笑，回到武當山上，將七名弟子叫來，每人傳了一套武功。

這七套武功分別行使，固是各有精妙之處，但若二人合力，則師兄弟相輔相成，攻守兼備，威力便即大增。若是三人同使，則比兩人同使的威力又強一倍。四人相當於八位高手，五人相當於十六位高手，六人相當於三十二位，到得七人齊施，猶如六十四位當世一流高手同時出手。

張三丰這套武功由真武大帝座下龜蛇二將而觸機創制，是以名之為「真武七截陣」。他當時苦思難解者，總覺顧得東邊，西邊便有漏洞，同時南邊北邊，均予敵人可乘之機，後來想到可命七弟子齊施，才破解了這個難題。

只是這「真武七截陣」不能由一人施展，總不免遺憾，但轉念想道：「這路武功倘若一人能使，豈非單是一人，便足匹敵當世六十四位第一流高手，這念頭也未免過於荒誕狂妄了。」不禁啞然失笑。

武當七俠成名以來，無往不利，不論多麼厲害的勁敵，最多兩三人聯手，便足以克敵取勝。

【七】寒梅劍陣

寒梅劍陣是崑崙派陣法，使用時五人組成一個劍陣。見於《倚天屠龍記》。

第十三篇 琴

【二】乾隆與「來鳳」

乾隆南巡到杭州，帶著一具好琴「來鳳」，可見乾隆對此琴的珍愛。「來鳳」琴頭有金絲纏著「來鳳」兩個篆字，木質斑爛蘊華，是千年古物，彈奏時輕輕一撥，琴音清越絕倫，此琴是無價之寶。

乾隆初次見到陳家洛時，是在杭州靈隱，乾隆撫琴高歌，琴音平和雅致，曲詞卻是滿篇歌頌皇恩。這首曲是乾隆所作的「錦繡乾坤」，乾隆是一國之君，政績相當的不錯，自己也頗為自負，因此這一曲與他的身分十分的貼切。

乾隆覺得陳家洛知音卓識，因此請陳家洛彈奏一曲。陳家洛彈奏了一曲《平沙落雁》，乾隆稱讚「兄台琴韻平野壯闊，大漠風光，盡入弦中，聞兄妙奏，真如讀辛稼軒詞：『醉裡挑燈看劍，夢回吹角連營，八百里分麾下炙，五十弦翻塞外聲，沙場秋點兵。』這曲《平沙落雁》，小弟生平聽過何止數十次，但從未得若兄台琴引，如此氣象萬千。」

乾隆也確實是識貨之人，聽了陳家洛的彈奏，竟能聽出陳家洛琴韻中隱隱有金戈之聲，似胸中藏有十萬甲兵。但看陳家洛相貌又似貴介公子，溫文爾雅，決非統兵大將，是以頗為不解。

陳家洛果然如乾隆所言，雖擔當了紅花會總舵主之責，卻優柔寡斷，最後以失敗告終。

乾隆天生是一個政治家，他的這種野心在琴聲中也表現了出來。《書劍恩仇錄》中，不僅乾隆和陳家洛會彈琴、聽琴，香香公主也是深諳其中的高手。香香公主甚至能從乾隆的琴音中聽出乾隆的殺伐之意，香香公主可以說是非常專業的級別了：

乾隆佈置已畢，暗想這一下一箭雙雕，把紅花會和太后的勢力一鼓而滅，就可安安穩穩做太平皇帝了，心頭十分舒暢，見案頭放著一張琴，走過去彈了起來，彈的是一曲「史明五弄」，彈不數句，鏗鏗鏘鏘，琴音中竟充滿了殺伐之聲，彈到一半，錚的一聲，第七根弦忽然斷了。乾隆一怔，哈哈大笑，推琴而起，走到內室來。

香香公主道：「哼，剛才我聽你彈琴，你要殺人，要殺很多人，你……你是惡極了。」乾隆一驚，心想原來自己的心事竟在琴韻中洩漏了出來。

陳家洛第二次彈奏「來鳳」，有求於乾隆，因此彈奏了一曲《朝天子》，想博取乾隆的歡心。乾隆見陳家洛彈奏此曲，以為陳家洛終是怕了自己。陳家洛見到回部求和的玉瓶，香香公主似在對他微笑，因此將琴弦也彈斷了，此意味著香香公主的命運就如此弦。

【二】金笛

紅花會十四當家余魚同，使用的兵器就是一根金笛。這根笛子金光燦爛，是純金所鑄，不但是兵器，也是一根真正可以吹奏的樂器。

余魚同笛子吹得好，金庸讚他的笛聲「妙音隨指，果然是清響入雲，聲被四野」。

余魚同的笛子還有十套大曲，一曰龍吟，二曰鳳鳴，三曰紫雲，四曰紅霞，五曰搖波，六曰裂石，七曰金谷，八曰玉關，九曰靜日，十曰良宵，或慷慨激越，或宛轉纏綿，各具佳韻。

音樂是隨興而發的，余魚同是性情中人，暗戀駱冰不成，一直鬱鬱寡歡，一日遇上了逆風，天色已黑，水勢湍急，只得在荒野間泊了船。余魚同中夜醒來，翻來覆去的盡睡不著，只見一輪圓月映在大河之上，濁流滾滾而下，氣象雄偉，逸興忽起，抽出金笛，悠悠揚揚的吹了起來。他感懷身世，滿腔心事，都在這笛子中發洩出來，忽而激越，忽而悽楚。

余魚同精於吹笛，他有一個知音哈合台。哈合台雖然是他的敵人，但由於音樂的關係，兩人卻產生了惺惺相惜的微妙感覺。

哈合台賞識余魚同的笛聲，用一隻鑲銀的羊角，吹奏了起來。余魚同聽那角聲悲壯激昂，宛然是「風吹草低見牛羊」的大漠風光，心中激賞，暗暗默記曲調。余魚同仰慕哈合台是條好漢，在離別時，用半截金笛吹奏了一曲，曲調竟是蒙古草原之音，哈合台等他吹了一會，從懷中摸出號角，嗚嗚相和。原來當日哈合台在孟津黃河中吹奏號角，余魚同暗記曲調，這時相別，便吹此曲以送。眾人聽二人吹得慷慨激昂，都不禁神往。

【三】《笑傲江湖曲》

《笑傲江湖》中寫了劉正風的悲劇，是其作為藝術家的悲劇。

一個真正的藝術家，不論其日常從事何種職業，他的身心卻已無法抗拒地獻祭給藝術了，此身已非他所有，此心也別有依託。問題在於劉正風恰恰正是一個這樣真正的藝術家。藝術已成為了他的宗教，他的上帝，他生活的意義。

衝突由內而外地發生。

劉正風更多地奉獻身心於藝術，就更不能適應日常生活的世俗法規，所以他雖是衡山派第二高手，雖是武林正道上名頭響亮德高望重的宿老，但這樣外地的身分，早已不適合他了，所以他要金盆洗手，所以他要洗面自悔，再世為人。

為了徹底的隱退而全身心奉獻給藝術，劉正風甚至委曲求全，折辱身分，去巴結朝庭買個小官來做，顯見他的心意已堅，要走得更遠。悲劇發生了。悲劇在於政治和意識形態和世俗的道德準則，與藝術家心目中的藝術並不相容，而且在他所處的那種特殊的時代，那種意識形態上的衝突，卻必須付出血的代價來。

劉正風自認和曲洋相交只是為了藝術，劉正風吹簫，曲洋善七弦琴，他們都是頂尖的音樂家，他們相聚，只為了研討音律，別無它意。

而且，藝術家有藝術家的說法，劉正風以為從曲洋的琴音中就能深知其人性高潔，有光風霽月的襟懷；劉正風更認為，言語文字可以作偽，而琴簫之音卻是心聲不能裝假，所以曲洋決非匪人。

藝術家的表達自有藝術家的邏輯，世俗之人怎可能理解？藉以正義的名義，迫害和屠殺開始了。劉正風不肯屈服，眼睜看著兒女和夫人被一一處死，劉正風心灰意懶，只有一了百了。曲洋及時趕到，救走了劉正風；但悲劇早已註定。

曲洋和劉正風醉心音律，以數年之功，創制了一曲《笑傲江湖》，自信此曲之奇，千古所未有。因為要演奏此曲，不但要志趣相投，修為相若，還要既精音律，又精內功。曲洋雖救出了劉正風，卻身負重傷，劉正風也同樣在所不免。臨死之前，兩人再次琴簫合奏一曲《笑傲江湖曲》，聲氣相求，心意相通，對酬知音，肝膽相照，慷慨悲歌。

書中寫到：

令狐沖和儀琳在荒山野嶺之中療傷，忽聽得遠處傳來錚錚幾聲，似乎有人彈琴，琴聲不斷傳來，甚是優雅，過得片刻，有幾下柔和的簫聲夾入琴韻之中。七弦琴的琴音和平中正，夾著清幽的洞簫，更是動人，琴韻簫聲似在一問一答，同時漸漸移近。

令狐沖不知是否懂得音樂，卻聽出了這音樂來得古怪，叫儀琳不要出聲。

只聽琴音漸漸高亢，簫聲卻慢慢低沉下去，但簫聲低而不斷，有如遊絲隨風飄蕩，卻連綿不絕，更增迴腸盪氣之意。只見山石後轉出三個人影，其時月亮被一片浮雲遮住了，夜色朦朧，依稀可見三人二高一矮，高的是兩個男子，矮的是個女子。兩個男子緩步走到一塊大岩石旁，坐了下來，一個撫琴，一個吹簫，那女子站在撫琴者的身側。只聽琴簫悠揚，甚是和諧。令狐冲心道：「瀑布便在旁邊，但流水轟轟，竟然掩不住柔和的琴簫之音，看來撫琴吹簫的二人內功著實不淺。嗯，是了，他們所以到這裡吹奏，正是為了這裡有瀑布聲響，那麼跟我們是不相干的。」當下便放寬了心。

忽聽瑤琴中突然發出鏘鏘之音，似有殺伐之意，但簫聲仍是溫雅婉轉。過了一會，琴聲也轉柔和，兩音忽高忽低，驀地裡琴韻簫聲陡變，便如有七八具瑤琴、七八支洞簫同時在奏樂一般。琴簫之聲雖然極盡繁複變幻，每個聲音卻又抑揚頓挫，悅耳動心。令狐冲只聽得血脈賁張，忍不住便要站起身來，又聽了一會，琴簫之聲又是一變，簫聲變了主調，那七弦琴只是玎玎的伴奏，但簫聲卻愈來愈高。令狐冲心中莫名其妙的感到一陣酸楚，側頭看儀琳時，只見她淚水正涔涔而下。突然間錚的一聲急響，琴音立止，簫聲也即住了。霎時間四下裡一片寂靜，唯見明月當空，樹影在地。

《笑傲江湖曲》中間的一大段琴曲，是曲洋依據晉人嵇康的《廣陵散》而改編的。曲洋和劉正風臨死前將《笑傲江湖曲》曲譜交給了令狐冲，後來王元霸等人懷疑此曲譜是《辟邪劍譜》，眾人帶著令狐冲到綠竹巷中，讓精通音樂的綠竹翁鑒別此曲譜。綠竹翁根據此曲譜試著彈奏：

令狐冲聽了片刻，記得這正是當日劉正風所奏的曲子，人亡曲在，不禁淒然。彈不多久，突然間琴音高了上去，越響越高，聲音尖銳之極，錚的一聲響，斷了一根琴弦，再高了幾個音，錚的一聲，琴弦又斷了一根。綠竹翁「咦」的一聲，道：「這琴譜好生古怪，令人難以明白。」

只聽綠竹翁道：「我試試這簫譜。」跟著簫聲便從綠竹叢中傳了出來，初時悠揚動聽，情致纏綿，但後來簫聲愈轉愈低，幾不可聞，再吹得幾個音，簫聲便即啞了，波波波的十分難聽。綠竹翁歎了口氣，說道：「易老弟，你是會吹簫的，這樣的低音如何能吹奏出來？這琴譜、簫譜未必是假，但撰曲之人卻在故弄玄虛，跟人開玩笑。你且回去，讓我仔細推敲推敲。」

綠竹翁未能將此琴簫合奏的《笑傲江湖曲》演奏出來，這時託名為綠竹翁「姑姑」的任盈盈，試著來彈奏此曲：

只聽得一個女子低低應了一聲。綠竹翁道：「姑姑請看，這部琴譜可有些古怪。」那女子又嗯了一聲，琴音響起，調了調弦，停了一會，似是在將斷了的琴弦換去，又調了調弦，便奏了起來。初時所奏和綠竹翁相同，到後來越轉越高，那琴韻竟然履險如夷，舉重若輕，毫不費力的便轉了上去。

這一曲時而慷慨激昂，時而溫柔雅致，令狐冲雖不明樂理，但覺這位婆婆所奏，和曲洋所奏的曲調雖同，意趣卻大有差別。這婆婆所奏的曲調平和中正，令人聽著只覺音樂之美，卻無曲洋所奏熱血如沸的激奮。奏了良久，琴韻漸緩，似乎樂音在不住遠去，倒像奏琴之人走出了數十丈之遙，又走到數里之外，細微幾不可再聞。

琴音似止未止之際，卻有一二下極低極細的簫聲在琴音旁響了起來。迴旋婉轉，簫聲漸響，恰似吹簫人一面吹，一面慢慢走近，簫聲清麗，忽高忽低，忽輕忽響，低到極處之際，幾個盤旋之後，又再低沉下去，雖極低極細，每個音節仍清晰可聞。漸漸低音中偶有珠玉跳躍，清脆短促，此伏彼起，繁音漸增，先如鳴泉飛濺，繼而如群卉爭豔，花團錦簇，更夾著間關鳥語，彼鳴我和，漸漸的百鳥離去，春殘花落，但聞雨聲蕭蕭，一片淒涼肅殺之象，細雨綿綿，若有若無，終於萬籟俱寂。

簫聲停頓良久，眾人這才如夢初醒。王元霸、岳不群等雖都不懂音律，卻也不禁心馳神醉。易師爺更是猶如喪魂落魄一般。岳夫人歎了一口氣，衷心讚佩，道：「佩服，佩服！沖兒，這是甚麼曲子？」令狐冲道：「這叫做《笑傲江湖之曲》，這位婆婆當真神乎其技，難得是琴簫盡皆精通。」岳夫人道：「這曲子譜得固然奇妙，但也須有這位婆婆那樣的琴簫絕技，才奏得出來。如此美妙的音樂，想來你也是生平首次聽見。」令狐冲道：「不！弟子當日所聞，卻比今日更為精彩。」岳夫人奇道：「那怎麼會？難道世上更有比這位婆婆撫琴吹簫還要高明之人？」令狐冲道：「比這位婆婆更加高明，倒不見得。只不過弟子聽到的是兩個人琴簫合奏，一人撫琴，一人吹簫，奏的便是這《笑傲江湖之曲》……」

他這句話未說完，綠竹叢中傳出錚錚錚三響琴音，那婆婆的語音極低極低，隱隱約約的似乎聽得她說：「琴簫合奏，世上哪裡去找這一個人去？」

任盈盈顯然是此中水準最高的高手，綠竹翁與任盈盈琴藝的高低，也很明顯的看出來，由此令狐冲對綠竹翁的「姑姑」任盈盈崇拜得五體投地，甚至他自己也產生了要向任盈盈學琴的念頭。

令狐冲在綠竹翁的暗示和鼓勵下，開口要求任盈盈傳授琴藝。令狐冲學琴，綠竹翁是助教，任盈盈是導師。

令狐冲在小巷竹舍中學琴，先由綠竹翁傳授其入門知識，然後再由任盈盈指導提高。

綠竹翁取出一張焦尾桐琴，為授以音律，說道：「樂律十二律，是為黃鐘、大呂、太簇、夾鐘、姑洗、中呂、蕤賓、林鐘、夷則、南呂、無射、應鐘。此是自古已有，據說當年黃帝命伶倫為律，聞鳳凰之鳴而制十二律。瑤琴七弦，具宮、商、角、微、羽五音，一弦為黃鐘，三弦為宮調。五調為慢角、清商、宮調、慢宮、及蕤賓調。」當下依次詳加解釋。

令狐冲雖於音律一竅不通，但天資聰明，一點便透。綠竹翁甚是喜歡，當即授以指法，教他試奏一曲極短的《碧霄吟》。令狐冲學得幾遍，彈奏出來，雖有數音不準，指法生澀，卻洋洋然頗有青天一碧、萬里無雲的空闊氣象。

一曲既終，那婆婆在隔舍聽了，輕歎一聲，道：「令狐少君，你學琴如此聰明，多半不久便能學《清心普善咒》了。」綠竹翁道：「姑姑，令狐兄弟今日初學，但彈奏這曲《碧霄吟》，琴中意象已比侄兒為高。琴為心聲，想是因他胸襟豁達之故。」

令狐冲謙謝道：「前輩過獎了，不知要到何年何月，弟子才能如前輩這般彈奏那《笑傲江湖之曲》。」那婆婆失聲道：「你……你也想彈奏那《笑傲江湖之曲》麼？」令狐冲臉上一紅，道：「弟子昨日聽得前輩琴簫雅奏，心下甚是羨慕，那當然是癡心妄想，連綠竹前輩尚且不能彈奏，弟子又哪裡夠得上？」

那婆婆不語，過了半晌，低聲道：「倘若你能彈琴，自是大佳……」語音漸低，隨後是輕輕的一聲歎息。

令狐冲對音樂上其實還是很有天份，由此在音樂上他成為了此道中的高手。後來令狐冲琴藝高超之時，終於能和任盈盈合奏此一曲《笑傲江湖曲》：

令狐冲和任盈盈大喜之日，群豪要新郎、新娘演一演劍法。當世皆知令狐冲劍法精絕，賀客中卻有許多人未曾見過。

令狐冲笑道：「今日動刀使劍，未免太煞風景，在下和新娘合奏一曲如何？」群豪齊聲喝采。

當下令狐冲取出瑤琴、玉簫，將玉簫遞給盈盈。盈盈不揭霞帔，伸出纖纖素手，接過簫管，引宮按商，和令狐冲合奏起來。

兩人所奏的正是那「笑傲江湖」之曲。這三年中，令狐冲得盈盈指點，精研琴理，已將這首曲子奏得頗具神韻。令狐冲想起當日在衡山城外荒山之中，初聆衡山派劉正風和日月教長老曲洋合奏此曲。二人相交莫逆，只因教派不同，難以為友，終於雙雙斃命。今日自己得與盈盈成親，教派之異不復得能阻擋，比之撰曲之人，自是幸運得多了。又想劉曲二人合撰此曲，原有彌教派之別、消積年之仇的深意，此刻夫婦合奏，終於完成了劉曲兩位前輩的心願。想到此處，琴簫奏得更是和諧。群豪大都不懂音韻，卻無不聽得心曠神怡。

一切的驚險、激蕩、迷失和痛苦都已過去，結局已經水晶般透明和清澈，已不再需要猶豫和傍徨著去尋尋覓覓，生命的意義在一曲和諧的樂奏中被證實和揭示。

就像暴風驟雨之後的天空，才會變得最為燦爛和瑰麗一樣，生命之樂曲只有在人世間最深刻的痛苦中浸潤和洗禮才會變得最為動聽。

在一曲《笑傲江湖》的諧奏中，令狐冲和任盈盈超越了命運的高度，達到一種更完滿的幸福境界，從此二人退隱江湖，比翼雙飛，過著適性和自由的真正人性的生活，他們遠離了人世間嘈雜的聲音，遠離了紅塵滾滾中罪惡燃燒的火焰，遠離了虛妄和作繭自縛的社會規範，他們就這樣幽遠而快樂地在理想的高度上逍遙著，接近一種神聖的寧靜。他們不再與世俗有關，他們只實現著遼闊的完美。

【四】胡琴

莫大先生是衡山派掌門人，外號「瀟湘夜雨」，一把胡琴從不離手，有「琴中藏劍，劍發琴音」的本領。莫大先生和劉正風同是衡山派高手，卻因音樂見解的不同，而從無往來。

曲洋對莫大先生的胡琴的評價是「一味淒苦，引人下淚，未免太也俗氣，脫不了市井的味兒」；劉正風說莫大先生「奏琴往而不復，曲調又是儘量往哀傷的路上走」。

忽然間耳中傳入幾下幽幽的胡琴聲，琴聲淒涼，似是歎息，又似哭泣，跟著琴聲顫抖，發出瑟瑟斷續之音，如是一滴滴小雨落上樹葉。

劉正風認為，好曲子講究樂而不淫，哀而不傷，和莫大先生素無往來，只是因為聽到他的胡琴，就想避而遠之。然而藝術見解上的差別，藝術流派上的不同，並不影響莫大先生和劉正風、曲洋高手之間的敬意。

當嵩山派高手費彬對劉正風和曲洋要趕盡殺絕之時，莫大先生即時出手援救，揮劍搏殺了費彬。莫大先生幽然而來，幽然而去，總是伴著一曲瀟湘夜雨，琴聲淒涼酸楚，淒苦孤寂，真不知其有何痛憾之事。

莫大先生也是一個藝術家，也許他只有在深深的孤獨中，才能保持其藝術人格的獨立，他之來救援劉曲二人，正是相宜。

令狐冲和任盈盈新婚之日，莫大先生在窗外拉了一曲「鳳求凰」，胡琴之聲雖纏綿宛轉，淒清蒼涼之意卻終究未改。

【五】洞簫

金庸小說中的許多女主角都精通音樂，都是多才多藝，琴棋書畫，醫相易卜，都是各有專精。這使這些女主角更加可愛，更有獨特迷人的魅力。

比如《碧血劍》中的溫青青，善長吹洞簫，一曲《眼兒媚》確實就將袁承志迷住了：

溫青從籃裡抽出一支洞簫，說道：「我吹一首曲子給你聽。」袁承志點點頭，溫青輕輕吹了起來。袁承志不懂音律，但覺簫聲纏綿，如怨如慕，一顆心似乎也隨著婉轉簫聲飛揚，飄飄蕩蕩地，如在仙境，非復人間。

溫青吹完一曲，笑道：「你愛甚麼曲子？我吹給你聽。」袁承志歎了一口氣道：「我甚麼曲子都不知道。你懂得真多，怎麼這樣聰明？」溫青下頦一揚，笑道：「是麼？」他拿起洞簫，又奏一曲，這次曲調更是柔媚，月色溶溶，花香幽幽，袁承志一生長於兵戈拳劍之間，從未領略過這般風雅韻事，不禁醺醺然有如中酒。溫青擱下洞簫，低聲道：「你覺得好聽麼？」袁承志道：「世界上竟有這般好聽的簫聲，以前我做夢也沒想到過。這曲子叫甚麼名字？」溫青臉上突然一紅，低聲道：「不跟你說。」過了一會，才道：「這曲子叫『眼兒媚』。」眼波流動，微微一笑。

溫青青脾氣刁蠻，愛吃醋，耍小性子，缺點不少，但她自然有更多的可愛之處，特別是她吹洞簫之時，簫聲是她心聲的流露，顯現出她少女溫柔的情懷，幻美的夢想。

溫青青吹洞簫之時，也是她形象上最可愛之時。

琵琶玎玎，輕柔流蕩，一聲聲挑人心弦，襯著曲詞，當真如蜜糖裡調油、胭脂中摻粉，又甜又膩，又香又嬌。袁承志一生與刀劍為伍，識得青青之前，結交的都是豪爽男兒，哪想得到單是叫這麼一聲，其中便有這許多講究，想到曲中纏綿之意，綢繆之情，不禁心中怦怦作跳。青青眼皮低垂，從那歌女手中接過簫來，拿手帕醮了酒，在吹口處擦乾淨了，接嘴吐氣，吹了起來。袁承志當日在石樑玫瑰坡上曾聽她吹簫，這時河上波光月影，酒濃脂香，又是一番光景，簫聲婉轉清揚，吹的正是那「掛枝兒」曲調，想到「我若疼你是真心也，便不叫也是好」那兩句，燈下見到青青的麗色，不覺心神俱醉。

【六】何足道

琴聲能招來百鳥，這似乎只是傳說中的故事，在金大俠的書中，卻又出現了。

崑崙三聖何足道，雖稱「琴棋劍三聖」，但又自謙何足道，圍棋、劍道他似乎不能稱之為聖，但琴聲卻能引來百鳥，自是可當琴聖之名，書中這樣描寫道：

只聽得琴聲之中雜有無數鳥語，初時也不注意，但細細聽來，琴聲竟似和鳥語互相應答，間間關關，宛轉啼鳴，郭襄隱身花木之後，向琴聲發出處尋去，只見三株大松樹下一個白衣男子背向而坐，膝上放著一張焦尾琴，正自彈奏。他身周樹木上停滿了鳥雀，黃鶯、杜鵑、喜鵲、八哥，還有許多不知其名的，和琴聲或一問一答，或齊聲和唱。

郭襄心道：「媽說琴調之中有一曲《空山鳥語》，久已失傳，莫非便是此曲麼？」聽了一會，琴聲漸響，但愈到響處，愈是和醇，群鳥卻不再發聲，只聽得空中振翼之聲大作，東南西北各處又飛來無數雀鳥，或止歇樹巔，或上下翱翔，毛羽繽紛，蔚為奇觀。那琴聲平和中正，隱然有王者之意。

郭襄心下驚奇：「此人能以琴聲集鳥，這一曲難道竟是《百鳥朝鳳》？」心想可惜外公不在這裡，否則以他天下無雙的玉簫與之一和，實可稱並世雙絕。

那人彈到後來，琴聲漸低，樹上停歇的雀鳥一齊盤旋飛舞。突然錚的一聲，琴聲止歇，群鳥飛翔了一會，慢慢散去。

天姿靈秀，意氣高潔，郭襄的這一仙女般遙遠出塵的形象，也是只有何足道可與之相配。何足道出場，與郭襄共同強化了此書的立意：高士和英雄其實是最寂寞和失落的，絕頂高處的境界，沒有回音，沒有掌聲。他們不能見容和適應這庸俗的世界，他們的才能便是他們宿命的痛苦和悲劇。

郭襄和何足道的邂逅，是兩位高士和天才惺惺相惜碰撞出心靈的火花。何足道是一介狂士，有真本領，有真見識，他和所有的天才一樣，都給人一種古怪孤癖缺乏平易和親切的感覺；他琴、棋、劍三方面都有過人的造詣和修為，所以他自負而自稱「三聖」。他的正常的聰明和見識又讓他知道不能這樣太誇張，所以又在「三聖賢」之後加了「何足道」之名，使他的名號聽起來有些矛盾和不協調，他是中國知識份子自負而又自謙的矛盾心態的典型表現。

這個張狂而又克制的古怪高人，其實是純樸和易於把握的，是內心善良和信守之人。僅僅為了一個不相干的人傳一句莫名其妙的話，他千里迢迢來到少林寺，他的這份古道熱腸，實在樸素得很，沒有世俗之人的半點機心。郭襄對他有好感，是最正常不過。郭襄有「小東邪」之稱，性情與黃藥師相近，遇上何足道，又是物以類聚，聲氣相求。何足道一曲「百鳥朝鳳」，讓郭襄聽得不甘寂寞，也回奏一曲《考槃》，歌詠隱士，讓何足道搔到癢處，聽得癡了。

郭襄生性脫略，深得東邪黃藥師三昧，也不理會男女之嫌，對何足道深為欽佩，道：「適才聽得先生雅奏，空山鳥語，百禽來朝，實深欽佩。」何足道見郭襄是個妙齡女郎，大以為奇，但聽她說到琴聲，居然絲毫不錯，很是高興，說道：「姑娘深通琴理，若蒙不棄，願聞清音。」

郭襄的彈琴技藝雖得自母親黃蓉的親傳，但比起何足道來，卻差了許多，但郭襄聰明之極，以平淡的手法，卻彈奏了一曲《考槃》。

這詞出自《詩經》，「考槃在澗，碩人之寬，獨寐寤言，永矢勿諼。考槃在陸，碩人之軸，獨寐獨宿，永矢勿告。」是一首隱士之歌，說大丈夫在山澗之間遊蕩，獨往獨來，雖寂寞無侶，容色憔悴，但志向高潔，永不改變。

何足道聽郭襄的琴音說中自己心事，不禁大是感激，琴曲已終，他還是癡癡的站著。

何足道第二次碰到郭襄，竟連架也不打了，要演奏新曲給郭襄聽。

書中寫到，郭襄只聽了幾節，不由得又驚又喜。原來這琴曲的一部分是自己奏過的《考槃》，另一部分卻是秦風中的《蒹葭》之詩，兩曲截然不同的調子，給他別出心裁的混和在一起，一應一答，說不出的奇妙動聽，但聽琴韻中奏著：「考槃在澗，碩人之寬。蒹葭蒼蒼，白露為霜，所謂伊人，在水一方……碩人之寬，碩人之寬……溯回從之，道阻且長，溯遊從之，宛在水中央……獨寐寤言，永矢勿諼，永矢勿諼……」郭襄心中驀地一動：「他琴中說的『伊人』，難道是我麼？這琴韻何以如此纏綿，充滿了思慕之情？」想到此處，不由得臉上微微一紅。只是這琴曲實在編得巧妙，《考槃》和《蒹葭》兩首曲子的原韻絲毫不失，相互參差應答，卻大大的豐贍華美起來。她一生之中，從未聽到過這樣的樂曲。

何足道全心沉浸在琴聲之中，似乎見到一個狷介的狂生在山澤之中漫遊，遠遠望見水中小島站著一個溫柔的少女，於是不理會山隔水阻，一股勁兒的過去見她……

何足道是個狂人、癡人，但他狂得有理，癡得可愛，為了對郭襄彈奏完琴曲，敵人向他進攻，他藝高人膽大，依舊是絲毫不理。

忽然間左肩上一痛，他登時驚覺，抬起頭來，只見潘天耕手中長劍指著他肩頭，輕輕刺破了一點兒皮膚，如再不招架，只怕他便要挺劍傷人，但琴曲尚未彈完，俗人在旁相擾，實在大煞風景，當下抽出半截斷劍，噹的一聲，將潘天耕長劍架開，

右手卻仍是撫琴不停。

這當兒何足道終於顯出了生平絕技，他右手彈琴，左手使劍，無法再行按弦，於是對著第五根琴弦聚氣一吹，琴弦便低陷下去，竟與用手按捺一般無異，右手彈琴，琴聲高下低昂，無不宛轉如意。

潘天耕急攻數招，何足道順手應架，雙眼只是凝視琴弦，惟恐一口氣吹的部位不合，亂了琴韻。潘天耕愈怒，劍招越攻越急，但不論長劍刺向何方，總是給他輕描淡寫的擋開。

郭襄聽著琴聲，心中樂音流動，對潘天耕的挺劍急攻也沒在意，只是雙劍相交之聲擾亂了琴音。她雙手輕擊，打著節拍，皺眉對潘天耕道：「你出劍快慢全然不合，難道半點不懂音韻嗎？喏，你聽這節拍出劍，一拍一劍，夾在琴聲之中就不會難聽。」

潘天耕如何理她？眼見敵人坐在地下，單掌持著半截斷劍，眼光凝視琴弦，自己卻兀自奈何不了他，更是焦躁起來，斗然間劍法一變，一輪快攻，兵刃相交的噹噹之聲登時便如密雨。這繁弦急管一般的聲音，和那溫雅纏綿的琴韻絕不諧和。

何足道雙眉一挑，勁傳斷劍，錚的一聲，潘天耕手中的長劍登時斷為兩截，但就在此時，七弦琴上的第五弦也應聲崩斷。

潘天耕臉如死灰，一言不發，轉身出亭。三人跨上馬背，向山上急馳而去。郭襄甚是奇怪，說道：「咦，這三人打了敗仗，怎地還上少林寺去？當真是要死纏到底麼？」回過頭來，卻見何足道滿臉沮喪，手撫斷琴，似乎說不出的難受。郭襄心想：「斷了一根琴弦，又算得甚麼？」當下接過瑤琴，解下半截斷弦，放長琴弦，重行繞柱調音。何足道搖頭歎息，說道：「枉自多年修為，終究心不能靜。我左手鼓勁斷他兵刃，右手卻將琴弦也彈斷了。」郭襄這才明白，原來他是懊喪自己武功未純，笑道：「你想左手凌厲攻敵，右手舒緩撫琴，這是分心二用之法，當今之世只有三人能夠。你沒練到這個地步，那也用不著沮喪啊。」何足道問道：「是那三位？」郭襄道：「第一位老頑童周伯通，第二位便是我爹爹，第三位是楊夫人小龍女。除他三人之外，就算我外公桃花島主、我媽媽、神鵰大俠楊過等武功再高之人，也不能夠。」何足道道：「世間居然有此奇人，幾時你給我引見引見。」

【七】《清心普善咒》

令狐冲得曲洋、劉正風授《笑傲江湖》曲譜，翻了開來，只見全書滿是古古怪怪的奇字，竟一字不識。他所識文字本就有限，不知七弦琴的琴譜本來都是奇形怪字，又不會彈琴吹簫，因此決定將曲譜送給婆婆（任盈盈）。

任盈盈細問原由，又彈奏了一曲《清心普善咒》。這曲《清心普善咒》的曲調卻是「柔和之至，宛如一人輕輕歎息，又似是朝露暗潤花瓣，曉風低拂柳梢」。

《清心普善咒》不僅是一支美妙的琴曲，而且還有療傷，幫助身體復原，使人安然入睡的神奇催眠功效：

令狐沖聽不多時，眼皮便越來越沉重，心中只道：「睡不得，我在聆聽前輩的撫琴，倘若睡著了，豈非大大的不敬？」但雖竭力凝神，卻終是難以抗拒睡魔，不久眼皮合攏，再也睜不開來，身子軟倒在地，便即睡著了。睡夢之中，仍隱隱約約聽到柔和的琴聲，似有一隻溫柔的手在撫摸自己頭髮，像是回到了童年，在師娘的懷抱之中，受她親熱憐惜一般。過了良久良久，琴聲止歇，令狐沖便即驚醒，忙爬起身來，不禁大是慚愧，說道：「弟子該死，不專心聆聽前輩雅奏，卻竟爾睡著了，當真好生惶恐。」

那婆婆道：「你不用自責。我適才奏曲，原有催眠之意，盼能為你調理體內真氣。你倒試自運內息，煩惡之情，可減少了些麼？」令狐沖大喜，道：「多謝前輩。」

得綠竹翁提示，令狐沖請任盈盈將此曲傳給自己，以便自行慢慢調理。任盈盈感令狐沖慨贈妙曲，因此對彈琴一竅不通的令狐沖從頭教起。

後來在五霸崗上，令狐沖再次受傷，任盈盈又為令狐沖彈奏了一曲《清心普善咒》：

只聽得草棚內琴聲輕輕響起，宛如一股清泉在身上緩緩流過，又緩緩注入了四肢百骸，令狐沖全身輕飄飄地，更無半分著力處，便似飄上了雲端，置身於棉絮般的白雲之上。過了良久，琴聲越來越低，終於細不可聞而止。

令狐冲最後也學會了這首《清心普善咒》，他和任盈盈之間的愛情，也在這琴藝的切磋中逐漸的深入與和諧起來。

盈盈見他包裹嚴密，足見對自己所贈之物極是重視，心下甚喜，道：「你一天要說幾句謊話，心裡才舒服？」接過琴來，輕輕撥弄，隨即奏起那曲《清心普善咒》來，問道：「你都學會了沒有？」令狐冲道：「差得遠呢。」靜聽她指下優雅的琴音，甚是愉悅。聽了一會，覺得琴音與她以前在洛陽城綠竹巷中所奏的頗為不同，猶如枝頭鳥喧，清泉迸發，丁丁東東的十分動聽，心想：「曲調雖同，音節卻異，原來這《清心普善咒》尚有這許多變化。」忽然間錚的一聲，最短的一根琴弦斷了，盈盈皺了皺眉頭，繼續彈奏，過不多時，又斷了一根琴弦。令狐冲聽得琴曲中頗有煩躁之意，和《清心普善咒》的琴旨殊異其趣，正訝異間，琴弦拍的一下，又斷了一根。

盈盈一怔，將瑤琴推開，嗔道：「你坐在人家身邊，只是搗亂，這琴哪裡還彈得成？」

令狐冲心道：「我安安靜靜的坐著，幾時搗亂過了？」隨即明白：「你自己心神不定，便來怪我。」卻也不去跟她爭辯，臥在草地上閉目養神，疲累之餘，竟不知不覺的睡著了。

【八】音樂與武俠

◆《碧海潮生曲》

黃藥師琴棋書畫，醫卜兵陣，無所不能。他所創的這套《碧海潮生曲》曲子模擬大海浩淼，萬里無波，遠處潮水緩緩推近，漸近漸快，其後洪濤洶湧，白浪連山，而潮水中魚躍鯨浮，海面上風嘯鷗飛，再加上水妖海怪，群魔弄潮，忽而冰山飄至，忽而熱海如沸，極盡變幻之能事，而潮退後水準如鏡，海底卻又是暗流湍急，於無聲處隱伏凶險，更令聆曲者不知不覺而入伏，尤為防不勝防。

但誰又能想到，這套《碧海潮生曲》其中又暗藏著極厲害的內功。

郭靖初次聽到這支曲子時，是中夜時分，忽聽得有人吹簫拍和。郭靖不理道路是否通行，只是跟隨簫聲，遇著無路可走時，就上樹而行，果然越走簫聲越是明徹。這時那簫聲忽高忽低，忽前忽後。他聽著聲音奔向東時，簫聲忽焉在西，循聲往北時，簫聲倏爾在南發出，似乎有十多人伏在四周，此起彼伏的吹簫戲弄他一般。他奔得幾轉，頭也昏了，不再理會簫聲。簫聲調子斗變，似淺笑，似低訴，柔靡萬端。郭靖又聽得一陣，只感面紅耳赤，百脈賁張，當下坐在地上，依照馬鈺所授的內功秘訣運轉內息。初時只感心旌搖動，數次想躍起身來手舞足蹈一番，但用了一會功，心神漸漸寧定，到後來意與神會，心中一片空明，不著片塵，任他簫聲再蕩，他聽來只與海中波濤、樹梢風響一般無異，只覺得丹田中活潑潑地，全身舒泰，腹中也不再感到饑餓。他到了這個境界，已知外邪不侵。這時那洞簫聲情致飄忽，纏綿宛轉，便似一個女子一會兒歎息，一會兒呻吟，一會兒又軟語溫存、柔聲叫喚。郭靖年紀尚小，自幼勤習武功，對男女之事不甚了了，聽到簫聲時感應甚淡，簫中曲調雖比適才更加勾魂引魄，他聽了也不以為意。剛開始時周伯通聽到這套《碧海潮生曲》，也抵抗不住。

《碧海潮生曲》還有一個妙處是，如果聽慣了此曲，又知曲中諸般變化，就不會受到傷害。

◆簫箏相鬥

《射鵰英雄傳》中有一段寫黃藥師和歐陽鋒簫箏相鬥，融武功於音樂中的神奇比武：

秦箏本就聲調酸楚激越，歐陽鋒的西域鐵箏聲音更是淒厲；只聽得箏聲漸急，到後來猶如金鼓齊鳴、萬馬奔騰一般。郭靖不懂音樂，但這箏聲每一音都和他心跳相一致。鐵箏響一聲，他心一跳，箏聲越快，自己心跳也逐漸加劇，只感胸口怦怦而動，極不舒暢。

黃藥師的簫聲卻柔韻細細，一縷簫聲幽幽的混入了箏音之中，鐵箏聲音雖響，卻始終掩沒不了簫聲，雙聲雜作，音調怪異之極。鐵箏猶似巫峽猿啼、子夜鬼哭，玉簫恰如昆崗鳳鳴，深閨私語。一個極盡慘厲淒切，一個卻是柔媚宛轉。此高彼低，彼進此退，互不相下。

黃藥師站起身來，邊走邊吹，腳下踏著八卦方位。這是黃藥師平日修習上乘內功時所用的姿勢，必是對手極為厲害，是以要出全力對付，再看歐陽鋒頭頂猶如蒸籠，一縷縷的熱氣直往上冒，雙手彈箏，袖子揮出陣陣風聲，看模樣也是絲毫不敢怠懈。

郭靖聽著二人吹奏，思索這玉簫鐵箏與武功有甚麼干係，何以這兩般聲音有恁大魔力，引得人心中把持不定？當下凝守心神，不為樂聲所動，然後細辨簫聲箏韻，聽了片刻，只覺一柔一剛，相互激蕩，或猱進以取勢，或緩退以待敵，正與高手比武一般無異，再想多時，終於領悟，黃藥師和歐陽鋒正以上乘內功互相比拚。想明白了此節，當下閉目聽鬥。他原本運氣同時抵禦簫聲箏音，甚感吃力，這時心無所滯，身在局外，靜聽雙方勝敗，樂音與他心靈已不起絲毫感應，但覺心中一片空明，諸般細微之處反而聽得更加明白。

這時郭靖只聽歐陽鋒初時以雷霆萬鈞之勢要將黃藥師壓倒。簫聲東閃西避，但只要箏聲中有些微間隙，便立時透了出來。過了一陣，箏音漸緩，簫聲卻愈吹愈是迴腸盪氣。當玉簫吹到清羽之音，猛然間錚錚之聲大作，鐵箏重振聲威。郭靖雖將拳訣讀得爛熟，但他悟性本低，周伯通又不善講解，於其中含義，十成中也懂不了一成，這時聽著黃藥師與歐陽鋒以樂聲比武，雙方攻拒進退，頗似與他所熟讀的拳訣暗合，本來不懂的所在，經過兩般樂音數度拚鬥，漸漸悟到了其中的一些關竅，不禁暗暗喜歡。再聽一會，忽覺兩般樂音的消長之勢、攻合之道，卻有許多地方與所習口訣甚不相同，心下疑惑，不明其故。好幾次黃藥師明明已可獲勝，只要簫聲多幾個轉折，歐陽鋒勢必抵擋不住；而歐陽鋒卻也錯過了不少可乘之機。郭靖先前還道雙方互相謙讓，再聽一陣，卻又不像。他資質雖然遲鈍，但兩人反覆吹奏攻拒，聽了小半個時辰下來，也已明白了一些簫箏之聲中攻伐解禦的法門。

郭靖呆呆的想了良久，只聽得簫聲越拔越高，只須再高得少些，歐陽鋒便非敗不可，但至此為極，說甚麼也高不上去了，只聽得雙方所奏樂聲愈來愈急，已到了短兵相接、白刃肉搏的關頭。

簫箏之爭因洪七公的嘯聲加入而告終。

◆郭靖與簫聲

傻郭靖不知是大智若愚，還是運氣極好，他明明不懂音律，卻因跟老頑童周伯通剛學會了《九陰真經》，聽了黃藥師、歐陽峰、洪七公三人以簫聲、箏聲、嘯聲相鬥，竟然立時就能悟到樂音中攻合拒戰的法門。

郭靖絲毫不懂音律節拍，因此在第二場比賽中，聽到黃藥師的簫聲，只道考較的便是如何與簫聲相抗，因此先以竹枝的擊打擾亂黃藥師的曲調。他以竹枝打在枯竹之上，發出「空、空」之聲，饒是黃藥師的定力已然爐火純青，竟也有數次險些兒把簫聲去跟隨這陣極難聽、極嘈雜的節拍。

黃藥師精神一振，沒想到郭靖居然有一手，曲調突轉，緩緩的變得柔靡萬端。

郭靖盤膝坐在地上，一面運起全真派內功，摒慮寧神，抵禦簫聲的引誘，一面以竹枝相擊，擾亂簫聲。黃藥師、洪七公、歐陽鋒三人以音律較藝之時，各自有攻有守，本身固須抱元守一，靜心凝志，尚不斷乘機抵隙，攻擊旁人心神。郭靖功力遠遜三人，但守不攻，只是一味防護周密，雖無反擊之能，但黃藥師連變數調，卻也不能將他降服。

又吹得半晌，簫聲愈來愈細，幾乎難以聽聞。郭靖停竹凝聽，哪知這正是黃藥師的厲害之處，簫聲愈輕，誘力愈大。郭靖凝神傾聽，心中的韻律節拍漸漸與簫聲相合。若是換作旁人，此時已陷絕境，再也無法脫身，但郭靖練過雙手互搏之術，心有二用，驚悉凶險，當下硬生生分開心神，左手除下左腳上的鞋子，在空竹上「禿、禿、禿」的敲將起來。

黃藥師吃了一驚，腳下踏著八卦方位，邊行邊吹。郭靖雙手分打節拍，記記都是與簫聲的韻律格格不入，他這一雙手分打，就如兩人合力與黃藥師相拒一般，空空空，禿禿禿，力道登時強了一倍。那簫聲忽高忽低，愈變愈奇。郭靖再支持了一陣，忽聽得簫聲中飛出陣陣寒意，霎時間便似玄冰裹身，不禁簌簌發抖。洞簫本以柔和宛轉見長，這時的音調卻極具峻峭肅殺之致。郭靖漸感冷氣侵骨，知道不妙，忙分心思念那炎日臨空、盛暑鍛鐵、手執巨炭、身入洪爐種種苦熱的情狀，果然寒氣大減。黃藥師見他左半邊身子凜有寒意，右半邊身子卻騰騰冒汗，不禁暗暗稱奇，曲調便轉，恰如嚴冬方逝，盛夏立至。郭靖剛待分心抵擋，手中節拍卻已跟上了簫聲。

黃藥師知女兒深愛郭靖，一時心軟，將音律散入林間，忽地曲終音歇。郭靖呼了一口長氣，站起身來幾個踉蹌，險些又再坐倒，凝氣調息後，知道黃藥師有意容讓，上前稱謝。

【九】聲音與武功

◆楊過、謝遜之嘯

楊過十六年後成為神鵰俠，其人未出場，先有許多人講述了神鵰俠的俠義故事。楊過一出場，就一陣長嘯，讓山西一窟鬼和史氏兄弟心服口服：

楊過向郭襄打了個手勢，叫她用手指塞住雙耳。郭襄不明其意，但依言按耳，只見他縱口長呼，龍吟般的嘯聲直上天際。郭襄雖已塞住了耳朵，仍然震得她心旌搖盪，如癡如醉，腳步站立不穩。幸好她自幼便修習父親所授的玄門正宗內功，因此武功雖然尚淺，內功的根基卻紮得甚為堅實，遠勝於一般武林中的好手，聽了楊過這麼一嘯，總算沒有摔倒。

嘯聲悠悠不絕，只聽得人人變色，獸群紛紛摔倒，接著西山十鬼、史氏兄弟先後跌倒，只有十餘頭大象、史叔剛和郭襄兩人勉強直立。那神鵰昂首環顧，甚有傲色。楊過心想這病夫內力不淺，我若再催嘯聲，硬生生將他摔倒，只怕他要受劇烈內傷，當下長袖一揮，住口停嘯。

過了片刻，眾人和群獸才慢慢站起。豺狼等小獸竟有被他嘯聲震暈不醒的，雪地中遍地都是群獸嚇出來的屎尿。群獸不等史氏兄弟呼喝，紛紛夾著尾巴逃入了樹林深處，連回頭瞧一眼也都不敢。

謝遜在王盤山之嘯，和楊過的這一陣嘯聲，極為相似。

張翠山打賭贏了謝遜，謝遜出爾反爾，無奈之下只得饒過張翠山和殷素素，讓他們用絲布堵住耳朵，其他的人可沒有那麼好運了，天鷹教、巨鯨幫、海沙派、神拳門各人聽到謝遜的嘯聲，一個個張口結舌，臉現錯愕之色；跟著臉色變成痛苦難當，宛似全身在遭受苦刑；又過片刻，一個個先後倒地，不住扭曲滾動。崑崙派高蔣二人大驚之下，當即盤膝閉目而坐，運內功和嘯聲相抗。二人額頭上黃豆般的汗珠滾滾而下，臉上肌肉不住抽動，兩人幾次三番想伸手去按住耳朵，但伸到離耳數寸之處，終於又放了下來。突然間只見高蔣二人同時急躍而起，飛高丈許，直挺挺的摔將下來，便再也不動了。

謝遜這一嘯，雖然使這一干人保住了性命，但這些人雖生猶死，只怕比殺了他們還更慘酷。

謝遜這一嘯，對本來就是昏迷的人，卻是無效。

◆洪七公之嘯

洪七公的嘯聲和楊過、謝遜不同，楊過、謝遜之嘯聲太過平直，而洪七公之嘯卻是更具特色。金庸描寫洪七公的嘯聲，「發嘯之人嘯聲忽高忽低，時而如龍吟獅吼，時而如狼嗥梟鳴，或若長風振林，或若微雨濕花，極盡千變萬化之致。」

洪七公的對手也較楊過、謝遜高明一些，洪七公之嘯聲和黃藥師簫聲，歐陽鋒箏聲相鬥，鬥得難解難分，最後還是郭靖解了圍。

◆金剛獅子吼

少林寺方丈方證和沖虛道人設了一個圈套想讓任我行上當，卻不料總是愛新鮮玩藝的桃谷六仙卻來搗亂，方證大師無奈之下，只好用金剛獅子吼，將六人噴倒。

金剛獅子吼是少林寺七十二絕技之一，是一門較強的內功心法。

【十】黃鍾公

江南四友黃鍾公為首，禿筆翁善書法，黑白子善棋，丹青生善畫，黃鍾公對音樂情有獨衷。

江南四友，亦奇人也，世外高人也，而且深具藝術家的氣質，這就是「怪癖」兩字。此種怪癖，可以造就藝術家中的高手，但其作為武林人物，身分就有了內在悲劇的衝突，一旦當其遇人不淑，環境不好，對外在衝突無力應對而逃避和沉淪，其人品便很容易等而下之。

琴棋書畫，詩酒劍道，江南四友均有高人一籌的精到造詣。

為救任我行，向問天設計投江南四友之所好，利用其對琴棋書畫怪癖的癡愛，擊其最弱環節，加上結伴而來的令狐冲，又是一等一的聰明伶俐，終於使江南四友入套，悔之莫及。

江南四友的怪癖，其實讀起來還是很有幾分可愛。

能癡、能癖、能醉心、能入迷之人，心地本質，多半並不壞。

不過，江南四友既然甘心做東方不敗的走狗，看來還沒有癡和癖到家，與曲洋、劉正風這樣一流藝術家相比，還差一個層次。

黃鍾公一向不見客，聽說風少俠（令狐冲）有《廣陵散》的古譜，想到能在垂暮之年得能按譜一奏，喜不自禁，覺得生平再無憾事。

黃鍾公從頭自第一頁看起，只瞧得片刻，臉上便已變色。他右手翻閱琴譜，左手五根手指在桌上作出挑撚按捺的撫琴姿勢，讚道：「妙極！和平中正，卻又清絕幽絕。」翻到第二頁，看了一會，又讚：「高量雅致，深藏玄機，便這麼神遊琴韻，片刻之間已然心懷大暢。」黃鍾公與令狐冲比劍一段，以簫作劍，用瑤琴當作兵刃，寫得十分雅致：

黃鍾公微笑道：「你這人甚好，咱們較量幾招，點到為止，又有甚麼干係？」回頭從壁上摘下一杆玉簫，交給令狐冲，說道：「你以簫作劍，我則用瑤琴當作兵刃。」從床頭几上捧起一張瑤琴，微微一笑，說道：「我這兩件樂器雖不敢說價值連城，卻也是難得之物，總不成拿來砸壞了？大家裝模作樣的擺擺架式罷了。」令狐冲見那簫通身碧綠，竟是上好的翠玉，近吹口處有幾點朱斑，殷紅如血，更映得玉簫青翠欲滴。黃鍾公手中所持瑤琴顏色暗舊，當是數百年甚至是千年以上的古物，這兩件樂器只須輕輕一碰，勢必同時粉碎，自不能以之真的打鬥，眼見無可再推，雙手橫捧玉簫，恭恭敬敬的道：「請大莊主指點。」黃鍾公道：「風老先生一代劍豪，我向來十分佩服，他老人家所傳劍法定是非同小可。風少俠請！」令狐冲提起簫來，輕輕一揮，風過簫孔，發出幾下柔和的樂音。黃鍾公右手在琴弦上撥了幾下，琴音響處，琴尾向令狐冲右肩推來。令狐冲聽到琴音，心頭微微一震，玉簫緩緩點向黃鍾公肘後。瑤琴倘若繼續撞向自己肩頭，他肘後穴道勢必先被點上。黃鍾公倒轉瑤琴，向令狐冲腰間砸到，琴身遞出之時，又是撥弦發聲。令狐冲心想：「我若以玉簫相格，兩件名貴樂器一齊撞壞。他為了愛惜樂器，勢必收轉瑤琴。但如此打法，未免跡近無賴。」當下玉簫轉了個弧形，點向對方腋下。黃鍾公舉琴封擋，令狐冲玉簫便即縮回。黃鍾公在琴上連彈數聲，樂音轉急。黑白子臉色微變，倒轉著身子退出琴堂，隨手帶上了板門。他知道黃鍾公在琴上撥弦發聲，並非故示閒暇，卻是在琴音之中灌注上乘內力，用以擾亂敵人心神，對方內力和琴音一生共鳴，便不知不覺的為琴音所制。琴音舒緩，對方出招也跟著舒緩；琴音急驟，對方出招也跟著急驟。但黃鍾公琴上的招數卻和琴音恰正相反。他出招快速而琴音加倍悠閒，對方勢必無法擋架。黑白子深知黃鍾公這門功夫非同小可，生怕自己內力受損，便退到琴堂之外。

他雖隔著一道板門，仍隱隱聽到琴聲時緩時急，忽爾悄然無聲，忽爾錚然大響，過了一會，琴聲越彈越急。黑白子只聽得心神不定，呼吸不舒，又退到了大門外，再將大門關上。琴音經過兩道門的阻隔，已幾不可聞，但偶而琴音高亢，透了幾聲出來，仍令他心跳加劇。佇立良久，但聽得琴音始終不斷，心下詫異：「這姓風少年劍法固然極高，內力竟也如此了得。怎地在我大哥『七弦無形劍』久攻之下，仍能支持得住？」正凝思間，禿筆翁和丹青生二人並肩而至。

丹青生低聲問道：「怎樣？」黑白子道：「已鬥了很久，這少年還在強自支撐。我擔心大哥會傷了他的性命。」丹青生道：「我去向大哥求個情，不能傷了這位好朋友。」黑白子搖頭道：「進去不得。」便在此時，琴音錚錚大響，琴音響一聲，三個人便退出一步，琴音連響五下，三個人不由自主的退了五步。禿筆翁臉色雪白，定了定神，才道：「大哥這『六丁開山』無形劍法當真厲害。這六音連續狠打猛擊，那姓風的如何抵受得了？」言猶未畢，只聽得又是一聲大響，跟著拍拍數響，似是斷了好幾根琴弦。黑白子等吃了一驚，推開大門搶了進去，又再推開琴堂板門，只見黃鍾公呆立不語，手中瑤琴七弦皆斷，在琴邊垂了下來。令狐冲手持玉簫，站在一旁，躬身說道：「得罪！」顯而易見，這番比武又是黃鍾公輸了。

江南四友身敗名裂之時，終於還是醒悟了他們的失策在於致命的弱點：玩物喪志，逃避矛盾。

按黃鍾公的說法，他們本來是想在江湖上行俠仗義有一番作為的，但後來不適應權術和政治的傾軋，以至心灰意懶消極逃避，退出權力中樞，遺懷於山水，寄情於琴棋書畫，故此才玩物喪志。

此又一寓言也。

江南四友的錯誤在於沒有認識到：

一、矛盾是不可逃避的。

二、玩物應有分寸，不可到喪志的地步。

寄物於物，不役物，不可為物所役。

第十四篇 棋

【一】珍瓏

金大俠武俠小說中，琴棋書畫醫卜兵陣無所不能者，當屬無崖子和黃藥師。

黃藥師為人狂妄偏激，將幾大弟子都逐出師門，因此他的技能在小說中只有親自演示，無崖子卻不同，收了兩個弟子，都是大大有名，一個是蘇星河，另一個是丁春秋。蘇星河和丁春秋各有所長，蘇星河對琴棋書畫醫卜兵陣比之對武功更有興趣，因此武功平平，而且收的弟子也和他一樣，資質更差，只能每人鑽研一樣。

金大俠武俠小說中的所謂的棋，實際上只有圍棋一種，顯見金大俠對圍棋的偏愛。

珍瓏是圍棋中的難題，並不是兩人對弈出來的陣勢，因此或生、或劫，往往極難推算。尋常的珍瓏少則十餘子，多者不過四五十子。金大俠寫出的這一局珍瓏卻有二百餘子，劫中有劫，既有共活，又有長生，或反撲，或收氣，花五聚六，複雜無比。

倪匡先生在評論金庸書中的珍瓏時曾道：「金庸小說描寫過不少棋局，但令我印象最深刻的，就是《天龍八部》破解無崖子擺下的珍瓏了，只因其中所講的不單是棋理，也是人生觀。不懂圍棋的人，對一著棋下得高明不高明，真是莫名其妙，若金庸一著一著的寫下來，懂的人當然會喜不自勝，但像我那樣完全不懂的人，就只有跳過不看了。」

段譽棋思精密，下了十幾路，棋藝已致極高的境界，但愛心太重，不肯棄子，輸了此局。

范百齡精研圍棋數十年，但天資有限，只多想了一會，竟噴出一大口鮮血。

慕容復對這局棋凝思已久，自信已想出了解法，可鳩摩智下的一著卻大出他意料之外，讓他本來籌畫好的全盤計謀盡數落空，眼前漸漸模糊，棋局上的白子黑子似乎都化作了將官士卒，東一團人馬，西一塊陣營，你圍住我，我圍住你，互相糾纏不清的廝殺。慕容復眼睜睜見到，己方白旗白甲的兵馬被黑旗黑甲的敵人圍住了，左衝右突，始終殺不出重圍，心中越來越是焦急，竟拔劍便往頸中刎去。金大俠說慕容復之失是「由於執著權勢，勇於棄子，卻說什麼也不肯失勢」。

段延慶下一子，想一會，一子一子，越想越久，下到二十餘子時，日已偏西，玄難忽道：「段施主，你起初十著走的是正著，第十一著起，走入了旁門，越走越偏，再也難以挽救了。」段延慶臉上肌肉僵硬，木無表情，喉頭的聲音說道：「你少林派是名門正宗，依你正道，卻又如何解法？」玄難歎了口氣，道：「這棋局似正非正，似邪非邪，用正道是解不開的，但若純走偏鋒，卻也不行！」

段延慶生平第一恨事，乃是殘廢之後，不得不拋開本門正宗武功，改習旁門左道的邪術，一到全神貫注之時，外魔入侵，竟爾心神蕩漾，難以自制，和慕容復一樣入了魔道。

虛竹武功不佳，棋術尤其低劣，見段延慶危險，閉著眼睛下一子，竟將自己的一口氣堵死了。蘇星河雖怒斥虛竹胡鬧，但卻遵無崖子之命，不論何人，均可入局。

段延慶感虛竹救命之感，用腹語指點虛竹破解了這一局珍瓏：

忽見虛竹伸手入盒，取過一枚白子，下在棋盤之上。所下之處，卻是提去白子後現出的空位。這一步棋，竟然大有道理。這三十年來，蘇星河於這局棋的千百種變化，均已拆解得爛熟於胸，對方不論如何下子，都不能逾越他已拆解過的範圍。但虛竹一上來便閉了眼亂下一子，以致自己殺了一大塊白子，大違根本棋理，任何稍懂弈理之人，都決不會去下這一著。那等如是提劍自刎、橫刀自殺。豈知他閉目落子而殺了自己一大塊白棋後，局面頓呈開朗，黑棋雖然大佔優勢，白棋卻已有迴旋的餘地，不再像以前這般縛手縛腳，顧此失彼。這個新局面，蘇星河是做夢也沒想到過的，他一怔之下，思索良久，方應了一著黑棋。

原來虛竹適才見蘇星河擊掌威嚇，師伯祖又不出言替自己解圍，正自彷徨失措之際，忽然一個細細的聲音鑽入耳中：「下『平』位三九路！」虛竹也不理會此言是何人指教，更不想此著是對是錯，拿起白子，依言便下在「平」位三九路上。待蘇星河應了黑棋後，那聲音又鑽入虛竹耳中：「『平』位二八路。」虛竹再將一枚白棋下在「平」位二八路上。他此子一落，只聽得鳩摩智、慕容復、段譽等人都「咦」的一聲叫了出來。虛竹抬頭起來，只見許多人臉上都有欽佩訝異之色，顯然自己這一著大是精妙，又見蘇星河臉上神色又是歡喜讚歎，又是焦躁憂慮，兩條長長的眉毛不住上下掀動。

虛竹心下起疑：「他為什麼忽然高興？難道我這一著下錯了麼？」但隨即轉念：「管他下對下錯，只要我和他應對到十著以上，顯得我下棋也有若干分寸，不是胡亂攪局，侮辱他的先師，他就不會見怪了。」待蘇星河應了黑子後，依著暗中相助之人的指示，又下一著白子。他一面下棋，一面留神察看，是否師伯祖在暗加指示，但看玄難神情焦急，卻是不像，何況他始終沒有開口。鑽入他耳中的聲音，顯然是「傳音入密」的上乘內功，說話者以深厚內力，將說話送入他一人的耳中，旁人即是靠在他的身邊，亦無法聽聞，但不管話聲如何輕，話總是要說的。虛竹偷眼察看各人口唇，竟沒一個在動，可是那「下『去』位五六路，食黑棋三子！」的聲音，卻清清楚楚的傳入了他耳中。虛竹依言而下，尋思：「教我的除了師伯祖外，再沒第二人。其餘那些人和我非親非故，如何肯來教我？這些高手之中，也只有師伯祖沒下過棋，其餘的都試過而失敗了。師伯祖神功非凡，居然能不動口唇而傳音入密，我不知幾時才能修得到這個地步。」

他哪知教他下棋的，卻是那個天下第一大惡人「惡貫滿盈」段延慶。適才段延慶沉迷棋局之際，被丁春秋乘火打劫，險些兒走火入魔，自殺身亡，幸得虛竹搗亂棋局，才救了他一命。他見蘇星河對虛竹厲聲相責，大有殺害之意，當即出言指點，意在替虛竹解圍，令他能敷衍數著而退。他善於腹語之術，說話可以不動口唇，再以深厚內功傳音入密，身旁雖有好幾位一等一的高手，竟然誰也沒瞧出其中機關。

可是數著一下之後，局面竟起了大大變化，段延慶才知這個「珍瓏」的秘奧，正是要白棋先擠死了自己一大塊，以後的妙著方能源源而生。棋中固有「反撲」、「倒脫靴」之法，自己故意送死，讓對方吃去數子，然後取得勝勢，但送死者最多也不過八九子，決無一口氣奉送數十子之理，這等「擠死自己」的著法，實乃圍棋中千古未有之奇變，任你是如何超妙入神的高手，也決不會想到這一條路上去。任何人所想的，總是如何脫困求生，從來沒人故意往死路上去想。若不是虛竹閉上眼睛，隨手瞎擺而下出這著大笨棋來，只怕再過一千年，這個「珍瓏」也沒人能解得開。

這個珍瓏變幻百端，因人而施，愛財者因貪失誤，易怒者由憤壞事。此是金大俠小說中論說圍棋的經典名段。

金大俠曾擔任過香港圍棋協會會長，據說棋力可達業餘六段，於圍棋是情有獨鍾，黑白兩子曾伴隨著他寫作武俠小說的大俠之路，是其靈感之處，是其遣興之所。金大俠家中有一棋盤價值數百萬港幣，由此可見金大俠玩票的癡迷和水準了。

此處寫了一個極讓人遐想不已的珍瓏之局，雖是小說家言，卻極富有想像力。

蘇星河擺用師父無崖子的珍瓏棋局，為的是引來天下英雄，以資考驗，尋找出具有獨特奇異天賦的人才可作無崖子的傳人，以將逍遙派的武學發揚光大。

珍瓏棋局是人生的一個寓言，變化多端，因人而施，解法卻是誰人也想不到的簡直，著重點卻在「不著意生死，更不著於勝敗」，只有勘破生死，覺悟勝敗，方可以不費吹灰之力，迎刃而解。

蘇星河參詳此局三十餘年，也不能解出，只因為一個「執」字，入於內而不能出，一生迷誤。

段譽倒頗有悟性，不求甚解，只是隨緣而下，想到那走到哪能，解不出此局的原因，是因其愛心太重，不肯棄子。

范百齡的境界不如其師父，雖然精於此道，但資質不高，屬於技術派的，只見樹木，不見森林，沒有大局觀，勉強走下去，嘔血幾欲斃命。

鳩摩智亦有大智慧，能作大局觀，不拘於棋盤之內，但其心不在此，用情不夠，沒有敬業精神，自然非道中人。

慕容復心魔最重，有先入之見，於得失處看得太重，拘泥於邊角得失，無掌握全域之大胸襟，心神自亂。

段延慶似乎棋力不在范百齡之下，進展最多，但心術不正，誤入旁門，越走越偏，越去越遠，在丁春秋的乘機誘使下把握不住，和慕容復一般也著了魔。

最後，唯有虛竹胡亂下一手，心靈福致，福緣深厚，於生死勝負之外，反得到解脫。

虛竹後發先至，忽然頭頂發亮，現出奇光異彩來。

此書行文已過半，讀者全然想不到，此時還能在虛竹身上，另開闢出一片全新的自由世界，隱現出更為雪翻浪湧，驚濤拍岸的蔚然奇觀來。

虛竹武功極低，智力也不高，見識更談不上，更兼是個「好生醜陋的小和尚」，真的一上來一點也不出色，但不知為何，讀者左看右看，上猜下想，怎麼也不覺其有什麼「醜陋」的地方，怎麼都覺得他和郭靖一般憨厚可愛。

虛竹的好處，在於他的內心全無成見，竹節一般的中空、內虛。

因其「虛」，他不執著於生死勝敗，能作解脫。

因其「虛」，無崖子傳給他武功卻少費許多手腳。

因其「虛」，他能有胸襟容納百川，擁抱世界，承受大際遇的大福氣。

因其「虛」，他本性中的純良，可以在適當溫度和土壤中茁壯成長。

虛竹棋藝低劣，和師兄弟們下棋之時也是敗多勝少，但卻能不嗔不怨，勝敗心甚輕，這一著不著意於生死，更不著意於勝敗，反而勘破了生死，解了這一局珍瓏。日後虛竹的命運，也由此得到了改變。

虛竹忽然間擁有了無崖子七十餘年修為的北冥神功，當上逍遙派的掌門人，他不喜反悲，放聲大哭，此無貪無欲其實是極大氣的模樣，最能成就大事業。

棋盤的珍瓏之局雖解，但人生中的珍瓏之局卻難解。虛竹來日方長，還有一段驚險之路要走。

【二】圍棋和暗器

金庸回憶當年他在《大公報》任職時，常與聶紺弩和梁羽生下圍棋。金庸自謙「我們三人的棋力都很低，可是興趣卻真好，常常一下就是數小時。」

「圍棋這東西有趣之極，但就因為過於複雜，花的時光太多。學習與研究固然花時間，就是普通的下一局，也總得花一兩個小時。」

金庸對圍棋的狂熱，從他的第一部武俠小說《書劍恩仇錄》中就能看到。

陸菲青替文泰來送信給紅花會，紅花會為了表示重視，帶他去見總舵主陳家洛，書中這樣寫道：

大夥走向後院，進了一間大房，只見板壁上刻著一只大圍棋盤，三丈外兩人坐在炕上，手拈棋子，向那豎立的棋局投去，一顆顆棋子都嵌在棋道之上。陸菲青見多識廣，可從未見過有人如此下棋。持白子的是個青年公子，身穿白色長衫，臉如冠玉，似是個貴介子弟。持黑子的卻是個莊稼人打扮的老者。老者發子之時，每著勢挾勁風，棋子深陷板壁。陸菲青暗暗心驚：「這人不知是哪一位英雄，發射暗器的手勁準頭，我生平還沒見過第二位。」眼見黑子勢危，白子一投，黑子滿盤皆輸，那公子一子投去，準頭稍偏，沒嵌準棋道交叉之處。老者呵呵笑道：「你不成啦，認輸吧！」推棋而起，顯然是輸了賴皮。

把圍棋子當作暗器來用，金大俠真是想得出來，真是迷戀圍棋，已到了十段。

【三】圍棋與悟性

下圍棋最講究悟性，常言道：「二十歲不成國手，終身無望。」意思是說下圍棋之人如不在童年成名，將來再下苦功，也終是碌碌的庸手。

「千變萬劫」是圍棋愛好者木桑道人的外號。木桑道人棋藝不算高，但卻愛好圍棋。《碧血劍》中，木桑道人棋不離手，隨時要找人和他下棋：

笑吟吟的從背囊中拿出一只圍棋盤、兩包棋子，笑道：「這傢伙老道是片刻不離身的。你怕了我想避戰，推說華山上沒棋盤棋子，那可賴不掉，哈哈，哈哈！」啞巴搬出台椅，兩人就在樹蔭下對起局來。袁承志不懂圍棋，木桑一面下，一面給他解釋，同時不住口的吹噓自己這著如何高明，他師父如何遠遠不是敵手。穆人清只是微笑沉思，任由他自吹自擂。圍棋是易學難精之事，下法規矩，一點就會。袁承志看了一局，已明白其中大要。

穆人清棋力本來不如木桑，這時又是勉強奉陪，下得更加不順，不到中局，已是處處受制，眼見一塊白子形勢十分危急，即使勉強做眼求活，四隅要點都將被對方占盡。他拈了一粒棋子，沉吟不語，始終放不下去。

袁承志在一旁觀看，實在忍不住了，說道：「師父，你下在這裡，木桑師伯定要去救。你再下這著，就可衝出去了。不知弟子說得對不對。」穆人清素來恬退，不似木桑那樣自負好勝，也就照著徒兒指點，下了這著，一大片白棋果然真衝了出來，反而把黑子困死了一小塊。這局棋穆人清本來大輸特輸，這麼一來一去，結果只輸了五子。木桑大讚袁承志心思靈巧，讓他九子，與他下了一局。袁承志雖然不懂前人之法，然而圍棋一道，最講究的是悟性，如蘇東坡如此聰明之人，經史文章、書畫詩詞，無一不通，無一不精，然而圍棋始終下不過尋常庸手。成為他生平一大憾。他曾有一句詩道：「勝固欣然敗亦喜」，後人讚他胸襟寬博，不以勝負縈懷。豈知圍棋最重得失，一子一地之爭，必須計算清楚，毫不放鬆，才可得勝，如老是存著「勝固欣然敗亦喜」的心意下棋，作為陶情冶性，消遣暢懷。固無不可，不過定是「欣然」的時候少，而「亦喜」的時候多了。穆人清性情淡泊，木桑和他下棋覺得搏殺不烈，不大過癮，此刻與袁承志對局，竟然大不相同。袁承志於此道頗有天才，加以童心甚盛，千方百計的要戰勝這位師伯。這一局結果雖是木桑贏了，可是中間險象環生，並非一帆風順的取勝。次日一早，木桑又把承志拉去下棋，承志連勝三局，從讓九子改為讓八子。不到一月，他棋力大進……

金庸此處雖是在談圍棋，但又何嘗不是在談武功和學問。

後來金庸在一篇隨筆《圍棋雜談》中還談到圍棋和木桑道人：

圍棋是比象棋複雜得多的智力遊戲。象棋三十二子愈下愈少，圍棋三百六十一格卻是愈下愈多，到中盤時頭緒紛繁，牽一髮而動全身，四面八方，幾百隻棋子每一隻都有關連，複雜之極，也真是有趣之極。在我所認識的人中，凡是學會圍棋而下了一兩年之後，幾乎沒有一個不是廢寢忘食地喜愛。古人稱它為「木野狐」，因為棋盤木製，它就像是一隻狐狸精那麼纏人。我在《碧血劍》那部武俠小說中寫木桑道人沉迷著棋，千方百計地找尋弈友，在生活中確是有這種人的。

【四】圍棋與凶吉

圍棋有時候也用來卜占凶吉，預測事情。

《碧血劍》中木桑道人好棋到了癡迷的地步，圍棋不僅是他人生的寄託，甚至還代表了他的喜怒哀樂，遇到大事情時，他甚至會用下棋的輸贏來答疑解惑。

《碧血劍》中，木桑道人要到西藏去幹一件大事，即尋找其鐵劍門掌門之寶的鐵劍。

此事事關重大，因為他的弟子玉真子為非作歹，武功又十分高強，也正在尋找鐵劍，想挾制木桑道人。木桑道人對此事實在是沒有把握，所以心中憂鬱，此時他和袁承志下棋時，首先聯想到的便是下棋的搶先手、死活等凶吉問題：

又下數子，木桑在西邊角上忽落一子，那本是袁承志的白棋之地，黑棋孤子侵入，可說是干冒奇險。他道：「承志，我這一手是有名堂的。老道過得幾天，就要到西藏去。這一子深入重地，成敗禍福，大是難料。」袁承志奇道：「道長萬里迢迢的遠去西藏幹甚麼？」木桑歎了口氣，說道：「去找一件東西。那是先師的遺物。這件物事找不到，本來也不打緊，但若給另一人得去了，那可大大的不妥。好比下棋，這是搶先手。老道若是失先，一盤棋就輸得乾乾淨淨。原來對方早已去了幾年，我這幾天才知，現下馬上趕去，也已落後。」袁承志見他臉有憂色，渾不是平時瀟灑自若的模樣，知他此行關係重大。

木桑道人因為心中有事，要以圍棋占凶吉，所以對此盤圍棋的勝負看得很重，而袁承志總算是知情識趣，有意讓木桑道人勝了此局棋，討一個好的口采。袁承志乘機還對木桑道人恭維了一番，讓木桑道人暫且忘記了心中憂鬱之事：

這時木桑侵入西隅的黑棋已受重重圍困，眼見已陷絕境，袁承志忽然想起：「道長把這塊棋比作他西藏之行，若是我將他這片棋子殺了，只怕於他此行不吉。」沉吟片刻，轉去東北角下了一子。木桑呵呵大笑，續在西隅下子，說道：「凶險之極！這著棋一下，那可活了。你殺我不了啦！」又過了半個時辰，雙方官著下完，袁承志輸了五子。木桑得意非凡，笑道：「這些年來，你武功是精進了，棋藝卻沒甚麼進展。」袁承志笑道：「那是道長妙著疊生，變化精奧，弟子抵擋不住。」木桑呵呵大笑，打從心裡喜歡出來，自吹自擂了一會。

【五】棋癡何足道

何足道號稱「琴棋劍三聖」，琴聖是當之無愧，劍法卻是平平，而對於棋道，小郭襄都能指點他，因而他只能算「癡」，而不能算「聖」。

說他是棋癡，是因為他非常愛好圍棋，愛棋成癡，下棋沒有對手，居然會自己跟自己下：

只見他緩步走到古松前的一塊空地上，劍尖抵地，一劃一劃的劃了起來，劃了一畫又是一畫。郭襄大奇：「世間怎會有如此奇怪的劍法？難道以劍尖在地下亂劃，便能克敵制勝？此人之怪，真是難以測度。」

默數劍招，只見他橫著劃了十九招，跟著變向縱劃，一共也是一十九招。劍招始終不變，不論縱橫，均是平直的一劃。郭襄依著他劍勢，伸手在地下劃了一遍，隨即險些失笑，他使的哪裡是甚麼怪異劍法，卻是以劍尖在地下畫了一張縱橫各一十九道的棋盤。那人劃完棋盤，以劍尖在左上角和右下角圈了一圈，再在右上角和左下角畫了個交叉。郭襄既已看出他畫的是一張圍棋棋盤，自也想到他是在四角布上勢子，圓圈是白子，交叉是黑子。跟著見他在左上角距勢子三格處圈了一圈，又在那圓圈下兩格處畫了一叉，待得下到第十九著時，以劍拄地，低頭沉思，當是決不定該當棄子取勢，還是力爭邊角。郭襄心想：「此人和我一般寂寞，空山撫琴，以雀鳥為知音；下棋又沒對手，只得自己跟自己下。」

那人想了一會，白子不肯甘休，當下與黑子在左上角展開劇鬥，一時之間妙著紛紜，自北而南，逐步爭到了中原腹地。郭襄看得出神，漸漸走近，但見白子佈局時棋輸一著，始終落在下風，到了第九十三著上遇到了個連環劫，白勢已然岌岌可危，但他仍在勉力支撐。常言道：「當局者迷，旁觀者清。」郭襄棋力雖然平平，卻也看出白棋若不棄子他投，難免在中腹全軍覆沒，忍不住脫口叫道：「何不徑棄中原，反取西域？」那人一凜，見棋盤西邊尚自留著一大片空地，要是乘著打劫之時連下兩子，佔據要津，即使棄了中腹，仍可設法爭取個不勝不敗的局面。那人得郭襄一言提醒，仰天長笑，連說：「好，好！」

【六】黃眉僧與「惡盈滿貫」段延慶

下棋雖然是風雅之事，消閒手段，但偶爾也會事關重大，和武功上的比鬥性命相搏一樣，扣人心弦。

《天龍八部》中黃眉僧和段延慶下棋比勝負，他們打賭的賭注事關段氏家族興亡成敗的問題，所以黃眉僧此局棋只能贏不能輸，如果輸了的話，後果無法想像，場面也不可收拾。

黃眉僧本是段氏皇家寄予厚望搬來的救兵，而黃眉僧解決問題的方式，不是動手也不是動口，只是以下棋決定大局。

次日午間，段譽又在室中疾行，忽聽得石屋外一個蒼老的聲音說道：「縱橫十九道，迷煞多少人。居士可有清興，與老僧手談一局麼？」段譽心下奇怪，當即放緩腳步，又走出十幾步，這才停住，湊眼到送飯進來的洞孔向外張望。

只見一個滿臉皺紋、眉毛焦黃的老僧，左手拿著一個飯碗大小的鐵木魚，右手舉起一根黑黝黝的木魚槌，在鐵木魚上錚錚錚的敲擊數下，聽所發聲音，這根木魚槌也是鋼鐵所製。他口宣佛號：「阿彌陀佛，阿彌陀佛！」俯身將木魚槌往石屋前的一塊大青石上劃去，嗤嗤聲響，石屑紛飛，登時刻了一條直線。段譽暗暗奇怪，這老僧的面貌依稀似乎見過，他手上的勁道好大，這麼隨手劃去，石上便現深痕，就同石匠以鐵鑿、鐵錘慢慢敲擊出來一般，而這條線筆直到底，石匠要擊這樣一條直線，更非先用墨斗彈線不可。

石屋前一個鬱悶的聲音說到：「金剛指力，好功夫！」正是那青袍客「惡貫滿盈」。他右手鐵杖伸出，在青石上劃了一條橫線，和黃眉僧所刻直線正好相交，一般的也是深入石面，毫無歪斜。黃眉僧笑道：「施主肯予賜教，好極，好極！」又用鐵槌在青石上刻了一道直線。青袍客跟著刻了一道橫線。如此你刻一道，我刻一道，兩人凝聚功力，槌杖越劃越慢，不願自己所刻直線有何深淺不同，歪斜不齊，就此輸給了對方。約莫一頓飯時分，一張縱橫十九道的棋盤已然整整齊齊的刻就。黃眉僧尋思：「正明賢弟所說不錯，這延慶太子的內力果然了得。」延慶太子不比黃眉僧乃有備而來，心下更是駭異：「從那裡鑽了這樣個厲害的老和尚出來？顯是段正明邀來的幫手。這和尚跟我纏上了，段正明便乘虛而入去救段譽，我可無法分身抵擋。」

黃眉僧敢以下棋作賭注，常理上看來他的棋藝一定是非常的高，對此局棋的勝負一定有把握，但事實上卻不是這樣。看黃眉僧的整個表現，他的段位並不怎麼高，水準也不特別高明。

首先，黃眉僧在下棋的風度上就很不怎樣，棋輸一著。

黃眉僧是個有道高僧，但表現出來卻大有胡攪蠻纏耍賴氣象。一上來，黃眉僧便提出無理要求，要段延慶讓他四子，段延慶不答應，黃眉僧又涎著臉要段延慶讓他三子，此確實不像一個大師的樣子。

段延慶不答應黃眉僧相讓的要求，黃眉僧反其道而行，做出的事情又要讓人嚇一跳，他居然反過來要讓段延慶三手，簡直是讓人難以相信。

看他後面和段延慶對手下棋也結結巴巴，輸相十足，如果段延慶要真的答應了黃眉僧讓他三子的滑稽要求，那這盤棋的輸贏，鐵板釘釘的非輸得一塌糊塗不可。輸棋是小事，誤了段家皇室的大事，黃眉僧怎麼向人交代？

黃眉僧雖然是棋藝一般，但他的狠勁卻是一流的。為了和段延慶爭先手，他居然自殘肢體，用鐵錘敲斷了自己的一根腳趾。此種舉動實在是駭人聽聞。

黃眉僧道：「段施主功力高深，佩服佩服，棋力想來也必勝老僧十倍，老僧要請施主饒上四子。」青袍客一怔，心想：「你指力如此了得，自是大有身分的高人。你來向我挑戰，怎能一開口就要我相讓？」便道：「大師何必過謙？要決勝敗，自然是平下。」黃眉僧道：「四子是一定要饒的。」青袍客淡然道：「大師既自承棋藝不及，也就不必比了。」黃眉僧道：「那麼就饒三子吧？」青袍客道：「便讓一先，也是相讓。」

黃眉僧道：「哈哈，原來你在棋藝上的造詣甚是有限，不妨我饒你三子。」青袍客道：「那也不用，咱倆分先對弈便是。」黃眉僧心下惕懼更甚：「此人不驕傲不躁，陰沉之極，實是勁敵，不管我如何相激，他始終不動聲色。」原來黃眉僧並無必勝把握，向知愛弈之人個個好勝，自己開口求對方饒個三子、四子，對方往往答允，他是方外之人，於這虛名看得極淡，倘若延慶太子自逞其能，答應饒子，自己大佔便宜，在這場拚鬥中自然多居贏面。不料延慶太子既不讓人佔便宜，也不占人便宜，一絲不苟，嚴謹無比。

黃眉僧眼見想要賴撈到先手的目的不能達到，為了和段延慶爭先手，他居然自殘肢體，用鐵錘敲斷了自己的一根腳趾。此種舉動實在是駭人聽聞。

黃眉僧道：「好，你是主人，我是客人，我先下了。」青袍客道：「不！強龍不壓地頭蛇，我先。」黃眉僧道：「那只有猜枚以定先後。請你猜猜老僧今年的歲數，是奇是偶？猜得對，你先下；猜錯了，老僧先下。」青袍客道：「我便猜中，你也要抵賴。」黃眉僧道：「好吧！那你猜一樣我不能賴的。你猜想老僧到了七十歲後，兩隻腳步的足趾，是奇數呢，還是偶數？」

這謎面出得甚是古怪。青袍客心想：「常人足趾都是十個，當然偶數。他說明到了七十歲後，自是引我去想他在七十歲上少了一枚足趾？兵法云：實則虛之，虛則實之。他便是十個足趾頭，卻來故弄玄虛，我焉能上這個當？」說道：「是偶數。」黃眉僧道：「錯了，是奇數。」青袍客道：「脫鞋驗明。」

黃眉僧除下左足鞋襪，只見五個足趾完好無缺。青袍客凝視對方臉色，見他微露笑容，神情鎮定，心想：「原來他右足當真只有四個足趾。」見他緩緩除下右足布鞋，伸手又去脫襪，正想說：「不必驗了，由你先下就是。」心念一動：「不可上他的當。」只見黃眉僧又除下右足布襪，右足赫然也是五根足趾，那有什麼殘缺？

青袍客霎時間轉過了無數念頭，揣摸對方此舉是何用意。只見黃眉僧提起小鐵槌揮擊下去，喀的一聲輕響，將自己右足小趾斬了下來。他身後兩名弟子突見師父自殘肢體，血流於前，忍不住都「噫」了一聲。大弟子破疑從懷中取出金創藥，給師父敷上，撕下一片衣袖，包上傷口。

黃眉僧笑道：「老僧今年六十九歲，到得七十歲時，我的足趾是奇數。」

青袍客道：「不錯。大師先下。」他號稱「天下第一惡人」，什麼凶殘毒辣的事沒幹過見過，於割下一個小腳指的事那會放在心上？但想這老和尚為了爭一著之先，不惜出此斷然手段，可見這盤棋他是志在必勝，倘若自己輸了，他所提出的條款定是苛刻無比。

黃眉僧道：「承讓了。」提起小鐵槌在兩對角的四四路上各刻了一個小圈，便似是下了兩枚白子。青袍客伸出鐵杖，在另外兩處的四四路上各捺一下，石上出現兩處低凹，便如是下了兩枚黑子。四角四四路上黑白各落兩子，稱為「勢子」，是中國圍棋古法，下子白先黑後，與後世亦復相反。黃眉僧跟著在「平位」六三路下了一子，青袍客在九三路應以一子。初時兩人下得甚快，黃眉僧不敢絲毫大意，穩穩不失以一根小腳趾換來的先手。

黃眉僧雖然以一根小腳趾換來了先手，但此局棋他並沒有占到便宜，隨著局勢的發展，黃眉僧的劣勢就越來越明顯了。段譽的棋力很顯然比黃眉僧的棋力高了許多，段譽在旁邊看了乾著急：

十七八子後，每一著針鋒相對，角鬥甚劇，同時兩人指上勁力不斷損耗，一面凝思求勝，一面運氣培力，弈得漸漸慢了。黃眉僧的二弟子破嗔也是此道好手，見師父與青袍客奇兵突出，登起巨變，黃眉僧假使不應，右下角隱伏極大危險，但如應以一子堅守，先手便失。黃眉僧沉吟良久，一時難以參快，忽聽得石屋中傳出一個聲音說道：「反擊『去位』，不失先手。」原來段譽自幼便即善弈，這時看著兩人枰上酣鬥，不由得多口。

常言道得好：「旁觀者清，當局者迷。」段譽的棋力本就高於黃眉僧，再加旁觀，更易瞧出了關鍵的所在。黃眉僧道：「老僧原有此意，只是一時難定取捨，施主此語，釋了老僧心中之疑。」當即在「去位」的七三路下了一子。中國古法，棋局分為「平上去入」四格，「去位」是在右上角。

青袍客淡淡的道：「旁觀不語真君子，自作主張大丈夫。」段譽叫道：「你將我關在這裡，你早就不是真君子了。」黃眉僧笑道：「我是大和尚，不是大丈夫。」青袍客道：「無恥，無恥。」凝思片刻，在「去位」捺了個凹洞。兵交數合，黃眉僧又遇險著。破嗔和尚看得心急，段譽卻又不作一聲，於是走到石屋之前，低聲說道：「段公子，這一著該當如何下才是？」段譽道：「我已想到了法子，只是這路棋先後共有七著，倘若說了出來，被敵人聽到，就不靈了，是以遲疑不說。」破嗔伸出右掌，左手食指在掌中寫道：「請寫。」隨即將手掌從洞穴中伸進石屋，口中卻道：「既是如此，倒也沒有法子。」他知青袍客內功深湛，縱然段譽低聲耳語，也必被他聽去。

段譽心想此計大妙，當即伸指在他掌中寫了七步棋子，說道：「尊師棋力高明，必有妙著，卻也不須在下指點。」破嗔想了一想，覺得這七步棋確是甚妙，於是回到師父身後，伸指在他背上寫了起來。他僧袍的大袖罩住了手掌，青袍客自瞧不見他弄甚麼玄虛。黃眉僧凝思片刻，依言落子。

青袍客哼了一聲，說道：「這是旁人所教，以大師棋力，似乎尚未達此境界。」黃眉僧笑道：「弈棋原是鬥智之戲。良賈深藏若虛，能者示人以不能。老僧的棋力若被施主料得洞若觀火，這局棋還用下麼？」青袍客道：「狡獪伎倆，袖底把戲。」他瞧出破嗔和尚來來去去，以袖子覆在黃眉僧背上，其中必有古怪，只是專注棋局變化，心無旁騖，不能再去揣摸別事。

黃眉僧依著段譽所授，依次下了六步棋，這六步不必費神思索，只是專注運協，小鐵槌在青石上所刻六個小圈既圓且深，顯得神完氣足，有餘不盡。青袍客見這六步棋越來越凶，每一步都要凝思對付，全然處於守勢，鐵杖所捺的圓也便微有深淺不同。到得黃眉僧下了第六步棋，青袍客出神半晌，突然在「入位」下了一子。

這一子奇峰突起，與段譽所設想的毫不相關，黃眉僧一愕，尋思：「段公子這七步棋構思精微，待得下到第七子，我已可從一先進而占到兩先。但這麼一來，我這第七步可就下不得了，那不是前功盡棄麼？」原來青袍客眼見形勢不利，不論如何應付都是不妥，竟然置之不理，卻去攻擊對方的另一塊棋，這是「不應之應」，著實厲害。黃眉僧皺起了眉頭，想出善著。

破嗔見棋局陡變，師父應接為難，當即奔到石屋之旁。段譽早已想好，將六著棋在他掌中一一寫明。破嗔奔回師父身後，伸指在黃眉僧背上書寫。

青袍客號稱「天下第一惡人」，怎容得對方如此不斷弄鬼？左手鐵杖伸出，向破嗔肩頭憑虛點去，喝道：「晚輩弟子，站開了些！」一點之下，發出嗤嗤聲響。黃眉僧眼見弟子抵擋不住，難免身受重傷，伸左掌向杖頭抓去。青袍客杖頭顫動，點向他左乳下穴道。黃眉僧手掌變抓為斬，斬向鐵杖，那鐵杖又已變招。頃刻之間，兩人拆了八招。黃眉僧心想自己臂短，對方杖頭點了過去。青袍客也不退讓，鐵杖杖頭和他手指相碰，兩人各運內力拚鬥。鐵杖和手指登時僵持不動。

青袍客道：「大師這一子遲遲不下，棋局上是認輸了麼？」黃眉僧哈哈一笑，道：「閣下是前輩高人，何以出手向我弟子偷襲？未免太失身分了吧。」右手小鐵槌在青石上刻個小圈。青袍客更不思索，隨手又下一子。這麼一來，兩人左手比拚內力，固是絲毫鬆懈不得，而棋局上步步緊逼，亦是處處針鋒相對。

黃眉僧圍棋水準雖然不行，但良心卻是大大的好，此次他來自討苦吃，其本心卻是為了大理百姓的利益。保定帝之所以能請動黃眉僧的大駕，是因為保定帝答應了黃眉僧要免去大理百姓的鹽稅，不過黃眉僧雖然攬下了這件瓷器活，看來他並沒有金剛鑽。

黃眉僧五年前為大理通國百姓請命，求保定帝免了鹽稅，保定帝直到此時方允，雙方心照不宣，那是務必替他救出段譽。黃眉僧心想：「我自己送了性命不打緊，若不救出段譽，如何對得起正明賢弟？」武學之士修習內功，須得絕無雜念，所謂返照空明，物我兩忘，但下棋卻是著著爭先，一局棋三百六十一路，每一路均須想到，當真是錙銖必較，務須計算精確。這兩者互為矛盾，大相鑿枘。黃眉僧禪定功夫雖深，棋力卻不如對方，潛運內力抗敵，便疏忽了棋局，要是凝神想棋，內力比拚卻又處了下風，眼見今日局勢凶險異常，當下只有決心一死以報知己，不以一己安危為念。古人言道：「哀兵必勝」，黃眉僧這時哀則哀矣，「必勝」卻不見得。

黃眉僧不僅不能必勝，而且是必敗，最後還是段譽出來給他幫了忙。段譽譽修得有「北冥神功」，情急之下，在段延慶的鐵杖上胡亂一抓，使段延慶嚇了一跳，這才解了圍。

保定帝見侄兒無恙，想不到事情竟演變成這樣，又是欣慰，又覺好笑，一時也推想不出其中原由，但想黃眉僧和延慶太子比拚內力，已到了千鈞一髮的關頭，稍有差池立時便有性命之憂，當即回身去看兩人角逐。只見黃眉僧額頭汗粒如豆，一滴滴的落在棋局之上，延慶太子卻仍是神色不變，若無其事，顯然勝敗已判。

段譽神智一清，也即關心棋局的成敗，走到兩人身側，觀看棋局，見黃眉僧劫材已盡，延慶太子再打一個劫，黃眉僧便無棋可下，勢非認輸不可。只見延慶太子鐵杖伸出，便往棋局中點了下去，所指之處，正是當前的關鍵，這一子下定，黃眉僧便無可救藥，段譽大急，心想：「我且給他混賴一下。」伸手便向鐵杖抓去。

延慶太子的鐵杖剛要點到「上位」的三七路上，突然間掌心一震，右臂運得正如張弓滿弦般的真力如飛身奔瀉而出。他這一驚自是不小，斜眼微睨，但見段譽拇指和食指正捏住了鐵杖杖頭。段譽只盼將鐵杖撥開，不讓他在棋局中的關鍵處落子，但這根鐵杖竟如鑄定在空中一般，竟是紋絲不動，當即使勁推撥，延慶太子的內力便由他少商穴而湧入他體內。

延慶太子大驚之下，心中只想：「星宿海丁老怪的化功大法！」當下氣運丹田，勁貫手臂，鐵杖上登時生出一股強悍絕倫的大力，一震之下，便將段譽的手指震脫了鐵杖。段譽只覺半身酸麻，便欲暈倒，身子幌了幾下，伸手扶住面前青石，這才穩住。但延慶太子所發出的雄渾內勁，卻也有一小半兒如石沉大海，不知去向，他心中驚駭，委實非同小可，鐵杖垂下，正好點在「上位」的七八路上。只因段譽這麼一阻，他內力收發不能自如，鐵杖下垂，尚挾餘勁，自然而然的重重戳落。延慶太子暗叫：「不好！」急忙提起鐵杖，但七八路的閃叉線上，已戳出了一個小小凹洞。

高手下棋，自是講究落子無悔，何況刻石為枰，陷石為子，內力所到處石為之碎，如何能下了不算？但這「上位」的七八路，乃是自己填塞了一隻眼。只要稍明弈理之人，均知兩眼是活，一眼即死。延慶太子這一大塊棋早就已做成兩眼，以此為攻逼黃眉僧的基地，決無自己去塞死一隻活眼之理？然而此子既落，雖為弈理所無，總是功力內勁上有所不足。

延慶太子暗歎：「棋差一著，滿盤皆輸，這當真是天意嗎？」他是大有身分之人，決不肯為此而與黃眉僧再行爭執，當即站起身來，雙手按在青石岩上，注視棋局，良久不動。

群豪大半未曾見過此人，見他神情奇特，群相注目。只見他瞧了半晌，突然間一言不發的撐著鐵杖，杖頭點地，猶如踩高蹺一般，步子奇大，遠遠的去了。

驀地裡喀喀聲響，青石岩幌了幾下，裂成六七塊散石，崩裂在地，這震爍古今的一局棋就此不存人世。

【七】黑白子與棋譜

黑白子棋力如何，不可知，但名為黑白子，對圍棋的愛好，自是不言而喻。

向問天投其所好，只可惜棋力不高，因此用古譜引得黑白子上鉤。

傳說劉仲甫是當時國手，卻在驪山之麓給一個鄉下老嫗殺得大敗，登時嘔血數升，這局棋譜便稱為《嘔血譜》。這局全數一百一十二著，向問天和黑白子走了六十幾手，就停手，讓黑白子更是念念不忘。

向問天走到石几前，在棋盤的「平、上、去、入」四角擺了勢子，跟著在「平部」六三路放了一枚白子，然後在九三路放一枚黑子，在六五路放一枚白子，在九五路放一枚黑子，如此不住置子，漸放漸慢。黑白雙方一起始便纏鬥極烈，中間更無一子餘裕，黑白子只瞧得額頭汗水涔涔而下。

黑白子見向問天置了第六十六著後，隔了良久不放下一步棋子，耐不住問道：「下一步怎樣？」向問天微笑道：「這是關鍵所在，以二莊主高見，該當如何？」黑白子苦思良久，沉吟道：「這一子嗎？斷又不妥，連也不對，衝是衝不出，做活卻又活不成。這……這……這……」他手中拈著一枚白子，在石几上輕輕敲擊，直過了一頓飯時分，這一子始終無法放入棋局。這時丹青生和令狐冲已各飲了十七八杯葡萄美酒。丹青生見黑白子的臉色越來越青，說道：「童老兄，這是《嘔血譜》，難道你真要我二哥想得嘔血不成？下一步怎麼下，爽爽快快說出來吧。」向問天道：「好！這第六十七子，下在這裡。」於是在「上部」七四路下了一子。

黑白子拍的一聲，在大腿上重重一拍，叫道：「好，這一子下在此處，確是妙著。」向問天微笑道：「劉仲甫此著，自然精彩，但那也只是人間國手的妙棋，和驪山仙姥的仙著相比，卻又大大不如了。」黑白子忙問：「驪山仙姥的仙著，卻又如何？」向問天道：「二莊主不妨想想看。」黑白子思索良久，總覺敗局已成，難以反手，搖頭道：「即是仙著，我輩凡夫俗子怎想得出來？童兄不必賣關子了。」向問天微笑道：「這一著神機妙算，當真只有神仙才想得出來。」黑白子是善弈之人，也就精於揣度對方心意，眼見向問天不將這一局棋爽爽快快的說出，好叫人心癢難搔，料想他定是有所企求，便道：「童兄，你將這一局棋說與我聽，我也不會白聽了你的。」

金庸酷愛圍棋，已是人所共知的事實，在香港圍棋界金庸是有名的「聞人」。說「聞人」而不說「高人」，顯見金庸的棋藝和高手相比，還有差距。

金庸的堂弟查良鈺談到金庸與圍棋時說：

小阿哥的圍棋下得很好，是業餘六段。在他的書房裡，懸掛著由李夢華簽名的圍棋段位證書。他和中國棋院院長陳祖德、棋聖聶衛平關係很好。陳祖德患病在香港醫治時，他專門把陳院長請到家裡住了半年多。他曾向聶棋聖拜過師，聶棋聖在小阿哥家吃螃蟹打破紀錄的事，多家媒體曾經報導過。

金庸下圍棋不行，但寫圍棋心思之巧，卻是無人能比。此回金大俠寫圍棋，又有妙處。

金庸在《碧血劍》中寫袁承志和木桑道人比棋，「圍棋最重得失，一子一地之爭，必須計算清楚，毫不放鬆，才可得勝」，這時金庸的棋藝似乎還停頓在一種斤斤計較的境。到得《天龍八部》中，金庸的境界顯而易見的是有所提高，於是設了一局珍瓏，讓又醜又笨又不懂棋的和尚虛竹破了珍瓏，此處甚是精妙，讓人拍手稱快，可這還不是金庸的最高境界。

金庸寫到《笑傲江湖》時，武俠棋藝似乎更進了一步，金庸竟利用了「嘔血譜」的傳說讓向問天和黑白子兩人擺棋。只用前人的「嘔血譜」就引誘了黑白子，可見嘔血譜之功力。神話和武俠的結合，妙筆生花，使人覺得金庸之棋藝確是見長了，簡直遠離了凡塵，進入了虛無飄渺的境界。

第十五篇 書

【一】武林至尊，寶刀屠龍

金大俠小說中以書法為武功，當數張三丰所創的這一路「武林至尊，寶刀屠龍」境界最高。《倚天屠龍記》中，這路書法武功，從由來到實戰，講解得十分清楚。

張三丰文武全才，不僅武學上是一派大宗師，其文才書法都有很深的造詣。

張三丰寫了二十四個字：「武林至尊，寶刀屠龍。號令天下，莫敢不從。倚天不出，誰與爭鋒？」這二十四個字中，不僅包含一套上佳的書法，而且包含了一套極高明的劍法。

這二十四個字，共有二百一十五筆劃，因此這路劍法也有二百一十五招。

張三丰初時寫了一遍又是一遍，那二十四個字翻來覆去的書寫，筆劃越來越長，手勢卻越來越慢，到後來縱橫開闔，宛如施展拳腳一般。每一字包含數招，便有數般變化。「龍」字和「鋒」字筆劃甚多，「刀」字和「下」字筆劃甚少，但筆劃多的不覺其繁，筆劃少的不見其陋，其縮也凝重，似尺蠖之屈，其縱也險勁，如狡兔之脫，淋漓酣暢，雄渾剛健，俊逸處如風飄，如雪舞，厚重處如虎蹲，如象步。這二十四個字中共有兩個「不」字，兩個「天」字，但兩字寫來形同而意不同，氣似而神不似，變化之妙，又是另具一功。這一套拳法，張三丰一遍又一遍的翻覆演展，足足打了兩個多時辰，待到月湧中天，他長嘯一聲，右掌直劃下來，當真是星劍光芒，如矢應機，霆不暇發，電不及飛，這一直乃是「鋒」字的最後一筆。

張翠山的拿手兵器是銀鉤和判官筆，於張三丰所創這類武學正好相配。

張三手第一次向張翠山演示和傳授這一套書法武功時，張翠山修為未到，尚不能深切體會到其中博大精深之處。

後來，張翠山多經磨難，終於能和張三丰心意相通，情致合一，體會到那種以遭喪亂而悲憤，以遇荼毒而拂鬱的奇特心境，將張三丰這套書法武功領會得相當透徹。

張翠山初試此技，將少林寺僧打得一敗塗地；在王盤山上，這套書法更是發揮了作用。張翠山自知武功不是謝遜的對手，因此主動和謝遜比此書法武功，書中道：

張翠山道：「我不是跟前輩比兵刃，只是比寫幾個字。」說著緩步走到左首山峰前一堵大石壁前，吸一口氣，猛地裡雙腳一撐，提身而起。他武當派輕功原為各門各派之冠，此時面臨生死存亡的關頭，如何敢有絲毫大意？身形縱起丈餘，跟著使出「梯雲縱」絕技，右腳在山壁一撐，一借力，又縱起兩丈，手中判官筆看準石面，嗤嗤嗤幾聲，已寫了一個「武」字。一個字寫完，身子便要落下。

他左手揮出，銀鉤在握，倏地一翻，鉤住了石壁的縫隙，支住身子的重量，右手跟著又寫了個「林」字。這兩個字的一筆一劃，全是張三丰深夜苦思而創，其中包含的陰陽剛柔、精神氣勢，可說是武當一派武功到了巔峰之作。雖然張翠山功力尚淺，筆劃入石不深，但這兩個字龍飛鳳舞，筆力雄健，有如快劍長戟，森然相同。

兩個字寫罷，跟著又寫「至」字，「尊」字。越寫越快，但見石屑紛紛而下，或如靈蛇盤騰，或如猛獸屹立，須臾間二十四字一齊寫畢。這一番石壁刻書，當真如李白詩云：「飄風驟雨驚颯颯，落花飛雪何茫茫。起來向壁不停手，一行數字大如斗。恍恍如聞鬼神驚，時時只見龍蛇走。左盤右蹙如驚雷，狀同楚漢相攻戰。」

張翠山寫到「鋒」字的最後一筆，銀鉤和鐵筆同時在石壁上一撐，翻身落地，輕輕巧巧的落在殷素素身旁。謝遜凝視著石壁上那三行大字，良久良久，沒有作聲，終於歎了一口氣，說道：「我寫不出，是我輸了。」

這套書法，其意境，其實效，在金庸的武俠小說中，都可推為「武林至尊」。「武林至尊」以至「誰與爭鋒」這二十四個字，乃張三丰意到神會、反覆推敲而創出了全套筆意，一橫一直、一點一挑，盡是融會著最精妙的武功。如果張三丰本人事先未曾有過這一夜苦思，則既無當時心境，又乏凝神苦思的餘裕，要像張翠山那樣驀地在石壁上寫二十四個字，也決計達不到如此出神入化的境地。謝遜哪想得到其中原由，只道眼前是為屠龍寶刀而起爭端，張翠山就隨意寫了這幾句武林故老相傳的言語。其實除了這二十四字，要張翠山另寫幾個，其境界之高下、筆力之強弱，決計是達不到如此效果的。

【二】書癡禿筆翁

禿筆翁的書法武技在金大俠的小說中確實不算高明，但他的癡心，當數第一。

令狐冲於書法不甚了了，禿筆翁為令狐冲從頭細緻解說。如他使用一套《裴將軍詩》筆法時，告訴令狐冲此是從顏真卿所書詩帖中變化出來的，一共二十三字：「裴將軍！大君制六合，猛將清九垓。戰馬若龍虎，騰陵何壯哉！」這套書法每字三招至十六招不等。

禿筆翁使用《裴將軍詩》這路筆法時，大筆一起，向令狐冲左頰連點三點，正是那「裴」字的起首三筆，這三點乃是虛招，大筆高舉，正要自上而下的劃將下來，令狐冲長劍遞出，制其機先，疾刺他右肩。禿筆翁迫不得已，橫筆封擋，令狐冲長劍已然縮回。兩人兵刃並未相交，所使均是虛招，但禿筆翁這路《裴將軍詩》筆法第一式便只使了半招，無法使全。他大筆擋了個空，立時使出第二式。令狐冲不等他筆尖遞出，長劍便已攻其必救。禿筆翁回筆封架，令狐冲長劍又已縮回，禿筆翁這第二式，仍只使了半招。禿筆翁一上手便給對方連封二式，自己一套十分得意的筆無法使出，甚感不耐，便如一個善書之人，提筆剛寫了幾筆，旁邊便有一名頑童來捉他筆桿，拉他手臂，教他始終無法好好寫一個字。

禿筆翁心想：「我將這首《裴將軍詩》先念給他聽，他知道我的筆路，制我機先，以後各招可不能順著次序來。」大筆虛點，自右上角至左下角彎曲而下，勁力充沛，筆尖所劃是個「如」字的草書。令狐冲長劍遞出，指向他右脅。禿筆翁吃了一驚，判官筆急忙反挑，砸他長劍，令狐冲這一刺其實並非真刺只是擺個姿勢，禿筆翁又只使了半招。他這筆草書之中，本來灌注了無數精神力氣，突然途轉向，不但筆路登時為之窒滯，同時內力改道，只覺丹田中一陣氣血翻湧，說不出的難受。

他呼了口氣，判官筆急舞，要使「騰」字那一式，但仍只半招，便給令狐冲攻得回筆折解。禿筆翁好生惱怒，判官筆使得更加快了，可是不管他如何騰挪變化，每一個字的筆法最多寫得兩筆，便給令狐冲封死，無法再寫下去。他大喝一聲，筆法登變，不再如適才那麼恣肆流動，而是勁貫中鋒，筆致凝重，但鋒芒角出，劍拔弩張，大有磊落波磔意態。令狐冲自不知他這路筆法是取意於蜀漢大將張飛所書的《八濛山銘》，但也看出此時筆路與先前已大不相同。他不理對方使的是甚麼招式，總之見他判官筆一動，便攻其虛隙。禿筆翁哇哇大叫，不論如何騰挪變化，總是只使得半招，無論如何使不全一招。

此後禿筆翁筆法又變，大書《懷素自敘帖》中的草書，縱橫飄忽，流轉無方，心想：「懷素的草書本已十分難以辨認，我草中加草，諒你這小子識不得我這自創的狂草。」他哪知令狐冲別說草書，便是端端正正的真楷也識不了多少，他只道令狐冲能搶先制住自己，由於揣摸到了自己的筆路，其實在令狐冲眼中所見，純是兵刃的路子，乘瑕抵隙，只是攻擊對方招數中的破綻而已。

禿筆翁這路狂草每一招仍然只能使出半招，心中鬱怒越積越甚，突然大叫：「不打了，不打了！」向後縱開，提起丹青生那桶酒來，在石几上倒了一灘，大筆往酒中一蘸，便在白牆上寫了起來，寫的正是那首《裴將軍詩》。二十三個字筆筆精神飽滿，尤其那個「如」字直猶破壁飛去。他寫完之後，才鬆了口氣，哈哈大笑，側頭欣賞壁上殷紅如血的大字，說道：「好極！我生平書法，以這幅字最佳。」

【二】瘦金體書法

《射鵰英雄傳》中，陳玄風和梅超風偷走黃藥師的《九陰真經》，黃藥師將弟子門人逐出桃花島，而他那些被趕走的弟子不僅不怨恨他，反而想盡辦法討他的歡心。曲三就是這樣，為了討得黃藥師的歡心，曲三冒著生命危險到皇宮中偷得古玩字畫，想送給黃藥師。

《射鵰英雄傳》開始，曲三從皇宮偷盜書畫，曲三道：「今晚大有所獲，得到了道君皇帝所畫的兩幅畫，又有他寫的一張字。這傢伙做皇帝不成，翎毛丹青，瘦金體的法書，卻委實是妙絕天下。」曲三為黃藥師的弟子，自然對書畫也很在行。

【三】陳家洛書法

《書劍恩仇錄》中，陳家洛與乾隆相遇，琴棋書畫，二人談了不少，風流儒雅，二人都是大行家。

東方耳見他言不由衷，也不再問，看著他手中摺扇，說道：「兄台手中摺扇是何人墨寶，可否相借一觀？」陳家洛把摺扇遞了過去。東方耳接來一看，見是前朝詞人納蘭性德所書的一闋《金縷曲》，詞旨峻崎，筆力俊雅，說道：「納蘭容若以相國公子，餘力發為詞章，逸氣直追坡老美成，國朝一人而已。觀此書法摹擬褚河南，出入黃庭內景經間。此扇詞書可稱雙璧，然非兄台高士，亦不足以配用，不知兄台從何處得來？」陳家洛道：「小弟在書肆間偶以十金購得。」東方耳道：「即十倍之，以百金購此一扇，亦覺價廉。此類文物多屬世家相傳，兄台竟能在書肆中輕易購得，真可謂不世奇遇矣！」說罷呵呵大笑。陳家洛知他不信，也不理會，微微一哂。東方耳又道：「納蘭公子絕世才華，自是人中英彥，但你瞧他詞中這一句：『且由他蛾眉謠諑，古今同忌。身世悠悠何足問，冷笑置之而已。』未免自恃才調，過於冷傲。少年不壽，詞中已見端倪。」說罷雙目盯住陳家洛，意思是說少年人恃才傲物，未必有甚麼好下場。陳家洛笑道：「大笑拂衣歸矣，如斯者古今能幾？向名花美酒拚沉醉。天下事，公等在。」這又是納蘭之詞。

東方耳見他一派狂生氣概，不住搖頭，但又不捨得就此作別，想再試一試他的胸襟氣度，隨手翻過扇子，見反面並無書畫，說道：「此扇小弟極為喜愛，斗膽求兄見賜，不知可否？」陳家洛道：「兄台既然見愛，將去不妨。」東方耳指著空白的一面道：「此面還求兄台揮毫一書，以為他日之思。兄台寓所何在？小弟明日差人來取如何？」陳家洛道：「既蒙不嫌鄙陋，小弟現在就寫便是。」命心硯打開包裹，取出筆硯，略加思索，在扇面上題詩一絕，詩云：「攜書彈劍走黃沙，瀚海天山處處家，大漠西風飛翠羽，江南八月看桂花。」那會鷹爪功的老者見他隨身攜帶筆硯，文思敏捷，才不疑他身有武功。

陳家洛文武全才，對書法不僅能夠欣賞，還能自己寫，他為乾隆的扇子題字，一點也沒有推讓和退縮，非常自信，想來他的書法也必有佳處。

【四】《喪亂帖》

《倚天屠龍記》中，俞岱岩為奸人所傷，骨骸寸斷，嚴重殘疾，張三丰目睹這一悲劇之後，既傷心而又憤怒，這種抑鬱的情緒，在內心激蕩，使他一時興起，書空咄咄，憑空摹寫起王羲之《喪亂帖》來。

前面我們已經說過，張三丰文武全才，在書法上也有很高的造詣，此時情景交融，心與意合，悲憤的意緒昇華成藝術的空靈幻美。張三丰這次臨摹《喪亂帖》，當然比他任何的一次更有一種奪人心魄的魅力和高明境界。張翠山有幸在旁邊看到張三丰的演示，看到那莊嚴肅穆，氣象萬千，筆端萬鈞，挾風帶雨，峭拔清奇，縱橫剛毅的筆意，真是受益非淺：

他外號叫做「銀鉤鐵劃」，原是因他左手使爛銀虎頭鉤、右手使鑌鐵判官筆而起，他自得了這外號後，深恐名不副實，為文士所笑，於是潛心學書，真草隸篆一一遍習。這時師父指書的筆致無垂不收，無往不復，正是王羲之「喪亂帖」的筆意。這「喪亂帖」張翠山兩年前也曾臨過，雖覺其用筆縱逸，清剛峭拔，總覺不及「蘭亭詩序帖」、「十七帖」各帖的莊嚴肅穆，氣象萬千，這時他在柱後見師父以手指臨空連書「羲之頓首：喪亂之極，先墓再離荼毒，追惟酷甚」這十八個字，一筆一劃之中充滿了拂鬱悲憤之氣，登時領悟了王羲之當年書寫這「喪亂帖」時的心情。

【五】一陽書指

《神鵰俠侶》中，朱子柳將武功與書法結合起來，給人留下的印象最為深刻。張三手和張翠山，對書法武功，有很多的發揚光大，但書法武功卻不是他們的專能，更多的是客串和偶爾為之，因此他們缺乏一種專業的熱忱和敬業精神。禿筆翁癡迷於書法武功，甚至到了癡書法如命的地步，但只能玩物喪志，境界不高，而且對書法武功來說，禿筆翁更多的在於書法而不是武功，武功只是他的副產品。

而朱子柳和他們都不一樣，首先朱子柳是真正的文人，他原來是大理王國的狀元，大學士，是雲南的書法名家，不僅是書法，其他的他也是通天之力，滿腹詩書。他既有一種對書法武功的專業熱忱，又有一種主動性的創意，將書法和武功結合起來，不是為了好看，不是為了花哨，而是為了真正讓武功達到一種克敵制勝的實效。

一陽書指是朱子柳絕頂聰明的創造，他將一陽指的點穴手法，和書法藝術融合起來，創造了一種書卷意味十足的霸道武功。這一武功，銀鉤鐵劃，勁峭凌厲，充滿了威武雄健的陽剛之氣。

朱子柳的這一套「一陽書指」，和張三手、張翠山、禿筆翁的書法最大的不同，在於其他人的書法武功，都有嚴密的招式，而他的「一陽書指」更多的是隨興發揮，毫無沾滯，隨心所欲，靈感突發。

比如張三手教給張翠山的「寶刀屠龍」那一套武功，由二十四個字，二百一十五劃組成，講究招數的精研和完整，還有禿筆翁他的二十八招石鼓打穴筆法，也同樣是講究一個整體和有序的組成，而朱子柳的「一陽書指」則是不著重於招數，而更著重於神韻的精髓。朱子柳以一陽書指大戰霍都，雖同樣是一陽書指，招數上卻各有不同。

朱子柳首先是房玄齡碑對敵：

朱子柳走到廳中，向霍都拱了拱手，說道：「這第一場，由敝人來向閣下討教。敝人姓朱名子柳，生平愛好吟詩作對，誦經讀易，武功上就粗疏得很，要請閣下多多指教。」說著深深一揖，從袖裡取出一枝筆來，在空中畫了幾個虛圈兒，全然是個迂儒模樣。

霍都心想：「越是這般人，越有高深武功，實是輕忽不得。」當下雙手抱拳為禮，說道：「小王向前輩討教，請亮兵刃罷。」

朱子柳道：「蒙古乃蠻夷之邦，未受聖人教化，閣下既然請教，敝人自當指點指點。」霍都心下惱怒：「你出言辱我蒙古，須饒你不得。」摺扇一張，道：「這就是我的兵刃，你使刀還是使劍？」朱子柳提筆在空中寫了一個「筆」字，笑道：「敝人一生與筆為伍，會使甚麼兵刃？」霍都凝神看他那枝筆，但見竹管羊毫，筆鋒上沾著半寸墨，實無異處，與武林中用以點穴的純鋼筆大不相同，……

霍都轉過頭來，對朱子柳道：「你既不用兵刃，咱們拳腳上分勝敗也好。」朱子柳道：「非也。我中華乃禮義之邦，不同蒙古蠻夷。加子論文，以筆會友，敵人有筆無刀，何須兵刃？」霍都道：「既然如此，看招！」摺扇張開，向他一搧。朱子柳斜身側步，搖頭擺腦，左掌在身前輕掠，右手毛筆逕向霍都臉上劃去。霍都側頭避開，但見對方身法輕盈，招數奇特，當下不敢搶攻，要先瞧明他武功家數，再定對策。朱子柳道：「敵人筆桿兒橫掃千軍，閣下可要小心了。」說著筆鋒向前疾點。

霍都雖是在西藏學的武藝，但金輪法王胸中淵博，浩若湖海，於中原名家的武功無一不知。霍都學武時即已決意赴中原樹立威名，因此金輪法王曾將中土著名武學大派的得意招數一一與他拆解。豈知今日一會朱子柳，他用的兵器既已古怪，而出招更是匪夷所思，從所未聞，只見他筆鋒在空中橫書斜鉤，似乎寫字一般，然筆鋒所指，卻處處是人身大穴。

大理段氏本係涼州武威郡人，在大理得國稱帝，中華教化文物廣播南疆。朱子柳是天南第一書法名家，雖然學武，卻未棄文，後來武學越練越精，竟自觸類旁通，將一陽指與書法融為一爐。這路功夫是他所獨創，旁人武功再強，若是腹中沒有文學根柢，實難抵擋他這一路文中有武、武中有文、文武俱達高妙境界的功夫。差幸霍都自幼曾跟漢儒讀過經書、學過詩詞，尚能招架抵擋。但見對方毛筆搖幌，書法之中有點穴，點穴之中有書法，當真是銀鈎鐵劃，勁峭凌厲，而雄偉中又蘊有一股秀逸的書卷氣。

郭靖不懂文學，看得暗暗稱奇。黃蓉卻受乃父家傳，文武雙全，見了朱子柳這一路奇妙武功，不禁大為讚賞。

郭芙走到母親身邊，問道：「媽，他拿筆劃來劃去，那是甚麼玩意？」黃蓉全神觀鬥，隨口答道：「房玄齡碑。」郭芙愕然不解，又問：「甚麼房玄齡碑？」黃蓉看得舒暢，不再回答。

原來「房玄齡碑」是唐朝大臣褚遂良所書的碑文，乃是楷書精品。前人評褚書如「天女散花」，書法剛健婀娜，顧盼生姿，筆筆凌空，極盡仰揚控縱之妙。朱子柳這一路「一陽書指」以筆代指，也是招招法度嚴謹，宛如楷書般的一筆不苟。霍都雖不懂一陽指的精奧，總算曾臨寫過「房玄齡碑」，預計得到他那一橫之後會跟著寫那一直，倒也守得井井有條，絲毫不見敗象。

房玄齡碑比較平常，霍都識得，應對有度，朱子柳因材施教，又換了草書，正是唐代張旭的「自言帖」，這一下霍都便傻了眼：

> 朱子柳見他識得這路書法，喝一聲采，叫道：「小心！草書來了。」突然除下頭頂帽子，往地下一擲，長袖飛舞，狂奔疾走，出招全然不依章法。但見他如瘋如癲、如酒醉、如中邪，筆意淋漓，指走龍蛇。
>
> 郭芙駭然笑問：「媽，他發癲了嗎？」黃蓉道：「嗯，若再喝上三杯，筆勢更佳。」提起酒壺斟了三杯酒，叫道：「朱大哥，且喝三杯助興。」左手執杯，右手中指在杯上一彈，那酒杯穩穩的平飛過去。朱子柳舉筆捺出，將霍都逼開一步，抄起酒杯一口飲盡。黃蓉第二杯、第三杯接著彈去。霍都見二人在陣前勸酒，竟不把自己放在眼內，想揮扇將酒杯打落，但黃蓉湊合朱子柳的筆意，總是乘著空隙彈出酒杯，叫霍都擊打不著。
>
> 朱子柳連乾三杯，叫道：「多謝，好俊的彈指神通功夫！」黃蓉笑道：「好鋒銳的『自

言帖』！」朱子柳一笑，心想：「朱某一生自負聰明，總是遜這小姑娘一籌。我苦研十餘年的一路絕技，她一眼就看破了。」原來他這時所書，正是唐代張旭的「自言帖」。張旭號稱「草聖」，乃草書之聖。杜甫「飲中八仙歌」詩云：「張旭三杯草聖傳，脫帽露頂王公前，揮毫落紙如雲煙。」黃蓉勸他三杯酒，一來切合他使這路功夫的身分，二來是讓他酒意一增，筆法更具鋒芒，三來也是挫折霍都的銳氣。

只見朱子柳寫到「擔夫爭道」的那個「道」字，最後一筆鉤將上來，直劃上了霍都衣衫。群豪轟笑聲中，霍都踉蹌後退。朱子柳奮袂低昂，高視闊步，和他鬥了個旗鼓相當。兩人翻翻滾滾拆了百餘招，朱子柳一篇「自言帖」將要寫完，筆意陡變，出手遲緩，用筆又瘦又硬，古意盎然。黃蓉自言自語：「古人言道：『瘦硬方通神』，這一路『褒斜道石刻』，當真是千古未有之奇觀。」霍都仍以「狂風迅雷功」對敵，只是對方力道既強，他扇子相應加勁，呼喝也更是猛烈。武功較遜之人竟在大廳中站立不住，一步步退到了天井之中。……

這時朱子柳用筆越來越是醜拙，但勁力卻也逐步加強，筆致有似蛛絲絡壁，勁而復虛。朱子柳焦躁起來，心想：「他若再變招，這場架不知何時方能打完。我以大理國故相而為大宋打頭陣，可千萬不能輸了，致貽邦國與師門之羞。」忽然間筆法又變，運筆不似寫字，卻如拿了斧斤在石頭上鑿打一般。

這一節郭芙也瞧出來了，問道：「朱伯伯在刻字麼？」黃蓉笑道：「我的女兒倒也不蠢，他這一路指法是石鼓文。那是春秋之際用斧鑿刻在石鼓上的文字，你認認看，朱伯伯刻的是甚麼字。」郭芙順著他筆意看去，但見所寫的每一字都是盤繞糾纏，倒像是一幅幅的小畫，一個字也不識得。黃蓉笑道：「這是最古的大篆，無怪你不識，我也認不全。」郭芙拍手笑道：「這蒙古蠢才自然更加認不出了。媽，你瞧他滿頭大汗、手忙腳亂的怪相。」霍都對這一路古篆果然只識得一兩個字。他既不知對方書寫何字，自然猜不到書法間架和筆劃走勢，登時難以招架。朱子柳一個字一個字篆將出來，文字固然古奥，而作為書法之基的一陽指也相應加強勁力。霍都一扇揮出，收回稍遲，朱子柳毛筆抖動，已在他扇上題了一個大篆。

霍都一看，茫然問道：「這是『網』字麼？」朱子柳笑道：「不是，這是『爾』字。」隨即伸筆又在他扇上寫了一字。霍都道：「這多半是『月』字？」朱子柳搖頭說道：「錯了，那是『乃』字。」霍都心神沮喪，搖動扇子，要躲開他筆鋒，不再讓他在扇上題字，不料朱子柳左掌斗然強攻，霍都忙伸掌抵敵，卻給他乘虛而入，又在扇上題了兩字，只因寫得急了，已非大篆，卻是草書。霍都便識得了，叫道：「蠻夷！」

朱子柳哈哈大笑，說道：「不錯，正是『爾乃蠻夷』。」群雄憤恨蒙古鐵騎入侵，殘害百姓，個個心懷怨憤，聽得朱子柳罵他「爾乃蠻夷」，都大聲喝起采來。

【六】 乾隆御筆

乾隆為求得杭州名妓玉如意的歡心，令心腹和珅捧來了三件書畫作品。

第一卷是祝允明所書的李義山兩首無題詩。厲鶚詩詞俱佳，詞名尤著，審音守律，辭藻絕勝，為當時詞壇祭酒，見是祝允明法書，連叫：「這就名貴得很了。」

第二卷是唐寅所畫的一幅簪花仕女圖，上面還蓋著「乾隆御覽之寶」的朱印。

第三卷是一幅書法，寫的是：「西湖清且漣漪，扁舟時蕩晴暉。處處青山獨往，翩翩白鶴迎歸。昔年曾到孤山，蒼滕古木高寒。想見先生風致，畫圖留與人看。」筆致甚為秀拔，卻無圖章落款，只題著「臨趙孟頫書」五字。鄭板橋道：「微有秀氣，筆力不足！」沈德潛低聲道：「這是今上御筆。」

對於乾隆的題字，金庸小時候在海寧、杭州，到處見到他御制詩的石刻，心中實在很有反感，所以寫《書劍恩仇錄》之時，忍不住要諷刺他一番：

「乾隆修建海寧海塘，全力以赴，直到大功告成，這件事有厚惠於民。我在書中將他寫得很不堪，有時覺得有些抱歉。他的詩作得不好，本來也沒多大相干，只是我小時候在海寧、杭州，到處見到他御制詩的石刻，心中實在很有反感，現在展閱名畫的複印，仍然到處見到他的題字，不諷刺他一番，悶氣難伸。」

【七】程靈素書法

《飛狐外傳》中，駝背女子提高燈籠。火光照耀紙箋，白紙上兩行大字，胡斐雖在遠處，也看得清楚，見紙上寫著道：「姜薛兩位：三更後請赴黑虎林，有事相商，知名不具。」那兩行字筆致枯瘦，卻頗挺拔，字如其人，和那老者的身形隱隱然有相類之處。那老者「咦」的一聲，似乎甚是詫異。

程靈素輕輕歎了口氣，到大樹上拔下銀簪和透骨釘，將師父的兩張字諭折好，放回懷中。這時第一張字諭上發光的字跡已隱沒不見，只露出「知名不具」所寫的那兩行黑字。胡斐道：「這字條是你寫的？」程靈素道：「是啊，師父那裡有我大師兄手抄的藥經。他的字我看得熟了。只是這幾行字學得不好，得其形而不能得其神。他的書法還要峻峭得多。」

胡斐武功雖強，但自幼無人教他讀書，因此說到書法什麼，那是一竅不通，聽她這麼說，一句話也接不上去。

【八】趙敏書法

群豪見大廳上高懸匾額，寫著「綠柳山莊」四個大字。中堂一幅趙孟頫繪的「八駿圖」，八駒姿態各不相同，匹匹神駿風發。左壁懸著一幅大字文曰：「白虹座上飛，青蛇匣中吼，殺殺霜在鋒，團團月臨紐。劍決天外雲，劍沖日中斗，劍破妖人腹，劍拂佞臣首。潛將辟魑魅，勿但驚妾婦。留斬泓下蛟，莫試街中狗。」詩末題了一行小字：「夜試倚天寶劍，洵神物也，雜錄『說劍』詩以贊之。汴梁趙敏。」

張無忌書法是不行的，但曾隨朱九真練過字，別人書法的好壞倒也識得一些，見這幅字筆勢縱橫，然頗有嫵媚之致，顯是出自女子手筆，知是這位趙小姐所書。他除醫術之外沒讀過多少書，但詩句含意並不晦澀，一誦即明，心想：「原來她是汴梁人氏，單名一個『敏』字。」便道：「趙姑娘文武全才，佩服佩服。原來姑娘是中州舊京世家。」

第十六篇 畫

【一】黃蓉評畫

黃蓉家學淵源，雖學武不精，但記性極好，對父親評過的書畫，講解過的詩詞，卻每每能發揮出來。

黃蓉和郭靖在太湖上，任小舟隨風飄行，數十丈外一葉扁舟停在湖中，一個漁人坐在船頭垂鉤，黃蓉見此煙波浩淼，一竿獨釣，感歎此景像一幅水墨山水。

郭靖對琴棋書畫一竅不通，問黃蓉什麼叫水墨山水。黃蓉解釋說便是只用黑墨，不著顏色。傻郭靖放眼但見山青水綠，天藍雲蒼，外陽橙黃，晚霞桃紅，就只沒有黑墨的顏色，更是茫然不得其所指。

在太湖陸莊主莊內，黃蓉看見壁上掛著一幅水墨畫。畫上畫的是一個中年書生在月明之夜中庭佇立，手按劍柄，仰天長吁，神情寂寞。左上角題著一首詞：

「昨夜寒蛩不住鳴。驚回千里夢，已三更。起來獨自繞階行。人悄悄，簾外月朧明。白首為功名。舊山松竹老，阻歸程。欲將心事付瑤箏，知音少，弦斷有誰聽？」

黃蓉家學淵源，這詞黃蓉曾由父親教過，知道是岳飛所作的《小重山》，又見下款寫著「五湖廢人病中塗鴉」八字，又知道這「五湖廢人」必是那莊主的別號。

但見書法與圖畫中的筆致波磔森森，如劍如戟，豈但力透紙背，直欲破紙飛出一般。

陸莊主見黃蓉細觀圖畫，問道：「老弟，這幅畫怎樣，請你品題品題。」黃蓉道：「小可斗膽亂說，莊主別怪。」陸莊主道：「老弟但說不妨。」黃蓉道：「莊主這幅圖畫，寫出了岳武穆作這首《小重山》詞時壯志難伸、彷徨無計的心情。只不過岳武穆雄心壯志，乃是為國為民，『白首為功名』這一句話，或許是避嫌養晦之意。當年朝中君臣都想與金人議和，岳飛力持不可，只可惜無人聽他的。『知音少，弦斷有誰聽？』這兩句，據說是指此事而言，那是一番無可奈何的心情，卻不是公然要和朝廷作對。莊主作畫寫字之時，卻似是一腔憤激，滿腔委曲，筆力固然雄健之極，但是鋒芒畢露，像是要與大仇人拚個你死我活一般，只恐與岳武穆憂國傷時的原意略有不合。小可曾聽人說，書畫筆墨若是過求有力，少了圓渾蘊藉之意，似乎尚未能說是極高的境界。」

黃蓉此一番評詩論畫，自然是使陸莊主陸乘風大為吃驚和佩服。

【二】歐陽鋒繪畫

歐陽鋒處心積慮，想置一燈大師於死地，於是利用瑛姑報仇心切，手繪了圖畫給瑛姑。

黃蓉這樣評論歐陽鋒的畫：

黃蓉拉著他手臂道：「伯伯你瞧，這兩張東帖中的字筆致柔弱秀媚，圖畫中的筆法卻瘦硬之極。嗯，這幅圖是男人畫的，對啦，定是男人的手筆，這人全無書畫素養，甚麼間架、遠近一點也不懂，可是筆力沉厚遒勁，直透紙背……這墨色可舊得很啦，我看比我的年紀還大。」

黃蓉不愧是多才多藝的黃藥師的女兒，琴棋書畫，無一不精。

【三】丹青生

《笑傲江湖》中向問天和令狐冲計賺江南四友，禿筆翁愛書法，黃鍾公好琴，黑白子迷圍棋，而丹青生則鍾情於繪畫。

四人之中，丹青生的形象比其他三人要弱一點，特色稍差，似乎智力也是最次，令狐冲其實對繪畫所懂並不多，但三言二語誤打誤碰，竟然將丹青生蒙住了，由此看來，丹青生的藝術水準也有限。

令狐冲和他同行多日，知他雖十分聰明機智，於文墨書畫卻並不擅長，這時忽然讚起畫來，自是另有深意，當即應了一聲，走到畫前。見畫中所繪是一個仙人的背面，墨意淋漓，筆力雄健，令狐冲雖不懂畫，卻也知確是力作，又見畫上題款是：「丹青生大醉後潑墨」八字，筆法森嚴，一筆筆便如長劍的刺劃。令狐冲看了一會，說道：「童兄，我一見畫上這個『醉』字，便十分喜歡。這字中畫中，更似乎蘊藏著一套極高明的劍術。」他見到這八字的筆法，以及畫中仙人的手勢衣折，想到了思過崖後洞石壁上所刻的劍法。向問天尚未答話，施令威在他二人身後說道：「這位風爺果然是劍術名家。我家四莊主丹青生說道：那日他大醉後繪此一畫，無意中將劍法蘊蓄於內，那是他生平最得意之作，酒醒之後再也繪不出來了。風爺居然能從此畫中看出劍意，四莊主定當引為知己。我進去告知。」說著喜孜孜的走了進去。

【四】黃藥師評畫

黃藥師是金庸小說中真正的天才，上通天文，下知地理，讀萬卷書，行萬里路，琴棋書畫，醫相算卜，陰陽五行，奇門八卦，真是無所不知，無所不精。他的女兒還有他的任何一個弟子，隨便跟著他學了點毛皮，就足足受用了一輩子。

《射鵰英雄傳》中，黃藥師、黃蓉觀看那幅畫時，黃藥師評畫的口氣，是真正的專業：

> 黃藥師指著一幅潑墨山水，道：「你瞧！」
>
> 只見畫中是一座陡峭突兀的高山，共有五座山峰，中間一峰尤高，筆立指天，聳入雲表，下臨深壑，山側生著一排松樹，松梢積雪，樹身盡皆向南彎曲，想見北風極烈。峰西獨有一棵老松，卻是挺然直起，巍巍秀拔，松樹下朱筆劃著一個迎風舞劍的將軍。這人面目難見，但衣袂飄舉，姿形脫俗。全幅畫都是水墨山水，獨有此人殷紅如火，更加顯得卓犖不群。那畫並無書款，只題著一首詩云：「經年塵土滿征衣，特特尋芳上翠微，好水好山看不足，馬蹄催趁月明歸。」
>
> 黃蓉前數日在臨安翠微亭中見過韓世忠所書的這首詩，認得筆跡，叫道：「爹，這是韓

世忠寫的，詩是岳武穆的。」

黃藥師道：「不錯。只是岳武穆這首詩寫的是池州翠微山，畫中這座山卻形勢險惡，並非翠微。這畫風骨雖佳，但少了含蘊韻致，不是名家手筆。」

【五】范寬真跡

向問天心機極深，知道丹青生歡喜繪畫，因此拿了一幅范寬的真跡給丹青生看了一眼。范寬的真跡是一幅「溪山行旅圖」，一座高山沖天而起，墨韻凝厚，氣勢雄峻之極。即便是不懂繪畫之人，也知這幅山水實是精絕之作，但見那山森然高聳，雖是紙上的圖畫，也令人不由自主的興高山仰止之感。

【六】曲三收藏

《射鵰英雄傳》中，陳玄風和梅超風偷走黃藥師的《九陰真經》，黃藥師將弟子門人逐出桃花島，而他那些被趕走的弟子不僅不怨恨他，反而想盡辦法討他的歡心。曲三就是這樣，為了討得黃藥師的歡心，冒著生命危險到皇宮中偷得古玩字畫，想送給黃藥師。

黃蓉卻識得件件是貴重之極的珍寶，她爹爹收藏雖富，卻也有所不及。她抓了一把珠寶，鬆開手指，一件件的輕輕溜入箱中，只聽得珠玉相撞，丁丁然清脆悅耳，歎道：「這些珠寶大有來歷，爹爹若是在此，定能說出本源出處。」她一一的說給郭靖聽，這是玉帶環，這是犀皮盒，那是瑪瑙杯，那又是翡翠盤。郭靖長於荒漠，這般寶物不但從所未見，聽也沒聽見過，心想：「費那麼大的勁搞這些玩意兒，不知有甚麼用？」

說了一陣，黃蓉又伸手到箱中掏摸，觸手碰到一塊硬板，知道尚有夾層，撥開珠寶，果見內壁左右各有一個圓環，雙手小指勾在環內，將上面的一層提了起來，只見下層盡是些銅綠斑斕的古物。她曾聽父親解說過古物銅器的形狀，認得似是龍文鼎、商彝、周盤、周敦、周舉罍等物，但到底是甚麼，卻也辨不明白，若說珠玉珍寶價值連城，這些青銅器更是無價之寶了。

黃蓉愈看愈奇，又揭起一層，卻見下面是一軸軸的書畫卷軸。她要郭靖相幫，展開一軸看時，吃了一驚，原來是吳道子畫的一幅「送子天王圖」，另一軸是韓幹畫的「牧馬圖」，又一軸是南唐李後主繪的「林泉渡水人物」。只見箱內長長短短共有二十餘軸，展將開來，無一不是大名家大手筆，有幾軸是徽宗的書法和丹青，另有幾軸是時人的書畫，也盡是精品，其中畫院待詔梁楷的兩幅潑墨減筆人物，神態生動，幾乎便有幾分像是周伯通。黃蓉看了一半卷軸，便不再看，將各物放回箱內，蓋上箱蓋，坐在箱上抱膝沉思，心想：「爹爹積儲一生，所得古物書畫雖多，珍品恐怕還不及此箱中十一，曲師哥怎麼有如此本領，得到這許多異寶珍品？」

【七】韋小寶作畫

《鹿鼎記》中，韋小寶大字不識，卻作了二次畫。

第一次是陸高軒將韋小寶捉去，要韋小寶提筆寫他的名字。要韋小寶寫字，真是比要他性命還慘，但見陸高軒神色難看，不敢違拗，硬著頭皮，走過去在書桌邊坐下，伸手握管，手掌成拳。他持筆若像吃飯拿筷，倒也有三分相似，可是這麼一握，有如操刀殺豬，又如持鍾敲釘，天下卻哪有這等握管之狀？韋小寶惱怒之下，情願性命也不要，擲筆在地，怒罵神龍教。

韋小寶字未寫成，又無處可逃，拾起筆來，醮滿了墨，在一幅幅書畫上畫大烏龜、小烏龜，畫了不計其數。

第二次韋小寶卻是心甘情願的拿起了筆，而且氣派非凡，書中寫道：

這伯爵府是康親王所贈，書房中圖書滿壁，桌几間筆硯列陳，韋小寶怕賭錢壞了運氣，書輸二字同音，這「輸房」平日是半步也不踏進來的。這時間來到案前坐下，喝一聲：「磨墨！」早有親隨上來侍候。

伯爵大人（韋小寶）從不執筆寫字，那親隨心中納罕，臉上欽佩，當下抖擻精神，在一方王羲之當年所用的蟠龍紫石古硯中加上清水，取過一錠褚遂良用剩的唐朝松煙香墨，安腕運指，屏息凝氣，磨了一硯濃墨，再從筆筒中取出一枝趙孟頫定造的湖州銀鑲斑竹極品羊毫筆，鋪開了一張宋徽宗敕制的金花玉版箋，點起了一爐衛夫人寫字時所焚的龍腦溫麝香，恭候伯爵大人揮毫。這架子擺將出來，有分教：

鐘王歐褚顏柳趙，
皆慚不及韋小寶。

韋小寶掌成虎爪之形，指運擒拿之力，一把抓起筆桿，飽飽的蘸上了墨，忽地拍的一聲輕響，一大滴墨汁從筆尖上掉將下來，落在紙上，登時將一張金花玉版箋玷污了。

那親隨心想：「原來伯爵大人不是寫字，是要學梁楷潑墨作畫。」卻見他在墨點左側一筆直下，畫了一條彎彎曲曲的樹幹，又在樹幹左側輕輕一點，既似北宗李思訓的斧劈皴，又似南宗王摩潔的披麻皴，實集南北二宗之所長。

這親隨常在書房伺候，肚子裡倒也有幾兩墨水，正讚歎間，忽聽伯爵大人言道：「我這個『小』字，寫得好不好？」那親隨嚇了一跳，這才知伯爵大人寫了個「小」字，忙連聲讚好，說道：「大人的書法，筆順自右至左，別創一格，天縱奇才。」

韋小寶道：「你去傳張提督進來。」那親隨答應了出去，尋思：「不知伯爵大人下面寫一個什麼字？」可是他便猜上一萬次，卻也決計猜不中。原來韋小寶在「小」字之下，畫了個圓圈。在圓圈之下，畫了一條既似硬柴，又似扁擔的一橫，再畫一條蚯蚓，穿過扁擔。這蚯蚓穿扁擔，乃是一個「子」字。三個字串起來，是康熙的名字「小玄子」。「玄」字不會寫，畫個圓圈代替。

想當日他在清涼寺中為僧，康熙曾畫圖傳旨，韋小寶欣慕德化，恭效聖行，今日事勢緊急，便畫圖上奏。寫了小玄子的名字後，再畫一劍，劍尖直刺入圓圈。這一把刀不似刀，劍不像劍之物，只畫得他滿頭是汗，剛剛畫好，張勇已到。

韋小寶折好金花玉版箋，套入封套，密密封好，交給張勇，低聲道：「張提督，這道要緊奏章，你立刻送進宮去呈給皇上。你只須說是我的密奏，侍衛太監便會立刻給你通報。」

張勇答應了，雙手接過，正要放入懷內，聽得書房外兩名親兵齊聲喝問：「什麼人？」房門砰的一聲推開，闖進三個人來，正是歸氏夫婦和歸鍾。

歸二娘一眼見到張勇手中奏章，夾手搶過，厲聲問韋小寶：「你去向韃子皇帝告密？」韋小寶驚得呆了，只道：「不……不是……不是……」歸二娘撕開封套，抽出紙箋，見了箋上的古怪圖形，愕然道：「你看！」交給歸辛樹，問韋小寶道：「這是什麼？」

韋小寶道：「我吩咐他去廚房，去做……做……做那個湯糰，請客人們吃，要小團子不要大團子，團子上要刻花。他……他弄不明白，我就畫給他看。」歸辛樹和歸二娘都點了點頭，神色頓和，這紙箋上所畫的，果然是用刀在小團子上刻花，絕非向皇帝告密。

一幅提醒康熙小心的圖畫，由韋小寶作來，竟被認作是用刀在小團子上刻花，除了韋小寶之外，恐怕別人是無此功力的。

【八】康熙作畫

康熙知道韋小寶大字不識，因此除了聖旨外，又給了韋小寶一道密旨。韋小寶很有些自知之明，知道聖旨上寫的字自己可能不認識，又怕洩露了機密，決定去救教少林寺方丈。

誰知康熙下的這一道密旨，就只有韋小寶才能看得懂，原來是康熙畫了四幅畫給韋小寶。

第一幅畫著五座山峰，韋小寶認得便是五台山。以南台頂之北畫著一座廟宇，寫著「清涼寺」三字。韋小寶在清涼寺多日，這三個字倒有點面熟，寫在別處，他是決計不識的，寫在廟上，便算是遇上了熟人了。

第二幅是一個小和尚走進廟宇，廟額上寫的也是「清涼寺」三字。小和尚身後跟著一群僧侶，眾僧頭頂寫著「少林寺和尚」五字。前面三字，韋小寶也識得，「和尚」兩字雖然不識，卻也猜得到。

第三幅畫的是大雄寶殿，一個小和尚居中而坐，嬉皮笑臉，面目宛然便是韋小寶，但身披大紅袈裟，穿了方丈的法衣，旁邊有許多僧人侍立。韋小寶瞧著畫中的小和尚和自己實在相像，越看越覺有趣，不覺笑了出來。

第四幅畫中這小和尚跪在地下，侍奉一個中年僧人。這僧人相貌清癯，正是出家後法名行癡的順治皇帝。

康熙雅擅丹青，知道韋小寶識字有限，便畫圖下旨。這四幅圖畫說得再也明白不過，是要他到清涼寺去做住持，侍奉老皇帝。

康熙第二次給韋小寶又畫了六幅畫。

第一幅畫的是兩個小孩滾在地下扭打，是韋小寶和康熙當年摔角比武的情形。第二幅圖畫是眾小孩捉拿鼇拜，鼇拜撲向康熙，韋小寶刀刺鼇拜。

第三幅畫著一個小和尚背負一個老和尚飛步奔逃，後面有六七名喇嘛持刀追趕，那是韋小寶在清涼寺相救老皇爺的情狀。

第四幅白衣尼凌空下撲，挺劍行刺康熙，韋小寶擋在他身前，代受了一劍。

第五幅畫的是韋小寶在慈寧宮寢殿中將假太后踏在地下，去從床上扶起真太后。

第六幅畫的是韋小寶和一個羅剎女子、一個蒙古王子、一個老喇嘛，一齊揪住一個老將軍的辮子，瞧那老將軍的服色，正是平西親王，自是說韋小寶用計散去吳三桂的三路盟軍。

康熙本就雅擅丹青，而且有過前面四幅畫的經驗，因此這六幅畫繪得甚為生動，只是吳三桂、葛爾丹王子、桑結喇嘛四人他沒見過，相貌不像，其餘人物卻個個神似，尤其韋小寶一幅憊懶頑皮的模樣，更是維妙維肖。

【九】無崖子

無崖子是個琴棋書畫醫相易卜門門懂樣樣精通的不世出的真正天才。無疑他在繪畫藝術上有著很高的造詣。蘇星河一見其師父無崖子的真品，便會忍不住被其高妙之處深深吸引，伸手去一筆一劃的模擬畫中筆法：

這卷軸絹質黃舊，少說也有三四十年之久，圖中丹青墨色也頗有脫落，顯然是幅陳年古畫，比之王語嫣的年紀無論如何是大得多了，居然有人能在數十年甚或數百年前繪就她的形貌，實令人匪夷所思。圖畫筆致工整，卻又活潑流動，畫中人栩栩如生，活色生香，便如將王語嫣這個人縮小了、壓扁了、放入畫中一般。虛竹嘖嘖稱奇，看蘇星河時，卻見他伸著右手手指，一筆一劃的模擬畫中筆法，讚歎良久，才突然似從夢中驚醒，說道：「師弟，請勿見怪，小兄的臭脾氣發作，一見到師父的丹青妙筆，便又想跟著學了。唉，貪多嚼不爛，我什麼都想學，到頭來卻一事無成，在丁春秋手中敗得這麼慘。」一面說，一面忙將卷軸捲好，交還給虛竹，生恐再多看一陣，便會給畫中的筆墨所迷。

【十】其他

《射鵰英雄傳》中還提到徐熙牡丹、吳道子畫、韓幹畫、李後主畫、徽宗的書法丹青、梁楷潑墨減筆人物等。

《書劍恩仇錄》中還提到仇十洲繪的漢宮春曉圖。

第十七篇 毒藥

【一】腐骨穿心膏

在《鴛鴦刀》中，袁冠南用的兵器是毛筆，在和卓天雄的打鬥中，袁冠南不敵卓天雄，因此在毛筆中蘸了墨，假說是五毒派的「腐骨穿心膏」。

五毒聖姑是貴州安香堡出名的女魔頭，武林中聞名喪膽，她所使的毒藥之中，尤以「腐骨穿心膏」最為馳名，據說只要肌膚略沾半分，十二個時辰爛肉見骨，廿四個時辰毒血攻心，天下無藥可救。

【二】七蟲七花膏

《倚天屠龍記》中，趙敏是第一聰明的女主角，她為了使張無忌上當，有求於她，不惜以家僕的性命作為代價。張無忌懷疑黑玉續斷膏有假，她就讓阿三先行塗上，讓張無忌放心。張無忌果然上當，黑玉續斷膏中還摻有「七蟲七花膏」。

七蟲七花膏，以毒蟲七種、毒花七種，搗爛煎熬而成，中毒者先感內臟麻癢，如七蟲咬齧，然後眼前現斑斕彩色，奇麗變幻，如七花飛散。七蟲七花膏所用七蟲七花，依人而異，南北不同，大凡最具靈驗神效者，共四十九種配法，變化異方六十三種。須施毒者自解。

【三】醉仙靈芙和奇鯪香木

《倚天屠龍記》中，趙敏聰明伶俐，知道尋常的藥是瞞不過張無忌等使毒大行家的，因此將海底的「奇鯪香木」做成的假劍放在桌上，讓張無忌等人上當。

> 這種水仙模樣的花叫做「醉仙靈芙」，雖然極是難得，本身卻無毒性。這柄假倚天劍乃是用海底的「奇鯪香木」所制，本身也是無毒，可是這兩股香氣混在一起，便成劇毒之物了。

醉仙靈芙根部有深紫色的長鬚，一條條鬚上生滿了珍珠般的小球，碧綠如翡翠，是解此毒的解藥。

【四】五毒教下毒的三十六大法

五毒教是個擅長使毒的教派，創教教祖和教中重要人物，都是雲貴川湘一帶的苗人，因此中了五毒教之毒後，即使下毒者細加解釋，往往還是令人難以相信，其詭異奇特，實非常理所能測度。在《碧血劍》中提到五毒教下毒有三十六大法。

> 溫方達怕有詭計，命青青取信拆開，見無異狀，才接過信箋，只見共有三頁，第一頁上寫道：「溫老大：你三個兄弟因何而死，欲知詳情，可看下頁。」溫方達罵道：「他奶奶

的！」忙展第二頁觀看，幾頁信紙急切間卻揭不開來。他伸手入嘴，沾了些唾液，翻開第二頁來，見箋上寫道：「你死期也已到了，如果不信，再看第三頁。」溫方達愈怒，隨手又在嘴中一濕，揭開第三頁，只見箋上畫了一條大蜈蚣，一個骷髏頭，再無字跡。氣惱中把紙箋往地下一擲，忽覺右手食指與舌頭上似乎微微麻木，定神一想，不覺冷汗直冒。

原來三張紙箋上均浸了劇毒汁液，紙箋稍稍黏住，箋上寫了激人憤怒的言辭，使人狂怒之際不加提防，以手指沾濕唾液，就此把劇毒帶入口中。這是五毒教下毒的三十六大法之一。

【五】貝桑丸

《倚天屠龍記》中，張無忌救了何太沖五妾，反被何太沖的大夫人下了毒，張無忌無奈之下，又將一顆「貝桑丸」塞進五妾嘴中，假說是「鳩砒丸」，威迫何太沖送自己和楊不悔出去。

張無忌已料到此著，從懷裡摸出一顆黑色藥丸，塞在五姑口中，說道：「這是一顆『鳩砒丸』，十二個時辰之後，五夫人斷腸裂心而死。我將解藥放在離此三十里外的大樹之下，作有標誌，三個時辰之後，何先生可派人去取。倘若我出去時失手被擒，那麼反正是個死，多一個人相陪也好。」

【六】青陀羅花之毒

張無忌心地善良，見到蘇習之和詹春受傷，便上前救治。張無忌不去睬他，從地上拾起喪門釘，拿到鼻邊一聞，嗅到一陣淡淡的蘭花香。這些日來，他途中有暇，便翻讀王難姑所遺的那部《毒經》，於天下千奇百怪的毒物，已莫不了然於胸，一聞到這陣香氣，即知喪門釘上餵的是「青陀羅花」的毒汁。《毒經》上言道，這花汁原有腥臭之氣，本身並無毒性，便喝上一碗，也絲毫無害，但一經和鮮血混和，卻生劇毒，同時腥臭轉為清香，說道：「這是餵了青陀羅花之毒。」

詹春並不知喪門釘上餵的是何毒藥，但師父的花圃中種有這種奇花，她卻是知道的，奇道：「咦，你怎知道？」要知青陀羅花是極罕見的毒花，源出西域，中土向來所無。

【七】三屍腦神丹

魔教到底是魔教，控制屬下的手法也與眾不同，不是人治，而是藥治。

秦偉邦等久在魔教，早就知道這「三屍腦神丹」中裡有屍蟲，平時並不發作，一無異狀，但若到了每年端午節的午時不服克制屍蟲的藥物，原來的藥性一過，屍蟲脫伏而出。一經入腦，其人行動如妖如鬼，再也不可以常理測度，理性一失，連父母妻子也會咬來吃了。當世毒物，無逾於此。再者，不同藥主所煉丹藥，藥性各不相同，東方教主的解藥，解不了任我行所制丹藥之毒。

【八】 金波旬花

丁典是金大俠小說中最可憐的男子，為了心愛的女子，被關在監獄中數十年，最後還是被毒死。

丁典和凌霜華忽然在月光之下，看見花圃中多了幾盆顏色特別嬌豔的黃花。這些花的花瓣黃得像金子一樣，閃閃發亮，花朵的樣子很像荷花，只是沒有荷花那麼大。他們二人都是最愛花的，立時便過去觀賞。凌小姐嘖嘖稱奇，說從來沒見過這種黃花，便一齊湊進去聞聞，哪知道這金色的花朵，便是奇毒無比的金波旬花。

「波旬」兩字是梵語，是「惡魔」的意思。這毒花是從天竺傳來的，原來天竺人叫它為「惡魔花」。

【九】 金蠶蠱毒

胡青牛身為名醫，自己的妹妹卻被妹夫鮮于通用「金蠶蠱毒」害死。張無忌感胡青牛之恩，鮮于通對他放毒時他用內力將毒粉反震到了鮮于通自己身上，讓他深受其害。

這「金蠶蠱毒」乃天下毒物之最，無形無色，中毒者有如千萬條蠶蟲同時在周身咬齧，痛楚難當，無可形容。武林中人說及時無不切齒痛恨。這蠱毒無跡象可尋，憑你神功無敵，也能被一個不會半點武功的婦女兒童下了毒手，只是其物難得，各人均只聽到過它的毒名，此刻才親眼見到鮮于通身受其毒的慘狀。

【十】桃花瘴

駝背醜陋的薛鵲原本是令人同情的，但她最後又害死自己的丈夫和兒子，嫁給慕容景岳，卻讓人欲殺之而後快。

慕容景岳、姜鐵山、薛鵲三人一生恩怨糾葛，初時薛鵲苦戀慕容景岳，慕容景岳卻另娶了他人。薛鵲一怒之下，便下毒害死了他的妻子。慕容景岳為妻復仇，用毒藥毀了薛鵲的容貌，使她身子佝僂，成為一個駝背醜女。姜鐵山自來喜歡這個師妹，她雖醜陋不堪，姜鐵山卻不以為嫌，娶了她為妻。卻不料最後姜鐵山和薛鵲之子姜小鐵被慕容景岳下桃花瘴所害時，薛鵲竟不加阻止。

程靈素知道這中間的種種曲折，尋思：「二師哥死在石萬嗔手下，想是他不肯背叛先師改投他的門下，但也未始不是出於大師哥的從中挑撥。三師姊竟會改嫁大師哥，說不定也有一份謀殺親夫之罪。」於是歎道：「小鐵那日中毒，小妹設法相救，也算花過一番心血。想不到他還是死在『桃花瘴』下，那也是命該如此了。」慕容景岳臉色大變，道：「你怎麼知……」說了這四個字，突然住口，和薛鵲對望了一眼。程靈素道：「小妹也只瞎猜罷了。」

原來慕容景岳有一項獨門的下毒功夫，乃是在雲貴交界之處，收集了「桃花瘴」的瘴毒，製成一種毒彈。姜鐵山、薛鵲夫婦和他交手多年，後來也想出了解毒之法。程靈素出言試探，慕容景岳一來此事屬實，二來出其不意，便隨口承認了。程靈素心下更怒，道：「三師姊你好不狠毒，二師哥如此待你，你竟和大師哥同謀，害死了親夫親兒。」須知姜小鐵中了慕容景岳的桃花瘴毒彈，薛鵲自有解救之藥，她既忍心不救，那麼姜鐵山、姜小鐵父子之死，她雖非親自下手，卻也是同謀。程靈素從慕容景岳衝口而出的四個字中，便猜知了這場人倫慘變的內情。

【十一】斷腸散

神家幫眾人以挖草藥為生，卻治不了閃電貂之毒，因此將本派的劇毒藥物「斷腸散」讓段譽服下，以此威脅鍾靈，想換取解藥。

斷腸散七日之後毒發，肚腸寸斷而亡。

【十二】陰陽和合散

金大俠的十五部武俠小說中，寫毒藥很多，卻很少寫到春藥。《天龍八部》中，四大惡人之首的段延慶，卻首開先河。

四大惡人之首的段延慶，果然有另一種高明的惡法。他與大理皇室有奇特的淵源，因此要復仇，也是從段氏皇室的榮譽開始。他將段譽與木婉清關在一起，施以春藥，想以此使皇室蒙辱。

陰陽和合散服食之後，若不是陰陽調和，男女成為夫妻，那便肌膚寸裂、七孔流血而死。這和合散的藥性，一天厲害過一天，到得第八天上，憑你是大羅金仙，也難抵擋。

【十三】悲酥清風

「悲酥清風」是一種無色無臭的毒氣，係搜集西夏大雪山歡喜谷中的毒物制煉成水，平時盛在瓶中，使用之時，自己人鼻中早就塞了解藥，拔開瓶塞，毒水化汽冒出，便如微風拂體，任你何等機靈之人也都無法察覺，待得眼目刺痛，毒氣已沖入頭腦。中毒後淚下如雨，稱之為「悲」，全身不能動彈，稱之為「酥」，毒氣無色無臭，稱之為「清風」。

【十四】十香迷魂散

馬夫人只因蕭峰未看她一眼，因而揭破了蕭峰的身世之謎。對段正淳，她又愛又恨，因此竟下毒迷倒段正淳。

「十香迷魂散」的藥性非常猛烈，武功再高的人，服下十香迷魂散後，都會內力全失。

【十五】三笑逍遙散

「三笑逍遙散」是逍遙派的一種毒藥。

「三笑逍遙散」是以內力送毒，彈在對方身上，丁春秋在木屋之中，分別以內力將「三笑逍遙散」彈向蘇星河與虛竹，後來又以此加害玄難。蘇星河惡戰之餘，筋疲力竭，玄難內力盡失，先後中毒。虛竹卻甫得七十餘載神功，丁春秋的內力尚未及身，已被反激了出來，盡數加在蘇星河身上，虛竹卻半點也沒染著。

丁春秋與人正面對戰時不敢擅使「三笑逍遙散」，便是生恐對方內力了得，將劇毒反彈出來之故。

【十六】九轉熊蛇丸、斷筋腐骨丸

童姥做事往往出人意料，她不住口的罵虛竹，對虛竹卻盡心盡力的指點武功，她給烏老大服用補藥，卻同時又給他服了毒藥。

九轉熊蛇丸神效無比，服用斷筋腐骨丸後，胸口天池穴上就會出現一點殷紅如血的朱斑。

【十七】聖水

阿紫自幼便在星宿派門下，對蠱惑人心的法門向來信之不疑。穆貴妃拿來了一瓶聖水，說可以讓男人永不變心，阿紫極愛蕭峰，對穆貴妃的鬼話深信不疑，騙蕭峰喝下了聖水。

蕭峰喝下聖水之後，突然之間，小腹中感到一陣劇痛，跟著雙臂酸麻。蕭峰氣運丹田，要將腹中的毒物逼將出來。哪知不運氣倒還罷了，一提氣間，登時四肢百骸到處劇痛，丹田中內息只提起數寸，又沉了下去。

喝下聖水之後，頓覺四肢無力，毒性厲害無比，而且不能以內力逼出。

【十八】升天丸

韋小寶一向會胡言亂語，卻騙得胖頭陀上了大當。胖頭陀怕神龍教教主懲罰，因而先作準備。這「升天丸」，聽到名字就知道是什麼東西了。「升天丸」可能類似於現代氰化物之類的劇毒藥物，數秒之內即可令人毒發身亡，以此逃避可能出現的更可怕的懲罰，現代間諜戰中此是常見之事。

【十九】百花腹蛇膏

神龍教中，有許多的毒藥，如「七蟲軟筋散」、「千里銷魂香」、「化血腐骨粉」等，但都沒有用得上。

百花腹蛇膏實際上並不是一種毒藥，只是和避蛇的藥物「雄黃藥酒」碰在一起，就成了一種毒藥了。

陸先生臉現喜色，道：「是了，這『百花腹蛇膏』遇到鮮血，便生濃香，本是煉製香料的一門秘法，常人聞了，只有精神舒暢，可是……可是我們住在這靈蛇島上，人人都服慣了『雄黃藥酒』，以避毒蛇，這股香氣一碰到『雄黃藥酒』，那便使人筋骨酥軟，一十二個時辰不解。許大哥，真是妙計。這『百花腹蛇膏』在島上本是禁物，原來你暗中早已有備，你定有三四個月沒喝雄黃藥酒了。」

【二十】豹胎易筋丸

神龍教的「豹胎易筋丸」頗為神奇，服時是一種很舒服的感覺，如果到時不服解藥，卻能使高人變矮，胖人變瘦，確實是神奇無比。

洪教主從身邊取出一個黑色瓷瓶，倒了三顆朱紅色的藥丸出來，說道：「三人奮勇赴北京幹事，本座甚是嘉許，各賜『豹胎易筋丸』一枚。」胖頭陀和陸高軒臉上登時現出又是喜歡、又是驚懼的神色，屈右膝謝賜，接過藥丸，吞入肚中。韋小寶依樣葫蘆，跟著照做，接過「豹胎易筋丸」，當即吞服，過不多時，便覺腹中有股熱烘烘的氣息升將上來，緩緩隨著血行，散入四肢百骸之中，說不出的舒服。

【廿一】化屍粉

金大俠的小說中，所用的毒藥一般都各有各的毒性，唯有「化屍粉」聽著就叫人恐怖。化屍粉使用時，只要一點點撒在傷口上，不久傷口中嗤嗤發聲，升起淡淡煙霧，跟著傷口中不住流出黃水，煙霧漸濃，黃水也越流越多，發出又酸又焦的臭氣，眼見屍身的傷口越爛越大。屍身肌肉遇到黃水，便即發出煙霧，慢慢的也化為水，連衣服也是如此。

【廿二】無名藍花

《飛狐外傳》中，胡斐為了給苗人鳳治眼睛，去找毒手藥王，在半路上卻碰到一個小姑娘，要他幫忙擔水澆花。

那村女忽道：「不成，糞水太濃，一澆下去花都枯死啦。」胡斐一呆，不知所措。那村女道：「你倒回糞池去，只留一半，再去加半桶水，那便成了。」胡斐微感不耐，但想好人做到底，於是依言倒糞加水，回來澆花。那村女道：「小心些，糞水不可碰到花瓣葉子。」胡斐應道：「是！」見那些花朵色作深藍，形狀奇特，每朵花便像是一隻鞋子，幽香淡淡，不知其名，當下一瓢一瓢的小心澆了，直把兩桶糞水盡數澆完。那村女道：「嗯，再去挑了澆一擔。」胡斐站直身子，溫言道：「我朋友等得心焦了，等我從藥王莊回來，再幫你澆花如何？」那村女道：「你還是在這兒澆花的好。我見你人不錯，才要你挑糞呢。」胡斐聽她言語奇怪，心想反正已經耽擱了，也不爭在這一刻時光，於是加快手腳，急急忙忙的又去挑了一擔糞水，將地裡的藍花盡數澆了。這時夕陽已落到山坳，金光反照，射在一大片藍花之上，輝煌燦爛，甚是華美。胡斐忍不住讚道：「這些花真是好看！」他澆了兩擔糞，對這些花已略生感情，讚美的語氣頗為真誠。

藍花叫什麼名字，《飛狐外傳》中並沒有說，但卻是毒藥血矮栗的剋星。村女感胡斐澆糞之恩，送了兩棵給胡斐，胡斐見藍花花光嬌豔，不忍丟棄，反而救了自己的性命。

程靈素解釋要胡斐擔糞澆花的原因時說：

程靈素又道：「白天我要你澆花，一來是試試你，二來是要你耽擱些時光，後來再叫你繞道多走二十幾里，也是為了要你多耗時刻，這樣便能在天黑之後再到藥王莊外。只因藥王莊外所種的血矮栗，一到天黑，毒性便小，我給你的藍花才克得它住。」胡斐聽了，心中欽服無已，萬想不到用毒使藥，竟有這許多學問，這個貌不驚人的小姑娘用心深至，更非常人所及。

【廿三】血矮栗

《飛狐外傳》中，毒物甚多，卻是一物克一物，無名藍花卻正是血矮栗的剋星。

程靈素點點頭，說道：「這血矮栗的毒性，本是無藥可解，須得經常服食樹上所結的栗子，才不受那樹氣息的侵害。幸好血矮栗毒性雖然厲害，倒也不易為害人畜，因為只要有這麼一棵樹長著，周圍數十步內寸草不生，蟲蟻絕跡，一看便知。」

胡斐道：「怪不得這鐵屋周圍連草根也沒半條。我把兩匹馬的口都紮住了，還是避不了毒質，若不是你相贈藍花……」說到這裡，想起今晚的莽撞，不自禁暗暗驚心。

【廿四】醍醐香

鍾兆文怕人在飲食中下毒，是以不吃不喝，卻仍被程靈素毒倒。

程靈素道：「好，我教你一個乖。廳上有一盆小小的白花，你瞧見了麼？」胡斐當時沒留意，這時一加回想，果然記得窗口一張半桌上放著一盆小朵兒的白花。程靈素道：「這盆花叫做醍醐香，花香醉人，極是厲害，聞得稍久，便和飲了烈酒一般無異。我在湯裡、茶裡都放了解藥。誰教他不喝啊？」胡斐恍然大悟，不禁對這位姑娘大起敬畏之心，暗道自來只聽說有人在飲食之中下毒，哪知她下毒的方法卻高明得多，對方不吃不喝反而會中毒。

【廿五】鬼蝙蝠

鬼蝙蝠之毒無藥可治，因此毒手藥王門下嚴禁用此毒。姜小鐵之父姜鐵山和母親薛鵲，為人雖陰險惡毒，也不敢用此毒，而姜小鐵用此毒，也受到了其父母的鞭打。如中此毒，死者臉上滿是黑點，滿臉扭曲。

【廿六】七心海棠

「七心海棠」是《飛狐外傳》中最神秘最讓毒手藥王弟子害怕的一種毒藥，此毒藥的生長極為不易，不能澆水，要用酒澆之。

程靈素不喝，卻把半瓶白乾倒在種七心海棠的陶盆中，說道：「這花得用酒澆，一澆水便死。我在種醍醐香時悟到了這個道理。師兄師姊他們不懂，一直忙了十多年，始終種不活。」

程靈素是毒手藥王的小弟子，為人卻好，心地也善良，她研治成功的「七心海棠」，隱藏在一根根的蠟燭中，點燃之後，發出的毒氣既無臭味，又無煙霧，因此連使毒的大行家也墮其術中而不自覺。

解「七心鐵棠」之毒的辦法，還得用「七心海棠」的花粉。程靈素下毒將姜小鐵毒倒，後來又將他身上的毒質除去，其辦法卻好笑得很。

程靈素道：「不錯，我師哥師姊想熬出他身上的毒質，但沒有七心海棠的花粉，總是治不好。」

胡斐這才放心，見灶中火勢微弱，於是加了一根硬柴，生怕水煮得太熱，小鐵抵受不住，不敢多加。

程靈素笑道：「多加幾根，煮不熟，煨不爛的。」

胡斐依言，又拿兩條硬柴塞入灶中。程靈素伸手入鑊，探了探水的冷熱，從懷中摸出一個小小藥瓶，倒出些黃色粉末，塞在姜鐵山和薛鵲鼻中。

稍待片刻，兩人先後打了幾個噴嚏，睜眼醒轉，只見程靈素手中拿著一隻水瓢，從鑊中挹了一瓢熱水倒去，再從水缸中挹了一瓢冷水加在鑊中。夫婦倆對望了一眼，初醒時那又驚又怒的神色立時轉為喜色，知道她既肯出手相救，獨生愛子便是死裡逃生。兩人站起身來，默然不語，心中各是一股說不出的滋味：愛子明明是中了她的毒手，此刻她卻又來相救，向她道謝是犯不著，但是她如不救，兒子又活不成；再說，她不過是小師妹，自己兒子的年紀還大過她，哪知師父偏心，傳給她的本領遠勝過自己夫婦，接連受她克制，竟是縛手縛腳，沒半點還手的餘地。

程靈素一見水汽略盛，便挹去一瓢熱水，加添一瓢冷水，使姜小鐵身上的毒質逐步熬出。「七心海棠」之毒解法還不止這一種，姜鐵山和薛鵲之毒，卻只要放血就可以散去了。

程靈素晃了他一眼，向姜鐵山揮手道別，說道：「二師哥，你頭臉出血，身上毒氣已然散去，可別怪小妹無禮啊。」姜鐵山一愣，登時醒悟，心道：「她叫王鐵匠打我，固是懲我昔日的凶橫，但也未始不無善意。鵲妹毒氣未散，還得給她放血呢！」

這七心海棠的葉子還是斷腸草的剋星，胡斐請程靈素去給苗人鳳治眼睛，就將七心海棠的葉子敷在針上。七心海棠和一般的植物不一樣，它不需澆水，只要用酒澆。

程靈素笑道：「那七心海棠的葉子敷在肉上，痛於刀割十倍，若是你啊，只怕叫出我的媽來啦。」胡斐一笑，這才會意，原來適才苗人鳳忍痛，雖是不動聲色，但一股內勁，早把椅子坐得脆爛了。

兩人煮了一大鑊飯，炒了三盤菜，請苗人鳳出來同吃。苗人鳳道：「能喝酒嗎？」程靈素道：「能喝，什麼都不用忌。」苗人鳳拿出三瓶白乾來，每人面前放了一瓶，道：「大家自己倒酒喝，不用客氣。」說著在碗中倒了半碗，仰脖子一飲而盡。胡斐是個好酒之人，陪他喝了半碗。

程靈素不喝，卻把半瓶白乾倒在種七心海棠的陶盆中，說道：「這花得用酒澆，一澆水便死。我在種醍醐香時悟到了這個道理。師兄師姊他們不懂，一直忙了十多年，始終種不活。」剩下的半瓶分給苗胡二人倒在碗中，自己吃飯相陪。

【廿七】赤蠍粉

程靈素的毒藥花樣百出，「赤蠍粉」是一種摸起來其燙手一般的毒藥。

程靈素猜到他的心思，說道：「你用手指碰一下我肩頭的衣服。」胡斐不明她的用意，但依言伸出食指，輕輕在她肩上撫了一下，突然食指有如火炙，不禁全身都跳了起來。程靈素見他這一跳情形極是狼狽，格格一陣笑，說道：「他夫婦若是抓住我的衣服，那滋味便是這般了。」

胡斐將食指在空中搖了幾搖，只覺炙痛未已，說道：「好傢伙！你衣衫上放了什麼毒藥？這麼厲害？」程靈素道：「這是赤蠍粉，也沒什麼了不起。」胡斐伸食指在燈籠的火光下一看，只見手指上已起了一個個細泡，心想：「黑暗之中，幸虧我沒碰到她的衣衫，否則那還了得。」

後來程靈素對付田青文，又在田青文的鐵錐上放了一些，哪知田青文鐵錐甫入手，全身一跳，立即將鐵錐拋在地下，左手連連揮動，似乎那鐵錐極其燙手一般。

最厲害的一次，是程靈素把「赤蠍粉」放在掌門人大會的獎盃上，將玉杯打破，破壞了福安康的掌門人大會。

大智禪師等七人每人伸手取了一隻玉龍杯。突然之間，七個人手上猶似碰到了燒得通紅的烙鐵，實在拿捏不住，一齊鬆手。乒乒乒乒一陣清脆的響聲過去，七隻玉杯同時在青磚地上砸得粉碎。

這一下變故，不但七人大驚失色，自福康安以下，無不群情聳動，齊問：「怎樣？怎樣？」頃刻之間，七人握過玉杯的手掌都是又焦又腫，炙痛難當，不住的在衣服上拂擦。海蘭弼伸指到口中吮吸止痛，突然間大聲怪叫，原來舌頭上也劇痛起來。

胡斐向程靈素望了一眼，微微點頭。他此時方才明白，原來程靈素在擲打柯子容的第二枚和第三枚爆竹之中，裝上了赤蠍粉之類的毒藥，爆竹在七隻玉龍杯上空炸開，毒粉便散在杯上。這一個佈置意謀深遠，絲毫不露痕跡，此刻才見功效。

赤蠍粉中混上了七心海棠葉子的粉末，兩種毒藥的異味全失，毒性卻更加厲害。

【廿八】斷腸草

石萬嗔是無嗔的師弟，一次和無嗔鬥毒之際，石萬嗔被「斷腸草」熏瞎了雙目。他逃往緬甸野人山中，以銀蛛絲逐步拔去「斷腸草」的毒性，雙眼雖得復明，能重見天日，目力卻已大損。

苗人鳳被「斷腸草」毒瞎了雙眼，胡斐請來了程靈素。程靈素手段和石萬嗔相比，就高出了許多：

程靈素提起金針，在苗人鳳眼上「陽白穴」、眼旁「睛明穴」、眼下「承泣穴」三處穴道逐一刺過，用小刀在「承泣穴」下割開少些皮肉，又換過一枚金針，刺在破孔之中，她大拇指在針尾一控一放，針尾中便流出黑血來。原來這一枚金針中間是空的。眼見血流不止，黑血變紫，紫血變紅。胡斐雖是外行，也知毒液已然去盡，歡呼道：「好啦！」程靈素在七心海棠上採下四片葉子，搗得爛了，敷在苗人鳳眼上。苗人鳳臉上肌肉微微一動，接著身下椅子格的一響。程靈素道：「苗大俠，我聽胡大哥說，你有一位千金，長得挺是可愛，她在哪裡啊？」苗人鳳道：「這裡不太平，送到鄰舍家去了。」程靈素用布條給他縛在眼上，說道：「好啦！三天之後，待得疼痛過去，麻癢難當之時，揭開布帶，那便沒事了。現下請進去躺著歇歇。胡大哥，咱們做飯去。」

【廿九】鶴頂紅、番木鼈

福安康之母嫌馬春花出身不好，因而賜了一壺參湯給馬春花喝。福安康明知母親如此，也不加阻攔，馬春花對福安康的一片癡心，實在是太不值得了。

胡斐遇上了程靈素這個名醫，時刻都能用得上，不但救了苗人鳳，如無人阻撓，也可救得馬春花，只可惜福安康派人來追，程靈素無法安心治療，結果馬春花還是送了命。

程靈素揭開壺蓋，嗅了幾下，說道：「好厲害，是鶴頂紅。」胡斐道：「能救不能？」程靈素不答，探了探馬春花的心跳，說道：「若不是大富大貴之家，也不能有這般珍貴的金壺。」胡斐恨恨的道：「不錯，下毒的是宰相夫人，兵部尚書的母親。」程靈素道：「啊，我們這一行人中，竟出了如此富貴的人物。」胡斐見她不動聲色，似乎馬春花中毒雖深，尚有可救，心下稍寬。程靈素翻開馬春花的眼皮瞧了瞧，突然低聲「啊」的一聲。胡斐忙問：「怎麼？」程靈素道：「參湯中除了鶴頂紅，還有番木鼈。」胡斐不敢問「還有救沒有？」卻問：「怎生救法？」程靈素皺眉道：「兩樣毒藥夾攻，這一來便大費手腳。」返身入室，從藥箱中取出兩顆白色藥丸，給馬春花服下，說道：「須得找個清靜的密室，用金針刺她十三處穴道，解藥從穴道中送入體內，若能馬上施針，定可解救。只是十二個時辰之內，不得移動她身子。」胡斐道：「福康安的衛士轉眼便會尋來，不能在這裡用針。咱們得去鄉下找個荒僻所在。」

程靈素道：「那便得趕快動身，那兩粒藥丸只能延得她一個時辰的性命。」說著歎了口氣，又道：「我這位同行宰相夫人的心腸雖毒，下毒的手段卻低。這兩樣毒藥混用，又和在參湯之中，毒性發作便慢了，若是單用一樣，馬姑娘這時哪裡還有命在？」

【三十】 三蜈五蟆煙

程靈素的藥物繁多，但煙在她的藥物中的比重似乎特別的大。「七心海棠」是她的看家本領，是製成蠟燭，點燃後生藥效的，三蜈五蟆煙也是如此。

「三蜈五蟆煙」和「七心海棠」比起來，藥效並不是很大，這種煙發出後，只能讓人肚子痛大半個時辰，過後就一點事也沒有了。

「三蜈五蟆煙」中如加入了七心海棠的花蕊，兩種毒藥的異味全失，毒性卻更加厲害。

【卅一】 碧蠶毒蠱

程靈素聰明伶俐，知道自己不敵石萬嗔三人，於是假意向石萬嗔提問，用計讓石萬嗔和慕容景岳等自相殘殺。

程靈素道：「貴州苗人有一種『碧蠶毒蠱』……」石萬嗔聽到「碧蠶毒蠱」四字，臉色登時一變，只聽她續道：「將碧蠶毒蠱的蟲卵碾為粉末，置在衣服器皿之上，旁人不知誤觸，那便中了蠱毒。這算是苗人的三大蠱毒之一，是麼？」石萬嗔點頭道：「不錯。小丫頭知道的事倒也不少。」

……程靈素又道：「碧蠶毒蠱的蟲卵粉末放在任何物件器皿之上，均是無色無臭，旁人決計不易察覺。只不過毒粉不經血肉之軀，毒性不烈，有法可解，須經血肉沾傳，方得致命。世上事難兩全，毒粉一著人體，卻有一層隱隱碧綠之色。石前輩在馬姑娘的屍身置毒，若是只放在她衫上，倒是不易瞧得出來，但為了做到盡善盡美，卻連她臉上和手上都放置了。」胡斐聽到這裡，這才明白，原來這走方郎中用心如此陰險，竟在馬春花的屍身放置劇毒，自己和程靈素勢必搬動她的屍體，自須中毒無疑，忍不住罵道：「好惡賊，只怕你害人反而害己。」石萬嗔虎撐一搖，嗆啷啷一陣響聲過去，說道：「小丫頭真是有點眼力，識得我的『碧蠶毒蠱』。漢人之中，除我之外，你是絕無僅有的第二人了，很好，有見識，有本事。你師兄師姊那裡及得上你？」程靈素道：「前輩謬讚。晚輩所不明白的是，先師遺著《藥王神篇》中說道，『碧蠶毒蠱』放在人體之上，若要不顯碧綠顏色，原不為難，卻不知石前輩何以捨此法而不用？」

石萬嗔雙眉一揚，說道：「當真胡說八道，苗人中便是放蠱的祖師，也無此法。你師父從未去過苗疆，知道什麼？」程靈素道：「前輩既如此說，晚輩原是不能不信，但先師遺著之中，確是傳下一法。卻不知是前輩對呢，還是先師對。」石萬嗔道：「是什麼法子，你倒說來聽聽。」程靈素道：「晚輩說了，前輩定然不信。是對是錯，一試便知。」石萬嗔道：「如何試法？」程靈素道：「前輩取出『碧蠶毒蠱』，下在人手之上，晚輩以先師之法取藥混入，且瞧有無碧綠顏色。」

石萬嗔一生鑽研毒藥，聽說有此妙法，將信將疑之餘，確是亟欲一知真偽，便道：「放在誰的手上作試？」程靈素道：「自是由前輩指定。」石萬嗔心想：「要下在你的手上，你當然不肯。下在那氣勢虎虎的少年手上，那也不用提起。」微一沉吟，向慕容景岳道：「伸左手出來！」

【卅二】鶴頂紅和孔雀膽

程靈素騙石萬嗔將碧蠶蠱毒放在了慕容景岳的手中，程靈素似乎還沒有達到目的，又叫石萬嗔用鶴頂紅和孔雀膽放在慕容景岳的手上，石萬嗔果然又上了當。

程靈素道：「石前輩，你身邊定有鶴頂紅和孔雀膽吧？這兩種藥物和『碧蠶毒蠱』既相克而又相輔。你若不信，請看先師的遺著。」說著翻開那本黃紙小冊，送到石萬嗔眼前。石萬嗔一看，只見果然有一行字寫著道：「鶴頂紅、孔雀膽二物，和碧蠶卵混用，無色無臭，唯見效較緩。」他想再看下去，程靈素卻將書合上了。

那鶴頂紅和孔雀膽兩種藥粉這般散入慕容景岳的掌心，當真是迅雷不及掩耳，那容他有縮手餘地？慕容景岳本已立下心意，決不容這兩種劇毒的毒物再沾自己肌膚，拚著和石萬嗔破臉，也要抗拒，眼見他對自己如此狠毒，寧可向小師妹屈服，師兄妹三人聯手，也勝於此後受他無窮無盡的折磨。那知石萬嗔下毒的手法快如電閃，慕容景岳念頭尚未轉完，兩般劇毒已沾掌心。但見一紅一青的薄霧片刻間便即滲入肌膚，手掌心原有那層隱隱的青綠之色，果然登時不見，已跟平常的肌膚毫無分別。

慕容景岳掌心一陣麻一陣癢，這陣麻癢直傳入心裡，便似有千萬隻螞蚊同時在咬齧心臟一般，顫聲叫道：「小師妹快取解藥給我。」程靈素奇道：「咦，大師哥，你怎會忘了先師的叮囑？本門中人不能放蠱，又有九種沒解藥的毒藥決計不能使用。」

程靈素翻開《藥王神篇》，指著兩行字道：「師姊請看，此事須怪不得我。」薛鵲順著她手指看去，只見冊上寫道：「碧蠶毒蠱和鶴頂紅、孔雀膽混用，劇毒入心，無法可治，戒之戒之。」

【卅三】碧蠶毒蠱、鶴頂紅、孔雀膽

程靈素使計將三種劇毒的碧蠶毒蠱、鶴頂紅、孔雀膽放入了慕容景岳的手心。胡斐卻沒有聽從程靈素的話，又出手救程靈素，反而使自己又身中三毒。

程靈素是真心關心胡斐，把胡斐的一切都身同己任。

程靈素握著胡斐的手，心如刀割，自己雖然得脫大難，可是胡斐為了相救自己，手背上已沾上了碧蠶毒蠱、鶴頂紅、孔雀膽三種劇毒，《藥王神篇》上說得明明白白：「劇毒入心，無藥可治。」難道揮刀立刻將他右手砍斷，再讓他服食「生生造化丹」，延續九年性命？三般劇毒入體，以「生生造化丹」延命九年，此後再服「生生造化丹」也是無效了。

程靈素不加多想，腦海中念頭一轉，早已打定了主意，取出一顆白色藥丸，放在胡斐口中，顫聲道：「快吞下！」胡斐依言咽落，心神甫定，想起適才的驚險，猶是心有餘怖，說道：「好險，好險！」

胡斐忽覺右手手背上略感麻癢，正要伸左手去搔，程靈素一把抓住了他左手手腕，顫聲道：「別動！」胡斐覺得她手掌冰涼，奇道：「怎麼？」突然間眼前一黑，咕咚一聲，仰天摔倒。胡斐這一跤倒在地下，再也動彈不得，可是神智卻極為清明，只覺右手手背上一陣麻，一陣癢，越來越是厲害，驚問：「我也中了那三大劇毒麼？」

程靈素淚水如珍珠斷線般順著面頰流下，撲簌簌的滴在胡斐衣上，緩緩點了點頭。胡斐見此情景，不禁涼了半截，暗想：「她這般難過，我身上所中劇毒，定是無法救治了。」剎時之間，心頭湧上了許多往事：商家堡中和趙半山結拜、佛山北帝廟中的慘劇、瀟湘道上結識袁紫衣、洞庭湖畔相遇程靈素，以及掌門人大會、紅花會群雄、石萬嗔……這一切都是過去了，過去了……他只覺全身漸漸僵硬，手指和腳趾寒冷徹骨，說道：「二妹，生死有命，你也不必難過。只可惜你一個人孤苦伶仃，做大哥的再也不能照料你了。那金面佛苗人鳳雖是我的殺父之仇，但他慷慨豪邁，實是個鐵錚錚的好漢子。我……我死之後，你去投奔他吧，要不然……」說到這裡，舌頭大了起來，言語模糊不清，終於再也說不出來了。

程靈素跪在他身旁，低聲道：「大哥，你別害怕，你雖中三種劇毒，但我有解救之法。你不會動彈，不會說話，那是服了那顆麻藥藥丸的緣故。」胡斐聽了大喜，眼睛登時發亮。程靈素取出一枚金針，刺破他右手手背上的血管，將口就上，用力吮吸。胡斐大吃一驚，心想：「毒血吸入你口，不是連你也沾上了劇毒麼？」可是四肢寒氣逐步上移，全身再也不聽使喚，哪裡掙扎得了。

程靈素吸一口毒血，便吐在地下，若是尋常毒藥，她可以用手指按捺，從空心金針中吸出毒質，便如替苗人鳳治眼一般，但碧蠶毒蠱、鶴頂紅、孔雀膽三大劇毒入體，又豈是此法所能奏效？她直吸了四十多口，眼見吸出來的血液已全呈鮮紅之色，這才放心，吁了一口長氣，柔聲道：「大哥，你和我都很可憐。你心中喜歡袁姑娘，那知道她卻出家做了尼姑……我……我心中……」

她慢慢站起身來，柔情無限的瞧著胡斐，從藥囊中取出兩種藥粉，替他敷在手背，又取出一粒黃色藥丸，塞在他口中，低低地道：「我師父說中了這三種劇毒，無藥可治，因為他只道世上沒有一個醫生，肯不要自己的性命來救活病人。大哥，他不知我……我會待你這樣……」

胡斐只想張口大叫：「我不要你這樣，不要你這樣！」但除了眼光中流露出反對的神色之外，實在無法表示。

更了不起的是，程靈素真是有過人的聰明，她已經深刻地瞭解了胡斐，理解了胡斐的性格、脾氣，思維方式和行事之法。對他一見傾心，此時卻以自己的生命作解藥，救了胡斐之命。

【卅四】十香軟筋散

「十香軟筋散」是趙敏對付群雄所用，後來被周芷若用來對付張無忌、謝遜等人。

第十八篇 神丹妙藥

【一】茯苓首烏丸

《碧血劍》中，風陽總督馬大人為了升官發財，做了四十顆「茯苓首烏丸」當作進貢的貢品，讓永勝鏢局的董開山送到京師。歸辛樹之子歸鍾從娘胎裡帶下病，因此要搶此藥。

歸辛樹是袁承志的二師哥，可歸辛樹、歸二娘一直看不起袁承志，這時卻是袁承志將此藥丸找了出來，因此歸辛樹夫妻才真正感激袁承志。

袁承志捏破一顆蠟丸，一陣芳香撲鼻，露出龍眼大一枚朱紅丸藥來。他叫青青取來一杯清水，將丸藥調了，餵入孩子口中。那孩子早已氣若遊絲，也不哭鬧，一口口的都咽入了肚裡。歸二娘雙目含淚，又是感激，又是慚愧，心想今天若不是小師弟識破機關，不但救不了兒子的命，還得罪了不少英雄豪傑，累了丈夫一世英名。袁承志等孩子服過藥後，雙手抱著交過。歸二娘接了過去，低聲道：「師弟，我們夫婦真是感激不盡。」歸辛樹只道：「師弟，你很好，很好。」青青把丸藥都遞給了歸二娘，笑道：「孩子再生幾場重病，也夠吃的了。」歸二娘心中正自歡喜不盡，也不理會她話中含刺，謝著接過。

【二】九花玉露丸

黃藥師為人風雅，做「九花玉露丸」時，就曾採集九種花瓣上的露水。「九花玉露丸」的藥效不大，是一種服後延年益壽的藥丸。

黃藥師的弟子陸乘風，配製了數顆，又將此送給了黃蓉。

藥丸倒出來時一股清香沁人心脾，黃蓉聞到氣息，就知是「九花玉露丸」。她曾相幫父親搜集九種花瓣上清晨的露水，知道調配這藥丸要湊天時季節，極費功夫，至於所用藥材多屬珍異，更不用說，這數十顆藥丸的人情可就大了，便道：「九花玉露丸調製不易，我們每人拜受兩顆，已是極感盛情。」陸莊主微微一驚，問道：「姑娘怎識得這藥丸的名字？」黃蓉道：「小妹幼時身子單弱，曾由一位高僧賜過三顆，服了很是見效，因是得知。」陸莊主慘然一笑，道：「兩位不必推卻，反正我留著也是白饒。」黃蓉知他已存了必死之心，也不再說，當即收下。

【三】桃花島無常丹

和桃花島的「九花玉露丸」相比，桃花島的「無常丹」的名氣顯然要小得多，但藥效卻比「九花玉露丸」大得多。

黃藥師和周伯通相鬥，周伯通因學會了九陰真經而自責，被黃藥師一掌打得吐出了一口鮮血。黃藥師的掌力是何等厲害，因此將自己秘藏的「無常丹」給周伯通服用。

黃藥師從懷裡取出一只玉匣，揭開匣蓋，取出三顆猩紅如血的丹藥，交給他道：「伯通，天下傷藥，只怕無出我桃花島無常丹之右。每隔七天服一顆，你的內傷可以無礙。現下我送你出島。」周伯通點了點頭，接過丹藥，服下了一顆，自行調氣護傷，過了一會，吐出一口瘀血，說道：「黃老邪，你的丹藥很靈，無怪你名字叫作『藥師』。咦，奇怪，奇怪，我名叫『伯通』，那又是甚麼意思？」

【四】通犀地龍丸

歐陽鋒是使毒的大行家，對解毒的藥丸自也是很有心得。歐陽克喜歡黃蓉，歐陽鋒因此將自己配製的避毒寶物贈給黃蓉，以顯求親的誠意。

歐陽鋒伸手入懷，掏出一個錦盒，打開盒蓋，只見盒內錦緞上放著一顆鴿蛋大小的黃色圓球，顏色沉暗，並不起眼，對黃蓉笑道：「這顆『通犀地龍丸』得自西域異獸之體，並經我配以藥材制煉過，佩在身上，百毒不侵，普天下就只這一顆而已。以後你做了我侄媳婦，不用害怕你叔公的諸般毒蛇毒蟲。這顆地龍丸用處是不小的，不過也算不得是甚麼奇珍異寶。你爹爹縱橫天下，甚麼珍寶沒見過？我這點鄉下佬的見面禮，真讓他見笑了。」

【五】雪參丸

《書劍恩仇錄》中，霍青桐得不到父兄和族人的諒解，因此去找師父，那知在沙漠中生了病，又碰到了關東三魔，因此在碰到袁士霄時，是一臉病容。袁士霄給了霍青桐二粒朱紅色的「雪參丸」，雪參丸乃是用珍奇藥材配製而成，有起死回生之功。

關明梅抱著霍青桐下樹，叫她先吞服一顆雪參丸。霍青桐吞了下去，只覺一股熱氣從丹田中直冒上來，登時全身舒泰。關明梅道：「你真造化，得了這靈丹妙藥，就好得快了。」

【六】朱睛冰蟾

《碧血劍》中，最具神功的藥，不是什麼丸和丹，而是兩隻血蟾蜍——朱睛冰蟾。

胡桂南待眾人進房後，掩上房門，打開盒子，露出兩隻死白蟾蜍來。這對蟾蜍通體雪白，眼珠卻血也般紅，模樣甚是可愛，卻也不見有何珍異之處。胡桂南向鐵羅漢笑道：「剛才我和老兄對掌，要是一齊嗚呼哀哉，那也是大難臨頭，無法可施了。但如只是身受重傷，我卻有解救之方。」指著白蟾蜍道：「這是產在西域雪山上的朱睛冰蟾，任他多厲害的內傷、刀傷，只要當場不死，一服冰蟾，藥到傷癒，真是靈丹妙藥，無比神奇。要是中了劇毒，這冰蟾更有去毒之功。」程青竹問道：「如此寶物，胡大哥卻哪裡得來？」胡桂南道：「上個月我在河南客店裡遇到一個採藥老道，病得快死了，見他可憐，幫了他幾十兩銀子，還給他延醫服藥。但他年壽已到，藥石無靈，終於活不了。他臨死時把這對冰蟾給了我，說是報答我看顧他的情意。」

孟伯飛的壽宴上，歸辛樹將孟伯飛之子打傷，眾人以為孟錚已死，袁承志取出朱睛冰蟾，朱睛冰蟾初見成效。

袁承志道：「我師哥並未存心傷他，只要給孟大哥服一劑藥，調養一段時候，就沒事了。」說著從懷中取出金盒，揭開盒蓋，拿了一隻朱睛冰蟾出來，用手捏碎，在碗中沖酒調合，給孟錚喝了下去。不一刻，孟錚果然臉上見紅，呻吟呼痛。

朱睛冰蟾只有兩隻，又去了一隻，剩下的一隻就不敢胡亂使用。在救單鐵生、程青竹時，就只是用冰蟾將他體內的毒吸出而已。

袁承志大吃一驚，只見他右邊整個肩膀已全成黑色，便似用濃墨塗過一般，黑氣向上蔓延，蓋滿了整張臉孔，直到發心，向下延到腰間。肩頭黑色最濃處有五個爪痕深入肉裡。袁承志問道：「甚麼毒物傷的？」沙廣天道：「程老夫子勉強支持著回來，已說不出話了。也不知是中了甚麼毒。」袁承志道：「幸好有朱睛冰蟾在此。」取出冰蟾，將蟾嘴對準傷口。伸手按於蟾背，潛運內力，吸收毒氣，只見通體雪白的冰蟾漸漸由白而灰、由灰而黑。胡桂南道：「把冰蟾浸在燒酒裡，毒汁就可浸出。」青青忙去倒了一大碗燒酒，將冰蟾放入酒中，果然縷縷黑水從蟾口中吐出，待得一碗燒酒變得墨汁相似，冰蟾卻又純淨雪白。這般吸毒浸毒，直浸了四碗燒酒，程青竹身上黑氣方始褪盡。程青竹睡了一晚，袁承志次日去看望時，他已能坐起身來道謝。

【七】續命八丹

任盈盈愛慕令狐冲，因此明教中人為了討好令狐冲，找了許多名貴藥材來給令狐冲治病，最為有名的一味是老頭子的「續命八丹」：

那人垂淚道：「我前後足足花了一十二年時光，採集千年人參、茯苓、靈芝、鹿茸、首烏、靈脂、熊膽、三七、麝香種種珍貴之極的藥物，九蒸九曬，製成八顆起死回生的『續命八丸』，卻給祖千秋這天殺的偷了去，混酒喝了。」

令狐冲大驚，問道：「你這八顆藥丸、味道可是相同？」那人道：「當然不同。有的極臭，有的極苦，有的入口如刀割，有的辛辣如火炙。只要吞服了這『續命八丸』，不論多大的內傷外傷，定然起死回生。」令狐冲一拍大腿，叫道：「糟了，糟了！這祖千秋將你的續命八丸偷了來，不是自己吃了，而是……而是……」那人問道：「而是怎樣？」令狐冲道：「而是混在酒裡，騙我吞下了肚中。我不知酒中有珍貴藥丸，還道他是下毒呢。」

那人怒不可遏，罵道：「下毒，下毒！下你奶奶個毒！當真是你吃了我這續命八丸？」令狐冲道：「那祖千秋在八隻酒杯之中，裝了美酒給我飲下，確是有的極苦，有的甚臭，有的猶似刀割，有的好如火炙。甚麼藥丸，我可沒瞧見。」那人瞪眼向令狐冲凝視，一張胖臉上的肥肉不住跳動，突然一聲大叫，身子彈起，便向令狐冲撲去。

【八】黑玉斷續膏

西域有一路外家武功，手法極其怪異，斷人肢骨，無藥可治，僅其本門秘藥「黑玉斷續膏」可救。

俞岱岩正是受其指力，被斷四肢，後用「黑玉斷續膏」，果然治好了多年的頑疾。

【九】寒玉冰蟾膏

譚公和譚婆是一對活寶，譚公對付譚婆的一門功夫就是「打不還手」，因此終於娶得譚婆，可譚公常挨打，於是研治出了一種藥膏，即寒玉冰蟾膏。

阿朱淚珠在眼眶之中轉動，正欲大哭未哭之間，譚公搶近身去，從懷中又取出那只小小白玉盒子，打開盒蓋，右手手指在盒中沾了些油膏，手臂一長，在阿朱臉上劃了幾劃，已在她傷處薄薄的敷了一層。譚婆打她巴掌，手法已是極快，但終究不過出掌收掌。譚公這敷藥上臉，手續卻甚是繁複細緻，居然做得和譚婆一般快捷，使阿朱不及轉念避讓，油膏已然上臉。她一愕之際，只覺本來熱辣辣、脹鼓鼓的臉頰之上，忽然間清涼舒適，同時左手中多了一件小小物事。她舉掌一看，見是一只晶瑩潤滑的白玉盒子，知是譚公所贈，乃是靈驗無比的治傷妙藥，不由得破涕為笑。

【十】蛋藥

一燈是一心向佛，悟性極好。小龍女是生性淡泊，因此也極有佛根。一燈贈小龍女一枚良藥，可保七日之命，卻沒給小龍女藥丸，給了她一枚磁蛋。

一燈從懷中取出一個雞蛋，交給了小龍女，說道：「世上雞先有呢，還是蛋先有？」這是個千古無人能解的難題。楊過心想：「當此生死關頭，怎地問起這些不打緊的事來？」小龍女接過蛋來，原來是個磁蛋，但顏色形狀無一不像。她微一沉吟，已明其意，道：「蛋破生雞，雞大生蛋，既有其生，必有其死。」輕輕擊碎蛋殼，滾出一顆丸藥，金黃渾圓，便如蛋黃。一燈道：「快服下了。」小龍女心知此藥貴重，於是放入口中嚼碎咽下。

【十一】斷腸草

金大俠的武俠小說中，尤以杜撰的情花最為有名，而情花之毒，除了絕情丹之外，「斷腸草」也能解開情花之毒。

黃蓉說道：「絕情丹雖然沒有，他體內的情花之毒未必便不能解，所難者是他不肯服藥。」小龍女又驚又喜，站起身來，說道：「那……那是甚麼解藥啊？」黃蓉拉著她手，道：「你坐下。」從懷裡取出一株深紫色的小草，說道：「這是斷腸草，那天竺僧臨死之際，手中持著這棵小草。朱子柳大哥言道，天竺僧出去找尋解藥，突然中針而斃。你可見到他人雖斷氣，臉上猶帶笑容？自是因找到此草而喜。我師父洪七公他老人家曾道：『凡毒蛇出沒之處，七步內必有解救蛇毒之藥』。其他毒物，無不如此，這是天地間萬物生克的至理。這斷腸草正好生在情花樹下，雖說此草具有劇毒，但我反覆思量，此草以毒攻毒，正是情花的對頭剋星。」

【十二】天王保命丹

神龍島毒藥很多，天王保命丹卻是唯一的例外。

陸先生忙伸手接住，伏地說道：「謝教主大恩。」他知這天王保命丹十分難得，是教主派遣部屬採集無數珍奇藥材煉製而成，其中的三百年老山人參、白熊膽、雪蓮等物，尤其難得，是教主大費心力所煉成的，前後也不過十來顆而已。許雪亭一服這三顆靈丹，性命當可無礙。

【十三】雪參玉蟾丸

小寶喜愛阿珂，因而對阿珂的師父白衣女尼分外的討好。

白衣尼緩緩的道：「小寶，你給我服的，是什麼藥？」

韋小寶道：「那叫『雪參玉蟾丸』，是朝鮮國國王進貢給小皇帝的。」白衣尼臉上閃過一絲喜色，說道：「雪參和玉蟾二物，都是療傷大補的聖藥，幾有起死回生之功，想不到竟教我碰上了，那也是命不該絕。」

【十四】生生造化丸

程靈素心地極好，不忍見大師兄死於非命，因此拿出此藥，想讓師兄再活九年，誰知好心沒好報，後來被薛鵲制住。

程靈素道：「大師哥一臂雖去，毒氣已然攻心，一月之內，仍當毒發不治。兩位已叛出本門，遭人毒手，本與小妹無關，只是瞧在先師的份上，這裡有三粒『生生造化丹』，是師父以數年心血制煉而成，小妹代先師賜你，每一粒可延師兄三年壽命。師兄服食之後，盼你記著先師的恩德，還請捫心自問：到底是你原來的師父待你好，還是新拜的師父待你好？」說著從懷中取出三粒紅色藥丸，托在手裡。

【十五】止血生肌丸

止血生肌丸是一種只治金創外傷的藥物。程靈素對姬曉峰下了麻藥，實際上卻毫無大礙，當姬曉峰來要解藥時，她將止血生肌丸給他服下，讓姬曉峰放心。

【十六】蛇藥

程靈素師父無嗔實在是高人，為了試苗人鳳的膽子，送了一個鐵盒給苗人鳳，盒中有劇毒小蛇，又有一盒蛇藥。

只見盒中有一條小蛇的骨骼，另有一個小小磁瓶，瓶上刻著「蛇藥」兩字，她認得這種藥瓶是師父常用之物，但不知那小蛇的骨骼是何用意。

苗人鳳淡淡一笑，說道：「尊師和我言語失和，兩人動起手來。第二天尊師命人送了這只鐵盒給我，傳言道：『若有膽子，便打開盒子瞧瞧，否則投入江河之中算了。』我自是不受他激，一開盒蓋，裡面躍出這條小蛇，在我手背上咬了一口，這條小蛇劇毒無比，我半條手臂登時發黑。但尊師在鐵盒中附有蛇藥，我服用之後，性命是無礙的，這一番痛苦卻也難當之至。」說著哈哈大笑。

【十七】絕情丹

絕情丹是情花之毒的解藥。配製絕情丹的藥方是公孫止祖傳秘訣，然而諸般珍奇藥材急切難得，而且調製一批丹藥，須連經春露秋霜，三年之後方得成功。

【十八】牛黃犀牛散

胡青牛所有，可治咽喉疼痛。

【十九】天香斷續膠

恒山派醫治外傷良藥。

【二十】玉洞黑石丹

玉洞黑石丹是崆峒派解毒的藥物。

【廿一】玉靈散

玉靈散是少林派外傷藥物。

【廿二】三黃寶臘丸

武當派傷科秘藥，三黃指麻黃、雄黃、藤黃。見於《倚天屠龍記》。

【廿三】回陽五龍膏

崆峒派秘製，外傷藥，主要原料是草烏，用於續骨。見於《倚天屠龍記》。

【廿四】玉真散

華山派外傷藥物，見於《倚天屠龍記》。

第十九篇 動物與毒

【一】五色彩蠍

《天龍八部》中，風波惡好鬥，卻中了陳長老的五色彩蠍之毒。此毒是陰毒之毒，因此中了毒後，女子是不能吸毒的，因為女子性陰，陰上加陰，毒性更增。

麻袋的大口和風波惡小小一個拳頭相差太遠，套中容易，卻決計裹他不住。風波惡手一縮，便從麻袋中伸了出來。突然間手背上微微一痛，似被細針刺了一下，垂目看時，登時嚇了一跳，只見一隻小小蠍子釘在自己手背之上。這隻蠍子比常蠍為小，但五色斑斕，模樣可怖。風波惡情知不妙，用力甩動，可是蠍子尾巴牢牢釘住了他手背，怎麼也甩之不脫。

【二】醉人蜂

王夫人深愛段正淳，因此想將段正淳毒倒，好聽自己的話。

王夫人道：「咱們說什麼總是一家人，有什麼信不過的？這一次我所使的，是個『醉人蜂』之計。我在曼陀山莊養了幾百窩蜜蜂，莊上除了茶花之外，更無別種花卉。山莊遠離陸地，島上的蜜蜂也不會飛到另處去採蜜。」慕容復道：「是了，這些醉人蜂除了茶花之外，不喜其他花卉的香氣。」王夫人道：「調養這窩蜜蜂，可費了我十幾年心血。我在蜂兒所食的蜂蜜之中，逐步加入麻藥，再加入另一種藥物，這醉人蜂刺了人之後，便會將人麻倒，令人四五日不省人事。」

段譽心下一驚：「難道我已暈倒了四五日？」

慕容復道：「舅媽的神計妙算，當真是人所難及，卻又如何令蜜蜂去刺人？」

王夫人道：「這須得在那人的食物之中，加入一種藥物。這藥物並無毒性，無色無臭，卻略帶苦味，因此不能給人大量服食。你想這人自己固是鬼精靈，他手下的奴才又多聰明才智之輩，要用迷藥、毒藥什麼對付他，那是萬萬辦不到的。因此我定下計較，派人沿路供他酒飯，暗中摻入這些藥物。」

【三】玉蜂

小龍女生性淡泊，不喜和人打交道，因此當有人上門騷擾時，就會放出玉蜂螫跑敵人，解玉蜂之毒的藥物就是蜂王漿。

丘郭均感詫異：「那小龍女不知用何妙法驅退群邪？」這念頭只在心中一閃間，便聽得嗡嗡響聲自遠而近，月下但見白茫茫、灰濛濛一團物事從林中疾飛出來，撲向群邪頭頂。郭靖奇道：「那是甚麼？」丘處機搖頭不答，凝目而視，只見江湖豪客中有幾個跑得稍慢，被那群東西在頭頂一撲，登時倒地，抱頭狂呼。郭靖驚道：「是一群蜂子，怎麼白色的？」說話之間，那群玉色蜂子又已螫倒了五六人。樹林前十餘人滾來滾去，呼聲慘厲，聽來驚心動魄。郭靖心想：「給蜂子刺了，就真疼痛，也不須這般殺豬般的號叫，難道這玉蜂毒性異常麼？」只見灰影幌動，那群玉蜂有如一股濃煙，向他與丘處機面前撲來。

眼見群蜂來勢凶猛，難以抵擋，郭靖要待轉身逃走，丘處機氣湧丹田，張口向群蜂一口噴出。蜂群飛得正急，突覺一股強風刮到，勢道頓挫。丘處機一口氣噴完，第二口又即噴出。郭靖學到訣竅，當即跟著鼓氣力送，與丘處機所吹的一股風連成一起。二人使的都是玄門正宗的上乘功夫，蜂群抵擋不住，當先的數百隻蜂子飛勢立偏，從二人身旁掠過，卻又追趕霍都、達爾巴等人去了。

這時在地下打滾的十餘人叫聲更是淒厲，呼爹喊娘，大聲叫苦。更有人叫道：「小人知錯啦，求小龍女仙姑救命！」郭靖暗暗駭異：「這些人都是江湖上的亡命之徒，縱然砍下他們一臂一腿，也未必會討饒叫痛。怎地小小蜂子的一螫，竟然這般厲害？」

但聽得林中傳出錚錚琴聲，接者樹梢頭冒出一股淡淡白煙。丘郭二人只聞到一陣極甜的花香。過不多時，嗡嗡之聲自遠而近，那群玉蜂聞到花香，飛回林中，原來是小龍女燒香召回。

【四】彩雪蛛

金輪法王不僅武功高強，心計也是一等一的；周伯通毫無心計，因此上了趙志敬的當。小龍女也是毫無心計，卻不知誤打正著，解了金輪法王的「彩雪蛛」的毒。

蜘蛛模樣甚是怪異，全身條紋紅綠相間，鮮豔到了極處，令人一見便覺驚心動魄。

她知任何毒物顏色越是鮮麗，毒性便越厲害。三隻蜘蛛牢牢咬住周伯通的手指，她拾起一根枯枝去挑，連挑幾下均沒挑脫，當即右手一揚，三枚玉蜂針射出，登時將三隻蜘蛛刺死。她發針的勁力用得恰到好處，刺死蜘蛛，卻沒傷到周伯通皮肉。

原來這種蜘蛛叫作「彩雪蛛」，產於西藏雪山之頂，乃天下三絕毒之一。金輪法王攜之東來，有意與中原的使毒名家一較高下。那日他到襄陽行刺郭靖，沒想到使毒，並未攜帶彩雪蛛。中了李莫愁的冰魄銀針後回到大營，恨怒之餘，便取出藏放彩雪蛛的金盒放在身邊，只盼再與李莫愁相遇，便請她一嘗西藏毒物的滋味。也是機緣巧合，既與周伯通打賭盜旗，又遇上了這個一心想當掌教的趙志敬，便在山洞中放了一面布旗，旗中裹上三隻毒蜘蛛。這彩雪蛛一遇血肉之軀，立即撲上咬齧，非吸飽鮮血，決不放脫，毒性猛烈，無藥可治，便法王自己也解救不了。他不肯貼身攜帶，便怕萬一有甚疏虞，為禍非淺。

小龍女這玉蜂針上染有終南山上玉蜂針尾的劇毒，毒性雖不及彩雪蛛險惡，卻也著實厲害，尖針入體，彩雪蛛身上自然而然的便產出了抗毒的質素。毒蛛捕食諸般劇毒蟲豸，全憑身有這等抗毒體液，才不致中毒。毒蛛的抗毒體液從口中噴出，注入周伯通血中，只噴得幾下，已自斃命跌落。幸而小龍女急於救人，又見毒蛛模樣難看，不敢相近，便發射暗器，歪打正著，恰好解救了這天下無藥可解的劇毒。

【五】九尾靈狐

金大俠小說中的動物，多數是劇毒之物，除了神鵰、小紅馬之外，恐怕就是這隻九尾靈狐，不但通靈，而且也是一種治病的良藥了。

瑛姑從懷裡提出兩隻靈狐，說道：「楊公子，大德深重，老婦人愧無以報，這兩隻畜生便請持去罷。」楊過接過一隻，謝道：「蒙賜一頭，已領盛情。」

一燈道：「楊賢侄，你兩隻靈狐都取了去，但不必傷牠性命，只須割開靈狐腿上血脈，每日取血一小杯，兩狐輪流割血，每日服上一杯，令友縱有多大的內傷也能痊癒。」

【六】藥蛇

《射鵰英雄傳》中，郭靖誤打誤撞，被參仙老怪的藥蛇纏住，為了自保，吸盡了藥蛇之血，不僅功力大增，而且有了抗毒的本領。

原來這參仙老怪本是長白山中的參客，後來害死了一個身受重傷的前輩異人，從他衣囊中得了一本武學秘本和十餘張藥方，照法修練研習，自此武功了得，兼而精通藥理。藥方中有一方是以藥養蛇，從而易筋壯體的秘訣。他照方採集藥材，又費了千辛萬苦，在深山密林中捕到了一條奇毒的大蝮蛇，以各種珍奇的藥物飼養。那蛇體色本是灰黑，服了丹砂、參茸等藥物後漸漸變紅，餵養二十年後，這幾日來體已全紅。因此他雖從遼東應聘來到燕京，卻也將這條累贅的大蛇帶在身畔。眼見功德圓滿，只要稍有數日之暇，就要吮吸蛇血，靜坐修功之後，便可養顏益壽，大增功力。哪知蛇血突然被人吸去，豈不令他傷痛欲絕？

【七】金蛇

《碧血劍》中，寫到許多可怕的下毒放蠱的故事，如五毒教的「五聖」，是在五種劇毒之物之中，進行毒性之最的選拔賽：

那女子聽了袁承志的話本很高興，聽青青插口，哼了一聲，道：「取五聖來！」五名童子入內，捧了五隻鐵盒出來。另外五名童子捧了一隻圓桌面大小的沙盤，放在殿中。十名童子圍著沙盤站定，紅衣童子捧紅盒，黃衣童子捧黃盒，五名錦衣童子各捧與衣同色的鐵盒。

袁承志心想：「這些人行動頗有妖氣。但瞧他們如此排列，按著金木水火土五行，倒也不是胡亂唬人的。」

又見左首第三個夷族打扮的壯漢走到沙盤之旁，從懷裡取出一面小青旗，輕輕一揮。五名童子打開盒子。青青不禁失聲驚呼，只見每只盒中，各跳出一樣毒物。哪五樣？青蛇、蜈蚣、蠍子、蜘蛛、蟾蜍。那夷人又是一揮青旗，十名童子一齊退開。眾弟子中走出四人，分據沙盤四周，喃喃念咒，從衣袋中取出藥物，咬嚼一陣，噴入沙盤。

袁承志尋思：「這些驅使毒物的怪法，我可一竅不通，莫要著了他們道兒。」

再看盤中，青蛇長近尺許，未見有何特異，其餘四種毒物，卻均比平常所見的要長大得多。五種毒物在盤中游走一陣之後，各自屈身蓄勢，張牙舞爪，便欲互鬥。毒蜘蛛不住吐絲，在沙盤一角結起網來。蠍子沉不住氣，向網上一衝，弄斷了許多蛛絲，隨即退開。蜘蛛瞪眼向蠍子望了幾眼，又吐絲結網，網未布妥，蠍子又是一衝。這般結網衝網，幾次之後，蠍子身上已黏滿蛛絲，行動大為遲緩，兩隻腳被蛛絲黏纏在一起，無法掙脫。蜘蛛乘機反攻，大吐柔絲，在蠍子身旁厚厚的結了幾層網，悄悄走到蠍子身前，伸足撩撥。蠍子突然翻過毒尾，啪的一聲擊打。蜘蛛快如閃電，早已退開。

這般挑逗數次，蠍子怒火大熾，一擊不中，向前猛追過去，不提防正墮入蜘蛛佈置的陷阱之中。蠍子在網上拚命掙扎，眼見在蜘蛛網中弄破一個大洞。蜘蛛忙又吐絲糾纏，蠍子漸漸無力掙扎。蜘蛛撲上，張口一咬，蠍子痛得吱吱亂叫。蜘蛛正在享受美味，突然一陣蟾沙噴到，毒蟾蜍破陣直入，長舌一翻，把蠍子從蜘蛛網中捲了出來，一口吞入了肚裡。蜘蛛大怒，向蟾蜍衝去。蟾蜍長舌翻出，要捲蜘蛛，蜘蛛張口向蟾蜍舌頭上咬去。蟾蜍長舌倏的縮回。蜘蛛慢慢爬到蟾蜍左邊，吐出一條粗絲，黏在盤上，忽地躍起，牽著那根絲，從空中飛了過去，掠過蟾蜍時在牠背上狠狠咬了一口。青青歎道：「這小東西竟然也會用智。」蟾蜍急忙轉身，蜘蛛早已飛過。片刻之間，蟾蜍身上蛛毒發作，仰面朝天，露出了一個大白肚子，死在盤中。

毒蜘蛛撲上身去，張口咬嚼。這邊那青蛇正被蜈蚣趕得繞盤急逃，遊過蟾蜍身邊時，忽地昂首，張口把毒蜘蛛吞入肚內，跟著咬住了蟾蜍。蜈蚣從側搶上，口中一對毒鉗牢牢鉗住蟾蜍，雙方再力拉扯。拉了一陣，青蛇力漸不敵，被蜈蚣一路扯了過去。青蛇想要撇下蟾蜍逃生，哪知牠口內生的都是倒牙，鉤子向內，既咬住了食物，只能向內吞進，說甚麼也吐不出來，想逃不得，登時狼狽萬分。

沙盤周圍的五弟子見勝負已分，各歸原位。不一刻，蜈蚣將青蛇咬死，在青蛇和蟾蜍身上吸毒，然後遊行一周，昂然自得。何鐵手道：「這蜈蚣吸了四毒的毒質，已成大聖，尋常毒物再多，也不是牠敵手了。」見袁承志有不信之色，對藍衣童子道：「取些青兒來。」那童子入內，捉了七條青蛇出來，放在盤內。那蜈蚣吱吱吱的輕叫數聲，撲上去要咬。七條青蛇聯成一圈，七個頭向外抵禦外敵，身子卻疊在一起，蜈蚣一時倒也攻不進去。這般來回攻守幾個回合，一條青蛇被蜈蚣鉗住頭頸，扯了出來，群蛇一齊悲鳴。蜈蚣咬死青蛇，又向群蛇攻擊。

蜈蚣在毒性之最的選拔賽中勝出，成為「大聖」，可怕的毒性所向無敵，數條青蛇不是牠的對手。但《碧血劍》還寫了另一種更為神奇的金蛇，又將「大聖」比了下去。

金蛇的來歷即有更為不平凡處：

只見那金色小蛇慢慢在雪地中遊走，那乞丐屏息凝氣，緊緊跟隨。小蛇遊出十餘丈，來到一個徑長丈許的圓圈。四圍都是白雪，圈中卻片雪全無。眼見雪花飄入圈子便即消融，變成水氣，似乎泥土底下藏著個火爐一般。

小蛇遊到圈邊，並不進去，圍著圈子繞了幾周。那乞丐向袁承志和青青搖手示意，叫他們不可走近。兩人心想化子捉蛇，有甚麼大不了，見他煞有介事，就靜靜站在一旁觀看。

只見那小蛇向著圈子中間一個大孔不住噓氣，過了一盞茶時分，只聽嗤的一聲響，小蛇猝然退倒，洞裡竄出一條大蛇來。青青嚇了一跳，失聲驚呼。那乞丐怒目橫視，如不是他心情緊張，只怕早已大聲斥罵了。大蛇身長丈餘，粗如人臂，全身斑斕五色，一顆頭作三角形，比人的拳頭還大。

袁承志曾聽木桑道人說起，凡蛇頭作三角形的必具奇毒，尋常大蛇無毒，此蛇如此巨大，卻是毒蛇，實在罕見。蛇蟲之物冬天必定蟄伏土中，極少出外，這大蛇似是被小蛇激引出來，血紅的舌頭總有半尺來長，一伸一縮，形狀可怖。這時小蛇繞圈遊走，迅速已極。大蛇身軀比小蛇粗大何逾五六十倍，但不知怎樣，見了小蛇竟似頗為忌憚，身子緊緊盤成一團，昂起蛇頭，雙目緊緊盯住小蛇，不敢絲毫怠忽。小蛇越遊越急，大蛇轉頭也隨著加快。

青青這時不再害怕，只覺很是有趣，一回頭，卻見那乞丐手舞足蹈，正在大忙特忙，不住從一隻破布袋裡摸出一塊塊黃色之物，塞入口中亂嚼，嚼了一陣，拿出來捏成細條，圍在圈外，慢慢的布成了一個黃圈。藥物氣息辛辣，雖然相隔不近，卻仍是刺鼻難聞。那小蛇突然躍起，向大蛇頭頂撲去，大蛇口中噴出一陣紅霧。小蛇在空中翻了幾個筋斗，又落在地下遊走，看來紅霧極毒，小蛇不敢接近。袁承志突然想起，《金蛇秘笈》中記載有一套拳法，路子有些像「八卦遊身掌」，但變化遠為繁複。此時見到大小兩蛇相拒互攻，忽想這拳法和蛇鬥頗為相似，金蛇郎君當年創下這路拳法，莫非是山觀蛇鬥而觸機麼？又想：這條小蛇也是金色，倒也巧合。那乞丐仍是不住嚼爛藥物，在第一道黃線圈外又敷了兩道圈子，每道圈子相距尺許。他佈置已畢，這才臉露笑容，俯身靜觀兩蛇爭鬥，那小蛇連撲數次，都被大蛇噴紅霧擊退。

袁承志心想：「小蛇數次進攻，身法各不相同，大蛇的紅霧卻越噴越稀。再鬥下去，大蛇必敗。」卻見大蛇突然反擊，張開大口，露出獠牙疾向小蛇咬去。小蛇東閃西避，常常間不容髮，有時甚至在大蛇口中橫穿而過，大蛇卻始終傷牠不到。這般穿了數次，大蛇似乎明白了敵人的招數，伸口向左虛咬一口，待小蛇躍起，忽然間身子暴長，如箭離弦，一口向小蛇尾上咬去。那小蛇在空中竟會打轉，彎腰一撞，登時一頭把大蛇的左眼撞瞎。

袁承志看得心搖神馳，真覺是生平未見之奇，情不自禁，大叫一聲：「好呀！」大蛇受創，嗤的一聲，鑽入了洞中。牠出來得快，回得更快，霎時之間，丈餘的身子沒得無影無蹤。小蛇對著洞口又不住噓氣。

青青突然感到一陣頭暈，「啊喲」一聲，拉住袁承志手臂。袁承志吃了一驚，知她貪看蛇鬥，站得太近，大蛇噴出來的紅霧是劇毒之物，彌散開來，以致中了蛇毒。想起胡桂南所贈的朱睛冰蟾是解毒靈物，幸好帶在身邊，忙摸出來放在她口邊。青青對著冰蟾吸了幾口氣，覺得一陣清涼，沁入心脾，頭暈頓止。

那乞丐望見了朱睛冰蟾，不瞬眼的凝視，滿臉豔羨之色。袁承志接過冰蟾，放入囊中，拉青青退開了數步，心想：「你這捉蛇化子倒有眼力，知道這是珍物，你天天與毒物為伍，這朱睛冰蟾倒是件防身至寶呢。」

只見蛇洞中漸漸冒出紅霧，想是那大蛇抵受不住小蛇噓氣，又要出鬥，果然紅霧漸濃，大蛇又嗤的一聲鑽了出來。這時大蛇少了一隻眼睛，靈活大減，不多時右眼又被撞瞎。大蛇對準洞口猛竄，哪知小蛇正守在洞口。兩蛇相對，大蛇一口把小蛇吞進了肚裡。這一下袁承志和青青都大出意料之外，眼見小蛇已經大勝，怎麼忽然反被敵人呑去？只見大蛇翻翻滾滾，顯得十分痛楚，突然一個翻身，小蛇咬破大蛇肚子，鑽了出來。青青歎道：「唉，這小傢伙真是又凶又狡猾。」大蛇仍是翻騰不已，良久方死。那小蛇昂起身子，筆直豎起，只有尾巴短短的一截著地，似乎耀武揚威，自鳴得意，繞著大蛇屍身遊行一周後，蜿蜒向外，乞丐神色登時嚴重。小蛇遊到黃圈之旁，突然翻了個筋斗，退進圈心。

青青問道：「這些黃色的東西是甚麼？」

袁承志道：「想是雄黃、硫磺之類克制蛇蟲的藥物。」

青青道：「這條小蛇很有趣，我幫蛇兒，盼望這化子捉牠不到。」她也早想到了父親的外號，先前那乞丐神態無禮，她倒盼望他給小蛇撞瞎一隻眼睛。只見小蛇疾兜圈子，忽然身子一昂，尾部使力，躍了起來，從空中穿過了黃線，落在第二道圈內。

乞丐神色更見緊張，小蛇又是急速遊走，一彈之下，又躍過了一層圈子。乞丐口中喃喃自語，取出一把藥物，嚼爛了塗在手上臂上。小蛇在圈中遊走，乞丐跟著繞圈疾行。青青噗嗤一聲，笑了出來，但不久見乞丐全身淌汗，汗水一滴一滴落在雪地之中，不覺收了笑容，呆呆怔住，心想這小小一條蛇兒，何苦跟牠費那麼大的勁？

袁承志低聲道：「這乞丐武功很好，看來跟沙天廣、程青竹他們不相上下。」

青青道：「我看他身法手勁，也不見有甚麼特別。」

袁承志道：「你瞧他胸腹不動，屏住呼吸，竟支持了這麼久。」

青青道：「為甚麼不呼吸？啊，我知道啦。他怕蛇的毒氣，不敢喘氣。」

這時一人一蛇都越走越快，小蛇突然躍起向圈外竄出，乞丐剛巧趕上，迎頭一口氣吹了過去。小蛇啪的一聲，落在地上，繼續遊走。如此竄了三次，都被乞丐吹回。那小蛇忽然不住改變方向，有時向左，有時向右，這麼一來，乞丐便跟牠不上了。那小蛇東邊一竄，西邊一闖，終於找出空隙，躍出圈子。

袁承志和青青不禁失聲驚呼。青青跟著拍手叫好。乞丐見小蛇躍出黃圈，立即凝立不動，說也奇怪，那小蛇並不逃走，反而昂首對著乞丐，蓄勢進攻。這一來攻守易勢，乞丐神態慌張，想逃不能，想攻不得。袁承志手中扣住三粒銅錢，只待乞丐遇險，立即殺蛇救人。小蛇竄了數次，那乞丐都避開了，但已顯得十分狼狽。袁承志見他危急，正想施放暗器，乞丐忽然急中生智，等小蛇再竄上來時，伸出左手大拇指一晃，小蛇快似閃電，一口已咬住拇指。乞丐右手食中兩指突然伸出，也已鉗住小蛇的頭頸，兩指用力，小蛇只得鬆口。他忙從破布囊裡取出一個鐵管，把小蛇放入，用木塞塞牢，

袁承志在這金蛇身上還印證和覺悟了金蛇郎君的那一套金蛇劍法。金蛇雖是毒中之王，但又受蛇藥的克制，所以金蛇還是被人捉去，成為另一種可怕的武器：

錦衣毒丐齊雲雙手一送，一縷黃光向何鐵手擲去。何鐵手側身閃開，哪知這件暗器古怪之極，竟能在空中轉彎追逐。其時數件兵刃又同時攻到，何鐵手尖叫一聲，已為暗器所中。這時袁承志也已看得清楚，這件活暗器便是那條小金蛇。何鐵手身子一晃，疾忙伸手扯脫咬

住肩頭的金蛇，摔在地下。

金蛇是蛇群中的俠士，見到群蛇被蜈蚣「大聖」欺負，便挺身而出：

金蛇一出鐵管，忽地躍起，擋在群蛇面前。蜈蚣立即後退。群蛇見來了救星，縮成一團。金蛇身軀雖小，卻是靈活異常。袁承志和青青見過金蛇的本領，知道蜈蚣遠非其敵，果然鬥不多時，蜈蚣便被一口咬死。群蛇圍住了金蛇，身子不住挨擦，似乎感謝救命之恩。袁承志笑道：「想不到蟲豸之中也有俠士！」

【八】金銀血蛇

張無忌從蝴蝶谷一出來，就發揮出了他的醫術才華。他一見何太沖小妾的症狀，便知是被毒物所傷。張無忌此時年齡小，想起何太沖也曾參與逼死自己的父母，本欲袖手旁觀，卻經不住何太沖的花言巧語，又生性善良，終於還是救了何太沖的小妾。

張無忌道：「請叫僕婦搬開夫人臥床，床底有個小洞，便是金銀血蛇出入的洞穴。」何太沖不等僕婦動手，右手抓起一隻床腳，單手便連人帶床一齊提開，果見床底有個小洞，不禁又喜又怒，叫道：「快取硫磺煙火來，薰出毒蛇，斬牠個千刀萬劍！」張無忌搖手道：「使不得，使不得！夫人所中的蛇毒，全仗這兩條毒蛇醫治，你殺了毒蛇，夫人的病便治不來了。」何太沖道：「原來如此。中間的原委，倒要請教。」這「請教」兩字，自他業師逝世，今日是第一次再出他口。張無忌指著窗外的花圃道：「何先生，尊夫人的疾病，全由花圃中那八株『靈脂蘭』而起。」何太沖道：「這叫做『靈脂蘭』麼？我也不知其名，有一位朋友知我性愛花草，從西域帶來了這八盆蘭花送我。這花開放時有檀香之氣，花朵的顏色又極嬌豔，想不到竟是禍胎。」

張無忌道：「據書上所載，這『靈脂蘭』其莖如球，顏色火紅，球莖中含有劇毒。咱們去掘起來瞧瞧，不知是也不是。」

這時眾弟子均已得知有個小大夫在治五師母的怪病。男弟子不便進房，詹春等六個弟子都在旁邊。聽得張無忌這般話，便有兩個女弟子拿了鐵鏟，將一株靈脂蘭掘了起來，果見上下的球莖色赤如火。兩名女弟子聽說莖中含有劇毒，哪敢用手去碰？張無忌道：「請各位將八枚球莖都掘出來，放在土缽之中，加入雞蛋八枚，雞血一碗，搗爛成糊，搗藥時務請小心，不可濺上肌膚。」詹春答應了，自和兩名師妹同去辦理。張無忌又要了兩根尺許長短的竹筒，一枝竹棒，放在一旁。過不多時，靈脂蘭的球莖已搗爛成糊。張無忌將藥糊倒在地下，圍成一個圓圈，卻空出一個兩寸來長的缺口，說道：「待會見到異狀，各位千萬不可出聲，以免毒蛇受到驚嚇，逃得無影無蹤。各位去取些甘草、棉花，塞住鼻孔。」

眾人依言而為。張無忌也塞住了鼻孔，然後取出火種，將靈脂蘭的葉子放在蛇洞前燒了起來。不到一盞茶時分，只見小洞中探出一個小小蛇頭，蛇身血紅，頭頂卻有個金色肉冠。那蛇緩緩爬出，竟是生有四足、身長約莫八寸；跟著洞中又爬出一蛇，身子略短，形相一般，但頭頂肉冠則作銀色。何太沖等見了這兩條怪蛇，都是屏息不敢作聲。這種異相毒蛇必有劇毒，自不必說，眾人武功高強，倒也不懼，但若將之驚走了，只怕夫人的惡疾難治。

只見兩條怪蛇伸出蛇舌，互舐肩背，十分親熱，相偎相依，慢慢爬進了靈脂蘭藥糊圍成的圓圈之中。張無忌忙將一根竹筒放在圓圈的缺口外，提起竹棒，輕輕在銀冠血蛇的尾上一撥。那蛇行動快如電閃，眾人只見銀光一閃，那蛇已鑽入竹筒。金冠血蛇跟著也要鑽入，但竹筒甚小，只容得一蛇，金冠血蛇無法再進，只急得胡胡而叫。張無忌用竹棒將另一根竹筒撥到金冠血蛇身前，那蛇便也鑽了進去。張無忌忙取過木塞，塞住了竹筒口子。

自那對金銀血蛇從洞中出來，眾人一直戰戰兢兢、提心吊膽，直到張無忌用木塞塞住竹筒，各人才不約而同的吁了口長氣，張無忌道：「請拿幾桶熱水進來，將地下洗刷乾淨，不可留下靈脂蘭的毒性。」六名女弟子忙奔到廚下燒水，不多時便將地下洗得片塵不染。

張無忌吩咐緊閉門窗，又命眾人取來雄黃、明礬、大黃、甘草等幾味藥材，搗爛成末，拌以生石灰粉，灌入銀冠血蛇竹筒之中，那蛇登時胡胡的叫了起來。另一筒中的金蛇也呼叫相應。張無忌拔去金蛇竹筒上的木塞，那蛇從竹筒中出來，繞著銀蛇所居的竹筒遊走數匝，狀甚焦急，突然間急竄上床，從五姑的棉被中鑽了進去。

何太沖大驚，「啊」的一聲叫了出來，張無忌搖搖手，輕輕揭開棉被，只見那金冠血蛇正張口咬住了五姑左足的中趾。張無忌臉露喜色，低聲道：「夫人身中這金銀血蛇之毒，現下便是要這對蛇兒吸出她體內毒質。」

過了半炷香時分，只見那蛇身子腫脹，粗了幾有一倍，頭上金色肉冠更燦然生光，張無忌拔下銀蛇所居竹筒的木塞，金蛇即從床上躍下，遊近竹筒，口中吐出毒血餵那銀蛇。張無忌道：「好了，每日這般吸毒兩次，我再開張一張消腫補虛的方子，十天之內，便可痊癒。」

何太沖大喜，將張無忌讓到書房，說道：「小兄弟神乎其技，這中間的緣故，還要請教。」張無忌道：「據書上所載，這金冠銀冠的一對血蛇，在天下毒物中名列第四十七，並不算是十分厲害的毒物，但有一個特點，性喜食毒。甚麼砒霜、鶴頂紅、孔雀膽、鴆酒等等，無不喜愛。夫人窗外的花圃之中種了靈脂蘭，這靈脂蘭的毒性可著實厲害，竟將這對金銀血蛇給引了來。」

何太沖點頭道：「原來如此。」

張無忌道：「金銀血蛇必定雌雄共居，適才我用雄黃等藥焙炙那銀冠雌蛇，金冠雄蛇為了救牠伴侶，便到夫人腳趾上吸取毒血相餵。此後我再用藥物整治雄蛇，那雌蛇也必定去吸取毒血，如此反覆施為，便可將夫人的體內毒質去盡。」

令張無忌想不到的是，此毒是何太沖的大夫人所放，是家庭內部矛盾，張無忌救了人，反而沒有得到好處，差一點連自己的命也送了。

【九】冰蠶

《天龍八部》中的冰蠶，與《碧血劍》中的金蛇有許多相似之處，牠們都是本身具有最厲害的劇毒，同時又是別的毒物的剋星。牠們身體雖然不大，但與其他比牠們大出許多的龐然大物相鬥之時，卻會很輕鬆的勝出。

冰蠶的出現，先是由一條駭異的龐然大物——大蟒蛇為其作鋪墊。這條白身黑章的大蟒蛇蜿蜒遊至，發出的異聲中還夾雜著一股中人欲嘔的腥臭。大蟒蛇頭作三角形，頭頂上高高生了一個凹凹凸凸的肉瘤，身長二丈，粗逾手臂。

這條很有異狀的大蟒蛇，是被阿紫所設的誘捕冰蠶的木鼎引來的。蟒蛇遊到木鼎之旁，繞鼎團團轉動，聞到香料及木鼎氣息，一顆巨頭不住去撞那木鼎。

阿紫沒想到木鼎竟會招來這件龐然大物，甚是駭異，很擔心蟒蛇將木鼎毀壞，便指派游坦之去對付大蟒蛇。游坦之受寵苦驚，勇氣大增，站起身來，大踏步走向蟒蛇，想要趕走大蟒蛇，討阿紫的好。但那大蟒蛇立時盤曲成團，昂起了頭伸出了血紅的舌頭，嘶嘶作聲，只待向游坦之撲出。游坦之見了這等威勢，倒也不敢貿然上前。

這時冰蠶出現了：

便在此時，忽覺得一陣寒風襲體，只見西角上一條火線燒了過來，頃刻間便澆到了面前。一到近處，乍得清楚原來不是火線，卻是草叢中有什麼東西爬過來，青草遇到，立變枯焦，同時寒氣越來越盛。他退後了幾步，只見草叢枯焦的黃線移向木鼎，卻是一條蠶蟲。

這蠶蟲純白如玉，微帶青色，比尋常蠶兒大了一倍有餘，便似一條蚯蚓，身子透明直如水晶。那蟒蛇本來氣勢洶洶，這時卻似乎怕得要命，盡力將一顆三角大頭縮到身下面藏了起來。那水晶蠶兒迅速異常的爬上蟒蛇身子，一路向上爬行，便如一條熾熱的炭火一般，在蟒蛇的脊樑上燒出了一條焦線，爬到蛇頭時，蟒蛇的長身從中裂而為二，那蠶兒鑽入蟒蛇頭旁的毒囊，吮吸毒液，頃刻間身子便脹大了不少，遠遠瞧去，就像是一個水晶瓶中裝滿了青紫色的汁液。

阿紫又驚又喜，低聲道：「這條蠶兒如此厲害，看來是毒物中的大王了。」

阿紫要捉冰蠶，是為了用牠來練一門怪異的武功。冰蠶雖是毒物中的大王，但牠和金蛇一樣，也可用藥物來克制。而且最不可思議的是這冰蠶甚至是人養的寵物：

那蠶兒繞著木鼎遊了一圈，向鼎上爬去，所經之處，鼎上也刻下了一條焦痕。蠶兒似通靈一般，在鼎上爬了一圈，似知倘若鑽入鼎中，有死無生，竟不似其餘毒物一般入鼎中，又從鼎上爬了下來，向西北而去。

阿紫又興奮又焦急，叫道：「快追，快追！」取出錦緞罩在鼎上，抱起木鼎，向蠶兒追了下去。游坦之跟隨其後，沿著焦痕追趕。這蠶兒雖是小蟲，竟然爬行如風一霎眼間便爬了數丈，好在所過之處有焦痕留下，不致失了蹤跡。

兩人片刻間追出了三四里地，忽聽前面水聲淙淙，來到一條溪旁。焦痕到了溪邊，便即消失，再看對岸，也無蠶蟲爬行過的痕跡，顯然蠶兒掉入了溪水，給沖下去了。阿紫頓足埋怨：「你也不追得快些，這時候卻又到哪裡找去？我不管你，你非給我捉回來不可！」游坦之心下惶惑，東找西尋，卻哪裡尋得著？

兩人尋了一個多時辰，天色暗了下來，阿紫既感疲倦，又沒了耐心，怒道：「說什麼也得給捉了來，否則不用再見我。」說道轉身回去，逕自回城。

游坦之好生焦急，只得沿溪向下游尋去，尋了七八里地，暮以蒼茫之中，突然在對岸草叢中又見到了焦線。游坦之大喜，衝口而出的叫道：「姑娘，姑娘，我找到了！」但阿紫早已走遠。

游坦之涉水而過，循著焦線追去。只見焦線通向前面山坳。他鼓氣疾奔，山頭盡處，赫然是一座構築宏偉的大廟。

他快步奔近，見廟前匾額寫著「敕建憫忠寺」五個大字。當下不暇細看廟宇，順著焦線追去。那焦線繞過廟旁，通向廟後。但聽得廟中鐘磬木魚及誦經之聲此起，彼伏群僧正做功課。他頭上戴了鐵罩，自慚形穢，深恐給寺僧見到，於是沿著牆腳悄悄而行，見焦線通過了一大片泥地，來到一座菜園中不會有什麼人，只盼蠶兒在吃菜，便可將之捉了來，走到菜園的籬笆之處，聽得園中有人在大聲叱罵，他立即停步。

只聽那人罵道：「你怎地如此不守規矩，一個人偷偷出去玩耍？害得老子擔心了半天，生怕你從此不回來了。老子從崑崙山巔萬里迢迢的將你帶來，你太也不知好歹，不懂老子對待你一片苦心。這樣下去，你還有什麼出息，將來自毀前途，誰也不會來可憐你。」那人語音中雖甚惱怒，卻頗有期望憐惜之意，似是父兄教誨頑劣的子弟。

游坦之尋思：「他說什麼從崑崙山巔萬里迢迢的將他帶來，多半是師父或是長輩，不是父親。」悄悄掩到籬笆之旁，只見說話的人卻是個和尚。那和尚肥胖已極，身材卻又極矮，宛然是個大肉球，手指地下，兀自申斥不休。游坦之向地下一望，又驚又喜，那矮胖和尚所申斥的，正是那條透明的大蠶。

這矮胖和尚的長相已是甚奇，而他居然以這等口吻向那條蠶兒說話，更是匪夷所思。那蠶兒在地下急速遊動，似要逃走一般。只是一碰到一道無形的牆壁，便即轉頭。游坦之凝神看去，見地下畫著一個黃色圓圈，那蠶兒左衝右突，始終無法越出圈子，當即省悟：「圓圈是用藥物畫的，這藥物是那蠶兒煞星。」

功夫不負有心人，游坦之終於為阿紫偷到了冰蠶。而冰蠶名稱的來歷，正與這一個「冰」字有關：

游坦之心道：「這矮胖和尚原是少林寺的，少林和尚個個身有武功，我偷他蠶兒，可得加倍小心。」等二人走遠，聽四下悄悄地，便從籬笆中鑽了進去，只見那蠶兒兀自在黃圈中迅速遊走，心想：「卻如何捉牠？」呆了半晌，想起了一個法子，從草堆中摸了那葫蘆出來，搖了一搖，這還有半葫蘆酒，他喝了幾口將殘酒倒入了菜畦，將葫蘆口慢慢移向黃線繪成的圓圈。葫蘆口一伸入圈內，那蠶兒嗤的一聲，便鑽入葫蘆。游坦之大喜，忙將木塞塞住葫蘆口子，雙手捧了葫蘆，鑽出籬笆，三腳兩步的自原路逃回。

離憫忠寺不過數十丈，便覺葫蘆冷得出奇，直比冰塊更冷，他將葫蘆從右手交到左手，又從左手交到右手，當真奇寒徹骨，實在拿揑不住。無法可施，將葫蘆頂在頭上，這一來可更加不得了，冷氣傳到鐵罩之上，只凍得他胸袋疼痛難當，似乎全身的血液都要結成了冰。他情急智生，解下腰帶，縛在葫蘆腰裡，提在手中，腰帶不會傳冷，方能提著。但冷氣還是從葫蘆上冒出來，片刻之間，葫蘆外便結了一層白霜。

得到了冰蠶，阿紫便可以練毒掌功夫了：

阿紫大喜，忙命他將蠶兒養在瓦甕之中，其時正當七月盛暑，天氣本來甚為火熱，哪知道這冰蠶一養入偏殿，殿中便越來越冷，過不多時，連殿中茶壺、茶碗內的茶水也都結成了冰。這一晚游坦之在被窩中瑟瑟發抖，凍得無法入睡，心下只想：「這條蠶兒之怪，真是天下少有。倘若姑娘要牠來吮我的血，就算不毒死，也凍死了我。」

阿紫接連捉了好幾條毒蛇、毒蟲，來和之相鬥，都是給冰蠶在身旁繞了一個圈子，便即凍斃僵死，給冰蠶吸乾了汁液，接連十日中，沒一條毒蟲能夠抵擋。這日阿紫來到偏殿，說道：「鐵丑，今日咱們要殺這冰蠶了，你伸手到瓦甕中，讓蠶兒吸血吧！」

游坦之這些日子中白天擔憂，晚間發夢，所怕的便是這一刻辰光，到頭來這位姑娘毫不容情終於要他和冰蠶一同犧牲，心下黯然，向阿紫凝望半晌，一言不動。

阿紫只想：「我無意中得到這件異寶，所練成的毒掌功夫，只怕比師父還厲害。」說道：「你伸手入甕吧！」游坦之淚水涔涔而下，跪下磕頭，說道：「姑娘，你練成毒掌之後，別忘了為你而死的小人。我姓游，名坦之，可不是什麼鐵丑。」阿紫微微一笑，說道：「好，你叫游坦之，我記著就是，你對我很忠心，很好，是個挺忠心的奴才！」

【十】閃電貂、莽牯朱蛤

段譽奇遇之事甚多，見到鍾靈的閃電貂，不知躲避，反而被閃電貂咬了一口，必死無疑時，卻被另一個神異的大毒物「莽牯朱蛤」自動跳進他的嘴中給他吞了下去。於是閃電貂之毒與莽牯朱蛤之毒相互克制，以毒攻毒，反而救了他一命。

此等小說家之言，雖明知是講故事杜撰出來的，不可當真，但讀之卻還是如身臨其境，像模像樣，令人癡想一番，虛驚一場。

段譽一見，不禁詫異萬分，躍過來的只是一隻小小蛤蟆，長不逾兩寸，全身殷紅勝血，眼睛卻閃閃發出金光。牠嘴一張，頸下薄皮震動，便是江昂一聲牛鳴般的吼叫，如此小小身子，竟能發出偌大鳴叫，若非親見，說什麼也不能相信，心想：「這名字取得倒好，聲若牯牛，全身朱紅，果然是莽牯朱蛤。但既然如此，一見之下化為膿血的話便決計不對。『莽牯朱蛤』這個名字，定是見過牠的人給取的。一灘膿血又怎能想出這個貼切的名字來？」

閃電貂見到朱蛤，似乎頗有畏縮之意，轉頭想逃，卻又不敢逃，突然間縱身撲起。朱蛤嘴一張，江昂一聲叫，一股淡淡的紅霧向閃電貂噴去，閃電貂正躍在空中，給紅霧噴中，當即翻身摔落，一撲而上咬住了朱蛤的背心。段譽心道：「畢竟還是貂兒厲害。」不料心中剛轉過這個念頭，閃電貂已仰身翻倒，四腿挺了幾下，便即一動不動了。

段譽心中叫聲「啊喲！」這閃電貂雖然咬「死」了他，他卻知純係自己不會馴貂，鹵莽而為之故，倒也沒怨怪這可愛的貂兒，眼見牠斃命，心下痛惜：「唉，鍾姑娘倘若知道了，可不知有多難過。」

只見朱蛤躍上閃電貂屍身，在牠頰上吮吸，吸了左頰，又吸右頰。段譽心道：「莽牯朱蛤號稱萬毒之王，倒是名不虛傳，貂兒齒有劇毒，咬在牠身上反而毒死了自己，現下這朱蛤又去吮吸貂兒毒囊中的毒質。閃電貂固然活潑可愛，莽牯朱蛤紅身金眼，模樣也美麗之極，誰又想得到外形絕麗，內裡卻具劇毒。神仙姊姊，我可不是說你。」

那朱蛤從閃電貂身上跳下，江昂、江昂的叫了兩聲。草叢中簌簌聲響，遊出一條紅黑斑斕的大蜈蚣來，足有七八寸長。朱蛤撲將上去，那蜈蚣遊動極快，迅速逃命。朱蛤接連追撲幾下，竟沒撲中，牠江昂一聲叫，正要噴射毒霧，那蜈蚣忽地筆直對準了段譽的嘴巴遊來。

段譽大驚，苦於半點動彈不得，連合攏嘴巴也是不能，心中只叫：「喂，這是我嘴巴，老兄可莫弄錯了，當作是蜈蚣洞……」簌簌細響，那蜈蚣竟然老實不客氣的爬上他舌頭。段譽嚇得幾欲暈去，但覺咽喉、食道自上向下的麻癢落去，蜈蚣已鑽入了他肚中。

豈知禍不單行，莽牯朱蛤縱身一跳，便也上了他舌頭，但覺喉頭一陣冰涼，朱蛤竟也鑽入他肚中追逐蜈蚣去了，朱蛤皮膚極滑，下去得更快。段譽聽得自己肚中隱隱發出江昂、江昂的叫聲，但聲音鬱悶，只覺天下悲慘之事，無過於此，而滑稽之事，亦無過於此，只想放聲大哭，又想縱聲大笑，但肌肉僵硬，又怎發得出半點聲音？眼淚卻滾滾而下，落在土上。

頃刻之間，肚中便翻滾如沸，痛楚難當，也不知朱蛤捉住了蜈蚣沒有，心中只叫：「朱蛤仁兄，快快捉住蜈蚣，爬出來吧，在下這肚子裡可沒什麼好玩。」過了一會，肚中居然不再翻滾，江昂、江昂的叫聲也不再聽到，疼痛卻更是厲害。又過半晌，他嘴巴突然合攏，牙齒咬住了舌頭，一痛之下，舌頭便縮進嘴裡。他又驚又喜，叫道：「朱蛤仁兄，快快出來。」張大了嘴讓牠出來，等了良久，全無動靜。

他張口大叫：「江昂、江昂、江昂！」想引朱蛤爬出。豈知那朱蛤不知是聽而不聞，還是聽得叫聲不對，不肯上當，竟然在他肚中全不理睬。段譽焦急萬狀，伸手到嘴裡去挖，又那裡挖得著，但挖得幾下，便即醒覺：「咦，我的手能動了。」一挺腰便即站起，全身四肢麻木之感不知已於何時失去。他大叫：「奇怪，奇怪！」心想：「這位萬毒之王在我肚裡似有久居之計，這般安居樂業起來，如何了得？非請牠來個喬遷之喜不可。」當下雙手撐地，頭下腳上的倒轉過來，兩隻腳撐在一株樹上，張大了嘴巴，猛力搖動身子，搖了半天，莽牯朱蛤全無動靜，竟似在他肚中安土重遷，打定主意要老死是鄉了。

段譽無法可施，隱隱也已想到：「多半這位萬毒化之王和那條蜈蚣均已做到了我肚中的食物，以毒攻毒，反而解了我身上的貂毒。我吃了這般劇毒之物，居然此刻肚子也不疼了，當真稀奇古怪。」他可不知一般毒蛇毒蟲的毒質混入血中，立即致命，若是吃在肚裡，只須口腔、喉頭、食道和腸胃並無內傷，那便全然無礙，是以人被毒蛇咬中，可用口吮出毒質。只是天下毒質千變萬化，自不能一概而論。這莽牯朱蛤雖具奇毒，入胃也是無礙，反而自身為段譽的胃液所化。就這朱蛤而言，段譽的胃液反是劇毒，竟將牠化成了一團膿血。

段譽站直身子，走了幾步，忽覺肚中一團熱氣，有如炭火，不禁叫了聲：「啊喲！」這團熱氣東沖西突，無處宣洩，他張口想嘔它出來，但說什麼也嘔它不出，深深吸一口氣，用力噴出，只盼莽牯朱蛤化成的毒氣隨之而出，那知一噴之下，這團熱氣竟化成一條熱綫，緩緩流入了他的任脈，心想：「好吧，咱們一不做，二不休，朱蛤老兄你陰魂不散，纏上了區區在下，我的膻中氣海便作了你的葬身之地罷。你想幾時毒死我，段譽隨時恭候便了。」依法呼納運息，暖氣果然順著他運熟了的經脈，流入了膻中氣海，就此更無異感。

【十一】花斑毒蠍

《連城訣》是一本專門寫人性中醜惡一面的書，戚長發、言達平、萬震山三個師兄弟，一個比一個陰險狡猾，一個比一個壞。言達平當年為了害戚長發，曾別有用心地教了狄雲三手武功。後來狄雲感他之恩，出手救了他，不過他陰險狠毒的本性照舊。花斑毒蠍，便是言達平的獨門毒藥：

言達平甚是得意，道：「這種花斑毒蠍，當真是非同小可，妙在這萬圭不會一時便死，要他呼號呻吟足足一個月，這才了賬。哈哈，妙極，妙極！」

狄雲道：「要一個月才死，那就不要緊了，他去請到良醫，總有解毒的法子。」

言達平道：「恩公有所不知。這種毒蠍是我自己養大的，自幼便餵牠服食各種解藥，蠍子習於解藥的藥性，尋常解藥用將上去便全無效驗，任他醫道再高明的醫生，也只是用治毒蟲的藥物去解毒，那有屁用？只有一種獨門解藥，是這蠍子沒服食過的，那才有用，世上除我之外，沒第二個知道這解藥的配法。哈哈，哈哈！」

【十二】金娃娃

所謂的金娃娃，就是平常我們所說的娃娃魚。

郭靖、黃蓉去求一燈大師治病，首先碰到的就是漁耕樵讀中的漁人正在捉一對娃娃魚。

黃蓉微笑道：「你先得對我說，你要金娃娃何用？」那漁人遲疑了一陣，道：「好，就說給你聽。我師叔是天竺國人，前幾日來探訪我師父，在道上捉得了一對金娃娃，十分歡喜。他說天竺國有一種極厲害的毒蟲，為害人畜，難有善法除滅，這金娃娃卻是那毒蟲剋星。他叫我餵養幾日，待他與我師父說完話下山，再交給他帶回天竺去繁殖，哪知道……」

第二十篇 美食

中國文化中專門有飲食文化一說，看來中國人是最講究吃的民族，不僅愛吃，而且還要將吃上升到一種文化的高度。吃出花樣來，吃出水準來，吃出精神上的一種神秘來。

金庸的小說以傳統文化取勝，他當然不會忘了寫吃的這一件大事。

金庸的武俠小說中，既有創造性的寫了許多美食佳餚，從用料、做工、色香味，還有許多充滿書卷氣的典故，美侖美奐，讀後確實要讓人食指大動。

據說港台研究金庸的金學專家，還專門根據金庸的小說，研究出金庸小說詳細的食譜，並用之於商業，在酒館飯店推出了「射鵰英雄宴」等系列專題美食佳宴。

金庸小說中飲食文化寫得最多也是最出色的，是在《射鵰英雄傳》中。女主角黃蓉也是金庸小說中人氣最旺的人物，她不僅美麗聰慧，武功超群，而且還是一等一的烹飪高手。郭靖能從洪七公那裡學到「降龍十八掌」，其實與黃蓉的高明廚藝有很大的關係。

黃蓉燒過的菜式，大致有：

叫花雞

炙牛肉條

荷葉筍尖湯

熏田雞腿

八寶肥鴨

口蘑燜雞（此道菜是郭靖最喜歡吃的）

炒白菜、蒸豆腐（此道菜是返樸歸真、在平淡中見出神奇的高明境界）

倪匡先生介紹說，關於黃蓉的廚藝，在金庸修訂過的正式版本中，比最初的老版本要誇張得多，這樣一來，反而喪失了一種清新自然的味道。

比如荷葉筍尖湯和蒸豆腐這兩道菜，舊版裡不過一樣是碧綠清湯裡浮著百來顆朱紅櫻桃，底下襯著筍丁，櫻桃裡還嵌了餡子，另一樣是把火腿剖開挖洞，將豆腐放入洞內，然後紮住火腿再蒸。

而在新版中，荷葉筍尖湯中不僅加了花瓣，櫻桃之中還嵌的是斑鳩肉，以符合「君子好逑湯」掉書袋風雅的名字；而「火腿蒸豆腐」，不僅改名為「二十四橋明月夜」的雅稱，而且還一定要以黃蓉家傳的「蘭花拂穴手」的功夫，十指靈巧輕柔，運勁若有若無，將那觸手即爛的嫩豆腐削成廿四個小圓球。

這一改動兩相對照，確實是花哨了許多，太注重於形式，不免就對其內容有所沖淡。這樣一來，開金庸飯莊，辦「射鵰英雄酒宴」的難度變大了許多，幾乎可能肯定，隨便那個再高明的廚師，也不能用「蘭花拂穴手」來蒸豆腐了。

除了《射鵰英雄傳》以外，金庸的其他小說中，也同樣有許多讓人垂涎三尺的金庸食譜。

下面我們就來詳細介紹。

【二】射鵰食譜

1.二十四橋明月夜

此道菜即是「火腿蒸豆腐」，冠以了一個雅致的名字，此道菜是郭靖和黃蓉遇到洪七公時，黃蓉想讓洪七公收郭靖為徒，有意拿出渾身本事，做出這些美食，討洪七公的好，讓洪七公大快朵頤，洪七公高興起來，便教了郭靖和黃蓉武功。

此道菜可稱之為「郭靖黃蓉拜師菜譜」。

當晚黃蓉果然炒了一碗白菜、蒸了一碟豆腐給洪七公吃。白菜只揀菜心，用雞油加鴨掌末生炒，也還罷了，那豆腐卻是非同小可，先把一隻火腿剖開，挖了廿四個圓孔，將豆腐削成廿四個小球分別放入孔內，紮住火腿再蒸，等到蒸熟，火腿的鮮味已全到了豆腐之中，火腿卻棄去不食。洪七公一嘗，自然大為傾倒。這味蒸豆腐也有個唐詩的名目，叫作「二十四橋明月夜」，要不是黃蓉有家傳「蘭花拂穴手」的功夫，十指靈巧輕柔，運勁若有若無，那嫩豆腐觸手即爛，如何能將之削成廿四個小圓球？這功夫的精細艱難，實不亞於米粒刻字、雕核為舟，但如切為方塊，易是易了，世上又怎有方塊形的明月？晚飯後三人分別回房就寢。

2.玉笛誰家聽落梅、好逑湯

此道菜乃是「郭靖黃蓉拜師菜譜」，黃蓉要讓洪七公上鉤，真是用盡了百般心思和技巧，不僅是美食，而且題目上也搞了許多花哨名堂，菜譜的名字，構思的就像一道謎語，又恭維了洪七公是美食狀元，確實讓洪七公笑得合不攏嘴。

只見一碗是炙牛肉條，只不過香氣濃郁，尚不見有何特異，另一碗卻是碧綠的清湯中浮著數十顆殷紅的櫻桃，又飄著七八片粉紅色的花瓣，底下襯著嫩筍丁子，紅白綠三色輝映，鮮豔奪目，湯中泛出荷葉的清香，想來這清湯是以荷葉熬成的了。

洪七公抓起筷子便夾了兩條牛肉條，送入口中，只覺滿嘴鮮美，絕非尋常牛肉，每咀嚼一下，便有一次不同滋味，或膏腴嫩滑，或甘脆爽口，諸味紛呈，變幻多端，直如武學高手招式之層出不窮，人所莫測。洪七公驚喜交集，細看之下，原來每條牛肉都是由四條小肉條拼成。洪七公閉了眼辨別滋味，道：「嗯，一條是羊羔坐臀，一條是小豬耳朵，一條是小牛腰子，還有一條……還有一條……」黃蓉抿嘴笑道：「猜得出算你厲害……」她一言甫畢，洪七公叫道：「是獐腿肉加兔肉揉在一起。」……黃蓉微笑道：「若是次序的變化不計，那麼只有二十五變，合五五梅花之數，又因肉條形如笛子，因此這道菜有個名目，叫做『玉笛誰家聽落梅』。這『誰家』兩字，也有考人一考的意思。七公你考中了，是吃客中的狀元。」

洪七公笑道：「這碗荷葉筍尖櫻桃湯好看得緊，有點不捨得吃。」在口中一辨味，「啊」的叫了一聲，奇道：「咦？」又吃了兩顆，又是「啊」的一聲。荷葉之清、筍尖之鮮、櫻桃之甜，那是不必說了，櫻桃核已經剜出，另行嵌了別物，卻嘗不出是甚麼東西。洪七公沉吟道：「這櫻桃之中，嵌的是甚麼物事？」閉了眼睛，口中慢慢辨味，喃喃的道：「是雀兒肉！

不是鵪鵨，便是斑鳩，對了，是斑鳩！」睜開眼來，見黃蓉正豎起了大拇指，不由得甚是得意，笑道：「這碗荷葉筍尖櫻桃斑鳩湯，又有個甚麼古怪名目？」黃蓉微笑道：「老爺子，你還少說了一樣。」洪七公「咦」的一聲，向湯中瞧去，說道：「嗯，還有些花瓣兒。」黃蓉道：「對啦，這湯的名目，從這五樣作料上去想便是了。」洪七公道：「要我打啞謎可不成，好娃娃，你快說了吧。」黃蓉道：「我提你一下，只消從《詩經》上去想就得了。」洪七公連連搖手，道：「不成，不成。書本上的玩意兒，老叫化一竅不通。」黃蓉笑道：「這如花容顏，櫻桃小嘴，便是美人了，是不是？」洪七公道：「啊，原來是美人湯。」黃蓉搖頭道：「竹解心虛，乃是君子。蓮花又是花中君子。因此這竹筍丁兒和荷葉，說的是君子。」洪七公道：「哦，原來是美人君子湯。」黃蓉仍是搖頭，笑道：「那麼這斑鳩呢？《詩經》第一篇是：『關關雎鳩，在河之洲，窈窕淑女，君子好逑』。是以這湯叫作『好逑湯』。」

3.口蘑煨雞、冬菇燉雞

口蘑煨雞、冬菇燉雞這二道菜是郭靖最愛吃的。這二道菜是家常菜，沒有花哨，是真功夫，真材料，真水準，樸實無華，其實和郭靖的性格也很相吻合。

金庸寫小說，最細緻處也大有可觀，不同的人配不同的菜譜，有不同的喜好和口味，絕不會混同。

兩人進店坐下，店伴送上酒飯，竟是上好的花雕和精細麵點，菜餚也是十分雅致，更有一碗郭靖最愛吃的口蘑煨雞。兩人吃得甚是暢快，起身會帳。

這兩道菜，是郭靖和黃蓉之間的小秘密，所以後來郭靖和黃蓉鬧矛盾不在一起時，郭靖忽然吃到此菜，馬上心情激動。

周伯通說完了話，才恍然大悟，道：「呸！我忘了你又聾又啞！」轉頭向郭靖道：「今晚咱倆要大吃一頓。」伸手揭開食盒。郭靖聞到一陣撲鼻的香氣，與往日菜餚大有不同，過來一看，見兩碟小菜之外另有一大碗冬菇燉雞，正是自己最愛吃的。他心中一凜，拿起匙羹舀了一匙湯一嘗，雞湯的鹹淡香味，正與黃蓉所做的一模一樣，知是黃蓉特地為己而做，一顆心不覺突突亂跳，

4.叫花雞、濕泥裹牛肉、濕泥裹生魚

黃蓉的廚藝高明，總能因材而施，隨便什麼食物，在她手裡總能化平庸為神奇。

叫花雞是黃蓉食譜中有代表特色的一種。荒野之中，不可能像在家裡那樣有齊配的調料、作料，甚至連鍋碗盆都不齊全，在這種情況下想做出美食，確實是難度很大，需要真功夫。

黃蓉用峨嵋鋼刺剖了公雞肚子，將內臟洗剝乾淨，卻不拔毛，用水和了一團泥裹住雞

外，生火烤了起來。烤得一會，泥中透出甜香，待得濕泥乾透，剝去乾泥，雞毛隨泥而落，雞肉白嫩，濃香撲鼻。

黃蓉正要將雞撕開，身後忽然有人說道：「撕作三份，雞屁股給我。」見他望著自己手中的肥雞，喉頭一動一動，口吞饞涎，心裡暗笑，當下撕下半隻，果然連著雞屁股一起給了他。

那乞丐大喜，夾手奪過，風捲殘雲的吃得乾乾淨淨，一面吃，一面不住讚美：「妙極，妙極，連我叫化祖宗，也整治不出這般了不起的叫化雞。」

黃蓉的叫化雞有如何的高明，在這裡就可以完全看出。洪七公風捲殘雲的連著雞屁股都吃得乾乾淨淨，不僅吃完了自己的一份，還把郭靖、黃蓉的那一份片刻間又吃得只剩幾根雞骨，寫得真是活靈活現，生動之極。

叫化雞的做法其實並不複雜，用水和了一團泥裹住，生火烤起來。待得濕泥乾透，剝去乾泥，便大功告成。

不過，這裡看上去簡單，但如何掌握火候和分寸，便不是一件容易的事了，比如洪七公自己也經常做，但他做出來的就沒有黃蓉做的好，對黃蓉所做的叫化雞，洪七公真是五體投地，佩服之至。

叫化雞的做法稍加推廣和變化，便可派生出許多類似的菜譜，比如黃蓉又用燒叫化雞的做法，又做了濕泥裹牛肉，濕泥裹生魚等美食。

黃蓉嫣然一笑，從革囊中取出一大塊生牛肉來，用濕泥裹了，找些枯枝，生起火來，說道：「讓小紅馬息一忽兒，咱們打了尖就回去。」兩人吃了牛肉，那小紅馬也吃飽了草，兩人上馬從來路回去……

洪七公倚在岩石上坐倒，黃蓉折了一根樹枝作為釣杆，剝了一長條樹皮當釣絲，囊中鋼針有的是，彎了一枚作鉤，在海灘上撿些小蟹小蝦作餌，海中水族繁多，不多時便釣到三尾斤來重的花魚。黃蓉用燒叫化雞之法，煮熟了與師父飽餐了一頓。

5. 麵食米飯、歲寒三友

黃蓉的拜師食譜終於見了功效，洪七公在見識和品嘗了黃蓉種種花樣百出的美食之後，終於答應了黃蓉的要求，和黃蓉做起交易來，不過，洪七公的條件還是挺苛刻的，他要求黃蓉在半個月內做的菜都不能重複。滿心歡喜的黃蓉對這一點並不在意，信心十足的接受了洪七公挑戰的難題。

洪七公搖頭道：「這也未必，大家走著瞧吧。好，老毒物歐陽鋒的侄兒既要跟你為難，咱們可不能太大意了。老叫化再吃你半個月的小菜。咱們把話說在前頭，這半個月之中，只要有一味菜吃了兩次，老叫化拍拍屁股就走。」黃蓉大喜，有心要顯顯本事。洪七公也打疊精神，指點郭黃兩人臨敵應變、防身保命之道。只是「降龍十八掌」那餘下的三招卻也沒再傳授。郭靖於降龍十五掌固然領會更多，而自江南六怪所學的武藝招術，也憑空增加了不少威力。

這一次的考驗最見出黃蓉在美食廚藝上的真功夫，半個月下來，黃蓉所煮的菜餚絕無重複，連麵食米飯也是極逞智巧，沒一餐相同，鍋貼、燒賣、蒸餃、水餃、炒飯、湯飯、年糕、花卷、米粉、豆絲，花樣變幻無窮，越是這些普通的家常菜，要做好就越不容易，黃蓉確實是費盡苦心，拿出全身本事：

> 黃蓉撿拾松仁，說道要加上竹筍與酸梅，做一味別出心裁的小菜，名目已然有了，叫作「歲寒三友」。洪七公只聽得不住吞饞涎。

6.熏田雞腿、八寶肥鴨、銀絲卷、炒白菜、蒸豆腐、燉雞蛋、白切肉

此數種菜譜仍屬於「郭靖黃蓉拜師食譜」。

黃蓉變換著花樣討好洪七公，講究了許多花哨之後，忽然從炫麗歸為平淡，返樸歸真，在樸素的家常菜中，見出美食的最高境界。此一張一弛，一濃一淡，最是把洪七公高興的昏頭轉向。洪七公是美食家中的狀元，對黃蓉的這一套理論他自然是最懂。真正的高手，愈是在最平淡之中，愈能顯出奇妙功夫，能在平淡之中現神奇，才說得上是大宗師的手段。美食之道和武功之道，甚至於世界各種做學問的大道理都是一樣，境界二字不是常人所能領會。

洪七公眼睛尚未睜開，已聞到食物的香氣，叫道：「好香，好香！」跳起身來，搶過食盒，揭開盒子，只見裡面是一碗熏田雞腿，一隻八寶肥鴨，還有一堆雪白的銀絲卷。洪七公大聲歡呼，雙手左上右落，右上左落，抓了食物流水價送入口中，一面大嚼，一面讚妙，只是唇邊、齒間、舌上、喉頭，皆是食物，哪聽得清楚在說些甚麼。吃到後來，田雞腿與八寶鴨都已皮肉不剩，這才想起郭靖還未吃過，他心中有些歉疚，叫道：「來來來，這銀絲卷滋味不壞。」實在有些不好意思，加上一句：「簡直比鴨子還好吃。」

黃蓉噗哧一笑，說道：「七公，我最拿手的菜你還沒吃到呢。」洪七公又驚又喜，忙問：「甚麼菜？甚麼菜？」黃蓉道：「一時也說不盡，比如說炒白菜哪，蒸豆腐哪，燉雞蛋哪，白切肉哪。」洪七公品味之精，世間稀有，深知真正的烹調高手，愈是在最平常的菜餚之中，愈能顯出奇妙功夫，這道理與武學一般，能在平淡之中現神奇，才說得上是大宗匠的手段，聽她這麼一說，不禁又驚又喜，滿臉是討好祈求的神色，說道：「好，好！我早說你這女娃娃好。我給你買白菜豆腐去，好不好？」黃蓉笑道：「那倒不用，你買的也不合我心意。」洪七公笑道：「對，對，別人買的怎能合用呢？」

7. 烤野兔

洪七公為金庸小說中的第一美食家，一點不錯，他其實並不是那種饕餮之徒，對美食的欣賞，他的內在與其生命意志奇妙的融合了起來，美食在於洪七公，達到了一種世界觀和方法論的高度，通過美食這種特殊的途徑，他甚至可以求之正道，品味生命和造化的神奇，達到一種常人不可企及的覺悟。

正因為如此，洪七公才能在重傷之時，聞到烤野兔的香味而精神為之一震。

黃蓉探手入懷，取出火刀火石和火絨，幸好火絨用油紙包住，有一小塊未曾浸濕，當下生起火來，將兩隻野兔烤了，撕了一隻給歐陽克，撕了一塊後腿肉餵給師父吃。洪七公既中蛇毒，又受掌傷，一直神智迷糊，斗然間聞到肉香，登時精神大振，兔肉放到嘴邊，當即張口大嚼，吃了一隻兔腿，示意還要，黃蓉大喜，又撕了一隻腿餵他，洪七公吃到一半，漸感不支，嘴裡咬著一塊肉沉沉睡去。

8. 鴛鴦五珍膾

郭靖黃蓉的拜師菜譜，確實是讓洪七公口服心服，甚至洪七公認為，皇宮御廚的菜，都不如黃蓉的廚藝高明。只有一樣例外，那就是皇宮中的「鴛鴦五珍膾」，當年洪七公為了偷嘗皇宮中的美味，裝鬼弄鬼，扮成狐狸大仙，躲進御廚三個月。

洪七公不住口的吃牛條，喝鮮湯，連酒也來不及喝，一張嘴哪裡有半分空暇回答她問話，直到兩隻碗中都只剩下十之一二，這才說道：「御廚的好東西當然多啦，不過沒一樣及得上這兩味。嗯，有一味鴛鴦五珍膾是極好的，我可不知如何做法。」郭靖問道：「是皇帝請你去吃的麼？」洪七公呵呵笑道：「不錯，皇帝請的，不過皇帝自己不知道罷啦。我在御廚房的樑上躲了三個月，皇帝吃的菜每一樣我先給他嘗一嘗，吃得好就整盤拿來，不好麼，就讓皇帝小子自己吃去。御廚房的人疑神疑鬼，都說出了狐狸大仙啦。」郭靖和黃蓉都想：「這人饞是饞極，膽子可也真大極。」

洪七公饞極膽大之極，他的貪吃和美食在眼前的猴急樣子，令人感到好笑，又充滿了人情味。對於他的貪吃，不僅沒有因此而使他的光輝形象受到損害，反而讓讀者覺得他又高明又有趣。這是一個很有人情味、寬容，有很高的智慧和覺悟的大師，你看他在生命垂危之際，沒有什麼放不下的，唯一牽掛的是皇宮中的美食「鴛鴦五珍膾」，其實這樣看來，他對生活的要求並不高，由此一味足矣。他的心胸和眼界，其實是非常的寬廣和高遠。「就算再活一百年，到頭來還是得死」，這樣的覺悟，真是讓人嘆服。

洪七公笑道：「報仇雪恨麼，也算不得是甚麼心願，我是想吃一碗大內御廚做的鴛鴦五珍膾。」……

洪七公道：「這鴛鴦五珍膾，御廚是不輕易做的。當年我在皇宮內躲了三個月，也只吃到兩回，這味兒可真教人想起來饞涎欲滴。」周伯通道：「我倒有個主意，咱們去把皇帝老兒的廚子揪出來，要他好好的做就是。」黃蓉道：「老頑童這主意兒不壞。」周伯通聽黃蓉讚他，甚是得意。

洪七公卻搖頭道：「不成，做這味鴛鴦五珍膾，廚房裡的家生、炭火、碗盞都是成套特製的，只要一件不合，味道就不免差了點兒。咱們還是到皇宮裡去吃的好。」那三人對皇宮還有甚麼忌憚，齊道：「那當真妙，咱們這就去，大家見識見識。」

9.荷花瓣兒蒸雞、鮮菱荷

此仍屬於「郭靖黃蓉拜師食譜」之一。

黃蓉的美食討得洪七公的歡心之後，洪七公終於答應教郭靖武功，黃蓉真是高興的樂開了懷，於是她更加努力做更好的美食來孝敬洪七公。

黃蓉道：「師父，我去給您做幾樣菜，這兒島上的荷花極好，荷花瓣兒蒸雞、鮮菱荷葉羹，您一定喜歡。」洪七公笑道：「今兒遂了你的心意，瞧小娘們樂成這個樣子！」

10.蚌肉為食

《射鵰》美食中，這是一道海鮮。

黃蓉和郭靖在大海上失散之後，黃蓉心下煩悶，到海中潛泳，不料卻有此奇遇，碰到海底的一隻大蚌。黃蓉和大蚌一般驚險的搏鬥之後，終於險中逃生，隨後正好將此大蚌來做為美食，讓洪七公一飽口福。

書中提到這蚌肉滋味鮮美，而且還有療傷的功效。蚌肉鮮美，但不知黃蓉是以何種方式進行烹飪的，是燒？是烤？還是叫化雞的做法？最有可能的還是做湯吧？但又不知他們有沒有燒湯的鍋。

蚌身半出海面，失了浮力，重量大增，黃蓉舉之不動，上岸來搬了一塊大石，將蚌殼打得稀爛，才出了這口惡氣，只見足踝上被蚌挾出了一條深深血痕，想起適才之險，不覺打了個寒噤。這晚上師徒二人就以蚌肉為食，滋味倒也甚是鮮美。次日清晨，洪七公醒來，只覺身上疼痛大為減輕，微微運幾口氣，胸腹之間甚感受用，不禁「咦」了一聲。黃蓉翻身坐起，問道：「師父，怎地？」洪七公道：「睡了一晚，我傷勢竟是大有起色。」

11. 四乾果、四鮮果

《射鵰英雄傳》中黃蓉和郭靖第一次見面，黃蓉打扮成小叫花子出場，派頭卻奇大，「四乾果，四鮮果，兩鹹酸，四蜜餞」一點出口，就知道此人出身非凡。

黃蓉精於美食，當然不僅僅是實幹，理論上她當然也很有一套，看她點菜，行家一出口，便知有沒有，黃蓉一口氣點了一席盛宴，四乾果，四鮮果，兩鹹酸，四蜜餞，還有八個下酒的菜，十二樣下飯的菜，真是有板有眼，名堂深沉。當初因為她是小丐，店小二一點沒把她放進眼裡，現在店小二口瞪目呆，不能不佩服黃蓉是一個真正的大行家。

那少年道：「別忙吃肉，咱們先吃果子。喂夥計，先來四乾果、四鮮果、兩鹹酸、四蜜餞。」店小二嚇了一跳，不意他口出大言，冷笑道：「大爺要些甚麼果子蜜餞？」那少年道：「這種窮地方小酒店，好東西諒你也弄不出來，就這樣吧，乾果四樣是荔枝、桂圓、蒸棗、銀杏。鮮果你揀時新的。鹹酸要砌香櫻桃和薑絲梅兒，不知這兒買不買到？蜜餞嗎？就是玫瑰金橘、香藥葡萄、糖霜桃條、梨肉好郎君。」店小二聽他說得十分在行，不由得收起小覷之心。那少年又道：「下酒菜這裡沒有新鮮魚蝦，嗯，就來八個馬馬虎虎的酒菜吧。」店小二問道：「爺們愛吃甚麼？」少年道：「唉，不說清楚定是不成。八個酒菜是花炊鵪子、炒鴨掌、雞舌羹、鹿肚釀江瑤、鴛鴦煎牛筋、菊花兔絲、爆獐腿、薑醋金銀蹄子。我只揀你們這兒做得出的來點，名貴點兒的菜餚嘛，咱們也就免了。」

少年道：「再配十二樣下飯的菜，八樣點心，也就差不多了。」店小二不敢再問菜名，只怕他點出來採辦不到，當下吩咐廚下揀最上等的選配，又問少年：「爺們用甚麼酒？小店有十年陳的三白汾酒，先打兩角好不好？」少年道：「好吧，將就對付著喝喝！」不一會，果子蜜餞等物逐一送上桌來，郭靖每樣一嘗，件件都是從未吃過的美味。

郭靖憨人有憨福，老實到家，然而老實自有老實的好處。一個古靈精怪，聰明伶俐，一個是全無機心，古道熱腸，一拍即合，看似偶然，實近情理。一個是處處刁難，一個是有求必應，大拙勝巧，黃蓉果然沒有了招，小女兒的心思就全放在了傻哥哥郭靖身上，郭靖全然不知，他已中了大彩。

12.雞和著白菜、豆腐、粉絲

《射鵰英雄傳》中，除了黃蓉是美食行家，還有一個包惜弱廚藝也是相當的不錯，特別是家常菜是包惜弱最拿手的，看她將一隻雞和著白菜、豆腐、粉絲放入一隻大瓦罐中，在炭火上熬著，再切了一盤臘魚臘肉，寫得也是香味撲鼻而來：

他渾家包氏，閨名惜弱，便是紅梅村私塾中教書先生的女兒，嫁給楊鐵心還不到兩年。當晚包氏將一隻雞和著白菜、豆腐、粉絲放入一隻大瓦罐中，在炭火上熬著，再切了一盤臘魚臘肉。到得傍晚，到隔壁去請郭嘯天夫婦飲酒。

13.早點

包惜弱廚藝不錯，但格局不大，只能是小康之家，小打小鬧，上不得檯面。跟著了顏烈（即完顏洪烈），包惜弱長了不少見識，想必後來廚藝將會有極大的提高。

次日包惜弱起身時，顏烈已收拾好馬具，命店伴安排了早點。包惜弱暗暗感激他是個至誠君子，防範之心登時消了大半。待用早點時，見是一碟雞炒千絲、一碟火腿、一碟臘腸、一碟熏魚，另有一小鍋清香撲鼻的香梗米粥。她出生於小康之家，自歸楊門，以務農為生，平日吃早飯只是幾根鹹菜，半個鹹蛋，除了過年過節、喜慶宴會之外，那裡吃過這樣考究的飲食？食用之時，心裡頗不自安。

14.御廚

雖然前面洪七公說皇宮御廚裡的菜譜只有一味鴛鴦五珍膾還不錯，其餘的就比黃蓉的美食不如了，但看來洪七公當時說此話，還是明顯的有意在討好黃蓉，好騙黃蓉盡心盡力為他弄好吃的。

皇宮御廚當然不會太差，否則洪七公不會不住口的將御廚中的名菜報將下去，說時不住價大吞饞涎，回味無窮了：

黃蓉道：「師父，我們的事說完了，現下要聽你說啦。」洪七公道：「我的事麼？嗯，在御廚裡我連吃了四次鴛鴦五珍膾，算是過足了癮，又吃了荔枝白腰子、鵪子羹、羊舌簽、薑醋香螺、牡蠣釀羊肚……」不住口的將御廚中的名菜報將下去，說時不住價大吞饞涎，回味無窮。

15.尿浸熟羊

金庸小說中最沒有美食品味和鑒賞力的人物，當數歐陽峰叔侄。洪七公給他們吃尿浸熟羊，他們居然吃得津津有味，還直誇黃蓉烤羊手段高明。此可發一笑。

兩人在山後打了一頭野羊，生火烤熟了，撕成兩半。黃蓉將半片熟羊丟在地下道：「你撒泡尿在上面。」郭靖笑道：「他們會知道的。」黃蓉道：「你別管，撒罷！」郭靖紅了臉道：「不成！」黃蓉道：「幹麼？」郭靖囁嚅道：「你在旁邊，我撒不出尿。」黃蓉只笑得直打跌。洪七公在樹頂上叫道：「拋上來，我來撒！」郭靖拿了半片熟羊，笑著躍上平台，讓洪七公在羊肉上撒了一泡尿，哈哈大笑，捧著朝山洞走去。

正吃得高興，郭靖忽道：「蓉兒，你剛才這一著確是妙計，但也好險。」黃蓉道：「怎麼？」郭靖道：「若是老毒物不來掉換，咱們豈不是得吃師父的尿？」黃蓉坐在一根樹丫之上，聽了此言，笑得彎了腰，跌下樹來，隨即躍上，正色道：「很是，很是，真的好險。」洪七公歎道：「傻孩子，他若不來掉換，那髒羊肉你不吃不成麼？」郭靖愕然，哈的一聲大笑，一個倒栽蔥，也跌到了樹下。歐陽叔侄吃那羊肉，只道野羊自有臊氣，竟然毫不知覺，還讚黃蓉烤羊手段高明，居然略有鹹味。

【二】其他

1. 粽子

粽子在金庸的武俠小說中共出現過三次。

在《神鵰俠侶》中，楊過受傷，躺在床上不能動身，他見程英在一邊寫字，很是好奇，可程英對他卻不加理睬，書中這樣寫道：

楊過靈機一動，道：「就怕你太過費神了。」那少女道：「甚麼啊？你說出來聽聽。」楊過道：「我想吃粽子。」那少女一怔，道：「裹幾隻粽子，又費甚麼神了？我自己也想吃呢。你愛吃甜的還是鹹的？」楊過道：「甚麼都好。有得吃就心滿意足了，那裡還能這麼挑剔？」

當晚那少女果然裹了幾隻粽子給他作點心，甜的是豬油豆沙，鹹的是火腿鮮肉，端的是美味無比，楊過一面吃，一面喝采不迭。

那少女歎了口氣，說道：「你真聰明，終於猜出了我的身世。」楊過心下奇怪：「我沒猜啊！怎麼猜出了你的身世？」但口中卻說：「你怎知道？」那少女道：「我家鄉江南的粽子天下馳名，你不說旁的，偏偏要吃粽子。」

在《笑傲江湖》中，令狐冲被罰思過崖，岳靈珊給令狐冲送粽子。

令狐冲聞到一陣清香，見岳靈珊將剝開了的粽子遞過來，便接過咬了一口。粽子雖是素餡，但草菇、香菌、腐衣、蓮子、豆瓣等物混在一起，滋味鮮美。岳靈珊道：「這草菇，小林子和我前日一起去採來的……」令狐冲問：「小林子？」岳靈珊笑了笑，道：「啊，是林師弟，最近我一直叫他小林子。前天他來跟我說，東邊山坡的松樹下有草菇，陪我一起去採了半天，卻只採了小半籃兒。雖然不多，滋味卻好，是不是？」令狐冲道：「當真鮮得緊，我險些連舌頭也吞了下去。小師妹，你不再罵林師弟了嗎？」

……

令狐冲默然不語，突然之間，心中湧現了一股說不出的煩擾，一隻粽子只吃了兩口，手中拿著半截粽子，只感一片茫然。岳靈珊拉了拉他的衣袖，笑道：「大師哥，你把舌頭吞下肚去了嗎？怎地不說話了？」令狐冲一怔，將半截粽子送到口中，本來十分清香鮮美的粽子，黏在嘴裡，竟然無法下嚥。岳靈珊指住了他，格格嬌笑，道：「吃得這般性急，黏住了牙齒。」

在《鹿鼎記》中，莊家感謝韋小寶殺了鼇拜，因此在韋小寶到達莊家時，雙兒拿粽子給韋小寶吃：

雙兒接住了，走向門口，說道：「我去拿點心。你愛吃甜粽，還是鹹粽？」韋小寶笑道：「肚裡餓得咕咕叫，就是泥沙粽子，也吃他三隻。」雙兒一笑出去。

過了一會，韋小寶聞到一陣肉香和糖香。雙兒雙手端了木盤，用手臂掠開帳子。韋小寶見碟子中放著四隻剝開了的粽子，心中大喜，實在餓得狠了，心想就算是蚯蚓毛蟲，老子也吃了再說，提起筷子便吃，入口甘美，無與倫比。他兩口吃了半隻，說道：「雙兒，這倒像是湖州粽子一般，味道真好。」浙江湖州所產粽子米軟餡美，天下無雙。

金庸對家鄉的粽子情有獨鍾，在晚年寫得一篇回憶性小說《月雲》中，還特別提到粽子。不過，這裡說的不是粽子的美食，而是粽子別有它用：

瑞英心好，見月雲嚇得發抖，叫她不用怕，出了個主意，把熟粽子的糯米舂成了糊，做成粽膠，把斷了的鵝頸黏了起來。

2. 廣州奇珍食譜

洪七公為金庸小說中第一美食家，他對美食有一種天生的神奇天賦，一見到或者是一聞到奇珍異味，右手的食指便會跳個不停，青年時曾經因為貪念美食而誤過大事，因此他曾發狠將自己的食指一刀剁掉，這也就是他被人稱為九指神丐的來歷。

《射鵰英雄傳》中，對洪七公好食如好德的故事已經有很多的發揮，到了《神鵰俠侶》洪七公不僅本性不改，而且還變本加厲，將這貪念美食的脾氣發揮到極至。為了專心享用美食，洪七公甚至連幫主之位也不要了，將幫主之位傳給黃蓉之後，一個人便東遊西蕩，到處尋找各種珍奇美食。

那百粵之地毒蛇作羹，老貓燉盅，斑魚似鼠，巨蝦稱龍，肥炒響螺，龍虱蒸禾，烤小豬而皮脆，煨果則肉紅，洪七公如登天界，其樂無窮。偶爾見到不平之事，便暗中扶危濟困，殺惡誅奸，以他此時本領，自是無人得知他來蹤去跡。有時偷聽丐幫弟子談話，得知丐幫在黃蓉、魯有腳主持下太平無事，內消汙衣、淨衣兩派之爭，外除金人與鐵掌幫之逼，他老人家無牽無掛，每日只是張口大嚼、開喉狂吞便了。

洪七公神仙般的日子，真是羨殺我等凡塵俗物。

3. 華山蜈蚣

在《射鵰英雄傳》中，洪七公嗜好美食，但基本上是坐享其成，到了《神鵰俠侶》中，洪七公已經開始親自動手，自己烹飪美食。俗話說久病成良醫，洪七公久吃也成了良廚。

《神鵰俠侶》中的華山蜈蚣大宴，即是洪七公高明廚藝的一大傑作。此華山蜈蚣大宴，楊過有幸參加。

蜈蚣大宴為何要在華山舉辦，那是因為華山之陰，是天下極陰寒之處，所產蜈蚣最為肥嫩。

洪七公又道：「華山之陰，是天下極陰寒之處，所產蜈蚣最為肥嫩。廣東天時炎熱，百物快生快長，蜈蚣肉就粗糙了。」楊過聽他說得認真，似乎並非說笑，心中好生疑惑。

洪七公的蜈蚣大宴舉辦的非常隆重，如何獲取蜈蚣，便很有講究。

只一盞茶時分，兩人已攀上了一處人跡罕至的山峰絕頂。洪七公見他有如此膽氣輕功，甚是喜愛，以他見識之廣博，居然看不出這少年的武功來歷，欲待查問，卻又記掛著美食，當下走到一塊大石邊，雙手抓起泥土，往旁拋擲，不久土中露出一隻死公雞來。楊過大是奇怪，道：「咦，怎麼有隻大公雞？」隨即省悟：「啊，是你老人家藏著的。」

洪七公微微一笑，提起公雞。楊過在雪光掩映下瞧得分明，只見雞身上咬滿了百來條七八寸長的大蜈蚣，紅黑相間，花紋斑斕，都在蠕蠕而動。他自小流落江湖，本來不怕毒，但驀地見到這許多大蜈蚣，也不禁怵然而懼。洪七公大為得意，說道：「蜈蚣和雞生性相克，我昨天在這兒埋了一隻公雞，果然把四下的蜈蚣都引來啦。」

如何烹飪這來之不易的蜈蚣，又有一套獨特的程序和做法：

這時一鍋雪水已煮得滾熱，洪七公打開包袱，拉住蜈蚣尾巴，一條條的拋在鍋裡。那些蜈蚣掙扎一陣，便都給燙死了。洪七公道：「蜈蚣臨死之時，將毒液毒尿盡數吐了出來，是以這一鍋雪水劇毒無比。」楊過將毒水倒入了深谷。

只見洪七公取出小刀，斬去蜈蚣頭尾，輕輕一揑，殼兒應手而落，露出肉來，雪白透明，有如大蝦，甚是美觀。楊過心想：「這般做法，只怕當真能吃也未可知。」洪七公又煮了兩鍋雪水，將蜈蚣肉洗滌乾淨，再不餘半點毒液，然後從背囊中取出大大小小七八個鐵盒來，盒中盛的是油鹽醬醋之類。他起了油鍋，把蜈蚣肉倒下去一炸，立時一股香氣撲向鼻端。楊過見他狂吞口涎，饞相畢露，不由得又是吃驚，又是好笑。

吃蜈蚣要有作料拌勻，還有君臣配合等的避忌，如「吃蜈蚣就別喝酒」：

洪七公待蜈蚣炸得微黃，加上作料拌勻，伸手往鍋中提了一條上來放入口中，輕輕嚼了幾嚼，兩眼微閉，歎了一口氣，只覺天下之至樂，無逾於此矣，將背上負著的一個酒葫蘆取下來放在一旁，說道：「吃蜈蚣就別喝酒，否則糟蹋了蜈蚣的美味。」

楊過參加蜈蚣大宴還有條件限制，不能是膽小鬼，還不能閉著眼睛，嚼也不嚼，一口氣吞十幾條蒙混過關：

楊過道：「吃毒也算是英雄好漢？」洪七公道：「天下大言不慚自稱英雄好漢之人甚多，敢吃蜈蚣的卻找不出幾個。」楊過心想：「除死無大事。」將那條蜈蚣放在口中一嚼。只一嚼將下去，但覺滿嘴鮮美，又脆又香，清甜甘濃，一生之中從未嘗過如此異味，再嚼了幾口，一骨碌吞了下去，又去挾第二條來吃，連讚：「妙極，妙極。」

蜈蚣大宴美味無比，楊過一品嘗之後，即再也不能罷口罷手。但此蜈蚣大宴的珍貴之處在於準備起來極為不容易，楊過吃完了還想再吃，想再辦上一桌，已是不能：

洪七公見他吃得香甜，心中大喜。二人你搶我奪，把百餘條大蜈蚣吃得乾乾淨淨。洪七公伸舌頭在嘴邊舔那汁水，恨不得再有一百條蜈蚣下肚才好。楊過道：「我把公雞再去埋了，引蜈蚣來吃。」洪七公道：「不成啦，一來公雞的猛性已盡，二來近處已無肥大蜈蚣留下。」忽地伸個懶腰，打個呵欠，仰天往雪地便倒，說道：「我急趕歹徒，已有五日五夜沒睡，難得今日吃一餐好的，要好好睡他三天，便是天塌下來，你也別吵醒我。你給我照料著，別讓野獸乘我不覺，一口咬了我半個頭去。」楊過笑道：「遵命。」洪七公閉上了眼，不久便沉沉睡去。

楊過心想：「這位前輩真是奇人。難道當真會睡上三天？管他是真是假，反正我也無處可去，便等他三天就是。」那華山蜈蚣是天下至寒之物，楊過吃了之後，只覺腹中有一團涼意，於是找塊石坐下，用功良久，這才全身舒暢。

蜈蚣大宴，要有時間（冬天），地點（華山）的要求，對蜈蚣的大小肥瘦也不可含糊，所以難得。

洪七公吃了便睡，神仙般的日子，真是羨殺我等凡塵俗物。

4.海寧小吃

《書劍恩仇錄》是金庸的第一部武俠小說，所寫的故事也是以他熟悉的家鄉為背景，金庸是海寧人，所以寫海寧的小吃時，他自然非常的熟悉，有一種特殊的親切之感。

陳家洛正待越窗而出。晴畫道：「三官，我求你一件事。」陳家洛道：「好，你說吧。」晴畫道：「讓我再服侍你一次，我給你梳頭。」陳家洛微一沉吟，笑道：「好吧！」坐了下來，晴畫喜孜孜的出去，不一會，捧了一個銀盆進來，盆中兩隻細瓷碗，一碗桂花白木耳百合湯，另一碗是四片糯米嵌糖藕，放在他面前。陳家洛離家十年，日處大漠窮荒之中，這般江南富貴之家的滋味今日重嘗，恍如隔世。他用銀匙舀了一口湯喝，晴畫已將他辮子打開，抹上頭油，用梳子梳理。他把糖藕中的糯米球一顆顆用筷子頂出來，自己吃一顆，在晴畫嘴裡塞一顆。晴畫笑道：「你還是這個老脾氣。」等辮子編好，他點心也已吃完。

以上這一段，我們在金庸的自傳性隨筆《月雲》中，似曾相識。

5.乾隆御廚

《書劍恩仇錄》中，乾隆被紅花會英雄們用計擒獲，關在六合塔上。乾隆一貫養尊處優慣了，這時卻遭到群雄們的戲弄，三番二次製作美味佳餚，可又不給他吃。

一上來，侍僕端上四盆熱氣騰騰的菜餚，一盆清炒蝦仁，一盆椒鹽排骨，一盆醋溜魚，一盆生炒雞片，菜香撲鼻。但無塵道長卻故意眉頭一皺，責罵手下沒有叫皇上寵愛的御廚張安官來燒蘇式小菜，假意說這種杭州粗菜，不能給皇上吃。

乾隆此時已經餓極，道：「這幾樣菜色香俱全，也不能說是粗菜。」說著伸筷去盆裡挾菜。陸菲青坐在他身旁，伸出筷子，說道：「這種粗菜皇上不能吃，別吃壞了肚子。」雙筷在他筷上一挾，潛用內力，輕輕一折，把乾隆的筷子齊齊折斷了一截。

此四盤美食，乾隆未能享用。

過了兩個時辰，乾隆忽然聞到一陣「蔥椒羊肉」的香氣，宛然是御廚張安官的拿手之作，又驚又喜，難道他們真的把御廚給找來了？正自沉吟，張安官走了上來，趴下叩頭，說道：「請皇上用膳。」乾隆奇道：「你怎麼來的？」張安官道：「奴才昨天在戲園子聽戲，一出門就給人架了去。今兒聽人說皇上在這兒，要奴才侍候，奴才十分歡喜。」

乾隆點點頭，走了下去，只見桌上放著一碗「燕窩紅白鴨子燉豆腐」、一碗「蔥椒羊肉」、一碗「冬筍大炒雞燉麵筋」、一碗「雞絲肉絲奶油焗白菜」，還有一盆「豬油酥火燒」，都是他平日喜愛的菜色，此外還有十幾碟點心小菜，一見之下，心中大喜。

但此時紅花會英雄們又作弄乾隆，讓乾隆還是沒有享用此美食。

乾隆聞到一陣「蔥椒羊肉」的香氣便知道這是自己御廚張安官的拿手之作，看來乾隆鑒賞美食的本事還有那麼幾下子。

乾隆一直餓得前胸貼後胸，還是陳家洛出場，才給他解了圍。

陳家洛笑容滿臉的迎出，當先一揖。乾隆還了一揖，走進室內。心硯獻上茶來。陳家洛道：「快拿點心來。」心硯捧進一個茶盤，盤中放著一碟湯包、一碟蟹粉燒賣、一碟炸春捲、一碟蝦仁芝麻卷、一碗火腿雞絲蓴菜荷葉湯，盤未端到，已是清香撲鼻。心硯放下兩副杯筷，篩上酒來。陳家洛道：「小弟因要去探望一位朋友的傷，有失迎迓，還請恕罪。」乾隆道：「好說，好說。」陳家洛道：「請先用些粗點，小弟還有事請教。」乾隆餓得肚皮已貼到了背心。他素來體格強健，食量驚人，兩日兩夜不吃東西，如何耐得？見陳家洛先舉筷夾一個湯包吃了，當即下箸如飛，快過做詩十倍，頃刻之間，把四碟點心吃得乾乾淨淨，湯也喝了個「碗底朝天」。陳家洛每碟點心只吃了一件，喝了口湯，就放下筷子，見他吃得香甜，只是微笑。點心吃完，乾隆說不出的舒服受用，端起茶杯，望著杯中碧綠的龍井細茶，緩緩啜飲，齒頰生津，脾胃沁芳。

看來饑餓是最好的美食添加劑，便是一些「粗點」，乾隆饑不擇食之時，一定覺得是天下第一的美味。

6. 黃河鯉魚羹

金庸的武俠小說中，美食有時甚至還可以當武器使用。

《書劍恩仇錄》中，余魚同在危機之時，將一大碗熱騰騰的黃河鯉魚羹劈面倒在顧金標臉上，雖然有些暴殄天物，但也是沒有辦法的事。

余魚同見哈合台一去，知道禍在眉睫，望見言伯乾臉有喜色，自是膝一雷跟他說了，讓他剜出自己眼珠，一時焦急無計。這時酒保端上一大碗熱騰騰的黃河鯉魚羹，顧金標喝了一口，叫道：「老大，魚羹很鮮，快來喝吧。」余魚同伸出羹匙，也去舀羹，手伸近時突然在碗底一抄，把一碗熱羹劈面倒在顧金標臉上。顧金標正在喜嘗魚羹美味，哪知變起俄頃，一碗熱羹突然飛來，眼上鼻上全是羹湯，痛得哇哇亂叫。余魚同不等他定神，掀起桌子，碗筷菜餚全倒在他身上。

7. 抓飯、烤肉

《書劍恩仇錄》還寫到回部的美食抓飯、烤肉等：

馬頭琴聲中，歌聲四起，歡笑處處。司炊事的回人把抓飯、烤肉、蜜瓜、葡萄乾、馬奶酒等分給眾人。每人手中拿著一個鹽岩雕成的小碗，將烤肉在鹽碗中一擦，便吃了起來。過了一會，新月在天，歡樂更熾。

此美食亦有特異特色之處，用鹽岩雕成的小碗，盛抓飯、烤肉吃，調料是最天然的，想必大有佳處。

8.哈密瓜、馬乳酒

古人對於美食非常講究君臣配合，某一美食和另一美食相配時食用效果最好，味道最佳，如金聖歎就用黃豆與豆腐乾之嚼有火腿之味，《書劍恩仇錄》中也有這樣的一例。金庸告訴我們，吃哈密瓜配馬乳酒，味道最佳。

那少女道：「這就是了，你坐下吧，我去拿點東西給你吃。」她赤著雙腳，奔進樹叢中，不一會拿來一個碧綠的哈密瓜，一大碗馬乳酒，遞給了他。陳家洛謝了，先喝一口馬乳酒，甚覺甘美。那少女又遞給他一把小銀刀，剖開瓜來，瓜肉如黃色緞子一般，咬了一口，香甜爽脆，汁液勝蜜。

9.天龍食譜

《天龍八部》中，阿朱阿碧在聽雨居款待段譽，菜式有：

菱白蝦仁、荷葉冬筍湯、櫻桃火腿、龍井茶葉雞丁等等。

阿朱阿碧做的每一道菜都十分別致。魚蝦肉食之中混以花瓣鮮果，顏色既美，且別有天然清香。

段譽將每樣菜餚都試了幾筷，無不鮮美爽口，讚道：「有這般的山川，方有這般的人物。有了這般的人物，方有這般的聰明才智，做出這般清雅的菜餚來。」

雖然段譽最會討好美女，最喜拍美女馬屁，但這次卻是當真的，是出自內心。段譽貴為王子，從小錦衣玉食，最有美食鑒賞的資格。他聰明之極，一下子就能猜出阿朱阿碧誰做的是什麼菜。

阿朱道：「你猜是我做的呢，還是阿碧做的？」

段譽道：「這櫻桃火腿，梅花糟鴨，想是姊姊做的。這荷葉冬筍湯，翡翠魚圓，碧綠清新，當是阿碧姊姊手制了。」

阿朱做的菜嬌紅芳香，阿碧做的菜碧綠清新，實在是有趣。

10. 獐肉羹、烤野豬

《俠客行》中，小乞丐石破天（或名之為狗雜種、石中堅、石億刀）無意得到了玄鐵令，由此開始了他人生的奇遇和歷險。

謝煙客一心想讓石破天求他一事，好讓他解脫玄鐵令這如芒在背的一塊心病，但偏偏石破天是萬事不求人，實在是妙絕，讓謝煙客只有乾瞪眼的份。

謝煙客自視是如此之高，不將凡人放在眼裡，可是拿這石破天卻一點辦法也沒有。謝煙客自己津津有味地吃饅頭，想誘使石破天向他乞求，不料最後反而是石破天掏銀子付帳，請了謝煙客作客。

謝煙客又想指望石破天求他去摘道旁樹上的大紅棗子來吃，又不料石破天會爬樹，飛身上去摘了棗子，倒請謝煙客吃。

長樂幫高手圍攻大悲老人，石破天看不過去，謝煙客一廂情願等著石破天來相求卻敵，還是沒有料到石破天以其無知無識的無畏態度，渡過了難關。

此後，謝煙客沒有辦法便把石破天帶到摩天崖上，餓他騙他，百計折磨，還是不能讓石破天求他一事。

摩天崖上，石破天充分顯示其過人之能的生存本領來。

萬事不求人，他做得到，只要他憑著堅忍的意志，吃苦耐勞的精神，用一雙勤勞的手，他可以頑強地活下去。

他張羅、設陷、彈雀、捕獸、砍柴、作飯、燒菜，自得其樂，無知無識然而是充實平靜地生存著。

石破天作飯、燒菜的美食廚藝，在金庸的武俠小說中，別具一格，不可忽略。

11. 臘八粥

金庸武俠小說中有一道非常特殊的美食，即是《俠客行》中的臘八粥。

神秘的俠客島，邀請眾多武林高手前往去喝臘八粥，眾人各自深具戒心。唯有石破天大智若愚，無為之法，其實正是他的法寶。

到了俠客島，石破天愈是本色，愈是隨遇而安，就愈是處處變被動為主動，呈現出他的包容一切，無欲則剛的大胸襟大氣度來，將那些自以為是的武林人物全部比將下去了。別人都認為俠客島之行處處是陷阱，步步是危機，他卻想著他那結拜兄弟張三李四，想念他們當初共同立下的有福同享有難同當的誓言。他很輕鬆，很自在，沒有一點壓力。

儘管石清告誡過他要提防別人在飯菜中下毒，但他還是毫不在意，一上島就將為他準備好的四盤點心吃了個乾淨，一壺清茶也喝了大半。接下去喝臘八粥，別人都在疑懼，又是言語相譏，又是出手示威，石破天還是如同一個旁觀者局外人，毫不理會別人，唏哩呼嚕地喝了起來。張三李四出來陪他喝臘八粥，果然是石破天沒有看錯人，真心換來真心，張三李四確是把他當了兄弟。

神秘的俠客島龍木二島主出來，細說從前，破解眾人的懸疑，言明他們並沒有惡意，只是想請各路高人來島上共同參詳島的武功秘訣，集思廣益，解開武學上的一個大謎底，以將武學之道發揚光大，推高一層，對眾人絕無加害之意。

石破天不會做假，他是最本色的真人，而且他也是一個廚藝極高的美食家，他能一口氣又喝了數碗，說明這臘八粥的味道一定不會錯的，譽之為美食，決不會虛妄。

12. 天下味道最不好的東西

談金庸武俠小說中的美食的最後，我們以一段最不美食的文章來收尾，聊發一笑。

《射鵰英雄傳》中，「竄改經文」一回，茫茫大海之上，歐陽鋒將洪七公和郭靖困在了海船上，一心想逼迫郭靖交出九陰真經。

海船上歐陽鋒在桅杆下布列酒菜，勸誘洪七公與郭靖下來享用。這是最刻薄的毒計，且又是最精明老到的毒計。

洪七公的弱點並不多，唯一的命門就在一個吃字上。

洪七公怒道：「老叫化最愛的就是吃喝，老毒物偏生瞧準了來折磨人。我一生只練外功，定力可就差了一點。靖兒，咱們下去打他個落花流水再上來，好不好？」

郭靖道：「白鵰既已帶了信去，情勢必致有變。您老人家且再等一等。」

洪七公沒有辦法，只好也來心理戰，在誘人的美食面前，拚命去想「天下味道最不好的東西」，以抵抗誘惑：

洪七公一笑，過了一會，道：「天下味道最不好的東西，你道是甚麼？」

郭靖道：「我不知道，是甚麼？」

洪七公道：「有一次我到極北苦寒之地，大雪中餓了八天，松鼠固然找不到，到後來連樹皮也尋不著了。我在雪地泥中亂挖亂掘，忽然掘到了五條活的東西，老叫化幸虧這五條東西救了一命，多挨了一天。第二日就打到了一隻黃狼，飽啖了一頓。」

郭靖道：「那五條東西是甚麼？」

洪七公道：「是蚯蚓，肥得很。生吞下肚，不敢咬嚼。」

郭靖想起蚯蚓蠕蠕而動的情狀，不禁一陣噁心。洪七公哈哈大笑，盡揀天下最髒最臭的東西來說，要抵禦桅杆底下噴上來的酒肉香氣。他說一陣，罵一陣，最後道：「靖兒，現下若有蚯蚓，我也吃了，但有一件最髒最臭之物，老叫化寧可吃自己的腳趾頭，卻也不肯吃它，你道是甚麼？」

郭靖笑道：「我知道啦，是臭屎！」

洪七公搖頭道：「還要髒。」他聽郭靖猜了幾樣，都未猜中，大聲說道：「我對你說，天下最髒的東西，是西毒歐陽鋒。」

郭靖大笑，連說：「對，對！」

第廿一篇 美酒

張潮在《幽夢影》中有一段關於酒與武俠的精妙論述：

「因雪想高士，因花想美人，因酒想俠客，因月想好友，因山水想得意詩文。」

「胸有小不平，可以酒消之；世間大不平，非劍不能消也。」

酒與武俠，自然是有不解之緣，金庸的武俠小說中，與此有許多的經典名段。

【一】猴兒酒

金庸的武俠小說中，令狐冲的愛酒好酒，數一數二，大概只有蕭峰好比。令狐冲好酒，是天性本色，自小如此。他的酒量雖不是第一，但他一次能喝二三十斤酒，也是很不錯了。

六猴兒講令狐冲懂酒好酒的故事，已見出令狐冲非常人處的高明。計賺叫化兒半葫蘆猴兒酒，此令狐冲之機智；作東請叫化兒暢飲一場，此令狐冲之放達；好酒而又有胸懷，有灑脫，此上上人物之境界也。

「狗熊野豬，青城四獸」，令狐冲一聽這等人的名字，就嫌汙了耳朵，影響了喝酒的心情，將其連踢七八個筋斗，好暢快。

只聽那少女又問：「大師哥昨天一早便喝酒了？」那耍猴兒的道：「不跟你說得個一清二楚，反正你也不放過我們。昨兒一早，我們八個人正要動身，大師哥忽然聞到街上酒香撲鼻，一看之下，原來是個叫化子手拿葫蘆，一股勁兒的口對葫蘆喝酒。大師哥登時酒癮大發，上前和那化子攀談，讚他的酒好香，又問那是甚麼酒？那化子道：『這是猴兒酒！』大師哥道：『甚麼叫猴兒酒？』那化子說道：湘西山林中的猴兒會用果子釀酒。猴兒採的果子最鮮最甜，因此釀出來的酒也極好，這化子在山中遇上了，剛好猴群不在，便偷了三葫蘆酒，還捉了一頭小猴兒，喏，就是這傢伙了。」說著指指肩頭上的猴兒。這猴兒的後腿被一根麻繩縛著，繫住在他手臂上，不住的摸頭搔腮，擠眉弄眼，神情甚是滑稽。

那六猴兒道：「那化子這才答允了，接過銀子，說道：『只許一口，多喝可不成！』大師哥道：『說好一口，自然是一口！』他把葫蘆湊到嘴上，張口便喝。哪知他這一口好長，只聽得骨嘟骨嘟直響，一口氣可就把大半葫蘆酒都喝乾了。原來大師哥使出師父所授的氣功來，竟不換氣，猶似烏龍取水，把大半葫蘆酒喝得滴酒不剩。」

【二】極品貢酒三鍋良汾紹興狀元紅

金庸的武俠小說中，令狐冲酒量雖不是第一，但他的愛酒好酒，卻是數一數二。任盈盈對令狐冲的愛意傳出去了，因為她是魔教的「聖姑」，曾做過不少讓下屬們感恩戴德的好事善舉，所以才有那麼多江湖奇人趕來向令狐冲大獻殷勤，因為任盈盈的關係，令狐冲酒福無邊。

那人叫道：「敝幫幫主得知令狐少俠來到蘭封，又聽說令狐少俠喜歡喝上幾杯，命小人物色到十六罈陳年美酒，專程趕來，請令狐少俠船中飲用。」八乘馬奔到近處，果見每一匹馬的鞍上都掛著兩罈酒。酒罈上有的寫著「極品貢酒」，有的寫著「三鍋良汾」，更有的寫著「紹興狀元紅」，十六罈酒竟似各不相同。

【三】酒器

《笑傲江湖》中〈論杯〉一回，是祖千秋的重彩好戲。

令狐冲於酒之道，此時已初窺門徑，但在這祖千秋面前，還是小學生。論杯一節，是酒文化之經典名段。

令狐冲的福氣來了，擋都擋不住。先是有人送來十六罈美酒，又遇上祖千秋送上乘飲酒名目來。通過祖千秋之口，論玉杯、夜光杯、青銅酒爵、古藤杯等等，出口成章，旁證博引，講出許多酒學之道，令人大開眼界，

祖千秋關於飲酒須得講究酒具的妙論歸納如下：

- 喝汾酒當用玉杯，唐人有詩云：「玉碗盛來琥珀光。」可見玉碗玉杯，能增酒色。
- 關外白酒，酒味是極好的，只可惜少了一股芳冽之氣，最好是用犀角杯盛之而飲，那就醇美無比，須知玉杯增酒之色，犀角杯增酒之香，古人誠不我欺。

◆飲葡萄酒，要用夜光杯了。古人詩云：「葡萄美酒夜光杯，欲飲琵琶馬上催。」要知葡萄美酒作豔紅之色，我輩鬚眉男兒飲之，未免豪氣不足。葡萄美酒盛入夜光杯之後，酒色便與鮮血一般無異，飲酒有如飲血。岳武穆詞云：「壯志饑餐胡虜肉，笑談渴飲匈奴血」，豈不壯哉！

◆高粱美酒，乃是最古之酒。夏禹時儀狄作酒，禹飲而甘之，那便是高粱酒了。世人眼光短淺，只道大禹治水，造福後世，殊不知治水甚麼的，那也罷了，大禹真正的大功卻是造酒！飲高粱酒，須用青銅酒爵，始有古意。至於那米酒呢，上佳米酒，其味雖美，失之於甘，略稍淡薄，當用大斗飲之，方顯氣概。

◆百草美酒，乃採集百草，浸入美酒，故酒氣清香，如行春郊，令人未飲先醉。飲這百草酒須用古藤杯。百年古藤雕而成杯，以飲百草酒則大增芳香之氣。百年美酒比之百年古藤，可更為難得。你百年古藤，盡可求之於深山野嶺，但百年美酒，人人想飲，一飲之後，便沒有了。一隻古藤杯，就算飲上千次萬次，還是好端端的一隻古藤杯。

◆飲這紹興狀元紅須用古瓷杯，最好是北宋瓷杯，南宋瓷杯勉強可用，但已有衰敗氣象，至於元瓷，則不免粗俗了。

◆飲罈梨花酒，該當用翡翠杯。白樂天杭州春望詩云：「紅袖織綾誇柿葉，青旗沽酒趁梨花。」杭州酒家賣這梨花酒，掛的是滴翠也似的青旗，映得那梨花酒分外精神，飲這梨花酒，自然也當是翡翠杯了。

◆飲這玉露酒，當用琉璃杯。玉露酒中有如珠細泡，盛在透明的琉璃杯中而飲，方可見其佳處。

此篇論酒器的經典名段，並不純是小說家言，其實是有出處的。李漁《閒情偶記》中，就專門有一篇《酒具》，現介紹如下，供讀者對比欣賞：

酒具用金銀，猶妝奩之用珠翠，皆不得已而為之，非宴集時所應有也。富貴之家，犀則不妨常設，以其在珍寶之列，而無炫耀之形，猶仕宦之不飾觀瞻者。象與犀同類，則有光芒太露之嫌矣。且美酒入犀杯，另是一種香氣。唐句云：「玉碗盛來琥珀光。」玉能顯色，犀能助香，二物之於酒，人盡知之，無如價值之昂，日甚一日，盡為大力者所有，吾儕貧士，欲見為難。然即有此物，但可作古董收藏，難充飲器。何也？酒巴後擘杯，不能保無墜落，十損其一，則如雁行中斷，不復成群。備而不用，與不備同。貧家得以自慰者，幸有此耳。然近日冶人，工巧百出，所制新磁，不出成、宣二窯下，至於體式之精異又複過之。其不得與舊窯爭值者，多寡之分耳。吾怪近時陶冶，何不自愛其力，使日作一杯，月制一盞，何計不出此？曰：不然。我高其技，人賤其能，徒讓壟斷於捷足之人耳。

【四】只喝酒不吃飯

只喝酒不吃飯，這是真正的酒徒才明白個中三味的一種境界。

愁上心頭，何以解憂？酒是令狐沖彷徨無依失落的明證，是他無邊的暈眩和自棄。

曾幾何時，倏然間可愛的小師妹岳靈珊她轉變了心意，開始有意無意地冷淡令狐沖了，她的心轉向了新來的小師弟林平之身上。

少年不識愁滋味，年輕時他們不懂得愛情。

青梅竹馬，兩小無猜，實際上這世間上真正因青梅竹馬而男歡女愛而結合白頭偕老之事，並沒有那麼多。

愛情，很多時候都需要一種距離感和陌生感，太熟悉的人彼此間反而會缺少吸引力和新鮮感，反而會常常出現「你愛我，我不愛他」之類的難以溝通的悲劇。

生活在遠方，陌生帶來幻美。

遇到林平之，岳靈珊動搖了少女的春心。令狐沖在愛的煎熬中終於明白了幾分。

只喝酒不吃飯，令狐沖在愛的煎熬中終於明白了幾分。

岳靈珊笑道：「我陪你一塊吃，你瞧，這是甚麼？」從飯籃底下取出一個小小的酒葫蘆來。令狐沖嗜酒如命，一見有酒，站起來向岳靈珊深深一揖，道：「多謝你了！我正在發愁，只怕這一年之中沒酒喝呢。」岳靈珊拔開葫蘆塞子，將葫蘆送到令狐冲手中，笑道：「便是不能多喝，我每日只能偷這麼一小葫蘆給你，再多只怕給娘知覺了。」令狐冲慢慢將一小葫蘆酒喝乾了，這才吃飯。

岳靈珊道：「你跟我說實話，這些日子中到底你每餐吃幾碗飯？六猴兒說你只喝酒，不吃飯，勸你也不聽，大師哥，你……為甚麼不自己保重？」說到這裡，眼眶兒又紅了。

令狐冲道：「胡說，你莫只聽他。不論說甚麼事，六猴兒都愛加上三分虛頭，我哪裡只喝酒不吃飯了？」

【五】長安醇酒

令狐冲喜酒好酒，田伯光從長安挑一百斤美酒上華山絕頂請令狐冲暢飲，真讓人想不到，妙絕！

令狐冲胸襟坦蕩，落落大方和田伯光言笑晏晏地喝了三大碗，讚不絕口，忽然又哈哈一笑，將兩罈美酒踢下山谷，讓人想不到，又妙絕！

田伯光此來，獻上厚禮，卑詞巧色，竟是為了請令狐冲下山去見小尼姑儀琳，更是讓人想不到，更妙絕！

一筆三折，處處讓人又驚又喜，金大俠寫得真妙絕！

只見田伯光肩頭挑著副擔子，放下擔子，從兩隻竹籮中各取出一隻大罈子，笑道：「聽說令狐兄在華山頂上坐牢，嘴裡一定淡出鳥來，小弟在長安謫仙酒樓的地窖之中，取得兩罈一百三十年的陳酒，來和令狐兄喝個痛快。」令狐冲走近幾步，月光下只見兩隻極大的酒罈之上，果然貼著「謫仙酒樓」的金字紅紙招牌，招紙和罈上篦箍均已十分陳舊，確非近物，忍不住一喜，笑道：「將這一百斤酒挑上華山絕頂，這份人情可大得很啦！來來來，咱們便來喝酒。」從洞中取出兩隻大碗。田伯光將罈上的泥封開了，一陣酒香直透出來，醇美絕倫。酒未沾唇，令狐冲已有醺醺之意。田伯光提起酒罈倒了一碗，道：「你嘗嘗，怎麼樣？」令狐冲舉碗來喝了一大口，大聲讚道：「真好酒也！」將一碗酒喝乾，大拇指一翹，道：「天下名酒，世所罕有！」

田伯光笑道：「我曾聽人言道，天下名酒，北為汾酒，南為紹酒。最好的汾酒不在山西而在長安，而長安醇酒，又以當年李太白時時去喝得大醉的『謫仙樓』為第一。當今之世，除了這兩大罈酒之外，再也沒有第三罈了。」令狐冲奇道：「難道『謫仙樓』的地窖之中，便只剩下這兩罈了？」

天下名酒，北為汾酒，南為紹酒。最好的汾酒不在山西而在長安，而長安醇酒，又以當年李太白時時去喝得大醉的「謫仙樓」為第一。田伯光也是酒國中一大行家。

【六】吐魯番四蒸四釀葡萄酒

令狐冲嗜酒，是自幼的事，純屬天性。只是條件不允許，他沒多少錢花，自來有酒便喝，不容他辨選好惡。但後來見識既廣，眼界大開之後，特別是自從在洛陽聽綠竹翁細論酒道，又得他示以各種各樣美酒，一來天性相投，二來得了名師指點，此後便賞鑒甚精，一聞酒香，便知好壞。

向問天帶令狐冲去孤梅山莊營救任我行，令狐冲對酒的賞鑒本事派上了大用場，迷惑住了丹青生。令狐冲一聞酒香就道：

「好啊，這兒有三鍋頭的陳年汾酒。唔，這百草酒只怕已有七十五年，那猴兒酒更是難得。」

丹青生拊掌大笑，叫道：「妙極，妙極！風兄弟一進我酒室，便將我所藏三種最佳名釀報了出來，當真是大名家，了不起！了不起！」令狐冲見室中琳琅滿目，到處都是酒罈、酒瓶、酒葫蘆、酒杯，說道：「前輩所藏，豈止名釀三種而已。這紹興女兒紅固是極品，這西域吐魯番的葡萄酒，四蒸四釀，在當世也是首屈一指的了。」

那酒殷紅如血，酒高於杯緣，卻不溢出半點。

令狐冲道：「這酒晚輩生平只在洛陽城中喝過一次，雖然醇美之極，酒中卻有微微的酸味。據一位酒國前輩言道，那是由於運來之時沿途顛動之故。這四蒸四釀的吐魯番葡萄酒，多搬一次，便減色一次。從吐魯番來到杭州，不知有幾萬里路，可是前輩此酒，竟然絕無酸味，這個……」

丹青生哈哈大笑，得意之極，說道：「這是我的不傳之秘。我是用三招劍法向西域劍豪莫花爾徹換來的秘訣，你想不想知道？」

令狐冲搖頭道：「晚輩得嘗此酒，已是心滿意足，前輩這秘訣，卻不敢多問了。」

丹青生道：「對，對！」笑咪咪的道：「我再考你一考，你可知這酒已有多少年份？」

令狐冲將杯中酒喝乾，辨味多時，說道：「這酒另有一個怪處，似乎已有一百二十年，又似只有十二三年。新中有陳，陳中有新，比之尋常百年以上的美酒，另有一股風味。」

令狐冲又喝了一杯，說道：「四莊主，此酒另有一個喝法，可惜眼下無法辦到。」丹青生忙問：「怎麼個喝法？為甚麼辦不到？」

令狐冲道：「吐魯番是天下最熱之地，聽說當年玄奘大師到天竺取經，途經火焰山，便是吐魯番了。」

丹青生道：「是啊，那地方當真熱得可以。一到夏天，整日浸在冷水桶中，還是難熬，到得冬天，卻又奇寒徹骨。正因如此，所產葡萄才與眾不同。」

令狐冲道：「晚輩在洛陽城中喝此酒之時，天時尚寒，那位酒國前輩拿了一大塊冰來，將酒杯放於冰上。這美酒一經冰鎮，另有一番滋味。此刻正當初夏，這冰鎮美酒的奇味，便品嘗不到了。」

對酒的品嘗和鑒賞到了如此誇張的地步，實在是匪夷所思。

【七】病中想喝酒

和令狐冲一樣，洪七公也是至情至性之人，病中想喝酒，實是有一種積極向上、樂觀豁達的人生態度。酒為第一重要之事，其他的一切，生命、榮譽、事業等等，都可以放在一邊。

黃蓉雖聰明伶俐，可遭此大變，在荒島上哪裡有酒，急得大哭，嚇得洪七公也不敢想酒了。

> 洪七公微微喘息，道：「我要喝酒。」黃蓉大感為難，在這荒島之上卻哪裡找酒去，口中只得答應，安慰他道：「我這就想法子去。師父，你的傷不礙事麼？」說著流下淚來。她遭此大變，一直沒有哭過，這時淚水一流下，便再也忍耐不住，伏在洪七公的懷裡放聲大哭。洪七公一手撫摸她頭髮，一手輕拍她背心，柔聲安慰。老叫化縱橫江湖，數十年來結交的都是草莽豪傑，從來沒和婦人孩子打過交道，被她這麼一哭，登時慌了手腳，只得翻來覆去的道：「好孩子別哭，師父疼你。乖孩子不哭。師父不要喝酒啦。」

【八】姑娘好酒

周綺是金大俠小說中少有的莽姑娘，不但毫無機心，而且生性好酒。

紅花會的徐天宏外號「賽諸葛」，和周綺正所謂不是怨家不聚頭，周綺誰不去找，偏偏要去找徐天宏的麻煩。

周綺心地單純，一望見底，徐天宏有武諸葛之稱，足智多謀，心思細密，兩人是相反的一對，相反正好能互補，是有著先天有利的良好合作基礎。

不過，好事多磨，要調合互補，先要有一番磨合，免不了要磕磕絆絆，針尖對麥芒，撞擊出火花。

> 忽然間酒香撲鼻，這傢伙無法無天，竟仰起了頭，在一個小葫蘆中喝酒。周綺再也沉不住氣了，喝道：「三更半夜的喝甚麼酒？要喝也別在這裡。」
>
> 徐天宏道：「成！」放下酒葫蘆就睡倒了。
>
> 這人可真會作怪，酒葫蘆上的塞子卻不塞住，將葫蘆放在頭邊，讓酒香順著一陣陣風送向周綺。原來他在肅州杏花樓上冷眼旁觀，見周綺酒到杯乾，是個好酒的姑娘，是以這般作弄她一下。這一來可把周綺氣得柳眉倒豎，俏眼圓睜，要發作實在說不出甚麼道理，不發作哪裡忍得下去，翻了一個身，將眼睛、鼻子、嘴巴都埋在氈被之中，但片刻間便悶得難受，再翻過身來，月光下忽見父親枕邊兩枚大鐵膽閃閃生光，一想有了，悄悄伸手過去取了一個鐵膽，對準酒葫蘆擲去，噗的一聲，將葫蘆打成數片，酒水都流上徐天宏的氈被。

周綺用鐵膽打破酒葫蘆，卻未能拿回鐵膽，第二天被徐天宏取笑了一回。

周綺心直口快，徐天宏對周綺，就太老練和花樣百出了。他當然不是和周綺計較，只是覺著有趣，覺著逗著這個傻妹玩有意思。即使周綺傷了他的自尊心，他也並不真正計較。

徐天宏這種人，頭腦精細，但很能為人著想，替他人打算，心腸是很好的。他不是那種自負才高，目中無物之人，比如他就坦白承認自己不如文泰來。徐天宏這個人物寫得很真實，很平民化，離現實生活很近。

周綺後來做了一個夢，夢見她跌入深坑，而徐天宏在上面大笑，忽然又跳下來將她抱住，咬痛她的面頰。這是一個典型的少女思春的移情的夢。跌入深坑，是周大姑娘的一種不能把握現實的焦慮情緒的物化，徐天宏抱著她咬痛了她，又有少女朦朧不清的性的意味，她未經人事，還不知道男女之道的微妙事，但又隱約感到了一些什麼。

此一夢已清楚表明，徐天宏已在周綺心頭留下深刻不可磨滅的印象，她已不能忘卻他。她潛意識中已愛上徐天宏，卻不知怎樣去把握，去達成願望。

周綺的單純可愛，天真爛漫，在喜宴中表現得更加的出色。

喜宴中自己沒能喝到酒，心頭悶氣，周綺就能在臉上表現出來。駱冰知趣知機，送了酒來，周綺一口氣喝了半壺，喜道：「冰姊姊，你待我真好。」如此一個全無機心的傻姑娘，嫁了徐天宏真是福氣。因為，仁厚而又多智，最能處處替別人打算的徐天宏，一定能讓周大姑娘什麼事也不用操心，安全而享福。

周綺素來貪杯，這天周大奶奶卻囑咐她一口也不得沾唇。她出來敬酒，大家不住勸飲。她很想放懷大喝，但想起媽媽的話，無奈只得推辭，心頭氣悶，不悅之情不覺見於顏色。

駱冰一笑，拿了一把茶壺，把茶倒出，裝滿了酒，到新房去看周綺。周綺見她進來，很是高興，笑道：「冰姊姊快來，我正悶得慌。」駱冰道：「你口渴嗎？我給你拿了茶來。」周綺道：「我煩得很，不想喝。」駱冰把茶湊到她鼻邊，道：「這茶香得很呢。」周綺一聞，酒香撲鼻，不由得大喜，忙雙手捧過，咕嚕嚕的一口氣喝了半壺，停了一停，道：「冰姊姊，你待我真好。」

【九】內功逼酒

武俠小說中，酒量的大小，似乎與英雄人物的豪氣成正比，一般說來，愈是大英雄，酒量也就越大。如金庸武俠小說中，英雄榜中第一人蕭峰，他的酒量，大的真是駭人聽聞。

不過，像蕭峰這樣酒量大，酒量上有真本事的人，並不太多，因為畢竟一個人身體的容量有限，腸胃的容量有限，不可能喝太多的酒。

於是，武俠小說中就有了另一種讓人喝酒能喝很多很多的巧妙方法，這就是用內功逼酒。

《天龍八部》中，段譽與蕭峰鬥酒，便是如此。段譽竟然能夠使用六脈神劍的功夫，使酒水按著六脈神劍運行的真氣路線，從小指之中將其緩緩排出。

《射鵰英雄傳》中，丘處機也用這種內功逼酒的方法，與江南七怪鬥酒，千杯不醉，有勝無敗。

七怪見丘處機連喝二十八碗酒，竟是面不改色，神態自若。盡皆駭然。完顏洪烈在一旁瞧著，更是撟舌不下，心想：「最好這老道醉的昏天黑地，那江南七怪便乘機將他殺了。」

全金發心想己方還剩下五人，然而五人個個酒量兼人，每人再喝三四碗還可支持，難道對方的肚子裡還裝得下二十多碗酒？就算他酒量當真無底，肚量卻總有限，料想勝算在握，正自高興，無意中在樓板上一瞥，只見丘處機雙腳之旁濕了好大一灘，不覺一驚，在朱聰耳邊道：「二哥，你瞧這道士的腳。」朱聰一看，低聲道：「不好，他是用內功把酒從腳上逼了出來。」全金發低聲道：「不錯，想不到他內功這等厲害，那怎麼辦？」

朱聰尋思：「他既有這門功夫，便再喝一百碗也不打緊。須得另尋計較。」退後一步，突然從先前踹破的樓板洞中摔下去，只聽他大叫：「醉了，醉了！」又從洞中躍上。

又喝了一巡酒，丘處機足旁全是水漬，猶如有一道清泉從樓板上汩汩流出。這時南希仁、韓寶駒等也都瞧見了，見他內功如此精深，都是暗自欽服。

【十】有酒便好

郭嘯天、楊鐵天出場，使人感到有水泊梁山末路英雄的悲涼之意。「兩壺黃酒，擺出一碟蠶豆、一碟鹹花生、一碟豆腐乾，另有三個切開的鹹蛋」，英雄的末路於此，恨不能與之同飲三杯。

「有酒便好」，說書人張十五，竟也如此不俗，直逼柳敬亭，深諳酒國三味。

郭嘯天帶著張十五來到村頭一家小酒店中，在張板桌旁坐了。小酒店的主人是個跛子，撐著兩根拐杖，慢慢燙了兩壺黃酒，擺出一碟蠶豆、一碟鹹花生、一碟豆腐乾，另有三個切開的鹹蛋，自行在門口板凳上坐了，抬頭瞧著天邊正要落山的太陽，卻更不向三人望上一眼。

郭嘯天斟了酒，勸張十五喝了兩杯，說道：「鄉下地方，只初二、十六方有肉賣。沒了下酒之物，先生莫怪。」張十五笑道：「有酒便好。聽兩位口音，遮莫也是北方人。」

【十二】五寶花蜜酒

五寶花蜜酒是五毒教的一種藥酒。酒色極清，純白如泉水，酒中浸著五條小小的毒蟲，一是青蛇，一是蜈蚣，一是蜘蛛，一是蠍子，另有一隻小蟾蜍。花香很重，蓋住了酒味，否則有毒蛇的腥味。

《笑傲江湖》中寫藍鳳凰請令狐冲喝五寶花蜜酒一段，文字風光綺麗，明豔可人。五毒教主，美麗和有異國風情的苗家女子藍鳳凰，最傳神處在其聲音：甜膩、嬌美、溫柔之極，聽得人迴腸盪氣、面紅耳赤；讀此段，真有親聞其聲的舒暢之感。

以水蛭吸了苗女之血再輸給令狐冲，此並非完全小說家虛言，金大俠格物細緻，寫得有科學道理。

令狐冲叫藍鳳凰「好妹子，乖妹子」，難得有這麼幾次。須知此處令狐冲不像楊過那樣愛輕薄占人便宜，此處也並非岳不群夫婦心中以為的「胡言調笑」，此處只是見令狐冲心中磊磊落落、爽爽朗朗的大丈夫了無罣礙的大心胸。

令狐冲敢喝藥酒，林平之也敢喝藥酒，此並非林平之自己說的不怕死，實是林平之暗中與大師哥較勁。

藍鳳凰笑道：「大哥，你想吃甚麼？我去拿些點心給你吃，好不好？」令狐冲道：「點心倒不想吃，只是想喝酒。」藍鳳凰道：「這個容易，我們有自釀的『五寶花蜜酒』，你倒試試看。」嘰哩咕嚕的說了幾句苗語。

兩名苗女應命而去，從小舟取過八瓶酒來，開了一瓶倒在碗中，登時滿船花香酒香。

令狐冲道：「好妹子，你這酒嘛，花香太重，蓋住了酒味，那是女人家喝的酒。」藍鳳凰笑道：「花香非重不可，否則有毒蛇的腥味。」

令狐冲奇道：「酒中有毒蛇腥味？」

藍鳳凰道：「是啊。我這酒叫作『五寶花蜜酒』，自然要用『五寶』了。」

令狐冲問道：「甚麼叫『五寶』？」

藍鳳凰道：「五寶是我們教裡的五樣寶貝，你瞧瞧罷。」說著端過兩隻空碗，倒轉酒瓶，將瓶中的酒倒了出來，只聽得咚咚輕響，有幾條小小的物事隨酒落入碗中。好幾名華山弟子見到，登時駭聲而呼。

她將酒碗拿到令狐冲眼前，只見酒色極清，純白如泉水，酒中浸著五條小小的毒蟲，一是青蛇，一是蜈蚣，一是蜘蛛，一是蠍子，另有一隻小蟾蜍。令狐冲嚇了一跳，問道：「酒中為甚麼放這……這種毒蟲？」

藍鳳凰咥了一聲，說道：「這是五寶，別毒蟲……毒蟲的亂叫。令狐大哥，你敢不敢喝？」

令狐冲苦笑道：「這……五寶，我可有些害怕。」

藍鳳凰拿起酒碗，喝了一大口，笑道：「我們苗人的規矩，倘若請朋友喝酒吃肉，朋友不喝不吃，那朋友就不是朋友啦。」

令狐冲接過酒碗，骨嘟骨嘟的將一碗酒都喝下肚中，連那五條毒蟲也一口吞下。他膽子雖大，卻也不敢去咀嚼其味了。

五寶花蜜酒聞著極香，但到底滋味如何，令狐冲不敢去仔細品味，我們也就只好存疑了。

【十二】黃馬飲酒

武俠小說中，武俠人物好酒不足為奇，奇的是俠客的座騎也有好酒的。《射鵰英雄傳》中，神馬王韓寶駒的黃馬，就善飲酒。

那矮胖子站在地下，更加顯得臃腫難看，身高不過三尺，膀闊幾乎也有三尺，那馬偏偏腿長身高，他頭頂不過剛齊到馬鐙。只見他把酒罈放在馬前，伸掌在酒罈肩上輕擊數掌，隨手一揭，已把酒罈上面一小半的罈身揭了下來，那酒罈便如是一個深底的瓦盆。黃馬前足揚起，長聲歡嘶，俯頭飲酒。完顏洪烈聞得酒香，竟是浙江紹興的名釀女兒紅，從這酒香辨來，至少是十來年的陳酒。

【十三】藥酒

《俠客行》中賞善罰惡使者張三李四出場，張三李四，一胖一瘦，一和藹可親，一面目陰沉，與那賞善罰惡令銅牌上所刻畫的一張和藹慈祥的笑臉和一張猙獰的煞神凶臉相似，對應一善一惡。

石破天一貫大方不小氣，他請張三李四吃烤野豬肉，自是很自然的事。然後有來有往，石破天想讓二人拿出酒來一起喝，這又是合情合理之事。

不料張三李四就此大為緊張起來，懷疑起石破天是別有用意要來加害他們。

石破天喝了張三李四的毒酒之後，張三李四已明白這只是一場誤會，有些內疚，小心謹慎的張三李四最後在內心中服了石破天，被其一片赤子之心的熱誠所感動。

張三李四的藥酒，聞著酒香，喝起來卻難受，是酒中的另類。

那瘦子雙眼翻白，道：「這是毒藥，你有膽子便喝吧。」說著解下葫蘆，放在地下。石破天笑道：「若是毒藥，怎地又毒不死你？」拿起葫蘆拔開塞子，撲鼻便聞到一陣酒香。

石破天端起葫蘆，骨嘟嘟的喝了一大口，心想這瘦子愛惜此酒，不敢多喝，便塞上了木塞，說道：「多謝！」霎時之間，一股冰冷的寒氣直從丹田中升了上來。這股寒氣猶如一條冰線，頃刻間好似全身都要凍僵了，他全身劇震幾下，牙關格格相撞，實是寒冷難當，急忙運起內力相抗，那條冰線才漸漸融化。一經消融，登時四肢百骸說不出的舒適受用，非但不再感到有絲毫寒冷，反而暖洋洋地飄飄欲仙，大聲讚道：「好酒！」忍不住拿起葫蘆，拔開木塞，又喝了一口，等得內力將冰線融去，醺醺之意更加濃了，歎道：「當真是我從來沒喝過的美酒，可惜這酒太也貴重，否則我真要喝他個乾淨。」

【十四】紹興女兒紅

讀《俠客行》，書中的叮叮噹噹這個人物，是誰也不會忘了。記住她不僅是因為她的名字好玩、好記，也不是她聰明活潑、性格靈動，而是她的愛慕虛榮，給人留下極深的印象。

她為了討好心上人石破天（石中玉），不但偷了爺爺的玄冰碧火酒，而且還把爺爺珍藏的紹興女兒紅也拿出來給石破天喝。

石破天見丁璫在杯中斟滿了酒，登時酒香撲鼻。謝煙客並不如何愛飲酒，只偶爾飲上幾杯，石破天有時也陪著他喝些，但喝的都是白酒，這時取了丁璫所斟的那杯酒來，月光下但見黃澄澄、紅豔豔地，一口飲下，一股暖氣直沖入肚，口中有些辛辣、有些苦澀。丁璫笑道：「這是二十年的紹興女兒紅，味道可還好麼？」

【十五】 玄冰碧火酒

丁不三鬚髮皓然，眉花眼笑，面目慈祥，卻是一個殺人不眨眼的大魔頭。

那老人臉一沉，說道：「你對他到底是真好還是假好，為什麼連自己的身分來歷也不跟他說？說是假好吧，為什麼偷了爺爺二十年陳紹給他喝不算，接連幾天晚上，將爺爺留作救命之用的『玄冰碧火酒』，也拿去灌在這小子的口裡？」越說語氣越嚴峻，到後來已是聲色俱厲，那「玄冰碧火酒」五字，說來更是一字一頓，同時眼中凶光大盛。石破天在旁看著，也不禁慄慄危懼。

丁璫道：「阿璫給爺爺設法重行配製就是了。」那老人道：「說來倒稀鬆平常。倘若說配製便能配製，爺爺也不放在心上了。」

丁璫道：「我見他一會兒全身火燙，一會兒冷得發顫，想起爺爺的神酒兼具陰陽調合之功，才偷來給他喝了些，果然很有些效驗。這麼一喝再喝，不知不覺間竟讓他喝光了。爺爺將配製的法門說給阿璫聽，我偷也好，搶也好，定去給爺爺再配幾瓶。」

那老人道：「幾瓶？哈哈，幾瓶？等你頭髮白了，也不知是否能找齊這許多珍貴藥材，給我配上一瓶半瓶。」

玄冰碧火酒，與那張三李四的藥酒，有類似之處，都是一半是海水，一半是火焰。

【十六】蕭峰與酒

蕭峰是金庸武俠小說中英雄榜上第一人，也是酒國中豪傑第一人。他的英雄俠路，和美酒相伴，壯飲豪飲，為其大俠人生，增色不少。

◆比酒

金庸武俠小說《天龍八部》中，第十四回題為《劇飲千杯男兒事》，其中喬峰（蕭峰）與段譽比酒一段，花了大筆墨著力渲染烘托出喬峰無人可以比擬的高大雄偉形象。

喬峰的出現是空谷來風，是平地的一聲春雷，是我們所有凡人瑣屑生活中夢寐以求渴望著呼吸的高貴氣息，是英雄有力、驕傲、堅定的自白。

段譽喝彩道：「好一條大漢！這定是燕趙北國的悲歌慷慨之士。」

僅此一句話，就已足可表現出喬峰天人般大氣磅礴、神威凜凜之氣勢。

真正的大英雄不需要渲染，不需要造勢，不需要烘托。

他只要就那麼在那裡隨隨便便地一站，就足可壓倒周圍的一切，讓其他任何人也不能逼視。這種大英雄，千萬人中，你一眼就可看出。

段譽書生意氣，與喬峰鬥酒一段，讀之豪邁之情頓生。

想世間何處可尋此等人物？可與之論杯，可與之暢懷，可與之忘憂，同消萬古同一之閒愁。

段譽好福氣，雖然情場失意，塊磊難消，但卻有幸與喬峰這般絕頂人物結為兄弟。喬峰也好眼力，能賞識段譽百無一用書生意氣中與生俱來的高貴。

喬峰道：「你這人十分直爽，我生平從所未遇。」

真即是善，即是美，即是英雄本色。在人性的本質上，兩人卻是對等。日後還有一個虛竹，也唯其一派本性的純真，使他們能聲氣相求，許為知音。

那大漢見他竟喝得這般豪爽，倒頗出意料之外，哈哈一笑，說道：「好爽快。」端起碗來，也是仰脖子喝乾，跟著便又斟了兩大碗。

段譽笑道：「好酒，好酒！」呼一口氣，又將一碗酒喝乾。那大漢也喝了一碗，再斟兩碗。這一大碗便是半斤，段譽一斤烈酒下肚，腹中便如有股烈火在熊熊焚燒，頭腦中混混沌沌，但仍然在想：「慕容復又怎麼了？好了不起麼？我怎可輸給他的手下人？」端起第三碗酒來，又喝了下來。

那大漢見他霎時之間醉態可掬，心下暗暗可笑，知他這第三碗酒一下肚，不出片刻，便要醉倒在地。

初時段譽尚未察覺，但過不多時，頭腦便感清醒，察覺酒水從小指尖流出，暗叫：「妙之極矣！」他左手垂向地下，那大漢並沒留心，只見段譽本來醉眼朦朧，但過不多時，便即神采奕奕，不禁暗暗生奇，笑道：「兄台酒量居然倒也不弱，果然有些意思。」又斟了兩大碗。

他二人這一賭酒，登時驚動了松鶴樓樓上樓下的酒客，連灶下的廚子、伙夫，也都上樓來圍在他二人桌旁觀看。

那大漢道：「酒保，再打二十斤酒來。」那酒保伸了伸舌頭，這時但求看熱鬧，更不勸阻，便去抱了一大罈酒來。

段譽和那大漢你一碗，我一碗，喝了個旗鼓相當，只一頓飯時分，兩人都已喝了三十來碗。

◆喝酒絕交

喬峰是真正的大英雄。他明知是死地，明知勢力懸殊有去無回，卻慨然而行，挺身赴難。

愈寫眾人的機心，愈見喬峰的坦蕩；愈寫眾人的畏縮，愈見喬峰的豪情。

喬峰以君子之心度人，眾人卻以小人之心看他。天才和群眾之間的悲劇，千古同之一笑。

忽然極緊迫之時，喬峰要討幾碗酒喝。愈是閒暇，愈是從容，愈見局勢之緊張，已是間不容髮。

英雄近酒遠色，喬峰儼然有水泊梁山好漢之古意。

金聖歎評《水滸》論武松為天人，喬峰何嘗不是天人。看他有闊處，有毒處，有正處，有良處，有快處，有真處，有捷處，有雅處，有大處，有警處，實是金大俠小說中之第一人，不亦宜乎。

大氣磅礴，勇猛剛健，是為闊；七歲殺人，不受怨屈，是為毒；誓不殺一漢人，是為正；義釋背叛他的丐幫長老，是為良；出手即重創雲中鶴，是為快；英雄有淚亦盡彈，是為真；杏子林快刀斬亂麻平息叛亂，是為捷；激賞段譽書呆子之爽氣，是為雅；單刀於聚賢莊應戰群雄，是為大；於客店中探得薛神醫大撒英雄帖，是為警。喬峰的一身集有郭靖之闊，楊過之毒，張無忌之正，石破天之良，令狐冲之快，周伯通之真，黃藥師之捷，陳家洛之雅，洪七公之大，胡斐之警，不作第一人，可乎？

看喬峰有十分酒就有十分精神，大喝一聲：

「那一個先來決一死戰？」

氣魄宏大，凜然天神。英雄亦有作困獸之鬥時候，不亦悲乎？

殊不知喬峰卻是多一分酒意，增一分精神力氣，連日來多遭冤屈，鬱悶難伸，這時將一切都拋開了，索性盡情一醉，大鬥一場。

他喝到五十餘碗時，鮑千靈和快刀祁六也均和他喝過了，向望海走上前來，端起酒碗，說道：「姓喬的，我來跟你喝一碗！」言語之中，頗為無禮。

喬峰酒意上湧，斜眼瞧著他，說道：「喬某和天下英雄喝這絕交酒，乃是將往日恩義一筆勾銷之意。憑你也配和我喝這絕交酒？你跟我有什麼交情？」

◆空喝一口

蕭峰對阿朱感情的變化，是由憐惜到認同，到感激，到此情不渝的愛。為了阿朱，蕭峰竟在重大關頭，連酒也不喝了，然好酒之人，不喝又提不起精神，因而蕭峰舉起飯碗空喝一口，古往今來，恐怕是獨一無二的。

蕭峰哈哈一笑，舉起飯碗來空喝一口，他慣於大碗大碗的喝酒，此刻碗中空無所有，但這麼作個模樣，也是好的，說道：「若是我蕭峰一人，大理段家這龍潭虎穴那也闖了，生死危難，渾不放在心上。但現下有了小阿朱，我要照料陪伴你一輩子，蕭峰的性命，那就貴重得很啦。」

◆以酒服人

蕭峰雖救了耶律洪基，但眾勇士並未親眼所見，佩服的也就不徹底，而蕭峰一顯酒量，那些契丹人就對他佩服的五體投地了。

酒到酣處，十餘名契丹武士在皇帝面前撲擊為戲，各人赤裸了上身，擒攀摔跌，激烈搏鬥。蕭峰見這些契丹武士身手矯健，膂力雄強，舉手投足之間另有一套武功，變化巧妙雖不及中原武士，但直擊，如用之於戰陣群鬥，似較中原武術更勿見效。

遼國文武官員一個個上來向蕭峰敬酒。蕭峰來者不拒，酒到杯乾，喝到後來，已喝了三百餘杯，仍是神色自若，眾人無不駭然。

耶律洪基向來自向勇力，這次為蕭峰所擒，通國皆知，他有意要蕭峰顯示超人之能，以掩他被擒的羞辱，沒想到蕭峰不用在次日比武大會上大顯身手，比刻一露酒量，便壓倒群雄，人人敬服。

◆患難之交

蕭峰再顯真英雄本色，沒有虛套，沒有渲染，蕭峰一上來，一掌亢龍有悔，又一掌亢龍有悔，再一掌亢龍有悔，三掌之間即逼回了丁春秋，救回了阿紫。

段譽、虛竹平時有些呆氣，但在蕭峰這等天人一般的豪氣干雲的拔高下，心中慷慨之意也頓時飛揚起來。

段譽為他豪氣所激，接過一隻皮袋，說道：「不錯，正要和大哥喝一場酒。」

少林群僧中突然走出一名灰衣僧人，朗聲說道：「大哥，三弟，你們喝酒，怎麼不來叫我？」正是虛竹。他在人叢之中，見到蕭峰一上山來，登即英氣逼人，群雄黯然無光，不由得大為心折；又見段譽顧念結義之情，甘與共死，當日自己在縹緲峰上與段譽結拜之時，曾將蕭峰也結拜在內，大丈夫一言既出，生死不渝，想起與段譽大醉靈鷲宮的豪情勝慨，登時將什麼安危生死、清規戒律，一概置之腦後。

蕭峰不知虛竹身負絕頂武功，見他是少林寺中的一個低輩僧人，料想功夫有限，只是他既慷慨赴義，若教他避在一旁，反而小覷他了，提起一隻皮袋，說道：「兩位兄弟，這一十八位契丹武士對哥哥忠心耿耿，平素相處，有如手足，大家痛飲一場，放手大殺吧。」拔開袋上塞子，大飲一口，將皮袋遞給虛竹。虛竹胸中熱血如沸，哪管他什麼佛家的五戒六戒、七戒八戒的，提起皮袋便即喝了一口，交給段譽。蕭峰喝一口後，交了給一名契丹武士。眾武士一齊舉袋痛飲烈酒。

【十七】琥珀蜜梨酒

張無忌為何太沖小妾治病，何太沖大喜，這才不敢小瞧了張無忌，因此待張無忌為上賓，請張無忌喝酒。

那酒稠稠的微帶黏性，顏色金黃，甜香撲鼻。何太沖道：「張兄弟，這是本山的名產，乃是取雪山頂上的琥珀蜜梨釀成，叫『琥珀蜜梨酒』，為外地所無，不可不多飲幾杯。」

可惜此酒中被何太沖大夫人下了毒，張無忌不但沒有喝到美酒，反而被迫喝了一壺毒酒。

附錄

武俠小說的詩學

真正的武俠小說應該是一首詩，真正的武俠小說應該有富於浪漫精神的超越現實的詩意。這不是故作的驚人之語，更不是取寵的一種嘩眾，因為文學即是人學，風格即是人，作為文學的武俠小說，它不單是採取一種極端場境中的武的形式，更重要的是它所蘊含的俠的詩意精神，這俠的詩意精神正在武俠小說中特異極端的典型人物身上體現，這就是古龍先生所言的他所注重的「人性」，也是金庸先生所說的「寫人性」，「抒寫世間的悲歡」，「表達較深的人生境界」，在武俠小說詩意地表現那種極端情景下的極端的衝突和緩解的結構之中，這種飽滿豐富而深刻的人性正恰如一首詩的美，或者美得是那麼的崇高，或者美得是那麼的罪惡。

一般而言我們給詩下的基本定義是詩言志和詩緣情。真正的武俠小說何嘗不是緊緊貼附在言志和緣情這張美麗而光滑的毛皮之上的，著名的武俠小說評論家曹正文先生力推古龍先生的《多情劍客無情劍》為第一品，他著意於這部武俠小說淋漓盡致所寫透的一個情字，正是這個情字傾倒了大千世界中的卑微而滿懷希望的芸芸眾生。有情是情，而無情何嘗不是情，痛莫痛過多情似無情，情之激，情之變，精品的武俠小說大大的豐富了情的內涵，成為一部人類情中的演義，那種驚心動魄，那種迴腸盪氣，那種肝膽糾結，正如長歌當哭統領於新一代的風騷，又哪裡遜色於更多的已陷入風花雪月的濫俗的詩歌呢？很多人輕易盲從地看低武俠小說為俗文學，一個俗字委婉而又直截了當地道出了他們要表達的真諦，但是豈不知俗到極處正是大雅，雅到極處還是卑俗！問世間，情為何物，直叫生死相許！親情，愛情，友情，俠情，真正的武俠小說把這些有價值的東西撕碎了給我們看，我們可以哭，可以笑，可以群，可以怨，可以嘲諷，可以鄙夷，但沒有人能漠然視之。

自古的詩人就有「怨去吹簫，狂來說劍」的許多種類似的說法。如果說「吹簫」更側重的是抒情的話，那麼「說劍」則是文人夫子自道的言志了。

武俠小說的精義和實質其實正在於這「說劍」的書生意氣之中。說劍是抒情而顯英雄膽色、武林豪氣，正可以一掃書卷迂腐之氣，說劍又是一種書生的過癮，也可以稱之為文人情結的一種解放。說劍的說法雖然往往只是一種說法，但這種說法無疑是天真和純樸得可愛，而且動聽的閃爍著眩目驚豔的英雄氣概光芒。

如果我們仔細品味，說劍又有兩種意味深長的不同層次。高貴而富於浪漫理想的正大堂皇的層次是「修身、齊家、治國，平天下」。在這種層次中的說劍寄託著文人立功異域，廝殺疆場、名垂青史，造福於民的美好幾乎像是不真實的書本上的願望。「撫劍夜吟嘯，雄心日千里，誓欲斬鯨鯢，澄清洛陽水。」這就是在武林泰斗金庸先生和武俠名家梁羽生先生筆下的「俠之大者」的風範，陳家洛、郭靖、張丹楓、南霽雲，正是這種層次上言志的最理想的代言，這就是「寧知草中人，腰下有龍泉，浮雲在一塊，誓俗清幽燕」的崇高境界和意氣。

另一種層次的說劍，雖然不是那麼莊嚴和崇高，卻因其本性的率真而更為真實和可愛，一個狂字，一個怨字，更容易引起天下太多的落魂失意人的共鳴，憐惜和把欄撫遍的歎氣。那是「彈劍徒激昂，出門悲路窮」，「倚劍歌所思，曲終涕回瀾」的慷慨激憤和哀傷，是武俠小說中浪子的情懷，這個浪子是落拓的，愁腸百結的，但又是風流的蘊藉，是飲酒的風流，遠離的風流，甚至也是殺人和快意恩仇的風流，正如古龍先生筆下的李尋歡、楚留香、陸小鳳，溫瑞安先生筆下的無情和公子襄。

塵世的生活太過於卑微甚至繁瑣，凡人的內心渴望呼吸到英雄飲血般壯懷激烈的氣息。真正的武俠小說不僅是作者的當哭長歌，而且還成為世俗平民和群眾的代言人，它為我們言說了自由的呼喊，解放的期盼，人民的意願，它傾述了那種有心殺敵無力回天的悲壯，那種懷才不遇，壯志難酬的惆悵，那種生活中的隱忍隨俗，唯唯諾諾的無可奈何，那對生命直截了當的喜悅和享受，對生命形式的物質性的把握，對不可捉摸的人類命運的了悟和承擔，有時這種表現形式也許表現得過於淺近通俗，但這種淺易卻又是滄海曾經，飽嘗人世的痛苦和辛酸之後的對所謂的深度和一種對於高於生活的浪漫的風情和風流的雅望的渴慕，它觸及了更多人的靈魂中陽光照不到的地方，但更多的人沉湎於其中，也使更多的人不肯說出這其中的要害。

真正的武俠小說是一首詩，而精品武俠小說那下筆千言的作家，何嘗不是天才和卓越的詩人。

讀古龍先生的《多情劍客無情劍》，當李尋歡的小李飛刀如虹一般射出瑰麗的精妙的情懷和絕美的文辭之時，你不可能沒有感覺到古龍先生的一腔熱血和柔情，曠世的孤獨和惆悵，以及為青春、生命和愛情而發出扼腕的皓歎和悲憫。還有那些淡淡的傷感和無可奈何花落去的心情，往事的回首，光陰的追憶，如浮雲一般永遠瀰漫在心頭的那些不可言說的秘密情懷……

讀金庸先生的《笑傲江湖》，在那千岩萬壑的大手筆揮灑出來的豐富的磅礴言辭之中，你不可能讀不出金庸先生胸中洶湧的詩意：滄海曾經、世事洞明的博大，寬懷和愛，溫柔慈悲的仁人胸懷，為世間凡人的痛苦發出的深長歎息，以及英雄的悲愴和有著不可辱沒的尊嚴的屈服，氣吞萬里如虎的豪氣壯志和指點江山激揚文字……。

讀梁羽生先生的《萍蹤俠影》，在他細膩、典雅名士般風範的文字和詩情畫意的輕柔敘述和風景清新的細節中，你不可能不感受到他的溫文爾雅，書卷意氣，似水柔情，劍膽琴心，平平淡淡才是真的心境，以及那「把劍淒然望，天外招歸舟」倦遊江湖的意緒……。

讀溫瑞安先生的《四大名捕會京師》，你不可能不能感受他凌雲的豪邁和美麗寂寞的孤獨內心，「一個人的心靈要不是那麼的寂寞美麗，是決寫不出那麼美麗寂寞的作品的。」……這些武俠小說的作家，難道不是真正的優異卓越的善感和內心豐富的詩人嗎？

每一個時代都具有與這個時代相適應的在這個時代中發展、壯大並且在藝術成就上達到高峰的獨特的文體。楚辭、樂府、駢賦、唐詩、宋詞、元曲、明清的話本小說，都是不同時代盛開在文化史的後花園中的色彩和香味各異但都鮮豔奪目的花朵。武俠小說這一獨特文體在當今這個時代發展、壯大並且幾乎已達到了頂峰，我們幸逢其時。歷史往往是驚人的相似，如果我們將現代武俠小說的發展與唐詩的發展相對比，武俠小說的發展同樣有初唐、盛唐、晚唐這樣的發展壯大的相似過程，而且武俠小說的創作中也出現了杜甫、李白這樣豐富了我們燦爛文化寶庫的偉大人物。

我認為金庸的成就無疑相似於杜甫。杜甫為詩聖，金庸則為俠聖，杜甫寫的是史詩、詩史，他的藝術特點是思無邪、雅正、中和、純正，金庸的小說則也是史詩的畫面，寶相莊嚴，有一種雍容、磅礡、正派，結構嚴謹而正大的聖者風範。

古龍的成就無疑可以媲美於李白了，李白為詩仙，古龍則為俠仙，李白斗酒詩百篇，下筆千言倚馬可待，寫的是浪漫風流和不拘的豪情、壯飛的逸興，古龍先生一生同樣嗜酒如命，熱愛鮮花和美人，在金庸將現代派武俠小說改良到幾乎不能再改良的地步之後是神來一筆，他另闢蹊徑，寫的也是俠客的風流，劍舞的浪漫，英雄的寂寞。

梁羽生也許可以化為白居易，近於優雅平易，通俗而講究，深入人心。

溫瑞安則絕像李商隱，美麗之中卻帶幾分詭奇，考究驚豔的言辭，朦朧中又見幾分晦澀。

這種類比也許是不完全準確的，但本質相能，我們因此更可以看出真正的武俠小說的作家都擁有一顆奇幻獨特的詩人的內心。武俠小說作家讓他們的小說像詩歌一樣表現出熱愛和水與火的特質，賦與了武俠小說豎琴和酒神一樣浪漫和風流的色彩，展示出人類處世最博大的智慧和經驗，響動著對真、善、美追求的共鳴，對寧靜、和平，恬適生活的熱愛，讓人們像品味詩歌一樣品味著無以言傳的美好和純真的質樸的原始的情感。

在文學領域內沒有比這樣的武俠小說家詩人更不善於去為自己辯解、宣言、吶喊、修飾、整容的人了，這些武俠小說家詩人放棄了向那些自以為是的雅人和通人的陳說和表功，甚至他們連一聲歎息和抱怨都不會去做，他們不願意在自己的作品之外去裝飾上鮮豔的塑膠花，像更多的那些純文學的作家們自我標榜和鼓吹的那樣。

這些真正的武俠小說家詩人的內心更為痛苦、不屈和驕傲，他們把自己從所謂的雅和純正文學樂園中罷黜出來，拒絕了種種風光和熱鬧的誘惑，在漫長而艱辛的寫作生涯中尋找生命的意義，在地厚天高的思想和詩意的浸潤中達到自怡和完滿，承擔生命之輕，並傳示著生命的真諦和了悟的愉悅。寫作對於他們不僅僅是「著書只為稻粱謀」的手段，而已經成為了他們生命不可分割和不可或缺的一個部分，這就像是加繆筆下的那種西西弗神話的意味深長的寓言，他往往反覆地把巨石推上去而巨石又下滑了，不能善終的結局成了悲劇的命運。雖然他的勞役沒有盡頭（正如張恨水把他的寫作稱之為作「文字勞工」），他的面前是永遠不能擺脫的黑暗，他永遠得不到被解脫和拯救的許諾，但他卻在這樣的悲慘命運中找到詩意的快樂和存在的真諦，他因此而活下去，自在地活下去。

福克納說：「人是不朽的，並非在生物中唯獨人留有綿延不絕的聲音，而是人有靈魂，有能夠憐憫、犧牲和耐勞的精神。詩人和作家的職責就在於寫出這些東西，振奮人心，提醒人們記住勇氣、榮譽、希望、自豪、同情。」

我認為真正的武俠小說更是這樣極端地謳歌並且光大人類的這些憐憫、犧牲和耐勞的精神，更能讓人們熱愛並且牢記勇氣、榮譽、希望、自豪、同情，在這個意義上，武俠小說當然與詩是相通的，武俠小說的作家當然正是詩人。

對於武俠小說的詩學觀念我們可以這樣來看待。武俠小說這一現代奇特的文學現象，其實是現代社會高度發達的物質文明和商業文明中枯燥的現實觀念擠壓下產生的一種詩學理想精神的體現，如果我們只是去看重體裁的各異、形式的不同，我們將失之偏頗，忽視了真正的武俠小說真正的價值，不能產生深刻的認識和真知灼見。請讓我們尊敬真正的武俠小說家對這一獨特的文學形式所進行的那些充滿巨大熱忱而又是艱苦嚴肅的努力和追求，他們為我們枯燥卑微的世俗生命帶來了更多意想不到的詩意，讓我們感謝他們，向他們道一聲珍重和祝福。

金庸武學：博雅的武學地圖

作者：覃賢茂
發行人：陳曉林
出版所：風雲時代出版股份有限公司
地址：10576台北市民生東路五段178號7樓之3
電話：(02) 2756-0949
傳真：(02) 2765-3799
執行主編：劉宇青
美術設計：吳宗潔
業務總監：張瑋鳳

版權授權：覃賢茂
出版日期：2024年7月
ISBN：978-626-7464-05-2

風雲書網：http://www.eastbooks.com.tw
官方部落格：http://eastbooks.pixnet.net/blog
Facebook：http://www.facebook.com/h7560949
E-mail：h7560949@ms15.hinet.net
劃撥帳號：12043291
戶名：風雲時代出版股份有限公司

風雲發行所：33373桃園市龜山區公西村2鄰復興街304巷96號
電話：(03) 318-1378
傳真：(03) 318-1378
法律顧問：永然法律事務所 李永然律師
北辰著作權事務所 蕭雄淋律師

行政院新聞局局版台業字第3595號 營利事業統一編號22759935

定價：580元

國家圖書館出版品預行編目資料

金庸百年-精萃三書 / 覃賢茂著. -- 初版. -- 臺北市：風雲時代出版股份有限公司, 2024.05　冊；　公分

ISBN 978-626-7464-03-8(第1冊：平裝). --
ISBN 978-626-7464-04-5(第2冊：平裝). --
ISBN 978-626-7464-05-2(第3冊：平裝). --
ISBN 978-626-7464-06-9(全套：平裝)

1.CST: 金庸 2.CST: 傳記

782.886　113003805